U0611310

国家社科基金
GUOJIA SHEKE JIJIN HOUQI ZIZHU XIANGMU
后期资助项目

英国人的"大旅行"研究

Research of the English Grand Tour

付有强 著

中国社会科学出版社

图书在版编目（CIP）数据

英国人的"大旅行"研究/付有强著 . —北京：中国社会科学
出版社，2015.7
ISBN 978 - 7 - 5161 - 6736 - 6

Ⅰ.①英… Ⅱ.①付… Ⅲ.①旅游—文化史—研究—英国—
近代②英国—历史—研究—近代 Ⅳ.①F595.619②G895

中国版本图书馆 CIP 数据核字（2015）第 174163 号

出 版 人	赵剑英
责任编辑	李庆红
责任校对	周晓东
责任印制	李寡寡

出 版	中国社会科学出版社
社 址	北京鼓楼西大街甲 158 号
邮 编	100720
网 址	http://www.csspw.cn
发 行 部	010 - 84083685
门 市 部	010 - 84029450
经 销	新华书店及其他书店

印刷装订	北京君升印刷有限公司
版 次	2015 年 7 月第 1 版
印 次	2015 年 7 月第 1 次印刷

开 本	710×1000 1/16
印 张	25
插 页	2
字 数	448 千字
定 价	89.00 元

凡购买中国社会科学出版社图书，如有质量问题请与本社营销中心联系调换
电话：010 - 84083683
版权所有 侵权必究

国家社科基金后期资助项目

出版说明

后期资助项目是国家社科基金设立的一类重要项目，旨在鼓励广大社科研究者潜心治学，支持基础研究多出优秀成果。它是经过严格评审，从接近完成的科研成果中遴选立项的。为扩大后期资助项目的影响，更好地推动学术发展，促进成果转化，全国哲学社会科学规划办公室按照"统一设计、统一标识、统一版式、形成系列"的总体要求，组织出版国家社科基金后期资助项目成果。

全国哲学社会科学规划办公室

序

我有幸为付有强副教授的这本书写"序"，他的这本书是其博士学位论文的扩展，由此可知，其质量是颇为可靠的。付有强的书以 19 世纪之前几个世纪中英国年轻人教育中兴起的欧陆"大旅行"为题，人们常说"文若其人"，付有强本人也是一个痴迷于"读万卷书，行万里路"的年轻人，他的求学（游学）经历从民风淳朴的川北，风景旖旎的成都，再到文化积淀厚重的首都北京和六朝古都的江南名城南京，直到他拿完了这个世界能够设想的所有学位，包括博士后，才回到诞生了邓小平、朱德、陈毅和聂荣臻的那片故土；前不久，他又向我谈起了他想游历欧美名山大川，在世界名校间徘徊、荡漾的计划……由他来重构几个世纪之前异国他乡的志趣相投的年轻人的游历和背后的心态是一件非常适合的事情。

古往今来，对异国他乡的向往，想要了解未知世界和领域的冲动，激励着那些志在四方的人们远赴重洋。朝圣、向远方的征战等也驱使着人们长途跋涉、四处漂泊。公元前 4 世纪，年轻的亚历山大大帝远征到了印度，跟随这支大军的就有学者、科学家和地理学家。在中世纪，欧洲组织了三次十字军东征，大量的西欧人长途行军到达中东，开阔了视野，并把西欧文化传播到了中东，也带回了沿途的见闻和物品。中世纪大多数时间里，朝圣成为一种旅游的形式，虔诚的教徒长途旅行，前往参观存有圣物的教堂或其他宗教圣地，带动了沿途的旅游业和物品的流通。晚近的全球史也把凡此种种的人员流动作为研究重点。

人类其他地区所产生的优秀的文化成果、先进的生活方式、更为合理的制度、卓越的思想观念，甚至传说，都会引起人们的向往和模仿。一部《马可波罗游记》激发了葡萄牙和西班牙的冒险家们远赴重洋，去东方寻找富庶的文明，随之引发了地理大发现和世界历史的一系列令人头晕目眩的变迁。

付有强的研究——19 世纪之前几个世纪英国人的欧陆大旅行（Grand

Tour）——为我们展现了一个特殊类型的跨区域人员交流，这种类型的旅游与随铁路和飞机的出现而兴起的大众旅游和短期旅游不同，它以年轻人增进知识、学习外国的语言和礼仪、体验当地的文化生活、扩大对世界的了解为目的，并有约定俗成的路线，通常是穿越法国和意大利，再绕道德意志和低地国家回国。英国是一个地域相对狭小的岛国，大海造成了跨区域人员互动和物质交流的不便。当人们从法国穿过英吉利海峡到达英国后，会有一种偏处一隅的感觉。鼓励青年人到海外旅游、让年轻人开阔眼界、培养世界视野，就成为几个世纪以来英国教育的必要一环。

大旅行"grand tour"中的"tour"同"travel"的意思有差别，含有一个人在某个地区巡游、参观的意思。在那几个世纪中，"大旅行"是英国上层和富足家庭青年教育的一个不可或缺的部分，它有时长达三年，并提前加以精心准备。许多青年人的这种大旅行是由胜任的私人教师陪同，有时包括一段时间内在某个大学，如帕多瓦大学，或其他特殊的教育培训机构学习某些知识和技能的情况。计划将来在军界服务的青年人会特别前往普鲁士参观军事演练；想成为建筑师的青年人会长时间待在意大利，观摩那里风格迥异的各种典雅建筑；有志将来从事文化事业的人则特别留意各地的文化和名胜古迹，等等。有关系或社会地位较高的家庭会安排子女到大陆的宫廷、贵族朋友的家里待一段时间，体验那里的社交生活。

英国社会的这种有计划地让青年人环游世界、开阔眼界的习俗，对英国社会的发展起到很好的作用。这使人想起20世纪80年代改革开放以来中国社会的进步，成千上万的中国人开始出国考察、学习、海外旅行，尤其是在先进国家的观感带来观念的变化，推动了中国社会在经济和文化诸方面发生了巨大变革。

19世纪之前的几个世纪中，欧洲交通运输工具不发达，旅途颇为艰难，且花费巨大，英国有一定财力的家庭仍勉力为之，这其中的观念颇与中国古代提倡的"读万卷书，行万里路"相似。游学是有志向的青年人体验外部世界的一环，它弥补读书的不足，也是成为绅士的必要历练。欧洲大陆丰富的文化遗产、古迹，卓有特色的大学专业，沿途国家和地区的政治生活，节庆等给年轻的英国旅游者留下很深的印象。游学的经历也帮助他们发展对艺术、科学等分支门类的爱好并受到短期的专业培训。

从世界历史来看，一个地区或国家的人总是会以自我为中心，依据所知道的部分信息，想象其他地区的文化和社会生活状况。英国人也不例外，例如牛津的人们把牛津说成是世界上最美的城市，英国的生活方式是世界上最值得称道的。作为上层家庭年轻人教育的一部分的"大旅行"，弥补了英国岛国文化特有的狭隘心态，有助于文化相对主义和跨区域的欧洲文化认同的形成。

跨区域的和跨文化的旅游总是引人入胜，因为奇异的建筑、独特的人文生态环境、地理风貌和生活方式总是令人惊奇。世界上一些著名的作品也是以跨区域的旅行及其遭遇而成为传世佳作。例如，古希腊荷马的史诗《伊利亚特》、《奥德赛》，中国的《西游记》，意大利的《马可波罗游记》，英国的《坎特伯雷故事集》，等等。荷马的史诗以征战为背景，记述参战英雄奥德赛等人跨区域的长途征战及随之而来的旅游经历。《西游记》和《坎特伯雷故事集》记录的是朝圣（西天取经）路途的奇异经历。

在英国人长达几个世纪的大旅行中，发生了哪些引人入胜的故事，沿途又有哪些名胜令他们流连忘返？对于参与大旅行的英国人来说，它带来怎样的观念和行为的变化？付有强的书参阅了大量此类英文书籍，对此有颇多引人入胜的细节描述。他的书也探究了"大旅行"给英国文化社会发展带来的影响，他认为这种世界观感对英国民族文化认同的形成和发展有重要意义。例如，对法国——这个他者和英国的对立面的观察，帮助英国反思自己的社会特征和文化状况。17 世纪以后是法国人引领时代风尚的时代；之前的一两个世纪则是意大利的绘画、雕塑、建筑风格、生活品位和风尚服饰风靡法国和西欧。此书所谈到的旅游者对他国的观感，尤其是对法国和意大利的认知，为我们提供了一个了解几百年前这两个国家的独特视角。

付有强的书是在多年的认真研究的基础上写成的，他参阅了大量外文著作，翔实地重构了这些历史活动。他的书不仅有助于我们了解全球化初期欧洲跨区域的人员交流，也使我们从一个侧面认识那些时代英国文化发展的情况。这本书既是一本学术著作，也是一本饶有兴味的旅游类参考书，此书不仅告诉我们几百年前异国他乡的人们海外旅游的情景，他们的遭遇和感受，还罗列了当时出版的旅游类读物，这些读物对如何充分利用旅行，培养旅行者的品质修养和思想观念等多有讨论。因此，在一定程度上可以成为我们深度旅游的历史读物。

付有强讨论的"大旅行"与民国时期中国富家子弟游学海外和当代中国时兴的青少年游学的活动相类似，因此本书也有助于家长们思考如何让子女在国外的游学更有计划和产生更大的收益。总而言之，这是一本值得推荐的书籍。

我同付有强的认识开始于十多年前的四川大学，当时，他来报考研究生，告诉我他已经收集了100多本外文原版著作，令我惊奇不已。此后，他对外文资料的痴迷一直是他求知生涯的一个特色。人们常说，学生如老师，我的经历同付有强差不多，只不过包括海外。我曾三次越过大西洋，踏进美国哈佛大学的图书馆，见证了美国首都华盛顿建筑布局的罗马帝国情结。从巴黎到罗马的旅行使我了解到欧洲文化的承前启后；比萨斜塔、佛罗伦萨的但丁故居、米兰的米开朗基罗的塑像、维诺拉的罗密欧与朱丽叶的故居和古罗马的竞技场废墟，所有这些亲临当地的造访让我对世界历史有了一种感性认识。我也曾在滑铁卢拿破仑最后一战的农舍废墟前凭吊，在萨特当年常光顾的巴黎圣日耳曼教堂附近的酒吧内沉思，驻足在剑桥三一学院前牛顿的苹果树下，在德国特里尔城马克思故居庭院及附近的古罗马遗址默想。生活在思想、学术和文化全球化的时代，像我这样的从事世界史研究的学者有机会云游四方真是一件幸事。无论是到威尼斯、阿姆斯特丹和哥本哈根的旅行，还是在中国台湾、中国香港、英国、法国、美国、葡萄牙、瑞典和丹麦的访学或旅居，无疑都极大地开阔了我的学术视野。

这种"读万卷书，行万里路"的信念也许是源自儿时的教育和读书。那时，古代圣贤和英雄豪杰闻鸡而起，白天在面临山野的书屋内潜心攻读，夜晚在月光下又仗剑起舞的形象深深地吸引着我。于是，好奇于大自然的山水和人文景观，以追求知识和完善自身为人生目标的信念，鼓舞着我这样的年轻人一路求学，纵使历经艰辛。人们常说，男子汉应有宽阔的胸怀，付有强的这本书应有助于年轻人养成以四海为家的远大志向，这在全球化的时代，在中国日益走向世界的时代尤其值得向青年人提倡。

何 平

于四川大学

图1 规划"大旅行"的新婚夫妇

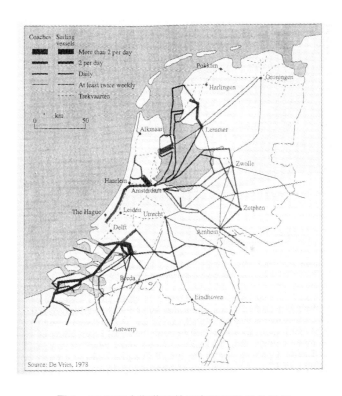

图2 18世纪中期荷兰的马车和帆船服务网络

图3 "大旅行"的路线（一）

图4 "大旅行"的路线（二）

图 5　迈恩迪特·霍贝玛的《林荫道》

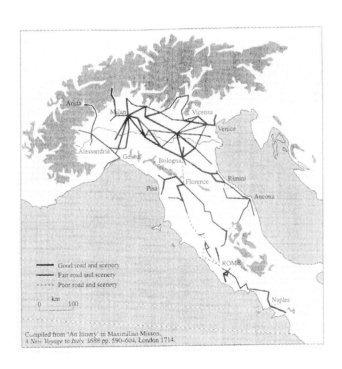

图 6　17 世纪末叶的意大利道路

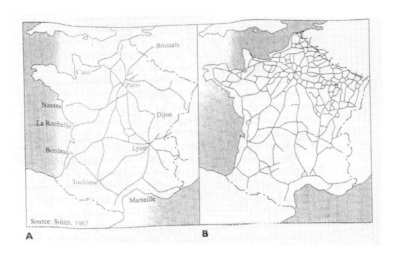

图 7　17、18 世纪法国的公路体系

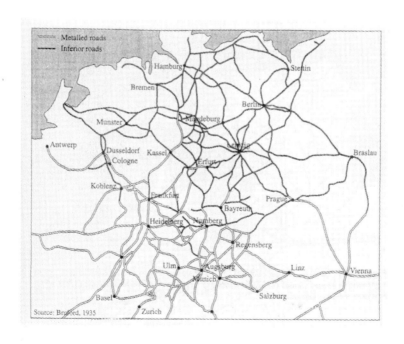

图 8　18 世纪末叶德意志的道路状况

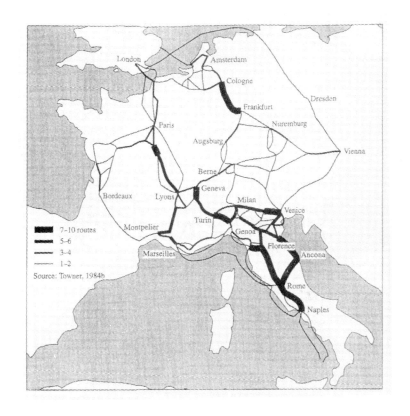

图 9　1661—1700 年的 "大旅行" 路线

图 10　翻越阿尔卑斯山

图 11 途中的游学者

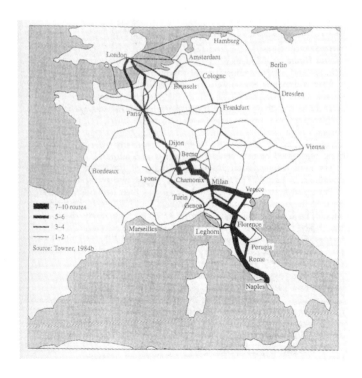

图 12 1814—1820 年的"大旅行"路线

图 13　考察古典遗迹的游学者

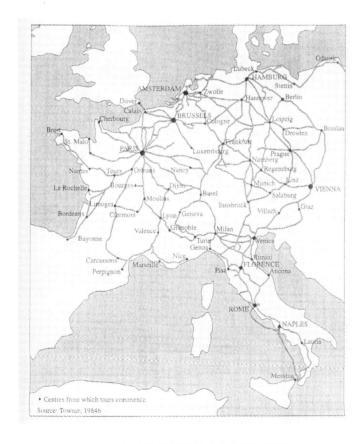

图 14　纽金特描绘下的"大旅行"路线

图 15　研究艺术的游学者（一）

图 16　研究艺术的游学者（二）

图 17　告别家人的少年游学者

图 18　鲁本斯的《耶稣受刑》

图 19　俄里翁喷泉

图20　特宫

图21　从良的玛丽

图 22　格林威治的王后行宫

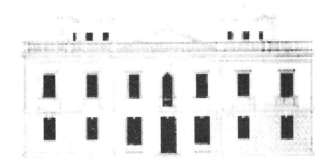

图 23　格林威治的王后行宫（正面图）

图 24 　《荆冠耶稣》

目　录

绪　论

英国人富有游学的传统。英国人为满足精神或文化需求而前往欧洲大陆旅行的做法由来已久,可以追溯到遥远的罗马不列颠时代。在罗马时代,战争中被俘的不列颠士兵、臣服的土王、仰慕罗马文化的土著贵族相继来到罗马,开启了英伦诸岛向欧洲文明中心学习的先声。在中世纪,朝圣者、接受训练的骑士、希望提升学问的学生和学者,不断前往欧洲大陆游历。近代初期,牛津学者开启了赴欧陆寻求新知识的先河,其后,派遣贵族青年前往欧洲大陆进行游学,逐渐成为训练宫廷精英熟悉国际事务和世界文化的一种方式。

在16、17世纪,前往欧陆旅行并在各文化、教育中心体验、学习,逐渐成为上流社会的时尚,成为他们掌握近代语言和历史、学习体育技能、熟悉社交礼仪的重要方式,游学逐渐被看作是上层青年教育不可或缺的组成部分。17世纪中后期,理查德·拉塞尔斯提出的"大旅行"(Grand Tour)观念,逐渐被英国人接受和践履,"大旅行"成为游学实践的典型形式,成为被时人称作"幼熊"的青年人教育的顶点和"成年礼",成为英国游学传统的重要组成部分。

一　研究的缘起

本书的研究源于作者对旅行在欧洲特别是在英国的经济、文化发展及英国与欧洲大陆的经济、文化交流中所发挥作用的关注。旅行及旅行产业化的结果——旅游在欧洲各地区间的经济、文化发展与交流中曾经而且正在发挥重要的作用。旅行是各地区文化相互接触、交往的一个重要途径,它推动着地区间的经济交流和文化发展。正如美国学者菲利普·艾辛顿指出的那样,文化处于一个永无休止的"再创造"过程。① 而这个再创造过程的灵感则部分源于不同文化彼此之间的交往。向旅行者

---

① P. Ethington, "Toward Some Borderland Schools for American Urban Ethinic Studies?", *American Quarterly*, Vol. 48, 1996, p. 348.

提供车马舟船服务，满足他们在旅途中的吃、穿、用等日常生活需求，向他们兜售绘画、雕像、手稿、古籍，不仅推动和促进了旅行目的地国家经济和文化的发展，也有利于他们的思想文化向客源地国家传播，并促进其经济、文化的发展。旅行者途中进行的观察，所写的旅行纪实和著述，则为近代时期的科学研究和哲学思考提供了经验资料。作为人员流动的一种方式，旅行带来新思想，扩大一国的视野，促进思想、制度和文化的传播和扩散。

在近代欧洲的历史上，无论是国内旅行还是出国旅行，都能引起文化的演变。旅行不仅让人们增加对不同地区地理、经济、政治、道德风俗等的了解，还增进了各国间，特别是各国知识群体之间的联系，在形成具有共同特质的欧洲文化方面发挥着重要作用。从 16 世纪初开始，在旅行及印刷术的推广应用、教育的发展、各国间通信和出版事业的发展等因素的共同作用下，欧洲文化日益走向复杂化，并形成了自己特殊的风格。[①] 旅行在近代欧洲经济、文化生活及思想、文化交流中发挥着重要的作用，而"大旅行"，或者说"社会中富有阶层为了文化、教育、保健和精神愉悦等目的而在西欧各地进行的游历"则是英国旅游史上最为著名的事件之一。[②] 从 17 世纪到 19 世纪早期，它一直都是英国国外旅行的主要特征。

对英国人的游学传统，特别是近代时期的"大旅行"进行研究，具有重要的学术价值和明显的现实意义。首先，"大旅行"研究不仅可以为我们揭示英国文化演变的动因，揭示众多现代旅游现象的起源，还可以为我们追溯英国民族认同的形成及欧洲文化认同的形成提供重要的线索。这正如牛津大学赫德福德学院的乔纳森·伍尔夫森指出的那样，"（英国）旅行史的研究清楚地揭示了众多现代旅游现象的起源，为追溯英国和欧洲文化认同形成、传播和交流的过程提供了重要的线索，没有旅游史，近代早期英国的文化和教育史几乎是不可理解的"。[③] 其次，"大旅行"作为全球化初期欧洲内部一种值得注意的大规模人员流动，同欧洲向全世界的殖民扩展和流散一样值得注意。此外，"大旅行"的研究也具有明显的现实指导意义。随着中国经济日益发展，国力逐渐强大，国人越来

---

① ［荷］彼得·李伯庚：《欧洲文化史》下册，赵复三译，上海社会科学院出版社 2004 年版，第 339—340 页。

② John Towner, *An Historical Geography of Recreation and Tourism in the Western World* 1540 – 1940, Chichester: John Wiley & Sons, 1996, p. 96.

③ Jonathan Woolfson, "Review of the Grand Tour: Anglo – Italian Cultural Relations since the Renaissance", *Sixteenth Century Journal*, No. 2, 1999, pp. 529 – 531.

越多地走出国门，前往异国他乡旅行、考察和学习，英国人"大旅行"的历史对当代国际旅游、游学和文化交流有着重要的借鉴意义。

二　"大旅行"的内涵和社会属性

"大旅行"是 Grand Tour 一词的直译。Grand Tour 一词源于法语，意指"在（欧洲）广大地区长时间地游历"。① 在英国，天主教神甫理查德·拉塞尔斯首先在《意大利之旅》一书中使用"Grand Tour"一词。其后，一些旅行作家时常以该词为著作的标题，来描述当时英国社会上层特别是贵族和乡绅子弟在欧洲各地长时间游历、学习的现象。② 后来，"Grand Tour"一词逐渐成为英文中的一个专门词语，而它所指称的现象则成为"18 世纪及此前数个世纪中英国社会史上最为重要的篇章之一"。③

在西方学术界，学者们在"大旅行"的具体内涵问题上并没有形成一致的意见。许多学者常常采用模糊策略，不对"大旅行"进行明确定义。不过，他们却主要将著作的标题限定在 18 世纪。崔思的著作主要探讨的是"漫长的 18 世纪"（16 世纪下半叶至 19 世纪中期）中特定人物的旅行，而且，他主要采用描述的方式，而没有使用分析的方法。希伯特则利用当时的记述，来追溯游客往返于那不勒斯的"典型"旅程。不过，他并没有能够说明自己确定典型的标准是什么。某些研究者虽然对"大旅行"的定义进行了讨论，但他们的定义却常常流于简单化。例如，兰伯特就提出时间是关键因素，"行色匆匆则不称其为'大旅行'，不慌不忙，即有时间悠闲地旅行，是'大旅行'的本来面貌"。④ 崔思似乎将"大旅行"等同于"一劳永逸"的参观。他同时还补充说，除非旅行者设法抵达了意大利，否则，他就不能认为自己是"大旅行"游客。⑤ 唐纳则

---

① James A. H. Murray, Henry Bradley, W. A. Craigie, C. T. Onions: *The Oxford English Dictionary*, Second Edition, Volume vi, Oxford: Oxford University Press, Clarenton Press, 1989, p. 754.

② 例如，威廉·布罗姆利 1692 年便出版了一本题为《在法国和意大利大旅行途中的观察》的游记，而托马斯·纽金特在 1749 年更是直接以"大旅行"为标题，出版了一部四卷本的著作。参见 William Bromley, *Remarks in the Grand Tour of France & Italy, Lately Performed by a Person of Quality W. Bromley*, 1692; Thomas Nugent, *The Grand Tour, or A Journey through Netherlands, Germany, Italy and France*, London, 1749。

③ William Edward Mead, *The Grand Tour in the Eighteenth Century*, Boston and New York: Houghton Mifflin Company, 1914, p. vii.

④ Richard Stanton Lambert, *Grand Tour: A Journey in the Track of Aristocracy*, E. P. Dutton & Co. Inc, 1937, p. 12.

⑤ Robert Geoffrey Trease, *The Grand Tour*, Holt. Rinehart and Winston, 1967, p. 2.

提出,"大旅行"可以用"旅行者的社会阶级或所去的地方"来进行界定。[1] 而他本人所选用的界定标准则是后者。[2]

然而,对"大旅行"进行前述那种过于简单化的定义,容易造成将19世纪初的旅行仅仅看作是18世纪实践稍加修改的翻版。例如,琳妮·魏希的著作《"大旅行"与库克之旅:休闲旅行的历史1750—1915》的标题就暗示,在"大旅行"衰落之际,跟团旅行出现了。显然,魏希认识到1815年后的旅行者"将不同的情感带到了他们的旅行之中",但在其中冠以"大旅行的再思考"这一醒目标题的章节里,她认为这些旅行者在"竭力重新创造昔日的'大旅行'"。[3] 弗兰克·单蒙在论述罗马考古对英国建造师的影响时采用了相似的方法,并着力淡化其在拿破仑统治时期所发生的变化。单蒙在审视"后拿破仑统治时期英国人恢复18世纪旅行传统的各个方面"之后,指出"相当比例的旅行者……依然是富人和贵族的子弟,他们正力图完成自身的教育"。在对19世纪描述意大利的旅行记述进行分析后,他断言:"写这些书的人的所作所为与他们18世纪的同类大抵相似:参观古迹和现代艺术博物馆……获取艺术品,学习外国语言和礼仪,参加各种沙龙和当地的节日,行止放浪,吟诗赋句,如此等等。"[4] 约翰·唐纳同样试图将"大旅行"延伸至19世纪。虽然他在"经典的'大旅行'"与"浪漫主义的'大旅行'"之间进行了区别,并用"浪漫主义的'大旅行'"来指称19世纪初期的旅行,但他却竭力淡化二者之间存在的任何重大差别,并指出,旅行的空间模式与17世纪大体一致,仅仅是某些细微的变化将二者区别开来。[5]

由于西方学者对"大旅行"性质和内涵认识的分歧,他们对"大旅行"的界定也存在着较大的差别。最早对"大旅行"进行全面研究的美国学者威廉·爱德华·米德认为,至少从意图来看,"大旅行"并非仅仅

---

[1] John Towner, "The Grand Tour", *Annals of Tourism Research*, No. 12, 1985, p. 301; John Towner, *The European Grand Tour, circa* 1550 – 1840: *A Study of Its Role in the History of Tourism*, University of Birmingham, 1984.

[2] Michael Heafford, "Between Grand Tour and Tourism, British Travellers to Switzerland in a Period of Transition, 1814 – 1860", *The Journal of Transport History*, 27/1, p. 26.

[3] Lynne Withey, *Grand Tours and Cook's Tours: A History of Leisure Travel*, 1750 – 1915, New York: William Morrow, 1997, pp. 60 – 61.

[4] Clare Hornsby, *The Impact of Italy: the Grand Tour and Beyond*, London: The British School at Rome, 2000, pp. 220 – 221.

[5] John Towner, "The Grand Tour", *Annals of Tourism Research*, No. 12, 1985, p. 314; Michael Heafford, "Between Grand Tour and Tourism, British Travellers to Switzerland in a Period of Transition, 1814 – 1860", *The Journal of Transport History*, 27/1, p. 27.

是一次愉快的旅行，而是"英国上层社会青年教育不可或缺的一种教育形式"。"如果一个人根据时人认可的方式，在胜任的私人教师陪同下进行'大旅行'的话，那就意味着，会有一次经过精心准备的穿越法国和意大利的旅程，及穿越德意志和低地国家的返程之旅……这样一次旅行通常需要三年的时间。"① R. E. W. 麦迪逊基本上赞成这种看法，在此基础上，他认为，"大旅行"不过是对此前流行的大陆旅行的不同叫法而已。它主要限于贵族及富有阶层的成员，在当时被视为绅士教育不可或缺的一部分，是对未来职业生涯的重要准备。②

　　美国科学与艺术院院士（2002）、波士顿大学教授布鲁斯·里德福德以众多历史个案及时人批评"大旅行"的资料为依据，对"大旅行"的内涵进行了更为严格的限定。他认为，"大旅行"必须包括如下一些限定条件：首先，必须要有一名男性青年贵族（贵族或乡绅的一员）；其次，必须要有一位全程监护的家庭教师；再次，必须有一个以罗马为主要目的地的既定旅行路线；最后，青年贵族必须在国外旅行长达 2—3 年的时间。如果不能满足所有这些条件，它则不称其为"大旅行"。③

　　英国埃克塞特大学教授杰里米·布莱克是"大旅行"研究的另外一位重要学者。在布莱克的研究中，他不仅将富有的英国青年男子在法国和意大利进行的长达多年的旅行，还将许多其他青年男子在欧洲其他国家的旅行、英国人因健康原因而在巴黎或温泉疗养地的快速旅行，乃至英国人在整个欧洲的旅行都纳入自己的"大旅行"研究之中。④ 英国北安普顿大学的约翰·唐纳对"大旅行"的界定与布莱克教授的界定如出一辙。在唐纳看来，"大旅行"就是"社会中富有阶层为文化、教育、保健和精神愉悦等目的而在西欧进行的游历"，是旅游史上最为著名的事件之一。"大旅行"是旅游历史连续性的一个很好的例子，可以看作是在古代世界便已存在的文化旅游的再现形式。⑤

　　总的来说，西方学者对"大旅行"的界定主要存在两种倾向。一种

①　William Edward Mead, *The Grand Tour in the Eighteenth Century*, p. 3.

②　R. E. W. Maddsion, "Studies in the Life of Robert Boyle, F. R. S.", *Notes and Records of the Royal Society of London*, Vol. 20, No. 1, 1965, p. 51.

③　Bruce Redford, *Venice & the Grand Tour*, New Haven and London: Yale University Press, 1996, p. 14.

④　Jeremy Black, *The British and the Grand Tour*, Beckenham, Kent: Croom Helm Ltd., 1985, preface, p. v; Jeremy Black, *The British Abroad: The Grand Tour in the Eighteenth Century*, Phoenix Mill: Sutton Publishing Limited, 2003, p. 2.

⑤　John Towner, *An Historical Geography of Recreation and Tourism in the Western World* 1540 – 1940, Chichester: John Wiley & Sons Ltd., 1996, p. 96.

倾向是从狭义的层面上理解"大旅行",将其定义为"英国上层社会为教育的目的而前往欧洲大陆进行的旅行",这也即国内某些学者所谓的"大陆游学"或"游学"。① 作为一种历史现象和社会存在,它主要与"英国富家子弟"、"欧洲大陆"及"教育的必经阶段"紧密地联系在一起。中世纪学者在欧洲大陆的学习之旅是这种传统的先声;近代初期牛津大学学子开启的赴欧陆寻求新知识的热潮,则是此种实践的开端。1670 年理查德·拉塞尔斯《意大利之旅》一书首创的"Grand Tour"则是对此种旅行最为凝练的概括,而当今盛行的游学则是在它的基础上发展起来的。早期的研究者米德、康斯坦莎·麦克斯韦尔、保罗·富兰克林·柯比以及后来的研究者布鲁斯·里德福德所研究的欧洲"大旅行"基本上属于这一类型。②

　　另一种倾向则是从广义的角度来理解"大旅行"。爱德华·钱尼、杰里米·布莱克、约翰·唐纳以及布赖恩·窦伦等学者便是其中的代表人物。他们认为,随着时代的发展,特别是到 18 世纪,欧洲"大旅行"现象显得越来越纷繁复杂,"大旅行"的参与者、目的也越来越呈现出多样化的特征,欧洲社会中各阶层为了政治、经济、文化、教育、保健和精神愉悦等生产性和非生产性目的而在西欧进行游历的现象,都可以纳入"大旅行"研究的范畴之内。而从内容上看,它也更为丰富,"大旅行"的整个进程中不仅有教育和文化方面的活动,还包括了诸多其他方面的内容。换言之,"大旅行"在他们看来就是现代旅游的前身。

　　就如何才能准确地认识"大旅行"的性质问题,剑桥大学的迈克尔·赫弗德认为,只有通过探讨"大旅行"及其参与者的关键特征,才有可能揭示其目的和功能,从而提出一个可行的定义。没有这样的定义,就必然会导致如下一些问题的模糊不清:即"大旅行"是随着法国大革命的爆发而终结的呢? 还是继续得以存在至 19 世纪,直到铁路及与铁路相联系的大众旅游的出现,才最终消失。③ 为此,部分学者常常将"大旅

---

① 阎照祥:《英国近代贵族体制研究》,人民出版社 2006 年版,第 215—217 页。

② William Edward Mead, *The Grand Tour in the Eighteenth Century*;Constantia Maxwell, *The English Traveller in France*, 1698 – 1815, London: George Routledge & Sons, 1932; Paul Franklin Kirby, *The Grand Tour in Italy* (1700 – 1800), 1952; Bruce Redford: *Venice & the Grand Tour*; Paul S. Fritz, "Review of The British and the Grand Tour", *The American Historical Review*, Vol. 92, No. 2, 1987 (April), p. 414; G. . R. Crone, "Review of The English Traveller in France, 1698 – 1815 by Constantia Maxwell", *The Geographical Journal*, Vol. 80, No. 2, 1932, p. 156.

③ Michael Heafford, "Between Grand Tour and Tourism, British Travellers to Switzerland in a Period of Transition, 1814 – 1860", *The Journal of Transport History*, 27/1, p. 26.

行"看作是 18 世纪男性精英成长过程中的一种重要经历，它表明一个人具有了成为文化意义上的社会精英的资格。① 然而，以精英阶层为中心来探讨"大旅行"这个主题却存在着如下一些问题：首先，这种做法假定"大旅行"在一定程度上已经制度化。事实上，它所提出的被正式化和特殊化的贵族成长仪式在很大程度上并没有得到现存资料的支撑。其次，此种假定导致"大旅行"的某些方面受到忽视。例如，"大旅行"可能还包括接受一段时间的正式教育，与那些在都灵的专门学校学习马术和击剑、进入莱顿（荷兰城市）或帕多瓦等城市的大学学习的年轻人所遇到的情况。此外，就参与者和旅行线路而言，"大旅行"始终是一种国际现象，而这一点却往往因学者们过分关注英国旅游而遭到忽略。②

与此同时，如果我们将"大旅行"视为精英阶层特有的现象，并将它过分地具体化，以致我们必须在进行"大旅行"的游客和其他类型的旅行者间进行区分的话，那同样存在着危险。对学者来说，对"大旅行"进行定义要比识别"大旅行"的游客容易得多。并非所有的旅行者都是游客，而游客也并非都是在进行"大旅行"。况且，从总体来看，进行"大旅行"的游客也是非常不同的一群人。这些差别对研究"大旅行"的学者的重要性要比它们对那些曾经进行"大旅行"的人抑或是带领他人进行"大旅行"的人乃至描述"大旅行"的人都要重要得多。除理查德·拉塞尔斯、托玛斯·纽金特外，当时的作家和评论家通常并不提及 tour 一词，更不要说将其界定为 Grand Tour，他们甚至没有在该词语的前面加上定冠词。③ 相反，当时的英国人常常使用"旅行"一词。

就"大旅行"的参与者来看，他们也并不仅仅是一些处于青春期晚期的男性贵族。正如英国向欧洲各国派驻领事一事所表明的那样，居住在海外的英国人中总是会有相当数量的商人。士兵和外交官因为职业的原因而旅行，艺术家则为了接受训练而旅行。在作为"大旅行"鼎盛时期的 18 世纪初，许多妇女也沿着类似于"英国绅士"旅行时所经过的线路，在欧洲大陆各地旅行。旅行线路因各个旅行者或旅行团队的动机、兴趣或职业规划的不同而不同，它们可以根据旅行者具体职业规划的需

① Gerald Newman, *The Rise of English Nationalism: A Cultural History*, 1740 – 1830, New York, 1997, p. 39; E. P. Thompson, "Patrician Society, Plebeian Culture", *Journal of Social History*, No. 7, 1974, p. 39; Bruce Redford, *Venice & the Grand Tour*, pp. 7 – 8.

② 有关这个问题的论述，参见 Robert Oresko, "The British Abroad", *Durham University Journal*, Vol. 79, 1987, pp. 349 – 363。

③ John Eglin, *Venice Transfigured: The Myth of Venice in British Culture*, 1660 – 1797, Basingstoke, Hampshire: Palgrave TM, 2001, p. 74.

要而加以调整。① 例如，打算将来成为军官的人通常前往普鲁士参观军事演练，而雄心勃勃的建筑师则往往要前往意大利北部待上相当长的一段时间。

没有人能够比旅行作家更清楚旅行者的多样性，这些旅行作家通常都是职业导游，他们曾不止一次地在欧洲各地游历。约翰·布雷瓦尔就证实，"如果有一位旅行者致力于探究各国的政治、风俗和礼仪，那就会有另一位旅行者在致力于探究其自然史；如果一位旅行者以探究各国的制造业和商业为目标，那另一位则会以探究其古典遗迹和丰碑为己任"。② 尽管纽金特以"大旅行"为标题来命名自己的旅行指南，但他却不仅开列出了所描述地区的商品交易会及商品的名单，还列出了各种货币间的兑换比率，所有这些信息都旨在"为商务旅行提供便利"。③

因此，在重构"大旅行"的过程中，最好将它视为典型而非习俗。来自富有家庭的青年人确实是在导师的陪同之下游历欧洲大陆的，但与旅行认同在一起并让学者有可能赋予其"制度性"地位的那些传统，明显是基于现实的考虑。考虑到这些因素，我们就应该谨防因过于关注进行"大旅行"的游客而忽略了同一时期在欧洲旅行的其他男男女女。18世纪，在欧洲进行旅行是艰辛的，而且费用不菲，即便是那些拥有足够财富的人也不会尝试一生中在国外进行多次长期旅行。旅行过程中可能遇到的危险要求人们在年轻、相对健康而强壮的时期进行旅行。一旦他们回到国内，他们常常不再前往国外旅行，这或许是因为费用的原因，也可能是因为岁月消耗了旅行所需要的精力，或许则是因为成人的责任让他们失去了旅行的机会。这些年轻人在导师的陪同下进行旅行，一是因为旅行的开销就可以借教育的名义而有了一个好的说法，二是因为放

----

① 就"大旅行"覆盖的地区而言，虽然西方的许多学者在某种程度上形成了一致，但他们在每个国家或地区的重要性问题上，却很难形成统一的意见。爱德华·米德认为"大旅行"的路线限于法国、瑞士、意大利、德意志及低地国家。杰弗里·崔思（Geoffrey Trease）和克里斯多夫·希伯特（Christopher Hibbert）的看法与此相同，不过，希伯特还将奥地利纳入其中。杰里米·布莱克则发现很难为自己确立一个明确的地理范围。因此，他决定"扩大著作涉及的范围，以囊括英国人在欧洲的整个旅游"。唐纳在概述"不同的旅行路线"时则没有能够提及瑞士和阿尔卑斯山脉。学者们在"瑞士位于大旅行路线之上"这一点似乎并不存在不同看法，但他们在瑞士的重要性问题上却存在不同的看法。参见 Michael Heafford, "Between Grand Tour and Tourism, British Travellers to Switzerland in a Period of Transition, 1814 – 1860", p. 25。

② John Durant Breval, *Remarks on Several Parts of Europe*, 1738, Vol. 1, preface, p. iii.

③ Thomas Nugent, *The Grand Tour, or A Journey through the Netherlands*, *Germany*, *Italy and France*, London, 1756, Vol. 1, pp. 4 – 5.

任十多岁大的孩子在没有人陪伴、没人监管的情况下前往一个完全陌生的环境中进行旅行是不明智的，也是不负责任的。正是出于这些日常的需求，约定俗成的做法才得以出现。①

三 国外及国内的研究状况

西方学界对"大旅行"的研究开始于 20 世纪初。② 与其他文化现象一样，"大旅行"是特定社会和文化环境的产物，因此而引起了许多学科的注意。这些不同的学科对 16 世纪至 19 世纪英国历史的方方面面都进行了关注，为"大旅行"研究提供了各自独特的视角。L. 爱因斯坦的《英国的意大利式文艺复兴》、C. 冯·克伦策的《上两个世纪对意大利的诠释》、S. 李的《英国的法式文艺复兴：16 世纪英国和法国文学叙述一览》、E. 曼沃林的《18 世纪英国的意大利式景观》、W. E. 霍顿的《17 世纪英国的艺术鉴赏家》、J. R. 赫尔的《英国与意大利的文艺复兴：对其历史和艺术兴趣的增长》、G. 伯顿的《托玛斯·艾沙姆勋爵：1677—1678 年罗马的英国收藏家》、E. 麦林斯的《1660—1840 年间英国的景观美化与文学》、J. 伯克的《大旅行与品位至上》、B. 福特的《大旅行》、D. 萨顿的《大旅行的纪念品》等论著和文章，在探讨英国艺术和文化生活发展等问题时，对贵族阶级在"大旅行"中的活动进行了考察。③ 贵族阶级的成员通常在"大旅行"活动中扮演着重要的角色，而前述研究所

---

① John Eglin, *Venice Transfigured: The Myth of Venice in British Culture*, 1660 – 1797, pp. 75 – 76.

② 鉴于笔者本人所掌握的语言工具的限制，此处仅对英语世界的研究状况进行述评。

③ L. Einstein, *The Italian Renaissance in England*, New York: Columbia University Press, 1902; C. von Klenze, *The Interpretation of Italy in the Last Two Centuries*, Chicago: University of Chicago Press, 1907; S. Lee, *The French Renaissance in England*, *An Account of the Literary Relations of England and France in the Sixteenth Century*, Oxford: Clarendon Press, 1910; E. Manwaring, *Italian Landscape in Eighteenth Century England*, London: Oxford University Press, 1925; W. E. Houghton, The English Virtuoso in the Seventeenth Century, *Journal of the History of Ideas*, No. 3, 1942; J. R. Hale, *England and the Italian Renaissance*, *the Growth of Interest in Its History and Art*, Oxford: Blackwell Publishing, 1954; G. Burdon, "Sir Thomas Isham: An English Collector in Rome in 1677 – 1678", *Italian Studies*, 1960, 15th edition; E. Malins, *English Landscaping and Literature*, 1660 – 1840, Oxford: Oxford University Press, 1966; J. Burke, "The Grand Tour and the Rule of Taste", in *Studies in the Eighteenth Century*, edited by F. R. Brissenden, Canberra: Austrilian National University, 1968; B. Ford, "The Grand Tour", *Apollo*, Vol. 114, 1981; D. Sutton, *Souvenirs of the Grand Tour*, London: Wildenstein, 1982. 参见 John Towner, "The Grand Tour: A Key Phase in the History of Tourism", *Annals of Tourism Research*, Vol. 12, 1985, pp. 299, 326 – 333。

塑造的“大旅行”形象也常常体现出贵族特色。

同样，G. B. 帕克斯的《旅行即教育》和《中世纪时期前往意大利的英国旅行者》、G. C. 布劳尔的《绅士之教育：英国绅士教育的各种理论，1660—1775》、K. 查尔顿的《英国文艺复兴时期的教育》、K. S. 邓特的《18 世纪地产阶级的非正式教育》和《旅行即教育：18 世纪英国的地产阶级》等论著和文章在考查教育史的过程中，也分别对“大旅行”进行了探讨。① J. A. R. 平洛特的《英国人的假日：一部社会史》、F. M. L. 汤姆森的《19 世纪英国的地产阶层》、G. E. 明格的《18 世纪英国的地产阶层》及《乡绅：一个统治阶级的兴衰》、L. 斯通的《1558—1641 年贵族的危机》等考察社会史与经济史的论著和文章也分别对“大旅行”进行了研究。② E. S. 贝茨的《游历于 1600 年：旅行作为教育方式的发展研究》、W. E. 米德的《18 世纪的大旅行》、C. 马克斯韦尔的《法国境内的英国旅行者 1698—1815》、R. S. 兰伯特编辑的《大旅行：沿着贵族时代足迹的一次旅程》及他在战后所著的《幸运的旅行者》、E. M. 哈顿的《16、17、18 世纪意大利境内的大旅行》、P. F. 柯比的《1700—1800 年意大利境内的“大旅行”》、J. W. 斯托伊的《1604—1667 年英国海外旅行者及其在英国社会与政治中的影响》、G. 崔思的《大旅

---

① G. B. Parks, "Travel as Education", in Richard Foster Jones, ed. , *The Seventeenth Century*: *Studies in the History of English Thought and Literature from Bacon to Pope*, London: Oxford University Press, 1951; G. B. Parks, *The English Traveler to Italy*, The Middle Ages to 1525, Rome: Edizioni di Storia e Letteratura, 1954; G. C. Brauer, *The Education of a Gentleman*: *Theories of Gentlemanly Education in England*, 1660 – 1775, New York: Bookman, 1959; K. Charlton, *Education in Renaissance England*, London: Routledge and Kegan Paul, 1965; K. S. Dent, *The Informal Education of the Landed Classes in the Eighteenth Century*, *with Particular Reference to Reading*, University of Birmingham Doctoral Dissertation, 1974; K. S. Dent, "Travel as Education: The English Landed Classes in the Eighteenth Century", *Educational Studies*, No. 3, 1975, pp. 171 – 180.

② J. A. R. Pimlott, *The Englishman's Holiday*, A *Social History*, London: Faber and Faber, 1947; F. M. L. Thomson, *English Landed Society in the Nineteenth Century*, London: Routledge and Kegan Paul, 1963; G. E. Mingay, *English Landed Society in the Eighteenth Century*, London: Routledge and Kegan Paul, 1963; G. E. Mingay, *The Gentry*: *The Rise and Fall of a Ruling Class*, London: Longman, 1976; L. Stone, *The Crisis of Aristocracy*, 1558 – 1641, Oxford: Oxford University Press, 1965.

行》、C. 希伯特的《大旅行》等著述则对"大旅行"进行了综合性的研究。① 不过，在前述这些著述中，研究者们关注的主要是地产阶级在"大旅行"中的活动。②

此外，C. P. 布兰德的《意大利和英国的浪漫文学：19 世纪英国的意大利时尚》、P. 富塞尔的《古典人文主义的修辞世界》、S. B. 莱斯的《斯莫利特穿越法国、意大利时的游记与大旅行文学之风格》、C. T. 霍纳特的《菲尔丁、斯莫利特、斯特恩与 18 世纪游记的发展》、M. S. R. 莫利尔的《1795 年至 1825 年欧洲大陆的文学旅行者》、A. F. 伍德豪斯的《18 世纪想象与现实中造访法国的英国人》与《1660 年至 1789 年巴黎的英国旅行者日记研究》及 C. L. 班滕的《愉快的教诲：18 世纪旅行文学的形式和约定俗成》等著作和文章则从英国文学史的角度出发，对"大旅行"进行了考察。③ 就"大旅行"中所涉及的社会阶级问题而言，这些研究者则采用了更为宽泛的视角，他们将整个中产阶级的各个阶层都纳入自己

---

① E. S. Bates, *Touring in 1600: A Study in the Development of Travel as a Means of Education*, London: Constable, 1911; W. E. Mead, *The Grand Tour in the Eighteenth Century*, New York: Houghton Mifflin, 1914; C. Maxwell, *The English Traveller in France*, 1698 – 1815, London: Routledge, 1932; R. S. Lambert, ed., *Grand Tour, A Journey in the Tracks of the the Age of Aristocracy*, London: Faber and Faber, 1935; R. S. Lambert, *The Fortunate Traveller*, London: Melrose, 1950; E. M. Hutton, *The Grand Tour in Italy in the Sixteenth, Seventeenth and Eighteenth Centuries*, University of Cambridge Doctoral Dissertation, 1937; P. F. Kirby, *The Grand Tour in Italy* 1700 – 1800, New York: Vanni, 1952; J. W. Stoye, *English Travellers Abroad*, 1604 – 1667, *Their Influence in English Society and Politics*, London: Cape, 1952; G. Trease, *The Grand Tour*, London: Heinemann, 1967; C. Hibbert, *The Grand Tour*, London: Putnam, 1969.

② John Towner, "The Grand Tour: A Key Phase in the History of Tourism", *Annals of Tourism Research*, Vol. 12, 1985, pp. 299, 326 – 333.

③ C. P. Brand, *Italy and the English Romantics: The Italianate Fashion in Early Nineteenth Century England*, Cambridge: Cambridge University Press, 1957; P. Fussell, *The Rhetorical World of Augustan Humanism.* Oxford: Clarendon Press, 1965; S. B. Rice, *Smollett's Travels Through France and Italy and the Genre of Grand Tour Literature*, University of Arizona Doctoral Dissertation, 1968; C. T. Honhart, *Fielding, Smollett, Sterne, and the Development of the Eighteenth Century Travel Book*, Duke University Doctoral Dissertation, 1974; M. S. R. Morrill, *The British Literary Traveller on the Continent*, 1795 – 1825, New York University Doctoral Dissertation, 1975; A. F. Woodhouse, "Eighteenth Century English Visitors to France in Fiction and Fact", *Modern Language Studies*, No. 1, 1976, pp. 37 – 41; A. F. Woodhouse, *English Travelers in Paris* 1660 – 1789: *A Study of Their Diaries*, Stanford University doctoral dissertation, 1976; C. L. Batten, *Pleasurable Instruction: Form and Convention in Eighteenth Century Travel Literature*, Berkely: University of California Press, 1978.

的研究范围之中。①

纵观"大旅行"研究的学术历史，我们可以看出，西方学界的研究已经涉及了文化、艺术、社会、经济、教育、文学等众多的学科领域，其研究的具体问题也各不相同。限于本书研究内容的视角，这里仅仅能挑选其中的部分著述和成果来进行介绍和评述。

为教育的缘故而前往外国旅行，是18世纪及更早一些时候英国社会、历史中重要的篇章之一。在20世纪初，E. S. 贝茨、威廉·爱德华·米德以及克莱尔·霍华德等学者便对英国人中的这一现象表现出了浓厚的兴趣，于是，"大旅行"研究出现了。② E. S. 贝茨所著的《游历于1600年：旅行作为教育方式的发展研究》（1911）一书开启了英语世界"大旅行"研究的先河。该著作的主要目标在于探讨1600年前后近百年间旅行作为教育方式的发展历程。在书中，贝茨认为，在1600年之前的半个世纪及其后的半个世纪中，上层阶级打发自家子弟到国外旅行并以此作为他们教育组成部分的做法，逐渐由一种尝试演变为一种习俗，并最终成为定制。到17世纪中期，打发青年子弟到欧洲大陆游历进而完成教育，已然成为一种固定的制度，"大旅行"则成为穷儒酸客们喋喋不休的话题。在英国，詹姆士·豪威尔是首位对"大旅行"进行描述的文人。他的《国外旅行指导》可用以追溯现代意义上的"大旅行"的开端。安德鲁·博德在此前一个世纪所著的《知识入门》则可用来追溯同一时期旅行作为教育方式的发展历程。贝茨还认为，"大旅行"实际上是一个全欧洲性的现象，只不过在不同的国家，它的规模有所不同而已。③ 此外，通过运用来自大约230位旅行者的叙述，《游历于1600年：旅行作为教育方式的发展研究》一书不仅为读者呈现了同一时期欧洲和地中海世界的生动画面，而且还再现了当时旅行者所经历的各种冒险。④

美国学者威廉·爱德华·米德（1860—1949）是第一位直接以"大旅行"为题进行研究的西方学者。在《18世纪的大旅行》（1914年）一书中，米德除了对18世纪后期的"大旅行"进行具体介绍之外，还附带对18世纪之前的"大旅行"进行了简要的说明。全书共分为15章，分别对法国大革命前欧洲的形势，"大旅行"主要涉及地区法国、意大利、

---

① John Towner, "The Grand Tour: A Key Phase in the History of Tourism", *Annals of Tourism Research*, Vol. 12, 1985, pp. 299, 326 – 333.

② W. E. Mead, *The Grand Tour in the Eighteenth Century*, Preface, p. vii.

③ E. S. Bates, *Touring in 1600: A Study in the Development of Travel as a Means of Education*, p. 26.

④ 同上书，各相关章节。

德意志及低地国家的水陆交通和运输的发展状况，沿途各个地区的客栈、旅行者及其家庭教师，旅途中的各种危险、干扰，旅行的费用，旅行者在法国和西班牙、瑞士山区、意大利、德意志、低地国家旅行时的见闻和感受，进行了系统的描述。此外，米德在著作中还分析了"大旅行"对参与者的生活和思想所产生的深远影响："大旅行"让部分英国人在人生中最感性的时期能够观察别国土地，观察其他类型的社会和政府，它让旅行者将欧洲大陆所能提供的最好的东西，有时甚至是最糟糕的东西带回家。①

在《18 世纪的大旅行》出版的同一年，克莱尔·霍华德女士在伦敦、纽约和多伦多三地同时出版了《文艺复兴时期英国的旅行者》一书。该书系 1908 年至 1910 年霍华德作为"伦敦美国妇女协会"会员在牛津大学学习期间所写的论文。② 通过研究 16、17 世纪出版的一批为后人所遗忘的旅行手册，特别是伊丽莎白时期以及詹姆士一世时期的旅行著述，霍华德对近代初期以来英国人为满足文化方面的需求而出外旅行的现象兴起和发展的过程进行了重构和描绘，探讨了该现象在英国社会兴起的背景和发展的原因。此外，作者还对 16、17 世纪英国社会所具有的世界主义特性进行了分析。③

《1698—1815 年间游历法国的英国人》（1932）一书是爱尔兰女学者康斯坦莎·麦克斯韦尔（1886—1962）从 18 世纪时期的大量游记中节选相关内容汇编而成的。正如 G. R. 克罗恩评价的那样，该书可以说是"一部优秀的法国革命史手册"。通过节选亲历者的描述，麦克斯韦尔为读者再现了当时英国旅行者眼中法国农村和城镇的状况，再现了英国游客对"法国人并非他们想象中的野蛮人"所感到的惊奇以及他们对法国社会的称赞。④

R. W. 弗朗茨的《英国旅行者与观念的流动，1660—1732》（1934）一书对斯图亚特王朝复辟时期海外旅行者在新科学哲学方面所做的贡献进行了研究。1665—1666 年，皇家学会发布了一份"给起程远航的水手的训示"，该训示对各种科学观察的方法进行了描述。弗朗茨首先对这份

---

① W. E. Mead, *The Grand Tour in the Eighteenth Century*, p. 7. 就"大旅行"对同时代英国人所产生的影响，同时参见该书第十五章。

② Clare Howard, *English Travellers of the Renaissance*, London: John Lane, The Bodley Head, New York: John Lance Company, Toronto: Bell and Cockburn, 1914, Preface.

③ Clare Howard, *English Travellers of the Renaissance*, introduction.

④ G. R. Crone, "Review of *The English Traveller in France, 1698 – 1815 by Constantia Maxwell*", *The Geographical Journal*, Vol. 80, No. 2, 1932, p. 156.

训示进行了考察，接着又对皇家学会会报中的旅行文学记录和评论进行了研究，随后还对公开发行的旅行纪实中的科学材料进行了考察。① 作为研究的结论，弗朗茨认为：在斯图亚特王朝复辟时期和 18 世纪初期，旅行文学直接推动了同时期最为典型的各种思想模式的发展。航海者特别是接触到了不熟悉的自然环境和人类的远洋航海家的报告，证实并部分地启发了理想主义者关于自然宗教、自然道德及政府自然基础等的假设。这些给人们留下深刻印象的概括或假设中所蕴含的部分真理，便是这些报告的功劳。②

英国作家、《听众杂志》的创立者和编辑兰伯特编著的《大旅行：沿着贵族时代留下的足迹旅行》（1935）一书，首先探讨了数个世纪中"大旅行"与英国国内公众舆论变化之间的关系。兰伯特认为，在数个世纪中，"大旅行"这一习俗始终在英国大众舆论形成过程中发挥着重要作用。仅仅就这一点来讲，该书的研究便具有相当的学术价值。除对"大旅行"在英国大众舆论形成过程中发挥的作用进行探讨之外，该书收录的部分文章还对"大旅行"活动中有关国家的旅行条件、旅行者喜爱的景点、旅行者对所遇到的外国人的态度等进行了描述。此外，书中收录的萨谢弗雷尔·希特维尔先生的文章还就"大旅行"在艺术领域的影响进行了分析。希特维尔认为，"大旅行"对近代时期英国艺术标准的变化产生了影响，"它阻止了英国人对洛可可艺术可能曾经抱有过的任何癖好，并推动了与约翰·亚当、罗伯特·亚当及詹姆士·亚当三兄弟联系在一起的室内装饰风格的出现"。③ 1950 年，兰伯特出版了另外一本题为《幸运的旅行者：为消遣而游历或旅行的简短历史》的著作。遗憾的是，笔者目前尚未收集到有关这一著作的任何信息，无法对书中的内容进行叙述和评价。

第二次世界大战结束后，随着研究者的增多，"大旅行"研究得到进一步的发展。这一时期，西方学者继续沿着战前的路数，对"大旅行"的具体过程及其对英国社会所产生的影响进行研究。1951 年，乔治·B. 帕克斯在《旅行即教育》一文中对近代初期英国人的游学实践及理论进行了研究。在文章中，帕克斯将近代初期英国人的游学历史划分为三个

---

① George B. Parks, "Review of The English Travellers and the Movement of Ideas, 1660 – 1732", *Modern Language Notes*, Vol. 51, No. 8, 1936, p. 555.

② J. M. S. Tompkins, "Review of The English Travellers and the Movement of Ideas, 1660 – 1732", The Review of English Studies, No. 48, Vol. 12, 1936, p. 473.

③ G. R. Crone, "Review of Grand Tour", *The Geographical Journal*, Vol. 88, No. 2, 1936, p. 168.

阶段，并分别对其进行了探讨。帕克斯认为，1570 年至 1620 年是英国游学历史发展的第一个阶段。在这一阶段，英国的理论家和旅行者都期望借助对外国人及其城市的观察，来增加对外国政治的了解。于是，旅行成为一种训练，一种为公众生活做准备而进行的训练。这种观念自出现后就从来没有遭到过遗弃，而实现这一观念追求的目标则始终是旅行的动力之一，许多后来者的旅行也乐于接受其指导。第二个阶段大约开始于 17 世纪 20 年代。在这一阶段中，旅行者被期待留意艺术作品中新的美学旨趣，而不像早期的学者那样，仅仅是将古老的艺术作品作为古代的遗物。第三个阶段则开始于 17 世纪中晚期，在这一阶段旅行者被期望对科学和技术问题表现出兴趣。此种倾向最初在约翰·伊夫林的游学中明确无误地体现出来，并在皇家协会涵盖世界的研究计划中得到明显的体现。不过，它几乎没有成为即便是最有决心的"哲人"旅行家的唯一目标，除了协会的会报外，它依然仅仅是众多的主题之一。[①]

保罗·富兰克林·柯比的《1700—1800 年意大利境内的大旅行》（1952）一书是第二次世界大战后第一本最完整地描述 18 世纪意大利境内的英国人的著作。在书中，柯比没有按照年代顺序，也没有采用分主题论述的办法，而是以"大旅行"的行程来组织该书的材料。在著作的开端，柯比首先对当时可资利用的向导进行介绍，接着便对通往意大利的各条线路，它们各自的优点及受欢迎的程度，以及意大利境内的各重要路线等进行了讨论。之后，柯比便按照由阿尔卑斯山脉及西西里的顺序，对沿途各个地区和城市逐一进行介绍。由此，柯比追寻着艾迪生、贝克福德夫妇、吉本、玛丽·沃特利·蒙特古贵妇、皮奥齐夫人、斯莫利特以及博斯维尔等杰出人物的足迹，对他们在热那亚、都灵、米兰、湖区、威尼斯、博洛尼亚、佛罗伦萨、锡耶纳、罗马和那不勒斯（偶尔也包括意大利南部和西西里）等地的旅行进行描述。此外，在该书的四个附录中，作者还为读者提供了一些其他方面的信息，如通往意大利的各条线路的情况，意大利境内各驿站的位置、驿站间的距离及乘马所需时间，各重要中心货币兑换汇率等。柯比的这本著作对 18 世纪英国人的意大利之旅进行了生动而细致的描述，向读者再现了 18 世纪意大利的景象。

不过，正如美国西北大学的 J. H. 哈格斯特拉姆指出的那样，"由于作者在研究过程中过度谨慎，并始终囿于自己的研究范围而不敢有所逾

---

① G. B. Parks, "Travel as Education", in Richard Foster Jones, ed., *The Seventeenth Century: Studies in the History of English Thought and Literature from Bacon to Pope*, p. 265.

越,他没有能将旅行者在意大利的见闻和观感与 18 世纪占主导地位的美学理念联系起来,这大大降低了他研究的价值"。① 同时,该书的立论,即"在弥尔顿之后以及 18 世纪初期,随着法国政治和文学影响的扩大,意大利在英国的重要性逐渐下降;到 18 世纪末,因为'大旅行'之故,意大利的吸引力较以往任何时刻都更大"也是值得商榷的。因为,这一立论套用了有关 18 世纪英—意关系的传统观点,即英国的新古典主义重视的是法国而非意大利,只是随着浪漫主义运动的开始,意大利在英国人中的声名才开始增长。事实上,在 18 世纪的英国,虽然但丁和彼特拉克的影响确实下降了,但像马基雅维利、博加里尼、萨皮、塔索和古阿里尼这样的作家,影响十分强大。而且,喜欢意大利歌剧的癖好也并非一种浪漫主义现象,相反,它出现在古典之风盛行的伦敦。源自意大利绘画和建筑的推动力一直就没有中断过,在整个 18 世纪中,它一直都非常强大。②

1952 年,约翰·斯托伊出版了《1604 年至 1667 年海外的英国旅行者及其对英国社会与政治的影响》一书。该书主要的研究对象是 17 世纪期间寓居法国、意大利、低地国家及西班牙的英国人以及在上述国家旅行的英国人。该著作陈述的事实及其结论都源自作者对当时尚未得到使用的一些重要原始资料——如《国务文件海外卷》、牛津大学图书馆和大英博物馆中未曾引起人们注意的英国旅行者的日记手稿——的深入挖掘。③ 正是由于上述档案文献的运用,使得斯托伊的研究既不乏细节,又给人一种亲切且令人耳目一新的感觉。作为同一领域研究的先驱,斯托伊至少在三个方面为后来的研究做出了重要而持久的贡献。首先,他以手稿资料为基础,确立了旅行的各条线路、17 世纪意大利境内"大旅行"的起源以及在随后的世纪中得以持续的前往海外旅行的习俗。其次,与其他一些研究不同,斯托伊不仅对旅行进行了关注,还对寓居外国的现象进行了关注。他对贵族青年的教育,特别是他们在法国的教育进行了新的阐释,认为此种教育产生了重要的政治和文化后果。最后,尽管斯托伊在研究中对官方的大使馆和大使表现出了关注,但他却将更多的注意力投向受过教育的仆从,诸如私人教师、专职教士、秘书、信使,而

---

① J. H. Hagstrum, "Review of The Grand Tour in Italy 1700 – 1800", *Italica*, Vol. 29, No. 4, 1952, p. 272.

② Ibid., p. 273.

③ John Stoye, *English Travellers Abroad* 1604 – 1667, *Their Influence in English Society and Politics*, New Haven and London, Yale University Press, 1989, p. ix.

这些人中很多后来都成为职业外交官。此种关注无疑也反映了社会下层在当时的影响。斯托伊还研究了推动各个社会阶层谋求改善自身状况的动力的所在，并展示了贵族家庭是如何"试图将大陆的经历作为一种资本以谋求晋升的"。此外，他不仅对"社会与其管理当局之间的关系"进行了探讨，还对该社会变动的特性进行了研究。①

1958 年 2 月，《美国哲学学会会报》刊登了美国俄勒冈大学历史系学者弗农·F. 斯诺的长文《罗伯特·C. 约翰逊大旅行日记，1792—1793》。在第一部分的研究性评述中，作者首先介绍了罗伯特·C. 约翰逊的家庭背景、个人经历、兴趣以及他的经济、政治及宗教信念；接着介绍了旅行日记在美国产生和流行的背景以及其对约翰逊的影响；随后，作者分析了文艺复兴精神和 18 世纪教育理念在推动约翰逊前往欧洲进行"大旅行"、约翰逊本人对旅行目的和功能的看法以及他旅行期间的态度等方面所产生的影响。在第二部分中，作者对约翰逊在英、法和意三国旅行时期写下的日记进行了整理②，为我们再现了约翰逊欧洲三国游的具体过程，也为我们研究"大旅行"提供了许多有用信息。

在 20 世纪五六十年代论述"大旅行"问题的著述中，安东尼·伯吉斯的《大旅行时代》（1967）一书可谓插图最丰富、部头最大。③ 在这一著作中，伯吉斯运用自己掌握的广博信息，以轻松而生动的笔调对"大旅行"进行了介绍。正如布林斯里·福特在为该书所写评论中指出的那样，"安东尼·伯吉斯成功地再现了'大旅行'的大部分精神，而且，他以贝克福德和拜伦式随意而变化不定的态度处理自己的主题，而不是待之以温克尔曼式的执着，这无疑为其文章增加了许多闪光点，同时也为其文章增加了一些出人意料的因素"。④ 在著作的后半部分中，被誉为"20 世纪最伟大和最有影响力的艺术史家之一"的弗朗西斯·哈斯克尔

① Jean H. Hagstrum, "Review of Originals Abroad, the Foreign Careers of Some Eighteenth Century Britons and English Travellers Abroad 1603 – 1667, Their Influence and in English Society and Politics", *Italica*, Vol. 31, No. 4, 1954, pp. 253 – 254.

② Vernon F. Snow, "The Grand Tour Diary of Robert C. Johnson, 1792 – 1793", *Proceedings of the American Philosophical Society*, Vol. 102, No. 1, 1958, pp. 60 – 105.

③ Anthony Burgess and Francis Haskell, *The Age of the Grand Tour*, *Containing Sketches of the Manners*, *Society and Customs of France*, *Flanders*, *the United Provinces*, *Germany*, *Switzerland and Italy in the Letters*, *Journals and Writings of the Most Celebrated Voyagers between the Years* 1720 – 1820, New York: Crown Publisher, 1967; Brinsley Ford, "Review of The Age of Grand Tour", *The Burlington Magazine*, Vol. 110, No. 785, 1968, pp. 470 – 471.

④ Brinsley Ford, "Review of The Age of Grand Tour", *The Burlington Magazine*, Vol. 110, No. 785, 1968, pp. 470 – 471.

（1928—2000）对 18 世纪英国（艺术）品位的总体趋势进行了简要的说明。

罗伯特·波义耳是英国自然哲学家、化学家，近代化学的奠基人之一。波义耳兄弟四人，特别是罗伯特·波义耳本人，都曾在家庭教师法国人艾萨克·马科姆贝先生指导下前往法国、瑞士和意大利从事"大旅行"。在研究波义耳生平的过程中，R. E. W. 麦迪逊（1901—1993）对罗伯特·波义耳的"大旅行"进行了重构。[①] 麦迪逊的研究属于个案研究，它以波义耳为例，并从旅行与教育间关系的角度出发，对当时正在英国社会上层兴起的"大旅行"进行了自己的诠释。

英国作家杰弗里·崔思的《大旅行：旅行黄金时代的历史》（1967）一书，不仅对"大旅行"在伊丽莎白时代兴起及其在维多利亚时代初期的演变的整个进程进行了描述，而且还对英格兰人（后来是英国人）对外国人态度的变化的历史背景进行了描绘并分析。在 16 世纪，外国人是英国人崇拜和模仿的对象，到了 18 世纪末，他们则成为英国人鄙视的对象。崔思认为，导致这种变化的因素有二：一是英国各方面条件的改善和自信心的增长；二是持续的战争导致了欧洲其他国家的倒退。[②]

英国历史学家克里斯托弗·希伯特的同名著作《大旅行》（1969）同样将研究的方向集中在旅行本身，它主要通过研究当时旅行者留下来的众多信函、游记和日记，以探讨这些旅行者所描述的旅行活动。约瑟夫·伯克在《18 世纪研究》上发表的《"大旅行"和品位至上》一文（1968）则探讨了"大旅行"对英国文化所产生的影响。罗伯特·沙克尔顿在《18 世纪文化研究》上发表的《18 世纪"大旅行"》一文（1971）则对启蒙时代"大旅行"（或其类似的形式）的某些方面进行了重点考察，并探讨了"大旅行"对文艺、思想发展的重要性。[③]

在这些早期的"大旅行"研究中，尽管西方学者取得了丰硕的成果，但他们的研究也存在一些问题或不足：首先，除了极少数研究者外，早期的学者主要将研究的注意力集中在 18 世纪，也即处于黄金时期的"大旅行"之上。他们很少涉及 18 世纪之前和 18 世纪之后的类似现象。其

---

① R. E. W. Maddsion, "Studies in the Life of Robert Boyle, F. R. S.", *Notes and Records of the Royal Society of London*, Vol. 20, No. 1, 1965, pp. 51 – 77.

② Geoffrey Trease, *The Grand Tour, A History of the Golden Age of Travel*, Holt, Rinehart and Winston, 1967.

③ Robert Shackleton, "The Grand Tour in the Eighteenth – Century", in L. T. Milic, ed., *Studies in Eighteenth – Century Culture*, 1971. 转引自陶军《18 世纪英国大陆游学及其原因和影响》，硕士学位论文，武汉大学，2005 年，第 4 页。

次，研究者主要将"大旅行"的主体集中在英国贵族这一有限的群体之上。对于早期研究中所存在的这种倾向，约翰·唐纳毫不客气地指出："当代期刊主要将注意力集中在一些富有和强势阶层的活动之上，并因此而认为'大旅行'时代的游客主要是一些在导师陪同下进行旅行的贵族青年，这种成见无疑是头脑简单的表现。"① 最后，在早期的研究中，学者们主要是对狭义的"大旅行"进行探讨，广义角度的研究则往往受到批判。例如，在兰伯特编辑的《大旅行：沿着贵族时代留下的足迹旅行》一书中，作者们试图从多个方面探讨"大旅行"兴起的原因，但该书却遭到了 G. R. 克罗恩的严厉批评，被斥为"对大旅行的实质存在误解"。在克罗恩看来，当时的青年人被送往国外，正如培根在论述"大旅行"目的时指出的那样，主要是为了"接受训练以胜任公职，并兼学习语言"，因此，欧洲"大旅行"的目的首先是为了教育。② 同时，这一时期的研究更多地集中在分析"大旅行"对英国社会所产生的各种影响，而很少注意这一持续时间几近三个世纪的社会现象对东道国，即"大旅行"游客所参观的国家的影响。此外，就这一时期的研究者对资料的运用而言，他们更多地以当时出版的游记、日记和旅行指南为主，较少运用档案资料。③ 这正如杰里米·布莱克谈及西方学者在"大旅行"研究中所存在的一些问题时指出的那样，在"大旅行"的有关研究中，由于缺乏一个全面罗列有关意大利之外"大旅行"资料的详细清单，大多数学者往往忽视当事人留下的手稿所提供的原始资料，他们更愿意运用他们比较熟悉的、数量较少的一些资料。④ 这无疑是一种遗憾。

从 20 世纪 80 年代开始，随着研究的日益深入，学者们逐渐认识到了早期研究中存在的不足，他们开始反思以前的研究，并对其中的一些问题提出了不同的看法，做出了新的诠释。他们逐渐抛弃将"大旅行"局限于男性政治精英这一狭窄世界的传统做法，更多地注意"大旅行"活

---

① John Towner, *An Historical Geography of Recreation and Tourism in the Western World* 1540 – 1940, p. 98.

② G. R. Crone, "Review of Grand Tour", *The Geographical Journal*, Vol. 88, No. 2, 1936, p. 168.

③ 例如，查尔斯·班滕《让人快乐的教诲》（Charles Batten, *Pleasurable Instruction*）、珀西·亚当斯《1660—1800 年的旅行家和旅行谎言家》（Percy Adams, *Travelers & Travel Liars*, 1660 – 1800, 1963）和《旅行文学和小说的演变》（*Travel Literature and the Evolution of the Novel*, 1983）主要集中在已经发布了的旅行记述。参见 Peter Sabor, "Review of The British and the Grand Tour", *The Modern Language Review*, Vol. 83, No. 3, 1988, p. 680。

④ Jeremy Black, *The British Abroad: The Grand Tour in the Eighteenth Century*, preface, p. v.

动参与者社会地位的多样性及其社会背景的复杂性。他们还开始重视"大旅行"这一社会、文化现象在整个欧洲所产生的深远影响。与此同时，随着跨学科分析方法的引入，"大旅行"研究也不再仅仅局限于艺术史或文化史等狭小的专业研究范畴，而是开始成为众多学科研究的课题。此外，受女性主义思潮的影响，一些学者开始研究"大旅行"中女性的活动及其影响。随着"大旅行"研究的不断深入，学者们也更加注意挖掘运用各类新资料，有意识地对有关手稿和档案资料进行编撰整理，并出版了许多工具书。

首先，学者们开始重新评价和认识传统的"大旅行"研究中所涉及的某些问题。例如，在约翰·马丁·罗伯逊和爱德华·钱尼等的著作中，英国和意大利之间通过"大旅行"的方式而进行的复杂而富有成果的交往，重新得到评价和认识。华盛顿大学的 J. C. 罗伯逊在谈及 20 世纪 80 年代以前的"大旅行"研究时指出，在 17 世纪初，英国人对"大旅行"的反应往往是将意大利化的英国人视为恶魔的化身，部分学者在 20 世纪 80 年代中期之前对"大陆旅行"的评价也没有能够超越这种传统的看法；对具有岛国特性的英国学界来说，国外旅行似乎处于边缘地位，不是研究的热点。对他们来说，国外旅行无非是教皇制度、梅毒和裸体油画的渊薮而已。在 80 年代中期，爱德华·钱尼所著的《大旅行与大叛乱：理查德·拉塞尔斯与 17 世纪的意大利之旅》（1985）与约翰·马丁·罗宾逊编辑的《意大利值得观赏事物掠影：1646 年 4 月 25 日第十四代阿伦德尔伯爵托玛斯·霍华德致约翰·伊夫林函》（1987）则对这一重要社会现象的发展进行了更为精确而细致的评价。这两本著作不仅为研究在当时已保持了 150 年不变的旅行路线的发展提供了彼得·伯克推荐的那种所谓"局外人"的观点，他们的文本同时还提供了极具价值的"当事人"的看法。①

除了前述那本影响深远的著作外，爱德华·钱尼在 1998 年还将早年发表的涉及范围相当宽泛且具有开拓性意义的十三篇文章汇编在一起，并以"大旅行的演进：文艺复兴以来的英、意文化关系"为名进行出版。与探讨"大旅行"的大多数论著所不同，钱尼在这本论文集中所关注的并不是"大旅行"这一社会文化现象如何在 18 世纪逐渐发展成熟，相

---

① J. C. Robertson, "Review of The Grand Tour and the Great Rebellion and Remembrances of Things Worth Seeing in Italy Given to John Evelyn 25 April 1646 by Thomas Howard, 14ᵗʰ Earl of Arundel", *Albion: A Quarterly Journal Concerned with British Studies*, Vol. 21, No. 3, 1989, p. 494.

反，他主要对"大旅行"在 16 世纪至 17 世纪兴起的重要意义进行了探讨。16、17 世纪，意大利在文化与历史等许多方面的成就远远超过英国，给英国旅行者留下了深刻的印象。在著作中，钱尼试图通过对托马斯·霍比勋爵、约翰·舒特、罗伯特·丹灵顿勋爵等人旅行的研究，进而分析宗教、哲学和外交关系是如何影响前往宗教改革后的意大利去考察古典文化的人士的。此外，钱尼还对伊尼戈·琼斯和阿伦德尔伯爵托玛斯·霍华德的文化旅行，弥尔顿、霍布斯以及巴尔萨扎·格比勋爵等人的旅行，身在罗马的英国天主教诗人以及英国人对意大利医院的观察等进行了讨论。① 总之，正如圣安德鲁斯大学的格雷厄姆·史密斯在他为钱尼的《大旅行的演进》一书所写的评论中指出的那样，"作为一本文选，该书从多个侧面对 16 世纪至 19 世纪的英—意关系进行了生动而又权威的描述"。②

其次，学者们开始抛弃将"大旅行"研究局限于男性政治精英这一狭窄世界的传统做法，更多地注意"大旅行"活动的参与者社会地位的多样性及其社会背景的复杂性。在众多学者的努力之下，西方学界对 18 世纪英国的看法已然发生了很大的变化。他们不再仅仅把英国描绘为"土地精英主导政治和文化的寡头政体"。在英国，也并不是只有土地贵族才对获取大陆旅行所能提供的那种文化资本感兴趣。在《世界公民：伦敦商人与 1735 年至 1785 年英国大西洋社会的整合》（1995）一书中，戴维·汉考克就论证了"没有土地而依靠商贸致富的人们，是如何按照自身条件而要求获得精英的地位并跻身于上层文化之中"的。③ 同样，劳伦斯·克莱因在《平民的优雅：18 世纪初期英国的消费与社会认同》一文中也指出，尽管平民的消费量微不足道，但他们同样是精英文化的消费者。描述"大旅行"这样一种精英文化活动的著作，为平民提供了借以娱乐消遣的核心信息，而这些信息同样也让他们获益良多。④ 就与土地贵族相关的问题而言，阿曼达·维克瑞则提醒读者警惕"大旅行"研究

---

① Edward Chaney, *The Evolution of the Grand Tour*, *Anglo – Italian Cultural Relations since the Renaissance*, London: Frank Cass Publishers, 1998, pp. 1 – 41, 143 – 160, 168 – 227.

② Graham Smith, "Review of The Evolution of the Grand Tour: Anglo – Italian cultural Relations since the Renaissance", *The Burlington Magazine*, Vol. 141, No. 1155, 1999, pp. 361 – 362.

③ David Hancock, *Citizens of the World: London Merchants and Integration of the British Atlantic Community*, 1735 – 1785, Cambridge: Cambridge University Press, 1995, pp. 347 – 375.

④ Laurence Klein, "Politeness for Plebs: Consumption and Social Identity in Early Eighteenth – Century England", in Anne Bermingham and John Brewer, eds., *The Consumption of Culture 1600 – 1800: Image*, *Object*, *Text*, London: Routledge, 1995, pp. 372 – 377.

中出现的一些错误看法，即土地贵族是铁板一块，他们都醉心于将自己和平民区别开来。① 而就有关外国旅行的问题而言，那些宣传社会对"大旅行"的认可的评论家，常常是一些可以从大陆旅行长期的流行中获得利益的人。许多人在提及"大旅行"时都认为它绝对是一种昙花一现的时尚，因此，我们有必要质疑它到底在多大程度上成为一种习俗。另外，学者们不应该过多地强调文化资本在精英的社会建构中所发挥的作用，这样会使资本的作用模糊不清。显然，富有地主的租税收入比他们从欧洲大陆所获得的任何世界性面貌都更能确保其地位。②

与此同时，在女性主义思潮的影响下，一些学者开始关注妇女在"大旅行"中的活动及其影响。布赖恩·多兰的《大旅行中的女士》无疑是一部具有代表性的著作。③ 在"大旅行"历史发展的后期阶段，妇女的积极参与日渐重要。尚在为自己早些时候的一本书《探寻欧洲边界：启蒙年代的英国旅行者》（1999）作社会学研究时，多兰便开始关注女性在"大旅行"中的活动。在该书中，作者还将健康因素纳入了旅行的众多动因之中。④ 在《大旅行中的女士》一书中，多兰对18位女性进行了个案研究，这些女性包括人们比较熟悉的塞缪尔·约翰逊的密友赫丝特·皮奥齐、"才女翘楚"伊丽莎白·蒙塔古以及玛丽·沃斯通克拉夫特等人。通过这些个案研究，布赖恩·多兰认为，在欧洲大陆的"大旅行"让前述这些女性旅行者获得了巨大的情感和思想自由。在国内和她们的家中，由于种种社会因素的制约，她们是无法享有这些自由的。与此同时，多兰不仅描述了韦伯斯特夫人伊丽莎白等人复杂的性关系，也描述了文雅社会对梵妮·伯尼和赫丝特·斯瑞尔等蔑视传统而嫁给外国人的女性的态度。当然，该书最为重要的成就则在于，多兰对女性作为旅行作家和社会评论家所做出的独特贡献进行了分析。此外，作者还首次为我们提供了一些时人大量使用的旅行书籍的社会背景，这些书籍包括安娜·米勒的《意大利书信集》、皮奥齐的《法国、意大利、德意志旅行期间的观察和反思》、玛丽安娜·施塔克的《1792年至1798年意大利书信集》。与同类男性作品相比，这些著作具有显著不同的特点，它们不仅对当时的

---

① Amanda Vickery, *The Gentleman's Daughter: Women's Lives in Georgian England*, New Haven: Yale University Press, 1998, pp. 13 - 37; Bruce Redford, *Venice & the Grand Tour*, pp. 7 - 9, 14 - 16.

② John Eglin, *Venice Transfigured: The Myth of Venice in British Culture*, 1660 - 1797, p. 75.

③ Brian Dolan, *Ladies of the Grand Tour*, London: Harper Collins Publishers, 2001.

④ Brian Dolan, *Exploring European Frontiers: British Travellers in the Age of Enlightenment*, Basingstoke: MacMillan Press Ltd. , 2000, p. 7.

一些著名艺术品做出了令人耳目一新的、充满创见的评价，还对作者那个时代的日常生活和社会时尚做出了让人信服的评价。正如多兰指出的那样，对海伦·威廉斯和沃斯通克拉夫特这些政治观察家而言，"她们希望自己在公共场合的存在被承认并受到尊重，而旅行和旅行著述则为此提供了强大的平台"。①

再次，"大旅行"成为众多学科研究的主题。随着"大旅行"研究的不断深入，学者们逐渐抛弃传统的、目光短浅的专业性研究，转而采用跨学科或者说多学科的研究方法，开始重视视觉与表演艺术、文学与政治间的互动以及它们间共有的文化价值，研究反映思想和道德力量的图像与符号，同时更加重视各种社会因素的交互作用。这些无疑都有助于打破传统的研究界限。正如爱德华·钱尼指出的那样，尽管人文学科分为不同领域的学术传统不利于"大旅行"研究，但一些学者很早就开始注意到学科交叉或文化史研究的优点，他们将"大旅行"或"英—意文化关系"作为文学、艺术和建筑史、科学和医学史、考古学、音乐学和其他许多学科研究的主题。②

约翰·唐纳从旅游学和旅游史的角度对近代以来欧洲的"大旅行"进行了考察。在《1540—1940 年西方世界旅游娱乐历史布局》一书中，约翰·唐纳特意用了一章的篇幅来探讨欧洲"大旅行"。在这本著作中，作者没有像其他一些学者那样对"大旅行"进行重新描绘，而将重心放在探讨促成"大旅行"历史布局形成的有关主题之上。在对促成旅游客源地"旅行文化"形成的众多进程进行讨论的基础上，作者进一步对旅行目的地的实际旅行模式进行了考察，希望借此克服传统研究中存在的一系列问题，并提供一种理解所谓的"大旅行体系"的新观点。③

大卫·沃特金则从建筑史的角度对"大旅行"进行了探讨。沃特金在文章中回顾了法国大革命前英国建筑师前仆后继地参观意大利的历史，考察了"大旅行"对同一时期英国建筑所产生的影响。④ 弗兰克·单蒙的《建立在废墟之上：罗马之重新发现与英国的建筑》一书则就"大旅行"

① John Wilton – Ely, "Classic Ground: Britain, Italy, and the Grand Tour", *Eighteenth – Century Life*, Vol. 28, No. 1, 2004, pp. 157 – 158.

② Edward Chaney, *The Evolution of the Grand Tour*, *Anglo – Italian Cultural Relations since the Renaissance*, p. 11.

③ John Towner, *An Historical Geography of Recreation and Tourism in the Western World* 1540 – 1940, pp. 96 – 138.

④ John Wilton – Ely, "Classic Ground: Britain, Italy, and the Grand Tour", *Eighteenth – Century Life*, p. 146.

及古典文化对英国建筑设计的影响进行了原创性的研究。在过去的研究中，一些学者认为，希腊和哥特式建筑的复兴导致了英国古典传统的毁灭，它同时还导致了英国人赴意大利游学现象的终结，意大利不再被英国人视为灵感之源。弗兰克·单蒙的这一著作在很大程度上纠正了上述观点。在18世纪中期，越来越多的建筑师为了获得职业经验和训练而进行"大旅行"。单蒙的考察则从这一时期开始。单蒙在考察这些建筑师对"废墟"的研究中发现，1815年之后，重新回到罗马的学生发现该城市已经发生了明显的变化。在拿破仑命令下，考古学家在罗马进行了极其有组织的发掘活动，许多庙宇和纪念碑在清除无情岁月留下的尘垢后重见天日。类似的情况也出现在庞培等地。在该地游历的学生们对种类繁多的房屋设计方案留下了深刻的印象。在领命于拿破仑之弟乔基姆·缪拉的法国考古学家的努力之下，这些方案及房屋内部色彩纷呈的状况终为世人所知。查尔斯·罗伯特·科克雷尔、詹姆士·彭讷松、托马斯·利维敦·唐纳德逊等新一代英国建筑领域的学生，不再从随机留存下来的残存建筑物中获取灵感，而是致力于对罗马广场等反映当时城市建设成就且具有重大意义的建筑工程进行图像重构。一旦回到英国，这些练习对他们的事业及他们教授的学生都产生了实实在在的影响，并让他们成为当时正在兴起的建筑学行业的领军人物。①

还有一些学者则从艺术史的角度探讨"大旅行"对北欧各国以及英国文化的影响。迈克尔·利维西奇通过对风景画家威廉·马洛（1740—1813）的职业生涯的个案研究，试图揭示英国画家如何在激烈竞争的市场中调整自己对意大利所抱的态度，以迎合那些进行过旅行的资助人的需求。② 在《古典文化和18世纪英国的罗马观念》一书中，菲利普·艾尔斯首次成功地论证了在18世纪上半期有一些作品将古典著作中的哲学和政治思想应用到了视觉艺术之中。这些作品范围广阔，涉及建筑、模仿古典风格的人物半身像、纪念性墓碑以及奇斯威克、罗沙姆、斯托海德和斯托等地发现的矗立着众多肖像碑和庙宇的天然公园。③ 该书的意义就在于它发展了弗里茨·萨克斯尔和鲁道夫·维特科维尔这两位艺术史

① Frank Salmon, *Building on Ruins: The Rediscovery of Rome and English Architecture*, pp. 19 – 136.

② John Wilton – Ely, "Classic Ground: Britain, Italy, and the Grand Tour", *Eighteenth – Century Life*, p. 146.

③ Philip Ayres, *Classical Culture and the Idea of Rome in Eighteenth – Century England*, Cambridge University Press, 1997; John Wilton – Ely, "Classic Ground: Britain, Italy, and the Grand Tour", *Eighteenth – Century Life*, p. 140.

家和图像学研究者在《英国艺术和地中海》中所提出的许多新观点。《英国艺术和地中海》一书 1948 年出版于伦敦，主要对乔治王时代古典主义的意义做出了具有开创性的论述。①

最后，随着欧洲"大旅行"研究的不断深入，西方学界更加重视对各类档案资料的发掘、整理和运用。在档案的发掘和运用方面，杰里米·布莱克是一位非常重要的学者。他在研究中不再局限于已整理出版的资料，而是大量利用相关的档案资料。1985 年，布莱克出版了专著《英国人和大旅行》。相对于 71 年前米德的著作而言，我们可以很清晰地看到，布莱克的研究更加注意"大旅行"过程中的各种细节。一方面是因为其扎实的史料基础，在他所收集的私人信件中有大量的生活细节的记述；另一方面也跟整个史学的潮流有关，在这一时期，社会生活的微观场景受到了史家的重视。② 此外，正如许多评论家指出的那样，布莱克《英国人和大旅行》一书的主要贡献或者说创新之处在于该书所运用的史料主要不是那些以出版为写作最终目的的游记，而是档案资料，即游记和信函等的手稿。其中，许多手稿都是前人未曾发掘过的。③ 1992 年，布莱克出版了《国外的英国人：18 世纪的大旅行》一书。虽然作者的本意是写一本不同于《英国人和大旅行》的新书，并对此前所忽略的问题进行探讨。然而，该书只不过是在《英国人和大旅行》一书基础上进行了部分修改，并增加了大量新的档案资料而已。

在众多早期档案资料得到发掘和运用的同时，一些早期英国作家的旅行手册和游记也得以出版问世或重新刊印。查尔斯·伯尼《法国和意大利音乐之现状》便是其中之一。业余爱好者协会成员之一、古典学者约翰·默里特对自己"大旅行"的记述《洛克比的 J. B. S. 默里特书信集 1794—1796》，则是第一次出版付印（1985）。R. S. 派恩 – 科菲的《1860 年前英、美赴意旅行专题目录》（1974）、约翰·马西阿利编辑的《詹姆士·马歇尔和玛丽 – 路易丝·奥斯本收藏之大旅行日记和其他旅行手稿

---

① John Wilton – Ely, "Classic Ground: Britain, Italy, and the Grand Tour", *Eighteenth – Century Life*, p. 140.

② Jeremy Black, *The British and the Grand Tour*, 1985.

③ 彼得·萨博（Peter Sabor）、L. G. 米切尔（L. G. Mitchell）、菲利普·金克斯（Philip Jenkins）、保罗·S. 弗里茨（Paul S. Fritz）等人为《英国人和"大旅行"》一书所写的书评，参见 *The Modern Language Review*, No. 6, 1988; *The English Historical Review*, No. 4, 1988, p. 509; *A Quarterly Journal Concerned with British Studies*, No. 3, 1986, pp. 279 – 280; *The American Historical Review*, American Historical Association, No. 4, 1987, p. 414。

目录》（1998）则收录了大量旅行文献。此外，基思·克鲁克编辑、特拉华大学出版社再版的约瑟夫·福塞斯的《1802 年至 1803 年游览意大利之际对古代文物、艺术品的评述和通信集》则是一本颇具特色的记述。约瑟夫·福塞斯的这本书即是后来人们所熟知的《意大利》，该书不仅内容全面而翔实，而且提供了大量作者个人就当时的社会、经济和政治事件发表的新看法，从而为旅行手册的写作树立了一种新的标准。该书大为当时人所推崇，雪莱、沃斯通克拉夫特、李希·亨特、托马斯·拉夫·皮科克和拜伦都曾使用该书，而约翰·卡姆·霍布豪斯在编辑《恰尔德·哈罗德朝圣之旅》时则利用该书来编写注释。① 迈克尔·G. 布伦南编辑、哈克路特学会 2004 年出版的《大旅行的起源：曼德维尔勋爵罗伯特·蒙塔古、威廉·哈蒙德和班纳斯特·梅纳德的旅行》一书，在概要介绍都铎王朝和斯图亚特王朝时期"大旅行"兴起和发展的基础上，集中对三名旅行者罗伯特·蒙塔古、威廉·哈蒙德和班纳斯特·梅纳德在欧洲大陆的旅行进行了再现。该书为我们提供了大量有关 17 世纪英国人"大旅行"的资料和信息。②

为了满足研究的需要，各类工具书也纷纷出版问世。长期以来，由于缺少人物传记方面的基础研究，对 18 世纪欧洲"大旅行"是如何在英国传播古典思想的问题的研究很难深入开展。从 1997 年开始，这种状况得到了扭转。在这一年，英国保罗·梅隆艺术研究中心资助出版了《1701—1800 年意大利境内的英国和爱尔兰旅行者字典》。该字典是在约翰·英格梅尔斯主持下完成的，其资料来源主要是布林斯里·福特勋爵收集的各类档案。福特勋爵耗费了毕生精力收集有关"大旅行"的材料：他不仅从各种印刷和纪录资料中寻找到了大量相关的材料，而且还为这一领域中的研究者提供了一个查寻自己所需要资料的场所。这一无与伦比的资源提供了数百位曾在意大利旅行过的各类人物的旅程与文化、社会和金融活动的相关资料。在对布林斯里档案资料进行编辑和大量扩充的基础上，约翰·英格梅尔斯和一大群专家出版的这一字典为学界提供了一本极为难得的参考书。③

---

① John Wilton – Ely, "Classic Ground: Britain, Italy, and the Grand Tour", *Eighteenth – Century Life*, pp. 161 – 162.

② Michael G. Brennan, ed., *The Origins of the Grand Tour: the Travels of Robert Montagu*, *Lord Mandeville* (1649 – 1654), *William Hammond* (1655 – 1658), *Banaster Maynard* (1660 – 1663), London: the Hakluyt Society, 2004.

③ John Ingamells, *A Dictionary of British and Irish Travellers in Italy*, 1701 – 1800, New Haven: Yale University Press, 1997.

总体而言，自 20 世纪初"大旅行"研究正式确立以来，经过近一个世纪的努力，西方学界在"大旅行"研究中取得了丰硕的成果，这些研究成果有助于我们深入了解"大旅行"的具体情况，理解"大旅行"在促进英国和欧洲大陆经济发展和文化交流，促进欧洲文化共性的形成等方面所发挥的作用。

当然，西方学者对"大旅行"的研究仍然有着某些局限。他们常常将"大旅行"与特定的历史时期联系在一起，要么研究酝酿时期的"大旅行"（如爱德华·钱尼、约翰·沃特·斯托伊），要么则研究黄金时期的"大旅行"（威廉·爱德华·米德），这导致了"大旅行"历史的割裂。与此同时，他们在一些具体问题上，如"'大旅行'在英国国内文化生活的各个具体领域究竟发挥了怎样的作用"，"大旅行是否也有助于培养英国人与欧洲大陆居民之间的超地域亲和感，乃至欧洲观念"，"作为主要目的地的法、荷、德、意等国的居民在大旅行中发挥了怎样的作用"等，尚没有进行深入的研究。西方学者在研究中存在的问题和局限，为本书的研究留下了余地，他们所忽略的问题也正是笔者试图回答的问题。

在国内，对于英文"Grand Tour"一词所指称的现象，西方旅游史或者外国旅游史著作，例如，罗明义的《国际旅游发展导论》、王永忠的《西方旅行史》、邹树梅的《旅游史话》、彭顺生的《世界旅游发展史》稍有提及。① 另外，在《英国贵族史》及《英国近代贵族体制研究》这两本专著中，阎照祥教授则将该词语所指出的现象称为"大陆游学"，并对其进行了极为简略的论述。在这两本著作中，阎照祥教授把大陆游学作为贵族生活的一部分，并简单介绍了大陆游学的原因、费用、人数、历史意义等。② 最近，阎照祥教授再次撰文对欧陆游学进行了更为深入的探讨。③

陶军《18 世纪英国大陆游学及其原因和影响》一文可以算作是国内第一篇对"Grand Tour"进行专题研究的论文。该文援用阎照祥教授对"Grand Tour"一词的翻译，在此基础上，该文首先介绍了大陆游学的基本研究状况并对其概念进行了界定，接着便从纵向和横向两个方面梳理了大陆游学的基本历史事实，然后对大陆游学兴起的主要历史原因作了

---

① 罗明义：《国际旅游发展导论》，南开大学出版社 2002 年版，第 16—17 页；王永忠：《西方旅行史》，东南大学出版社 2004 年版，第 190—193 页；邹树梅：《旅游史话》，百花文艺出版社 2005 年版，第 64—65 页；彭顺生：《世界旅游发展史》，中国旅游出版社 2006 年版，第 160—162 页。

② 阎照祥：《英国近代贵族体制研究》，人民出版社 2006 年版，第 215—217 页。

③ 阎照祥：《17—19 世纪初英国贵族欧陆游学探要》，《世界历史》2012 年第 6 期。

分析，最后还阐述了大陆游学所产生的历史影响。该文认为，大陆游学提高了英国贵族的文明程度，促进了英国文化、艺术和科技的发展，加强了英国与大陆欧洲的联系。同时，大陆游学也扩大了英国在欧洲大陆的影响，并从整体上加强了欧洲的内部联系。① 作为第一个对"Grand Tour"一词所指称现象进行的专题研究，该文无疑做出了有益的尝试。然而，由于该文作者所掌握的资料有限，他对该现象的描述不够深入，而其分析也难以让人信服。

四　研究思路

和其他文化现象一样，"大旅行"是特定社会和文化环境的产物。在西方学界，它引起了许多学科的注意。这些不同的学科对16世纪至19世纪英国历史的诸多方面进行了关注，为"大旅行"研究提供了各自独特的视角。不过，西方学者往往将"大旅行"与特定历史时期联系在一起，人为割裂"大旅行"的历史，让人难以对其进行整体把握。鉴于此，本书的思路是，将"大旅行"置于英国人游学传统发展的历史脉络中，将其作为整个英国游学传统的组成部分加以研究。具体来说，本书包括如下一些内容：

第一章英国人早期的游学传统。首先对罗马不列颠时代及中世纪英国人游学的历史进行回顾和总结；接着，以英国语言学家和历史学家威廉·托马斯、《廷臣论》的英文翻译者托马斯·霍比、建造师约翰·舒特、伊丽莎白女王国外情报机构的负责人弗朗西斯·沃尔辛翰等人年轻时的事迹为例，重构都铎王朝统治时期国外游学的历史。随后，以塞西尔和霍华德两大家族的成员及王太子亨利身边的廷臣对海外旅行的热衷为例，探讨斯图亚特王朝统治初期游学的扩张。最后，以"英国古董之父"阿伦德尔伯爵托马斯·霍华德、苏塞克斯富有地主子弟乔治·柯普特、诗人约翰·弥尔顿、建造师伊尼戈·琼斯、艺术鉴赏家亨利·沃顿、约翰·伊夫林等人的事迹为例，对斯图亚特王朝中、晚期英国人在欧洲大陆游历、学习以及从事文化收藏活动的历史进行研究。

第二章"大旅行"时代。首先，该章将对17世纪中后期出现的"大旅行"观念进行阐释。接着，对黄金时期"大旅行"的有关情况，即18世纪英国旅行者在各个时期人数的消长、游历区域的变动、关注内容的变化以及私人教师在其中发挥的作用等进行考察。随后，对女性在"大

---

① 陶军：《18世纪英国大陆游学及其原因和影响》，硕士学位论文，武汉大学，2005年。

旅行"中的活动进行研究，借以探讨女性作为旅行作家及社会观察家所发挥的独特作用。最后，对"大旅行"在其整个历史进程中呈现出的地域和季节特征，即"大旅行"在客源地、路线、目的地等的地域分布特征进行考察，并探讨影响"大旅行"地域分布模式的各种因素。

第三章"大旅行"兴起的社会背景。本章首先借助社会学的话语体系，利用"中心—边缘"的理论，探讨文艺复兴以来欧洲各地间文化关系的变化与"大旅行"在英国社会兴起之间的关联。接着，从经济的维度出发，考察15世纪中期以来英国社会的经济发展、消费革命与"大旅行"之间的关系。随后，考察近代思想观念，特别是"哲学经验主义"对"大旅行"兴起所产生的影响。最后，利用当时旅行者的描述，再现当时西欧各国交通运输的发展状况，并考察其与"大旅行"发展之间的关系。

第四章"大旅行"对旅行者的影响。作为近代英国上层青年教育的一种重要方式，"大旅行"无疑对践履者产生了深刻的影响。然而，对身处事件之中的当时的人来说，他们对旅行的态度却不尽相同，其中既不乏支持、赞成和践行者，但心存质疑，甚至反对之人也不少。为还原历史的本来面目，本章将借助于同一时期的英文文献，以重现近代时期英国人就国外旅行之利弊展开的讨论。最后，将分析、探讨"大旅行"的不平凡经历对旅行者所产生的具体影响。

第五章"大旅行"与英国文化的变迁。作为英国与欧洲大陆文化交流的重要方式之一，"大旅行"成为欧洲大陆思想文化向英伦诸岛传播、扩散的途径之一，英国人在文学、音乐、科学、艺术和建筑等诸多领域取得的进步，或多或少都得益于他们在欧洲大陆的体验。欧洲大陆的文化，如艺术品位和建筑风格，通过实地考察、参观的旅行者和其他一些媒介而传入英国，它们与英国本土的传统碰撞、糅合，从而形成了独特的文化、艺术风格。本章主要以英国艺术品位和建筑风格的变迁为例，考察欧洲大陆的文化如何通过旅行者而传入英国并对其产生影响的。

第六章"大旅行"与民族认同。在英国的民族认同形成的过程中，来自法国等的外部压力和威胁发挥了重要作用。近代以来，法国一直是英国的竞争者和对手，始终以"他者"的身份出现。在旅行者的描述中，法国常常以"对立面"的形象出现。因此，本章主要通过考察英国旅行者对法国社会、文化艺术的观察，对两国国民情感的描述，借以探讨旅行在英国民族认同形成过程中发挥的作用。

第七章旅行者视域中的欧洲。在17、18世纪，英国旅行者对欧洲大陆的理解和认知颇为复杂，宗教信仰在他们与欧洲大陆的认同中扮演着重要角色。本章将以托马斯·纽金特、马克西米利安·米松、吉尔伯特·伯内特、约瑟夫·艾迪生等人的作品为例，考察旅行作家对欧洲大陆的描述，再现他们对欧洲各国以宗教信仰为分野而彼此对峙的局面的认知和态度，借以探讨"大旅行"在欧洲各地居民间亲近感的形成、欧洲观念的发展等方面发挥的作用。

第八章旅行与构建理论的尝试。近代时期，欧洲旅行者不仅前往其他地区探险、旅行，也加强了本地区的同类活动。旅行者在途中的观察、所写的纪实和各类著述，为知识的积累、科学研究以及哲学思考提供了丰富的经验资料。早期的方法论者在整理旅行经验知识并对其进行反思的过程中，试图建立起某种理论，以指导旅行者。故此，本章主要探讨旅行者和早期方法论者之间的这种双向互动。

五 研究目的和研究方法

西方学者在研究英国人的"大旅行"时往往人为割裂其历史。本书在前人研究的基础上，第一次将"大旅行"纳入英国的整个教育传统之中，将"大旅行"作为英国游学传统的延续和重要发展，历史地再现英国游学传统在不同时期的不同表现，一定程度上弥补了国内外学者在整体性研究"大旅行"方面的不足。

本书主要研究英国人"大旅行"的历史，因此，历史学的研究方法是最基本的方法。无论是材料的取舍、观点的归纳、行文的规范等，都以历史学的要求严格、严谨地进行，既吸收中国传统史学方法的长处，也充分借鉴西方史学研究的方法。当然，鉴于"大旅行"研究涉及众多的学科领域，本书难免要借用其他学科的概念和方法。例如，在考察"大旅行"兴起和发展的社会背景时，本书便借用了社会学中的"中心"、"边缘"概念，并利用"依附"理论来诠释近代初期英国与欧洲大陆之间的文化关系。此外，在分析"大旅行"的特征时，会借用旅游学的某些概念和方法；在探讨旅行与文化认同的关系时，会借用社会学的某些概念和方法；在分析旅行对艺术品位和建筑风格的影响时，会借用"文化研究"及建筑学的某些方法和概念。总之，本书将以马克思主义唯物史观为指导，结合全球史研究国家、文明及区域间交流和互动的模式，借用文化研究中的"杂种性"、"文化认同"等概念及其他学科的方法和概念，从不同侧面和角度展示与英国人的"大旅行"相关的社会、文化生活。

当然，在本书的写作过程中也遇到了不少的困难与问题。首先面临的困难便是语言问题。在英国人的"大旅行"研究中，近代初期的英文文献是主要的资料来源。然而，在近代初期，现代英语尚处于发展的过程中，无论拼写、字义、语法都与现在使用的英语有着很大的不同，一些词汇如今甚至废而不用，以至于难以查证其含义，这无疑增加了文本理解的难度。因此，书中对某些文本的解读难免存在误差，甚至是谬误，这也是本书的一个不足之处。

其次是资料问题。近代时期，朝圣者、商人、探险家、殖民者、流亡海外者、驻外使节、游历的学者和科学家等旅行者留下了大量的书面资料。其中，有些资料在旅行者有生之年便得到出版，有些则在旅行者去世后人整理出版，而有些则以手稿的形式留存了下来。目前，由于手稿资料收集相对困难，因此在本书的研究中不得不更多地利用近代初期刊印的那些文献资料及后人的研究成果（其中包括今人整理出版的手稿资料），这不能不说是一种遗憾。

此外，英国人的"大旅行"是近代英国社会、文化生活中的一个非常重要的现象，它所涉及的内容十分纷繁复杂，如何将它们有机而扼要地呈现出来，是一个颇有难度的课题。在本书中，虽然作者尽可能使之充分，但肯定还有不尽如人意之处。同时，在涉及具体研究内容方面，也有一些内容需要进一步挖掘，如目的地国家（法国、意大利、德意志、瑞士及低地国家）的居民对英国旅行者的反应，目的地国家的文化、艺术市场为满足英国旅行者需求而采取的措施等。鉴于笔者掌握的语言工具和原文资料的局限，这些问题在本书中仅有比较肤浅的论述，更深入的研究尚有待进一步的发掘。

六　资料介绍

"大旅行"涵盖的领域众多，涉及的内容也十分繁杂。在"大旅行"研究中，旅行者的著述是我们进行研究的首要的也是最基本的材料。从旅行者的记述中，我们可以获取旅行者本人、旅行者的本土文化以及旅行者参观之地和造访文化的相关信息。现存的旅行著述主要有三种：手稿记述、同时代人出版的记述及后人出版的著述。旅行者与家人朋友之间往来的信函、旅行者途中所记的笔记、所写的日志，属于此种类型，它们主要供个人回忆或家人、朋友传阅之用，其写作的初衷不是为了出版。同时代人出版的著述主要有旅行纪实、忠告性著作、路况指南、旅行养生等。后人出版的旅行著述多是对前人所留资料的整理。这三种类型的资料无论是写作背景还是动机都各不相同。仅供小圈子传阅的信函、日志显然不同于为迎合读者和市场需求而写的东西。如果对它们不加区别，混同使用，就无法清晰地揭示“大旅行”现象。当然，只重视手稿记述也有问题。旅行者留下来的许多信函常常没有得到很好的整理，它们散布在一般性的政治和家庭通信中，难以寻觅。同时，许多现存手稿材料要么没有署名，要么难以辨认，一些材料则仅仅提供了一些几乎不为后人所知的旅行者只言片语的信息。与刊印出版的材料一样，手稿资料也多有重复。不过，鉴于这些手稿材料的自发性，它们也颇有价值。现场即时所写的信函往往比平静回忆时加以润色的文章更能准确地反映旅行者的体验。如果无视这些大量存在的手稿材料，而将注意力集中在一小批出版刊印的文本之上，得出的结论只会是狭隘的。

旅行文学是研究“大旅行”的另一种重要资料。在18世纪，旅行文学极受欢迎，且具有很高的思想文化和美学价值。正如萨缪尔·约翰逊在1759年的一份没有具名的报纸广告中评论的那样，“忠实地讲述航海和旅行经历，史无前例地激起了（人们）强烈的好奇心，也充分地满足了人们的好奇心。自然的不同面貌、人们的各种风俗、对整个世界的逐渐发现、航海生活中的事故和艰险，所有发生的一切，让人们充满期待，也让他们乐于见到奇迹”[1]。旅行文学作品中既有约翰逊所说的那种忠实的描述，如伊丽莎白·克雷文贵妇所写的《穿越克里米亚前往君士坦丁堡的一次旅行》（1789），但也不乏虚构的作品，如《鲁滨逊漂流记》和《格列佛游记》。不过，无论是如实的描述还是虚构性的作品，它们都是对不同的社会及人性多样性进行严肃的观察和思考的结果。借助这些旅行文学作品，我们可以分析、考察时人对当时一些重要社会、文化现象的理解和认知。当然，鉴于旅行文学作品常常带有明显的政治、思想和道德取向，我们在使用这些材料时必须慎重，需要对它们加以甄别。

此外，大量近现代学者的研究成果是本书研究的起点，如果没有这些前辈学者的努力，没有他们的成果作为基础，毫无疑问，本书所要开展的研究是无法进行的。

---

[1]　Thomas M. Curley, "Review of Pleasurabel Instruction: Form and Convention in Eighteenth - Century Travel Literature by Charles L. Batten, Jr. ", *Eighteenth - Century Studies*, The Johns Hopkins University Press, Vol. 13, No. 1, 1979, p. 82.

第一章　英国人早期的游学传统

在人类历史发展的进程中，旅行的传统源远流长。从遥远的古代开始，人们便因各种原因而离家远游。早在公元前 3000 年之前，朝臣、外交官、商人和朝圣者便已经在美索不达米亚三角洲穿梭往来。在公元前 1500 年，为了身心快乐而进行旅行的游客便在金字塔上留下了他们的手迹。① 在欧洲的历史上，人们同样很早就因为文化方面的原因而离开自己生活的国度，前往其他地区进行游历。例如，为了寻求自己热望的文化，富有的罗马人曾不辞辛劳地前往希腊旅行，而希腊文化的价值则重新确认和证实了他们的信念和努力的意义。在中世纪，朝圣产生了一种形式迥异的旅行产业，它有着自己固定的线路和确定的朝拜地点。十字军东征则产生了中世纪第二种形式的旅行。热衷于征服的欧洲基督徒潮水般地涌入中东，去对抗宗教和文化完全不同于自己的撒拉逊人。② 在英格兰，骑士为获得实战经验而前往欧洲大陆参加比武大会的旅行、学者和学生为学术造诣而进行的欧洲之旅，也是同一时期英国人旅行的重要形式。因此，尽管平洛特称"大旅行是各种现代形式的大陆旅行的始祖"无疑是正确的，不过，"大旅行"本身也是从欧洲人在此之前近千年的实践中发展演变而来。

第一节　早期的游学

一　罗马不列颠时代

英国人富有游学的传统，他们对游学的热情可以追溯到罗马不列颠

---

① Lionel Casson, *Travel in the Ancient World*, Batimore: Hohns Hopkins University Press, 1994, pp. 22, 32; Elizabeth A. Bohls and Ian Duncan, ed., *Travel Writing 1700 – 1830: An Anthology*, Oxford: Oxford University Press, 2005, p. XⅢ.

② Elizabeth A. Bohls and Ian Duncan, ed., *Travel Writing 1700 – 1830: An Anthology*, p. XⅥ.

时代。自公元前55年和54年尤利乌斯·恺撒和他的军团作为首批罗马人在布立吞登陆以来，在随后的四个世纪中，罗马的军团和官员前赴后继地来到不列颠行省，并按照罗马的时尚建立城市、修筑道路、建造别墅，而不知名的传教士则带来了基督教和其他东方的宗教。作为相反的潮流，战争中被俘的不列颠士兵、臣服的土王、仰慕罗马文化的土著贵族也相继来到罗马。

寓居罗马的希腊地理学家斯特拉波在自己的著作中就提到这样的布立吞人："布立吞的男人高于凯尔特人，虽然他们身体笨拙，但头发却没有那么黄……在罗马，我本人看到的所有小伙子都要比该城最高的人高出半英尺。"[1] 不列颠人在罗马取得了非凡的成就，给时人留下了深刻的印象。西班牙诗人马修在《短诗集》中曾这样描述公元1世纪的英国旅行者克劳狄娅："克劳狄娅虽出身布立吞且薄施粉黛，她的性情却完完全全是罗马式的，对意大利老妇人而言，她美艳绝伦，她的罗马、希腊女主人则把她当作自己的一员。"[2]

与此同时，英国早期的圣徒也相继前往罗马，去寻求基督教教义的真谛。其中，最为著名的一个例子便是贝拉基。大约在公元380年，贝拉基离开不列颠前往欧洲大陆。在罗马，他学到了怀疑原罪的异教思想。

二 中世纪时期

在中世纪，尽管横渡英吉利海峡而前往欧洲大陆旅行，往往会遇到重重危险并历尽千辛万苦，但每年都有数以百计的英国男女奔赴国外，前往欧洲大陆游历。英国人喜爱旅行的传统是如此的深厚，以至于一名编年史家对英国人之热爱旅行发出了这样的感叹，"那片土地上的人们散布于世界各地，在世界各地旅行成为他们的一种文化"[3]。此种描述虽不无夸张，但也足见英国人对旅行的热情。在中世纪时期，除了通常出于外交、军事和商业等目的而进行的旅行之外，英国人还常常因精神和文化方面的需求而前往欧洲大陆旅行。其中，朝圣者、骑士和学者便是他们的主要代表。

朝圣是英国人出于精神方面的需求而前往欧洲大陆甚至更遥远的地

---

① G. B. Parks, *The English Travelers to Italy*, Vol. 1, The Middle Ages to 1525, Rome: Edizioni Di Storia E Letteratura, 1954, p. 4.

② Ibid., p. 6.

③ Sara Warneke, *Images of the Educational Traveler in Early Modern England*, Leiden: E. J. Brill, 1995, p. 17.

方（如巴勒斯坦）进行的旅行。英国人很早就对朝圣充满热情。据说，在公元6世纪的某一天，当教皇格雷高利一世在罗马的集市上见到一些头长金发的盎格鲁男童时，他发出了这样的感叹："他们不是盎格鲁人（野蛮人），而是天使"（No Angli，sed Angeli），并宣告要将他们教化为基督徒。[1] 在随后的数个世纪，在基督教教义的感召下，无数信徒开始了他们的天路历程，踏上"朝圣之路"。比德在《英格兰民族教会史》一书中也写道：到7世纪晚期，"许多英国人竞相前往国外的圣地朝圣。其中有贵族，也有普通人；有教士，也有俗人；有男，也有女"[2]。这些朝圣者横渡英吉利海峡，穿行于墨洛温王朝、加洛林王朝及波旁王朝统治下的法国，跋涉于通往罗马的漫漫道路之上。到中世纪后期，随着英国人对人类事务好奇感的空前增长，朝圣也越发地流行起来。尽管朝圣之旅费用高昂且充满危险，但在整个中世纪，它却始终吸引着包括贵族和贫民在内的大量善男信女。

在英国和欧洲其他地区，最受欢迎的朝圣地有三个，它们分别是耶路撒冷、罗马及西班牙的康波斯特拉。圣地耶路撒冷是朝圣者最希望前往的地方，但战争、旅行的费用及途中的艰险常常让他们中的许多人望而却步。相比之下，罗马和康波斯特拉的圣詹姆士神殿吸引的朝圣者则更多。从14世纪至16世纪初，在普通年份前往罗马旅行的英国朝圣者的人数大约在75—200人之间，而在大赦年前去的英国朝圣者的数量则多达800人左右。[3] 由于时间和金钱的限制，许多朝圣者常常会选择较罗马更近的地方。到15世纪，圣詹姆士神殿成为很多人的首选。在1434年，仅仅是亨利六世一人就向前往该神殿的朝圣者发放了2433个许可证。对于一个16世纪前人口不超过300万的国家来说，这一数字足以说明当时在国外朝圣的英国人确实不在少数。正是由于前往海外朝圣的英国人人数众多，为朝圣者提供交通运输也成为一项让人艳羡的商业行当。[4]

尽管有学者认为将朝圣纳入游学传统多少有些牵强，但鉴于在中世

---

① Brian Michael Ambroziak，Michael Graves，*Michael Graves*：*Images of a Grand Tour*，New York：Princeton Architectural Press，2005，p. 6.

② Saint Bede，*The Ecclesiastical History of the English Nation*，*from the Coming of Julius Caesar into This Island in the 60th Year Before the Incarnation of Christ till the Year of Our Lord* 731，London，1723，pp. 280 – 281.

③ G. B. Parks，*The English Travelers to Italy*，Vol. 1，The Middle Ages To 1525，pp. 356 – 357，373 – 374；John Allen，*The English Hospice in Rome*，Rome：The Venerable English College，1962，p. 58.

④ Clare Howard，*English Travellers of the Renaissance*，p. 3.

纪，特别是中世纪晚期英国人对朝圣的热情及其社会参与的广泛性，我们可以认为，朝圣之旅的确对广大的朝圣者具有教育的功效，它不仅满足了朝圣者谋取精神升华的需求，也让他们增长了对更广阔世界的知识，增进了对外部世界的了解。

骑士为获取实战经验而前往欧洲大陆（主要是法国）参加比武大会的旅行是中世纪英国人游学的另外一种形式。中世纪教育的目标之一便是培养骑士。在骑士的培养过程中，游学发挥着一定的作用。为了获得在本土不能得到的马上比武经验，英国骑士常常前往欧洲大陆旅行。在中世纪，骑士用以报效封建领主和国王的是他们的军事技能。作为模拟打斗，马上比武大会是骑士军事技能理想的训练和测试场所。与此同时，出于政治方面的考虑，英国权力当局常常周期性地禁止在境内举行马上比武大会，为了获得实战经验，骑士们就不得不前往国外。威斯敏斯特的马修注意到，新受封的英国骑士通常都会到欧洲大陆游历，并借助军事技艺来展示自身的勇武。曾经有一次，亨利三世封授的 80 名绅士全都前往国外参加了比武大会。法国比武大会的壮观和激动人心及其提供的检验军事技能的机会吸引着英国骑士，因为，正如 F. 沃尔·康利什评论的那样，"英国的骑士制度较欧洲大陆更理智。在欧洲大陆，法国和德意志的男爵们不断地卷入私人战争之中，因此有更多机会获得军事方面的荣誉"。① 等待继承土地或已经安排好胜任的家仆打点庄园的青年贵族百无聊赖、躁动不安，他们纷纷出外旅行以寻求刺激。没有土地的骑士则希望借助于参加比武大会而获得安身立命之所。后来，比武大会逐渐失去了严肃的打斗色彩，不再真刀真枪地对阵，更多地成为一种社会消遣。不过，它们确实让英国贵族有机会以此为借口到国外旅行，去体验法国宫廷多姿多彩且激动人心的生活。②

学者和学生为学术造诣而进行的欧洲之旅，是中世纪时期英国人游学的又一种形式。在这一时期，学者和学生也相继加入了朝圣者、骑士、使节、商贾以及普通士兵的行列，前往欧洲大陆学习、游历。在欧洲大陆，特别是在意大利，英伦学者并不少见。像圣维利巴尔德，中世纪最为博学的古典学者索尔兹伯里的约翰，阿拉伯研究的先驱，巴斯的阿德拉德，林肯的约翰，罗杰王的秘书塞尔比的罗伯特，托马斯·贝克特的传记作家、牛津大学校长罗伯特·克里克莱德，诺里奇主教牛津的约翰，英国中世纪最伟大的文学家杰弗里·乔叟（1343—1400）等，便因文化、

---

① F. Warre Cornish, *Chivalry*, London: Swan Sonnenschein & Co., Lim., 1901, p. 51.

② Sara Warneke, *Images of the Educational Traveler in Early Modern England*, pp. 25 – 26.

宗教、外交、军事或商业等方面的原因而频繁前往欧洲大陆及更为遥远的地区旅行。[1]

从 12 世纪到 14 世纪后期,企图在教会或政府谋取职位的人主要前往巴黎和博诺尼亚的大学学习。当时,巴黎大学以传授文科诸艺和神学而出名,博诺尼亚大学则是欧洲教会法和民法研究的中心。希望获取医学学位的年轻人则通常前往萨勒诺,那里有中世纪欧洲首屈一指的医学校。来自欧洲各地的学生大量会聚在巴黎大学和博诺尼亚大学之中,促使两所大学都出现了"同乡会"。[2] 欧洲主要的大学在 12、13 世纪便蓬勃发展起来,它们的声望招徕了许多英国学生。当然,英国学者在欧洲大陆的目的地不仅限于法国和意大利。在 12 世纪,有相当数量的英国学者前往西班牙,去寻求那里的阿拉伯科学。[3] 在 14 世纪下半叶和 15 世纪初,受牛津和剑桥声望的日渐增长、巴黎大学的成员就教皇的分立而产生的分歧、欧洲战争特别是英法战争的日渐残忍和波及区域的扩展等因素的影响,许多年轻的学者更多地选择留在国内,欧洲主要大学外国学生的数量开始减少。其中,最为显著的是巴黎的英国—德意志同乡会,在 1383 年,它仅仅剩下寥寥数名学生。[4]

在 14 世纪至 16 世纪期间,尽管在国外游历学生的数量在下降,但仍然有相当数量的英国人入读欧陆的大学,特别是意大利的大学。在复兴古典的文艺复兴时期,意大利的大学和专门学校保住并增加了自己的声望。博诺尼亚大学吸引了无数的英国学生。该大学的记录表明,大约有 50 名英国人在那里获得了教会法或民法博士学位;无疑,还有许多在那里学习过的英国人并没有获得学位。[5] 15 世纪晚期至 16 世纪初,有 20 多名英国人曾在费拉拉学习,其中一些人在那里分别获得了民法、教会法、艺术或神学学位。[6] 15 世纪期间,帕多瓦的大学在民法学研究方面声望直

---

[1] Edward Chaney, *The Evolution of the Grand Tour, Anglo – Italian Cultural Relations since the Renaissance*, pp. 2 – 4; Michael G. Brennan, ed., *The Origins of the Grand Tour: the Travels of Robert Montagu, Lord Mandeville* (1649 – 1654), *William Hammond* (1655 – 1658), *Banaster Maynard* (1660 – 1663), p. 9.

[2] Sara Warneke, *Images of the Educational Traveler in Early Modern England*, p. 26.

[3] Richard William Southern, *Medieval Humanism and Other Studies*, Oxford: Basil Blackwell, 1970, p. 171.

[4] Pearl Kibre, *The Nations in the Medieval Universities*, Cambridge, 1948, pp. 108 – 109.

[5] R. J. Mitchell, "English Law Students at Bologna in the Fifteenth Century", *English Historical Review*, LI (1936), pp. 270 – 287.

[6] R. J. Mitchell, "English Students at Ferrara in the XV Century", *Italian Studies*, No. 1, 1938, pp. 75 – 82.

追博诺尼亚,而且,它在医学和神学的研究方面也日渐获得声望。现存的记录表明,在 15 世纪,有 18 名英国人在那里取得了学位。博诺尼亚、费拉拉及帕多瓦这三所意大利大学的学位,为英国学者的教育增添了光泽,并成为他们得到外交或行政任命的敲门砖。尽管为教育之目的而前往欧洲大陆游历的英国人数量尚不多,但他们却是中世纪欧洲知识网络不可或缺的组成部分,他们的迁徙、流动成为英伦诸岛与欧洲大陆进行文化联系的一种重要方式。

第二节　近代初期的新型游学

一　都铎王朝之初的游学活动

都铎王朝统治时期,英国和欧洲大陆的关系跌宕起伏,赴欧旅行也随着这种关系的变化而变化。都铎王朝开国之初,英国国内逐渐呈现出稳定而和平的发展局面。英国人日渐对欧洲,特别是意大利的事物表现出浓厚的兴趣。在这种背景之下,许多人纷纷走出国门,前往欧洲大陆学习游历。雷诺德·奇切利、安德鲁·奥尔斯、威廉·格雷、约翰·弗里、罗伯特·弗莱明、约翰·冈索罗普、伍斯特伯爵约翰·蒂普托夫特、威廉·席林、威廉·哈德利、威廉·格罗辛(1446—1519)、克里斯托弗·厄斯维克(1448—1522)、休·拉蒂默、托马斯·林纳克(1460—1524)、威廉·李利(1468—1522)、约翰·柯列特(1467—1519)、卡斯伯特·汤斯托(1474—1559)等人文主义者便是其中的代表人物。[1]

在爱德华六世统治时期(1547—1553),为了达到教育和文化方面的目的,英国人开始对西欧进行更进一步的探索。在这一时期,意大利作为贵族及共和国城邦汇集之地,其政治制度全然不同于英格兰,对英格兰的统治阶级有着强烈的吸引力。在当时的英国人看来,意大利"在文明程度上无与伦比",是"礼仪和财富的发源地,学问的主要滋生地,政府研究的实验室"。[2] 作为新兴人文主义学问发源地和古代帝国文明不朽

---

[1] Lewis Einstein, *The Italian Renaissance in England: Studies*, London: MacMillian Company & Co., LTD, 1902, pp. 1–58; Edward Chaney, *The Evolution of the Grand Tour*, *Anglo-Italian Cultural Relations since the Renaissance*, p. 41.

[2] George B. Parks, "The First Italianate Englishmen", *Studies in the Renaissance*, The University of Chicago Press on behalf of the Renaissance Society of America, No. 8, 1961, p. 198.

的中心，无论是对学者还是政治家而言，意大利独特地理特征的意义同等重大。对这一时期的英国文化精英来说，意大利之旅的魅力简直就是无法抗拒的。

英国语言学家和历史学家威廉·托马斯（？—1554）的意大利之旅，让同时代的英国人首先得以了解同一时期意大利的文化和地理景观。1545 年，作为一名破产的赌徒，为逃避盗用他人资金的指控，托马斯出逃欧洲大陆，从而开始了他的首次欧陆之旅。在威尼斯，托马斯受到了监禁，直到偿清债务。随后，他先后到了帕多瓦、博洛尼亚、佛罗伦萨和罗马。沿途之中，他不断完善自己的意大利语知识，努力研究意大利各邦国的历史和宪法。当托马斯尚在意大利的时候，他便开创性地进行着英语—意大利语语法与字典的汇编工作。① 在同一时期，托马斯还为自己后来最为出名的著作《意大利史》（1549）写下了部分草稿。在返回到英国之后，托马斯完成了《意大利史》，并将其出版。

托马斯的《意大利史》是英国第一本翔实描述意大利及其历史的书籍。该书主要在翻译已经出版的意大利各地历史的基础上写成，同时也加入了托马斯在旅行途中对某些地方政权所做的观察。② 除了在献辞中对沃里克伯爵约翰·达德利以及当时宫廷中最有影响的人物之一诺森伯兰公爵大加恭维之外，《意大利史》还向英国读者提供了有关威尼斯、那不勒斯、佛罗伦萨、热那亚、米兰等伟大城邦的宪法和市民生活的丰富信息。③ 威尼斯共和国的宪法以及它的选举、公民的投票、共和国总督与他的顾问班子间相互依存的关系等，给托马斯留下了深刻的印象，并让他着迷。同时，托马斯还对佛罗伦萨、热那亚和米兰问题重重的历史进行了叙述，对此前一个世纪（15 世纪）它们的宪法在自由和专制间摇摆不定的历史进行了描绘。通过托马斯细致的历史阐释，英国读者可以迅速掌握意大利市民人文主义所取得的成就，了解欧洲大陆不同类型的政制

---

① William Thomas, *The Principall Rules of the Italian Grammer*, *with a Dictionarie for the Better Understandynge of Boccace*, *Petrarcha*, *and Dante*, London, 1550; George B. Parks, "The Genesis of Tudor Interest in Italian", in *PMLA*, Modern Language Association, Vol. 77, No. 5 (Dec., 1962), p. 535.

② George B. Parks, "The Genesis of Tudor Interest in Italian", *PMLA*, Modern Language Association, Vol. 77, No. 5, 1962, p. 535.

③ William Thomas, *The Historie of Italie*, *A Boke Excedyng Profitable to Be redde*: *Because It Intreateth of the Astate of Many and Diuers Common Weales*, *How Thei Haue Ben*, [*and*] *Now be Gouerned*, London, 1549, p. A$_2$.

模式的魅力之所在。①

在 16 世纪下半叶，欧洲各国确立的国际外交实践推动了"游历西欧各地是一种教育模式"的观念的发展。在 15 世纪，向他国派遣常驻代表的习俗逐渐在意大利各邦国发展起来。到 16 世纪初，这种实践开始传播到欧洲"开化"的其余地区。传统上，一名派往国外的使节或大使往往会带着大量的文员、学者、牧师和仆役等扈从人员在各地穿梭往来。在这些随行人员中，有许多人置身国外只是为生活所迫，对他们而言，不熟悉的风景、异国的氛围、外国的语言都没有什么吸引力。对另外一些人来说，参与一次外交使命则不仅可以有效促进委派任务的完成，还可以为个人发展和增长知识提供一种特别具有挑战性，同时也是令人羡慕的机会。威廉·托马斯显然便是因为这种原因而再次前往欧洲大陆。1551 年，威廉·托马斯加入了北安普敦侯爵的庞大使团，前往法国向亨利七世进献"嘉德勋章"。在威廉·托马斯返回英国后，由于《意大利史》首次刊印的成功，他受到了其名义上的赞助者约翰·达德利的关注。正是在约翰·达德利的影响之下，托马斯被任命为枢密院院长，而这一职位在当时享有无上的声望。

在 16 世纪 50 年代，受过教育的英国人对法国景观（landscape）并不完全陌生。在此前许多个世纪中，朝圣者、教士、商人、外交官、信使以及众多其他类型的旅行者便为了各自不同的目的而在法国境内风餐露宿，长途跋涉，并进而前往西欧其他地区。这些旅行者在法国境内主要沿着三条路线前进。它们分别是：沿着罗讷河河谷顺流而下，直到马赛，然后取道海路前往意大利；经过巴黎前往里昂，然后翻越阿尔卑斯山；经过塞纳河前往埃塔普勒，然后再途经一座座修道院和收容所后到达贝桑松，之后，再从那里继续前往瑞士。②

除了对旅行路线的熟悉之外，法国文化的魅力也是促使英国人前往法国旅行的又一动因。弗朗索瓦一世（1415—1547）长期而极富成果的统治给法国文化带来了极大的活力，这与宗教改革后英国"亵渎神灵的

① Michael G. Brennan, ed., *The Origins of the Grand Tour: the Travels of Robert Montagu, Lord Mandeville* (1649 – 1654), *William Hammond* (1655 – 1658), *Banaster Maynard* (1660 – 1663), pp. 9 – 10. 有关威廉·托马斯在欧洲大陆旅行的情况及其取得的成就，参见 Edward Chaney, *The Evolution of the Grand Tour, Anglo – Italian Cultural Relations since the Renaissance*, pp. 70 – 76。

② Michael G. Brennan, ed., *The Origins of the Grand Tour: the Travels of Robert Montagu, Lord Mandeville* (1649 – 1654), *William Hammond* (1655 – 1658), *Banaster Maynard* (1660 – 1663), p. 10.

偶像破坏运动"形成鲜明的对比。与此同时，弗朗索瓦一世的统治还促进了法国建筑与艺术的发展与极大丰富，进一步增强了法国风景的魅力。在整个 16 世纪 50 年代，当英国人前往法国游历时，他们免不了要将英、法两国的情况进行一番比较。通过比较，他们往往会发现，信奉天主教的法国在思想和文化方面极为丰富多彩，而在爱德华六世治下信奉新教的英格兰，视觉艺术却遭到了清洗，其信仰世界也定义刻板。英国与法国在视觉艺术和文化方面的差距一直保持到一个世纪之后。在 17 世纪 50 年代，巴黎视觉艺术的辉煌和法国王朝的壮观景象深深地触动了英国旅行者与流亡者，促使他们对本国的相关问题，如王室艺术的收藏、奢侈的宫廷娱乐以及查理一世宫廷十足的创造活力等的一去不复返，进行反思。

在 1551 年威廉·托马斯考察法国北部之际，北安普敦侯爵外交随从人员中的另一名成员托马斯·霍比，一直伴随在侯爵左右。托马斯·霍比是卡斯蒂廖内《廷臣论》一书的英译者。同威廉·托马斯一样，霍比也热衷于研究意大利的治国术和市民文化。在 16 世纪中期的英国，提升学识的欲望推动着大陆旅行的发展，并促使其发展成为一种受人重视的教育形式。霍比早期的职业生涯便是最好的例子。在青年时代，霍比便是当时享有特权的流浪学者的代表人物，他们常常是在牛津或剑桥学习一段时间后，便特地前往国外的学术机构去追求学问方面的卓尔不群。为了完成自己的教育，并获得对外国宫廷、礼仪和语言的切身体验，以便为自己将来在外交机构中的职业做准备，霍比在同父异母的哥哥菲利普勋爵的鼓励下，前往欧洲大陆旅行。[①] 他首先到了斯特拉斯堡。在斯特拉斯堡，他聆听了马丁·布塞珥和佛罗伦萨流亡者彼德·马特·韦尔米格里两人的讲座。之后，他又前往帕多瓦大学学习，并先后在锡耶纳、罗马和那不勒斯等地居住了一段时间。1550 年年初，他前往意大利南方游历，足迹远至西西里。此后不久，他又进行了一次短暂的意大利之旅。大约在 1564 年，霍比以手稿的形式在回忆录中详细地记述了自己的旅行经历，并将这部回忆录命名为《托马斯·霍比旅行实录及生平》。[②]

在都铎王朝统治前期，派送一位年轻人到国外学习费用高昂，能够前往巴黎、斯特拉斯堡和帕多瓦学习的年轻人多来自于上层社会。他们

---

① Edward Chaney, *The Evolution of the Grand Tour*, *Anglo – Italian Cultural Relations since the Renaissance*, pp. 61 – 62.

② Edgar Powell, ed., *The Travels and Life of Sir Thomas Hoby*, *Kt of Bisham Abbey*, *Written by Himself*, 1547 – 1564, London: Offices of the Royal Historical Society, 1902.

的家人要么已经参与到政府部门的工作中，要么则已参与到外交事务之中，有的家庭甚至同时参与了二者的活动。这些来自上层社会的青年人常常充满抱负，他们学习的目的主要为了将来能在宫廷或政府机构中谋取一份好的差事。托马斯·霍比就属于这种情况。霍比同父异母的哥哥菲利普·霍比拥有一个受人尊重的外交生涯，他曾受爱德华六世委派，前往查理五世皇帝的宫廷担任大使，并充当过玛丽女王和西班牙的菲力普这两位君主军事谈判的斡旋人。在履行这些职责的过程中，他还结识了欧洲大陆的一些文化名人，其中便包括霍尔班、提香和阿雷蒂诺等人。

在托马斯·霍比的朋友圈中，许多人同样也有着在欧洲大陆旅行、游历的经历。著名的希腊学学者约翰·齐克（1514—1557）勋爵是霍比的老师和朋友，在玛丽女王统治时期，齐克曾在帕多瓦流亡过一段时间。在霍比的《廷臣论》译本中，齐克以书信的形式为其写了一篇热情洋溢的序言。彼得·怀特索恩、第十二代阿伦德尔伯爵亨利·菲茨詹南同样也是霍比的朋友。1550 年，在霍比周游意大利之际，怀特索恩一直陪在他身边。后来，怀特索恩将马基雅维利的《战争艺术》翻译成了英语。在 1566 年至 1567 年间，亨利·菲茨詹南本人也前往意大利进行旅游。就霍比本人而言，对欧洲大陆事务的密切关注以及长期的职业准备，最终开花结果。1566 年，他如愿以偿地被伊丽莎白女王任命为驻法大使。①

都铎王朝统治时期，统治阶级中具有远见卓识的人士开始认识到中央政府应当发挥资助文化事业的职能，他们有意识地资助知识分子阶层与欧洲大陆保持文化联系。如果没有英格兰宫廷中权势人物的同情和参与，托马斯和霍比的著述活动可能就不会取得什么成果。在爱德华六世统治时期，沃里克伯爵及诺森伯兰公爵约翰·达德利这位托马斯《意大利史》的献辞对象，无疑是最重要的资助人之一。他慷慨解囊，向那些寻求获得欧陆文化直观知识的人提供资助。此种举动雄辩地表明，他希望扭转宗教改革后英国文化被排斥在西欧其他地区之外的局面。正是出于这样一种想法，达德利希望模仿亨利七世和年轻的亨利八世，努力为狄赛德留斯·伊拉斯谟、海因里希·哥内留斯、阿格里帕和小汉斯·霍尔班（1497？—1543）等来自欧洲大陆、才华横溢且能讲多种语言的学者、工匠和艺术家提供任职的机会。

与此同时，在都铎王朝统治时期，人们日渐相信，游学和旅行具有

---

① Michael G. Brennan, ed., *The Origins of the Grand Tour*: *the Travels of Robert Montagu*, *Lord Mandeville* (1649 – 1654), *William Hammond* (1655 – 1658), *Banaster Maynard* (1660 – 1663), pp. 11 – 12.

教育的功能和推进职业发展的功效。此种信念之所以出现，关键在于统治阶级中的有识之士逐渐认识到，政治实力与丰富多彩的文化成果之间存在着直接联系。美第奇家族统治下的佛罗伦萨、弗朗索瓦一世的宫廷、法国贵族壮观的城堡、德意志和西班牙哈布斯堡王朝的大城市无论在学问还是在艺术方面都显得丰富多彩。与它们相比，英格兰同一时期的民族生活则显得要落后得多，单调得多。就资助的范围和规模而言，约翰·达德利对文化和艺术的资助，也根本没有办法与欧洲大陆上人数众多的王室和公爵相比。不过，尽管约翰·达德利感兴趣的艺术范围并不十分宽广，但他的这种兴趣至少也表明，在英国统治阶级中，有人已经开始关注中央政府承担资助文化的公共职能的问题，而且，他们确实也希望政府能够切实承担起这一职能。①

为此，约翰·达德利曾先后资助多名艺术家和文化人前往欧洲大陆进行实地考察。集建筑师和艺术家于一身的约翰·舒特首先得到达德利的派遣，前往意大利进行学术上的实地考察。在派遣舒特时，达德利特地建议他考察意大利人对古典时代的兴趣及此种兴趣对大陆建筑设计的影响。后来，舒特撰写出了第一本论述建筑的英文著作。② 除舒特之外，得到达德利资助而前往意大利旅行的还有威廉·托马斯、弗朗西斯·亚克斯利、弗朗西斯·佩托。情歌作曲家托马斯·怀特索恩则在约翰·达德利倒台之前一直受雇在他的家中。后来，怀特索恩也前往意大利进行了广泛的旅行，并将欧洲大陆有关作曲和表演的丰富知识带回英国。此外，托马斯·威尔逊早年的职业生涯在很大程度上也应归功于达德利一家的资助。1555 年到 1560 年间，威尔逊曾在欧洲大陆流亡，后来，他成为伊丽莎白女王的国务秘书。

在玛丽女王统治时期，英国奉行亲天主教的政策。女王亲天主教的政策导致国人以宗派立场为判断标准，大陆旅行的意义得到了重新界定。这一时期，先前约翰·达德利及其追随者从新教徒的立场出发对意大利文化和公民宪法所做的外在审视被取而代之。在红衣主教波奥（1500—1558）的领导下，重新回到英国的天主教流亡者为英国提供了一种关于意大利的新看法，而此种看法在开化程度上一点不比前者差。波奥曾长

① Michael G. Brennan, ed., *The Origins of the Grand Tour: the Travels of Robert Montagu, Lord Mandeville* (1649 – 1654), *William Hammond* (1655 – 1658), *Banaster Maynard* (1660 – 1663), p. 12.

② Edward Chaney, *The Evolution of the Grand Tour, Anglo – Italian Cultural Relations since the Renaissance*, p. 204.

期居住在国外，到 1555 年，他有关"英国应该在西欧政治和学术中扮演何种角色"的个人看法已经变得十分温和。波奥年轻时曾在帕多瓦求学。1521 年到 1527 年间，他参观了罗马。1529 年至 1530 年，他在巴黎继续接受教育。从 1532 年开始，由于拒绝接受王权高于英格兰教会的规定，波奥决定自行流亡帕多瓦。在重返英格兰后，波奥及同僚为英国带回了有关意大利人文主义和公民治国术的丰富知识。

然而，随着玛丽女王的继位及忠实的天主教徒从从帕多瓦返回到英国，英国又出现了新一代的流亡者。新教徒弗朗西斯·沃尔辛翰（1530—1590）便是这些新的流亡者队伍中的一员。在沃尔辛海姆逃离英国后，他来到了帕多瓦大学学习。后来，他成为伊丽莎白女王国外情报收集机构的负责人，而这段国外学习的时光则对他帮助十分巨大。英国国内政治局势和宗教政策的变化，往往导致部分"持不同政见者"逃亡欧洲大陆，这些逃亡者在欧洲大陆游历和学习，从而维持了英国与欧洲大陆的联系。在亨利八世和爱德华六世统治时期，天主教流亡者逃往西欧，寻求更为安全的庇护所。后来，在玛丽女王继位后，他们又重新返回英国。与他们相反，新教徒则确立了另一种"流亡—回归"的模式。在天主教女王统治期间，他们置身英国之外，前往欧洲各地过漂泊流离的生活；在信奉新教的伊丽莎白加冕即位之后，他们又胜利返回。而许多天主教信徒则再次跨过海峡前往欧洲。在这一时期，对于教育原则的实践者和观察家而言，在国外学习和旅行的教育原则中往往还渗透着强烈而辛酸的"流亡"和"返回"的概念。事实表明，一百年后，在 17 世纪 40 年代和 50 年代的制宪震荡和军事冲突中，这些概念对于在欧洲大陆的英国旅行者来说依然有效。①

二 都铎王朝后期的游学活动

1558 年 11 月 17 日，伊丽莎白·都铎登基成为英格兰女王。而在此前的 1558 年 1 月，法国的吉斯公爵，也即洛林的弗朗索瓦（1519—1563），率领三万法军将英国驻军从加莱赶走。自 1347 年爱德华三世占领加莱以来，该地一直处于英国的控制之下。加莱的丢失对玛丽女王来说是一个巨大的耻辱。据说，她曾声称，即便自己去世后，加莱在她的心中也不会磨灭。法国当地居民直截了当地将该地区地重新命名为"收

---

① Michael G. Brennan, ed., *The Origins of the Grand Tour: the Travels of Robert Montagu*, *Lord Mandeville* (1649 – 1654), *William Hammond* (1655 – 1658), *Banaster Maynard* (1660 – 1663), p. 13.

复区"，而英国新女王伊丽莎白一世则成为在英吉利海峡东岸不再拥有任何土地的第一位都铎君主。

在伊丽莎白女王统治初期，法国先后处于弗朗索瓦二世（1559—1560年在位）及查理九世（1560—1574年在位）的统治之下。在这两位君主的统治下，法国在欧洲大陆的政治地位发生了变化。1557年和1558年，法国先后在圣康坦和格拉夫林战败。1559年4月3日，《卡托—康布雷齐和约》的缔结，事实上终结了1494年以来法国与西班牙之间为控制意大利而进行的长期争斗。西班牙最终在意大利取得支配地位，这种支配地位一直保持了150年。① 随着欧洲大陆新的和平局面的出现，前往法国和意大利广大地区旅游也较以前更为容易。

与此同时，游学受到了女王本人的鼓励。伊丽莎白女王显然懂得大陆旅行对年轻人和整个国家的好处，她"从大学中挑选出许多有才华的青年绅士，让他们为了公共利益而到海外旅行，以让他们成为国家之栋梁"②。1561年，伊丽莎白女王写信给佛罗伦斯大公科西摩·德·美第奇，为希望横贯意大利旅行的赫德福德伯爵索要安全通行证。女王对伯爵"去发现众生及其城市习俗的伟大而值得称赞的想法"大加赞赏，并对其前往海外旅行的"可贵决心"加以鼓励。伊丽莎白的鼓励并不仅仅限于年轻人。罗伯特·塞西尔尚在十一二岁的时候，便请求父亲同意自己前往海外一年。他的请求得到了女王的支持。女王的支持迫使威廉·塞西尔勋爵向女王解释其拒绝儿子请求的理由：他认为罗伯特还太小，不宜于这样的旅行。③

在这一时期，国外旅行作为教育方式的价值，得到了上层社会更多人的认同。正如西德尼·李指出的那样，"尽管旅行的条件尚属粗陋，但伊丽莎白时期英国的上层阶级却史无前例地领悟到了旅行作为教育方式的价值。所有痛饮新文化之人都曾到海外见识世界的奇迹"。④ 而这一时期的官方文件也表明，在法国和意大利的土地上，一直有相当数量的英国人因外交、教会事务和贸易等惯常的原因而奔波往来。不过，大部分

---

① Michael G. Brennan, ed., *The Origins of the Grand Tour: the Travels of Robert Montagu, Lord Mandeville* (1649 - 1654), *William Hammond* (1655 - 1658), *Banaster Maynard* (1660 - 1663), p. 14.

② J. E. Stephens, ed., *Aubrey on Education*, London, 1972, p. 135; A. Lytton Sells, *The Paradise of Travellers*, London, 1964, pp. 42 - 43.

③ Sara Warneke, *Images of the Educational Traveler in Early Modern England*, p. 42.

④ Sidney Lee, *The Great Englishmen of the Sixteenth Century*, C. Scribner's Sons, 1904. 转引自 W. E. Mead, *The Grand Tour in the Eighteenth Century*, p. 1。

旅游者都未能留下反映他们旅行经历的书面记录。

一位名叫理查德·史密斯的仆从曾编撰了一本旅行纪实,这本旅行纪实幸运地留存了下来。1563 年,史密斯作为随从,跟随爱德华·安顿勋爵先后到了安特卫普、科隆、奥格斯堡、因斯布鲁克、威尼斯、帕多瓦、佛罗伦萨以及罗马。在这本旅行纪实中,史密斯展示了自己所具有的敏锐观察力,并记录了他为四周奇妙新景象陶醉的神态。同时,史密斯还对自己的所有见闻,其中包括安特卫普的繁华富足、德意志妇女民族服装的怪异以及阿尔卑斯山壮丽的风景,做了事无巨细而且基本上是不加置疑的记载。史密斯的日记无疑开创了一种早期的范例,那即是旅行者热情地将自己在法国、德意志和意大利的游历或"大旅行"的记述编撰成册。当史密斯到达罗马时,他手中仅有一本威廉·托玛斯撰写的《意大利史》供查阅。在罗马,理查德·史密斯既对教皇在罗马雄心勃勃的建筑计划表现出了浓厚的兴趣,同时也对"罗马城市古迹总体上年久失修、远不如自己期望"的状况流露出了无比的失望。遗憾的是,史密斯有关大陆旅行见闻的叙述并不完整。在他们一行人返回英国的途中,当他们到达美因兹时,记述便中断了。尽管如此,在有关"在伊丽莎白女王统治早期,到欧洲大陆旅行的英国游客是怎样着手探索新的地理环境的呢?他们又是如何记述自己的经历的呢?"等问题上,史密斯的记述确确实实为我们提供了一个珍贵而有益的范例。①

1567 年,教皇庇护五世发表"基督之桌"圣谕,要求意大利各邦国拒绝接纳所有的异教徒,特别是英国新教徒。自此开始,英国人相对不受限制地前往法国和意大利旅行的美好时光便彻底结束了。意大利不友好的举动不可避免地引起英国评论家的强烈反应,此后相当长一段时间里,他们常常将意大利描绘为政治阴谋和性糜烂的"温床"。② 1569 年,英国爆发了北方叛乱,一些知名的天主教徒卷入到这场叛乱之中。这促使英国进一步强化了其不与天主教西欧往来的孤立主义立场。1570 年,教皇将"伊丽莎白,英国伪女王"革除教籍,这一举措在英国和意大利之间造成了不可弥合的裂痕。此外,这一时期牵涉"意大利"或天主教的其他一些危机,如里多尔菲阴谋(1571)、英国显赫的天主教贵族诺福

---

① Michael G. Brennan, ed., *The Origins of the Grand Tour*: *the Travels of Robert Montagu*, *Lord Mandeville* (1649 – 1654), *William Hammond* (1655 – 1658), *Banaster Maynard* (1660 – 1663), p. 14.

② 例如,伊丽莎白女王幼时的拉丁语和希腊语教师罗杰·阿斯克姆在其去世后出版的《男教师》一书中便对意大利的"污秽生活"进行了尖锐的斥责,参见 Roger Ascham, *The Schoolmaster*, 1570, ed. Lawrence V. Ryan, Ithaca, NY, 1967, pp. 60 – 75。

克公爵被处死（1572）等，都促使英国进一步强化了它敌视意大利的立场。16世纪80年代，英西战争则促使它采取了更加孤立的立场。[①]

英国与意大利的交恶对旅行者也产生了深刻的影响。在这一时期，前往意大利旅行成为一种见不得人的事情，而前往意大利旅行的人不仅在国外会遇到重重危险，他们回国后也会遭到种种怀疑。于是，在新教徒所写的批评文学中，意大利被描绘为充满危险的地区，是容易受影响的青年游客应该驻足之地。威尼斯因放荡，佛罗伦萨因马基雅维利式的政治阴谋，罗马因天主教徒相互间的勾搭，纷纷遭到强烈的谴责。从许多方面来讲，这些关于意大利的描述是蓄意虚构的，是一种关于意大利的幻象。然而，在随后的三十年中，这些有关意大利的"幻象"却一直发挥着强有力的影响。

尽管如此，英国新教徒却继续前往意大利旅行。只不过，这些旅行者的数量是有限的，而且，他们的旅行路线也受到了限制。在16世纪70年代，菲利普·西德尼勋爵曾两度访问威尼斯，但他却没有敢进一步前往意大利南部旅行。在当时，对那些前往罗马的人来说，危险确实存在。在英国国内，枢密院对各种阴谋十分敏感，那些与耶稣会士密切交往的人们往往成为重大的嫌疑对象；在罗马，宗教裁判所则继续迫害新教徒。甚至到1608年，鲁斯男爵的家庭教师在罗马仍然被拘捕，并被囚禁了20年。对其他旅行者来说，这无疑是令人不安的，同时也无异于一种警告。[②]

1572年春，英国与法国之间签订的《布洛瓦条约》极大地改变了英国与西欧其他地区的关系。事实上，该和约试图结束英国对法国抱有的传统敌意，它还含蓄地承认，西班牙不断增长的军事和殖民实力对伊丽莎白女王的绝对权威构成了更大的威胁。于是，长期以来为英国人熟悉的法国境内的贸易和朝圣路线，再度向英国旅行者特别是那些对欧洲大陆治国方略和政治感兴趣的英国人开放。肯特郡的西德尼家族是最早对大陆旅行这种复兴的职业训练形式加以利用的家族之一。在16世纪70年代，约翰·达德利的女婿、诺森伯兰公爵亨利·西德尼勋爵（1529—1586）是西德尼家族的首领，他也是爱德华六世时期意大利热的主要资助人。

---

① Edward Chaney, *The Evolution of the Grand Tour*, *Anglo - Italian Cultural Relations since the Renaissance*, p. 62.

② *Albion*: *A Quarterly Journal Concerned with British Studies*, The North American Conference on British Studies, Vol. 21, No. 3, Autumn, 1989, pp. 494 – 495.

1572 年初夏，林肯伯爵爱德华·费恩斯·克林顿正式率领外交使团前往法国签署《布洛瓦条约》。亨利勋爵则在使团中为长子菲利浦·西德尼（1554—1586）谋得一个职位，并委派具有意大利血统的忠诚仆人罗多维克·布里斯克跟随前去。1572 年至 1575 年间，菲利浦·西德尼在欧洲大陆进行了广泛的旅行。在迈克尔·G. 布伦南看来，这次旅行是英国人最早进行的、有翔实的档案资料记载的、成熟的"大旅行"。菲利浦的旅程覆盖了广阔的区域，旅行路线也是他在旅行过程中仔细安排的，而他国外游历的目的就是为日后显赫的公共职务储备必不可少的国际学术、治国艺术和外交事务等方面的知识。实际上，在不到两年的时间里，菲利浦便受到伊丽莎白女王的任用，去完成外交使命。在 1577 年 2 月，菲利浦接受选派，率领官方使团，途经奥斯坦德、布鲁塞尔、卢万、海德堡，前往布拉格鲁道夫二世的宫廷，去吊唁前任皇帝鲁道夫二世之父。[①]在 16 世纪 70 年代，派遣享有特权的贵族青年前往欧洲大陆游学，已成为训练自主选择的宫廷精英熟悉国际事务和世界文化的一种方式。

到伊丽莎白女王统治的中期，游学的关键组成部分已经得到了明确的界定。然而，由于基本证据的严重缺乏，系统探讨"游学实践在随后的几十年中是怎样发展的，它又是如何得到重新的界定？"等问题的努力受到了阻碍。这一时期的旅行日记仅有少量被留存了下来，且零星、分散。造成这种情况的原因在于，从 16 世纪 70 年代起，在欧洲大陆旅行的许多年轻人不再定期地将自己的旅行经历以书面形式记录下来，他们中的许多人甚至根本就没有打算定期记录自己的旅行经历。少量保存下来的旅行者的日记、回忆录和其他形式的书面记载，却为我们理解"何以在伊丽莎白统治后半期的游学观念仍然颇为流行"这一问题提供了线索。例如，学识渊博的绅士约翰·诺斯（1551—1597），曾在佛兰德斯、德意志和瑞士广泛游历。1575 年到 1577 年，诺斯住在意大利。在 1585—1586 年，诺斯参加了发生在低地国家的战役，并与菲利浦·西德尼并肩战斗。所有这些旅行经历对诺斯确实起到了教育的功效。后来，诺斯在东盎格利亚和中部地区进行商业旅行时，始终保持着以意大利语记录其日常活动的习惯。史蒂芬·鲍尔（1553—1630）是另外一位经常将自己在海外丰富多彩的经历付诸笔头的旅行者。1579 年至 1581 年，鲍尔参观了日内瓦、巴塞尔和斯特拉斯堡。在 1587 年，他被弗朗西斯·沃辛海姆勋爵派

---

① Michael G. Brennan, ed., *The Origins of the Grand Tour: the Travels of Robert Montagu*, *Lord Mandeville* (1649 – 1654), *William Hammond* (1655 – 1658), *Banaster Maynard* (1660 – 1663), pp. 15 – 16.

遣到威尼斯，去了解有关"西班牙将入侵英国"的传闻。①

16 世纪 70 年代英国旅行者在国外旅行经历的记录少量留存下来。目前，最翔实的资料是亚瑟·思罗克莫顿的日记。这些日记记录了思罗克莫顿在低地国家、德意志、捷克斯洛伐克、意大利和法国等地旅行的经历，他有时甚至是一日一记。和西德尼家族一样，思罗克莫顿的家人十分重视大陆旅行的教育价值，他们把大陆旅行看作是儿子接受语言、文化和政治教育的重要组成部分。早在 16 世纪之初，思罗克莫顿家族便拥有在西欧旅行的切身体验。1519 年，亚瑟的祖父罗伯特·思罗克莫顿在前往圣地的途中死于意大利；1558 年，亚瑟的叔父迈克尔·思罗克莫顿在帕多瓦供职，担任红衣主教波奥的私人秘书；而亚瑟的父亲尼古拉·思罗克莫顿勋爵曾卷入反对玛丽女王与西班牙国王联姻的怀亚特叛乱，后逃亡法国，并参加了在圣 – 康德的战斗。在伊丽莎白女王继位后不久，尼古拉勋爵被任命为常驻巴黎的大使。显然，亚瑟·思罗克莫顿在国外的旅行也同菲利浦·西德尼的国外旅行一样，是为了将来在宫廷任职打基础的。

1576 年至 1582 年，亚瑟·思罗克莫顿两度前往国外旅行。其中第一次旅行开始于 1576 年 9 月。在这次旅行中，亚瑟作为艾米厄斯·波利特勋爵外交使团的随从，首先游历了法国，然后前往低地国家，并在约翰·诺里斯勋爵的军团中获得了一些重要的军事经验。1578 年，亚瑟安全返家。1580 年 7 月，亚瑟再次动身前往欧洲大陆。经过低地国家和德意志，亚瑟到达了布拉格，并在这里度过了整个冬天和新年。之后，亚瑟沿着类似于十年前菲利普·西德尼走过的路线，参观了维也纳，并翻越阿尔卑斯山来到了帕多瓦和威尼斯，在两地分别小住了一段时间。1581 年 9 月，亚瑟继续前行到达了佛罗伦萨。在佛罗伦萨，亚瑟拜伽利略的父亲文森佐为师，跟随他学习唱歌。1582 年初，亚瑟从意大利出发经法国回到了英国。作为旅行者，亚瑟显然遇到了各种各样的危险，但他的家人却一如既往地相信大陆游历的教育功效。在 16 世纪 80 年代晚期，亚瑟的弟弟尼古拉同样也进行了一次不相上下的旅行。②

亚瑟·思罗克莫顿在日记中经常提及自己在国外遇到了许多英国同

① Edward Chaney, *The Evolution of the Grand Tour*, *Anglo – Italian Cultural Relations since the Renaissance*, p. 66.

② Michael G. Brennan, ed., *The Origins of the Grand Tour: the Travels of Robert Montagu*, *Lord Mandeville* (1649 – 1654), *William Hammond* (1655 – 1658), *Banaster Maynard* (1660 – 1663), pp. 17 – 18.

胞,可惜的是,这些年轻人却没有一个留下任何的书面记录。在 1579 年年初,菲利浦·西德尼的弟弟,罗伯特·西德尼,即后来的莱斯特伯爵,也在准备前往欧洲大陆游历。在罗伯特的这次欧洲之旅中,斯蒂芬·鲍尔陪同他从斯特拉斯堡旅行至巴黎。在斯蒂芬·鲍尔的日记中,他记录下了自己与罗伯特·西德尼的友谊及他们在旅途中的见闻。① 通过斯蒂芬·鲍尔的日记,我们得以更多地了解罗伯特·西德尼此次欧洲之旅的情况。大约在 1580 年 11 月,罗伯特·西德尼游历到了布拉格。在那里,罗伯特按要求给父亲亨利·西德尼勋爵写了一封家书。在家书中,他给父亲讲述了自己未来的计划,这其中便包括他即将前往意大利和法国旅行的计划。罗伯特的父亲亨利勋爵雄辩但却不置可否的回答同样表明,在 16 世纪 80 年代初,年轻人在西欧寻求教育启蒙时同样面临着潜在的政治麻烦和个人危险:

> 我很高兴你现在布拉格,也很高兴你打算前往维也纳。我希望你满怀好奇地观看那里的要塞;考虑到基督教世界的状况,我不能告诉你如何规划前往意大利的旅行,我并不要求你必须前往那里,因为教皇和我们之间存在不间断的战争。我认为,那个地区的君主和当权者与他是同伙,而且,因为其他一些原因,我也不勉强你前往那里。在我们看来,进入西班牙是受禁的,法国则麻烦不断,而低地国家又处于痛苦之中而无法挽救。因此,我将决定权交给你的哥哥和你自己。你可以在参观维也纳后返回英国,也可以在那些地区去度过下一个夏天;如果你那样做的话,我认为你在游览完维也纳后最好参观摩拉维亚和西里西亚的主要城市,去克拉科也是如此;如果可能,就顺便前去参观该国王的宫廷;接着便从那里穿过萨克森前往霍尔斯特以及波默兰,顺道参观那里君主的宫廷;之后进入丹麦、瑞典并参观两国的王庭……②

16 世纪 90 年代,前往国外游学的时尚越发盛行。托马斯·查勒内(1561—1615)勋爵在詹姆士一世宫廷推广游学的活动中发挥了重要作

---

① Virginia F. Stern, *Sir Stephen Powle of Court and Country*, London: Associated University Presses, 1992, pp. 44 – 51.

② Michael G. Brennan, ed., *The Origins of the Grand Tour: the Travels of Robert Montagu, Lord Mandeville (1649 – 1654), William Hammond (1655 – 1658), Banaster Maynard (1660 – 1663)*, p. 18.

用，但他也对大量英国国民在意大利游荡一事提出了抱怨。可惜的是，这些到国外游历的个人很少留下有关他们在意大利度过的时光的有益的记录。不过，爱尔兰人亨利·皮尔斯显然属于例外。皮尔斯是一位皈依的天主教徒和流亡者，他编撰了一部详细的甚至有点卖弄学问的纪事录。该纪事录记载了皮尔斯本人 1595—1598 年在低地国家、德意志和意大利游历时的观感。16 世纪 90 年代初，亨利·沃顿勋爵正在意大利学习，并为世人叱作"魔鬼居住的乐园、马基雅维利的故乡"的佛罗伦萨而着迷。后来，在 1604—1612 年、1616—1619 年以及 1621—1624 年间，沃顿曾先后三次为詹姆士一世派驻威尼斯担任大使。① 1598 年至 1600 年期间，罗伯特·丹灵顿还在靠担当游学者的私人教师来维持生计。在这一时期，丹灵顿曾陪同拉特兰伯爵罗杰·曼勒斯在法国、意大利和德意志游历。后来，他又曾陪同伯爵的弟弟进行了一次类似的旅行。虽然目前尚不清楚曼勒斯兄弟二人究竟从国外游历中得到了多少教益，不过，丹灵顿本人却从中获益匪浅。丹灵顿是一位敏锐的观察家，他对所见到的一切都进行了独到的观察，并为其他旅行者写下了两部旅行指南：《法国观察》和《托斯卡纳大公国概览》。其中，《法国观察》主要对亨利四世统治下法国的文化和社会进行了考察；而《托斯卡纳大公国概览》则详细描述了美第奇家族统治下的佛罗伦萨的富足。② 在整个詹姆士一世统治的时期，这两本旅行指南都广受欢迎。

三　新型游学发展的原因

从前面的叙述中可以看出，从近代之初开始，英国出现了新型的游学者，他们前往欧洲大陆学习、游历的目的不再仅仅是为了在学术上取得成就，更主要的是为了研究周围的世界，以使自身能更好地为国家和君主服务。他们成为近代游学实践的先行者。新型的游学者之所以能在近代英国出现，大致有如下几个方面的原因，即知识结构的改变、人文

① 有关亨利·沃顿勋爵的生平及在欧洲大陆进行旅行和有关情况，参见 Christopher Words-worth, M. J., *Ecclesiastical Biography*, *or Lives of Eminent Men*, *Connected with the History of Religion in England*, *from the Commencement of the Reformation to the Revolution*, *Selected and Illustrated with Notes*, London, 1810, Vol. 5, pp. 1 - 68; *Izzak Walton's Life of Jonne Donne*, *Henry Wotton*, *Richard Hooker*, *and George Herbert*, London: George Routledge and Sons, 1888; Adolphus William Ward, *Sir Henry Wotton*: *A Biographical Sketch*, Westminster: Archibald Constable and Co, 1898; Logan Pearsall Smith, *The Life and Letters of Sir Henry Wotton*, Oxford: The Clareton Press, 1907, Vol. 1。

② Robert Dallington, *The View of France*, London, 1604; Robert Dallington, *A Survey of the Great Dukes State of Tuscany*, London, 1605.

主义的传播、教育的发展及绅士教育重点的变化、国际外交实践的影响等。

首先，知识结构的改变是近代游学兴起的重要原因。在中世纪，知识主要被当作神学的婢女，而在文艺复兴运动中，知识成为生活的指南。认知的变化带来了新的教育观念，而新教育观念的出现就意味着教会百科全书式的讲授方式即将被取代。从一种教育制度向另一种教育制度的转变就意味着教授方法的彻底革命。在这一过程中，中世纪的知识结构逐渐遭到淘汰，老套的"三艺"和"四艺"相继被取缔，此前似乎极为重要的一些研究不是被漠视，就是被彻底地抛弃了。相反，源于意大利的人文主义在英国则日渐受到青睐。在英国，人文主义的主要进展是通过牛津学人的意大利之旅实现的。15世纪后期，威廉·格雷、约翰·弗里、罗伯特·弗莱明、约翰·冈索普以及伍斯特伯爵约翰·提普托夫特等牛津学子先后前往意大利寻求新的人文主义学问。[①] 15世纪末16世纪初，为给英国的学术奠定基础并在自己的国家内开始人文主义研究，威廉·席林、威廉·格罗辛、托马斯·林纳克、托马斯·拉蒂莫、卡斯伯特·汤斯托、约翰·科列特、威廉·李利、克里斯托弗·厄斯维克、休·拉蒂默等新一代牛津学子也纷纷前往欧洲大陆，特别是意大利学习。就学术而言，他们在学成归来后恰如其分地向英国介绍了自己在国外学习到的人类思想的精华，并赋予其本土特色。他们所树立的榜样推动了"游学"观念的发展。在此之前，这一做法是普通人不敢尝试的。因此，他们是文艺复兴时期尊重国外教育的源头，是近代游学传统的奠基人。[②]

其次，人文主义的传播是近代游学兴起的又一原因。随着人文主义向英国的传播，人们对各种有关市民生活的古代理念再度发生兴趣。市民人文主义要求，纯粹的经院主义让位给"一个人的教育应当让他为社会、国家和君主服务做好准备"这样一个概念。在《行政者》（1531）一书中，托马斯·艾略特勋爵在讨论绅士教育的问题时便是以"为国家服务"的这一原则为基础的："自贵族子弟在母体中孕育之时起，在培养他们的才智时，我的目的无疑是让他们能够管理公众事务。"[③] 通过伊拉斯谟、托马斯·莫尔及约翰·柯立特等人的努力，人文主义教育理论被引入了正在经历经济、社会和宗教重组的英国。人文主义运动倡导的教

---

① Lewis Einstein, *The Italian Renaissance in England*: *Studies*, London, 1902, pp. 3, 17 – 28.

② Clare Howard, *English Travellers of the Renaissance*, pp. 9 – 10.

③ Thomas Elyot, *The Book Named Governor*, London, 1834, p. 20.

育理念是复兴古典拉丁语，考订古代文本，刻苦学习，从而实现为履行公职做好准备的教育和道德目标。① 人文主义教学法的引入对都铎王朝统治时期英国的教育和社会结构产生了深远影响。

在人文主义引入英国之际，以君主为中心的宫廷成为英国政治生活的中心，而贵族权力则日渐衰落；与此同时，由于市民人文主义对教育的全新强调，贵族教育的方向由着眼于向领主服军役转变到以向国家服务为目的。通过担当顾问、使节、行政官员、地方法官或省区官员等职务来履行自己的职责，逐渐成为贵族或绅士最重要的公共职责。② 另外，在人文主义传入英国之际，王室正谋求加强对地方的控制，其与罗马的关系也日趋紧张；在经济领域，随着封建经济向市场经济的转变，土地和贸易领域也出现了一系列新的机遇。③ 在亨利八世统治期间，他一心希望英国能成为欧洲大国，需要身边有精通外交、了解欧洲各国情况、能胜任各种职位的经世济用之才。任命受过良好教育且多少了解一点外国情况的人来完成外交使命，便成为一种明智的选择。对那些证明自身国外的经历适合于从事外交活动的年轻朝臣而言，外交生涯始终向他们敞开着大门。像托马斯·怀亚特勋爵、理查德·温菲尔德勋爵、尼古拉斯·沃顿勋爵、安东尼·圣莱杰等有着在欧陆学习、游历经历的人相继被亨利八世委以外交使命。④ 在这样的背景下，智识能比刀剑更好地让贵族为君主效力。于是，教育便成为在新社会中获得发展的先决条件，而学习拉丁语、历史和法律让地主乡绅及与时俱进的旧式封建贵族成为专业化的文职官员。

为了让绅士们能够胜任为国家效力的各种职位，需要促使他们接受文科方面的教育，而此种训练在传统上是为中世纪时期的骑士们所鄙视的。希望从事某些职业以为国家服务的贵族和绅士，开始获取人文主义者推荐的大多数学科的教育，它们包括语言、历史、修辞学、算术、地理、哲学及古典作品。不过，与中世纪的学者不同，绅士们并没有完全沉浸在经院式的学习中。例如，在 1561 年，当威廉·塞西尔勋爵规划儿子的国外旅行时，他向尼古拉·思罗克莫顿勋爵吐露，他并不希望儿子

---

①　Kate Aughterson, ed., *The English Renaissance: An Anthology of Sources and Documents*, London: Routledge, 1998, p. 215.

②　R. A. Griffiths, "Public and Private Bureaucracies in England and Wales in the Fifteenth Century", *Transactions of the Royal Historical Society*, 5th edidtion, 1980, Vol. 30, pp. 122 – 123.

③　Alice T. Friedman, "The Influence of Humanism on the Education of Girls and Boys in Tudor England", *Early Music*, Vol. 18, No. 4, 1990, pp. 57 – 58.

④　Clare Howard, *English Travellers of the Renaissance*, pp. 12 – 13.

像学者那样博学，而是希望他受到公民知识方面的训练。塞西尔将历史及法语、意大利语等现代语言方面的教育纳入了公民知识训练之中。实际上，年轻的绅士在英国时很难彻底掌握当时世界的知识并对它进行充分的了解。对多才多艺的绅士而言，观察和研究他周围的世界日渐变得与书本知识同等地重要。①

再次，英国教育发展的推动。从伊丽莎白一世时期开始，英国在教育方面取得了明显进步。这一时期英国在教育领域发生的变化被某些西方学者称作"教育革命。"② 为了推进教育方面的改革，英国人进行了许多重要的尝试。尽管教育改革家们在学校制度改革方面的目标极其保守，他们试图利用学校来促进社会团结并推动官方宗教的发展。不过，在"积极的公民"和"良好的政府"等人文主义理论的推动下，男童及青年男子接受教育的机会日渐增多，教育水平也得到了提高。随着教育的发展，在乡绅阶层的自我构想中，教育的作用也日益重要。在人文主义传统中，学问总是与上流阶层联系在一起，绅士是最适合于占有知识的。而贵族接受相当的教育，从而进行良好的治理，并维系整个国家健康的道德与社会秩序，这也十分关键。1561 年，托马斯·霍比勋爵将卡斯蒂廖内所著《廷臣论》一书翻译成英语，这强化了谦恭、公民职责及报效国家等理想。同时，就何种性质的教育能够向出身名门的青年灌输文雅美德的主流看法同样变得更为复杂，其涵盖的内容也更加广泛。正是在这样的背景下，传统的大学教育已经不能满足绅士们的需求，国外旅行日益成为他们获取更多知识的一个重要途径。③ 于是，教育和旅行被进一步联系在一起，"旅行即教育"（即游学）的观念得到了进一步的发展。

胸怀抱负的绅士在宫廷的事业还需要另外一种教育。亨利八世不仅将他的宫廷发展为政府机构的主要力量，同时还将其发展为英国的文化中心。围绕着高贵的君主本人，宫廷发展成为熠熠生辉的仪式和陈列的展示地，一个富有文化、人才济济之地。除了学术能力及世俗的知识外，雄心勃勃的绅士还需要在谈吐艺术、音乐、击剑、跳舞、骑高头大马等方面具有相当的能力。然而，这些能力是当时英国的教育无法提供的。大多数英国人相信，听取欧洲大陆老师的讲授，能够让他们最大限度地

---

① Sara Warneke, *Images of the Educational Traveler in Early Modern England*, p. 31.

② Lawrence Stone, "The Educational Revolution in England, 1560 – 1640", *Past & Present*, No. 28, 1964, pp. 41 – 80.

③ Freyja Cox Jensen, "Intellectual Developments", in Susan Doran and Norman Jones ed. , *The Elizabethan World*, London: Routledge, 2011, p. 515.

掌握这些技巧；如果英国无法提供这样的老师，那年轻人就必须前往国外去。于是，旅行成为获取各种宫廷社交技能的前提。而前往国外旅行，获取成为新的"多才多艺之人"所需的各种技能，逐渐成为青年绅士教育的一种选择。①

在 16 世纪期间，前往国外旅行并非一件容易的事情。在这一时期，如果一个人希望前往欧洲大陆旅行，那他除了必须有高度的热情、富有智慧并具有相当的社会适应能力外，还必须获得家人或者其他资助人在经济方面持续的资助。只有具备了所有这些条件，他在国外游历、学习的计划才可能付诸实施，并取得成效。由于出国游历、学习的机会来之不易，这些人出国后的学习目的通常也十分明确。当然，青年学者最初前往法国、德意志或意大利，也可能是因为家人或亲友遇到了政治或宗教方面的麻烦，然而，一旦他们到了国外，便主要将自己的精力放在获取各种技能之上，他们学习的动力在于，这些技能将为他们在日后进入政府部门或获得其他有权有势的资助人的青睐赢得机会。在都铎王朝中期，文法学校和免费学校的教育功能受到了重视，一些出身相对卑微的青年人也因此而在学术方面取得了成就。这些出身卑微的青年人对名利的热衷及他们个人的抱负在唤醒英国对欧洲大陆思想文化魅力的意识方面也发挥了重要作用。②

第三节　近代游学的扩张

一　詹姆士一世时期的游学活动

1603 年 3 月，都铎王朝的最后一位君主伊丽莎白一世在理士满宫无嗣而终。她的远房亲戚苏格兰国王詹姆士六世继位成为英格兰和爱尔兰的国王，史称詹姆士一世（1603—1625 在位），由此开始了斯图亚特王朝的统治。③ 在斯图亚特王朝统治之初，特别是在詹姆士一世统治时期，前往西欧游历的英国人日益增多。

---

① Sara Warneke, *Images of the Educational Traveler in Early Modern England*, pp. 31 – 32.

② Michael G. Brennan, ed., *The Origins of the Grand Tour: the Travels of Robert Montagu*, *Lord Mandeville* (1649 – 1654), *William Hammond* (1655 – 1658), *Banaster Maynard* (1660 – 1663), p. 11.

③ 钱乘旦、许洁明：《英国通史》，上海社会科学院出版社 2002 年版，第 143 页。

在 17 世纪最初的十年中，对那些拥有远大目标、希望日后在政府机构和外交部门谋取职位的年轻人来说，大陆旅行的教育功效已经稳固地确定起来，而且，其方式在随后近 200 年的时间里一直有效。虽然早在25 年之前，此类旅行、游历所涵盖的主要区域及其中所包含的知识追求的主要范围，都已经为西德尼家族和思罗克莫顿家族之流所肯定，詹姆士一世登上英格兰王位，则让宫廷人士充满了新的期待，他们希望英国有可能与西欧其他地区一道扮演一种外向而合作的角色。一旦这种局面出现，那此前敌对的地区和国家将再度向旅行者敞开大门。对英国人来说，法国的政治形势是一个家庭决定是否让子女出国游历的关键因素。虽然有少数人越过海峡直接进入低地国家，在那里或进而前往德意志新教国家进行短暂的旅行，以满足自身对旅行的热望。不过，作为英国地理上的近邻，法国在大多数英国旅行者最钟爱的陆上旅行路线中始终占有一席之地。取道法国，旅行者可以前行到意大利及其他地区。在伊丽莎白女王和詹姆士一世统治期间，法国的触手可及，成为游学盛行的诱因。①

1598 年，法国的亨利四世签署了《南特敕令》，给予法国新教徒宗教信仰的自由，从而结束了法国境内自我毁灭性的宗教战争。1604 年 8 月，詹姆士一世与西班牙国王菲利普三世签订《伦敦条约》，从而结束了英国和西班牙间长达 19 年的对峙，并促成了两国间和平局面的出现。随着法国国内宗教战争及英、西两国间军事冲突的结束，英国贵族家庭得以再次放心地将自家子弟送往国外，而不必担心他们会穿越情况比交战区好不了多少的广大地区。

在詹姆士一世统治时期，获取西欧各国宫廷的第一手知识再次受到重视。宫廷中最有权势的塞西尔家族和霍华德家族所树立的榜样便是很好的例子。詹姆士一世的国务大臣罗伯特·塞西尔（1563—1612）是伯利勋爵威廉·塞西尔的儿子。16 世纪 80 年代中期，罗伯特本人曾前往法国旅行。1588 年，他又跟随德比伯爵的外交使团前往西属尼德兰。1608年至 1610 年，罗伯特·塞西尔打发自己的儿子克兰伯恩勋爵威廉前往法国、意大利和德意志旅行。在这次旅行中，小威廉以法语忠实而详细地记录下了整个旅行的过程。就其法语而言，那是一个学童所能掌握的最高水平。来自塞西尔家的另外一位青年人鲁斯勋爵威廉则在 1605 年开始了自己的西欧之旅。1610 年，这位威廉甚至不顾艰险而前往西班牙，并

① John Walter Stoye, *English Travellers Abroad* 1604 – 1677, *Their Influence in English Society and Politics*, pp. 171 – 230.

将其作为自己大陆游学的延伸部分。正如父母和家庭教师期待的那样，鲁斯勋爵同样也拼凑了一篇描述自己游学经历的游记。不过，这篇旨在完成任务的游记并不能反映鲁斯勋爵从事过的其他一些活动，如在安特卫普和布鲁塞尔进行的宴饮和赌博，对天主教徒的公然亲近，从种族主义的立场出发而对荷兰人进行的谴责，足以腐蚀纯真心灵、惹人生厌而亵渎神灵的谈话等。①

　　詹姆士一世继位后，随着欧洲相对和平的局面的出现，霍华德家族和塞西尔家族都不失时机地对新的有利形势加以利用。其中，霍华德家族表现得更为见机。1603 年，萨福克伯爵打发长子沃尔顿的霍华德勋爵西奥菲勒斯前往法国旅行，而陪同西奥菲勒斯前往法国的则是罗伯特同父异母的哥哥，即后来被封为沃里克伯爵的埃德温·瑞奇。尽管学界至今尚未发现西奥菲勒斯本人的旅行日记，不过，由于他身世显赫，在国外的一举一动都受到关注，而英国的大使和其他情报收集人员更是定期向国内汇报他的行踪。安东尼·斯丹顿是詹姆士一世派往欧洲大陆最活跃的特工之一。在一次完成赴意大利的使命后回国的途中，斯丹顿碰巧遇到了这位年轻的霍华德。在给朋友约翰·张伯伦的信中，斯丹顿提起了这事：

　　　　在里昂附近，我邂逅了游历中的沃尔顿勋爵霍华德，他和随从的状况都不错。勋爵希望我能向他父母报告平安的消息，兹特请您向伯爵及夫人传达有关信息。此外，我还向勋爵保证，在意大利各地，他会无一例外地受到善待……②

　　1607 年末，萨福克伯爵年仅 15 岁的女儿弗朗西丝嫁给了年龄比她还小一岁的第三代埃塞克斯伯爵罗伯特·德弗罗（1591—1646）；不久，萨福克伯爵的这位新女婿也同样被派送到国外继续接受教育。③

　　罗伯特·德弗罗的欧洲之行表明，到 17 世纪初，游学已经逐渐被看作是年龄尚幼的新婚贵族青年尤为需要的东西。按照当时确立起来的传统，贵族青年的父母或岳父母往往在儿子或女婿新婚之际便要将他们打发到国外游历或学习，这除了文化追求方面的考虑之外，也还有其他方

---

①　Michael G. Brennan，ed.，*The Origins of the Grand Tour：the Travels of Robert Montagu，Lord Mandeville*（1649 - 1654），*William Hammond*（1655 - 1658），*Banaster Maynard*（1660 - 1663），p. 20.

②　N. E. McClure，ed.，*The Letters of John Chamberlain*，1939，Vol. 2，p. 255.

③　John Walter Stoye，*English Travellers Abroad* 1604 - 1677，*Their Influence in English Society and Politics*，pp. 171 - 230.

面的考虑。在中世纪以及 16 世纪初期，贵族家庭为了获得政治上的同盟者或扩大自身拥有的地产，往往采用相互结亲的办法来实现各自的目的，这导致了贵族阶层中早婚现象的盛行。到 16 世纪末 17 世纪初，虽然早婚现象明显减少，但仍有相当比例的贵族在十三四岁结婚。这主要是因为，一些贵族家庭的父母出于规避监护法庭的干预、抢先迎娶到女继承人或在有生之年按照自己的意愿安排子女的婚姻等目的，希望尽早让子女成婚。与此同时，为了让婚姻能够得到法律上的保障，他们也希望新婚夫妻能够尽早圆房。然而，随着有关健康与生育知识的缓慢传播，贵族们逐渐认识到，过早圆房和频繁的性生活对男女双方的健康都有害无益，而且，过早的生育则对家族血脉的延续极为不利。为此，他们常常采用让年轻的夫妻先举行婚礼并象征性地圆房，之后便长期分居。于是，到 17 世纪初，经常发生的情况便是，在婚礼举行后的一天或两天里，新婚男人便被打发到欧洲大陆，去旅行一年或更长的时间，并完成他的教育。[①]

　　同一时期其他的许多事例都证实了这个情况。例如，在 1608 年 12 月 1 日，年仅 17 岁的克兰伯恩子爵威廉迎娶了萨福克 20 岁的二女儿凯瑟琳。两人还在新婚燕尔之际，威廉就被打发到国外旅行去了。1610 年，20 岁的克利福德勋爵亨利在与克兰伯恩 17 岁的妹妹弗朗西丝结婚后不久，同样也动身前往法国旅行去了。在法国，他跻身于王宫之中，接受马术训练，并试图完善自身的法语口语知识。对第一次和第三次内战[②]中的青年旅行者来说，他们总是在一位业师的陪同下在大陆各地周游，业师同时还负责对他们进行道德指导。克兰伯恩便是在两位有经验的旅行者陪同下进行旅行的。这两位业师分别是：马修·李斯特医生，他曾在巴塞尔学习过医学；约翰·费内特，他后来成为查理一世宫廷中的司仪。在游历的过程中，克兰伯恩又在枫丹白露遇到了他信任的第三位随从，来自塞西尔家族的威廉·比彻，一位商人的儿子。[③]

　　当然，并非所有的新婚青年都能在婚后即刻奔赴欧洲大陆旅行。对

---

① Lawrence Stone, "Marriage among the Nobility in the 16ᵗʰ and 17ᵗʰ Century", *Comparative Studies in Society and History*, Cambridge University Press, Vol. 3, No. 2, 1961, pp. 198 – 200.

② 即英国内战，1642 年至 1651 年，议会和王党间发生的一系列武装冲突和政治斗争。在西方，有历史学家认为，议会与王党之间的较量是由一系列的冲突即第一次内战（1642—1646）、第二次内战（1648—1649）及第三次内战（1649—1651）构成的。

③ Michael G. Brennan, ed., *The Origins of the Grand Tour: the Travels of Robert Montagu, Lord Mandeville* (1649 – 1654), *William Hammond* (1655 – 1658), *Banaster Maynard* (1660 – 1663), p. 21.

某些已婚英国男人来说，要起程奔赴国外旅行有时需要等上许多年。切伯里勋爵爱德华·赫伯特（1583—1648）便是这种类型的大陆旅行者的一个典型例子。1598 年，在家人的安排下，年仅 15 岁的爱德华·赫伯特娶了自己 21 岁的堂姐玛丽·赫伯特。1600 年至 1607 年，他们生下了几个孩子。在这段时间里，爱德华·赫伯特经常向妻子抱怨说，婚前他太年轻，没有能够到国外旅行。他恳请妻子允许他以一个更成熟男人的身份出外旅行一段时间，因为"既然我已经在很大程度上掌握了相关的外国语言，获取有关国家的知识应该不在话下"。[①] 赫伯特在家中做了一些必要的安排之后，便兴高采烈地动身前往伦敦，到王宫中去申请前往海外的许可。虽然赫伯特在说服老婆让他外出旅行时声称已掌握了相关国家的语言，但在陪同他旅行的人员中，还是有一位能流畅地讲法语、意大利语和西班牙语的绅士和一名能讲法语的侍从。后来，赫伯特成为英国驻法国大使。

在 17 世纪的第二个十年中，被家人派送到欧洲大陆游学的青年人的数量稳步上升，而这一时期留存下来的游记数量也相应地有所增加。这些游记往往滔滔不绝地讲述游学者在长达数月的漫长旅程中的艰辛和劳顿，它们大多数都倾向于忠实地描述，因而难以提供了解这些年轻记录者自身的感触及他们的学术发展历程的线索。不过，也有一些记录颇为有趣。例如，1610 年托马斯·贝克莱勋爵在途经佛兰德斯、德意志、瑞士和意大利的旅程中编撰的记录手稿，1612 年托马斯·温特沃斯在法国旅行期间写下的旅行手稿以及 1614 年托马斯·帕克林勋爵撰写的有关威尼斯的简短描述，便是其中的代表。[②]

在 1610 年之后，欧洲大陆再度出现了一种完全不同类型的英国旅行者，那便是因宗教原因而被迫在欧洲大陆游历的英国人。1610 年 5 月 14 日，法国国王亨利四世被天主教狂热分子弗朗索瓦·拉瓦伊阿克刺杀。事件之后，法国王权开始为信奉天主教的王朝所主导。在英国国内，自"火药阴谋"发生以来，詹姆士一世一直对天主教徒的各种阴谋紧张不已。现在，他更是担心拉瓦伊阿克并非是一个孤立的极端分子，而是一个组织良好的天主教国际恐怖团伙的一员。这位英国国王焦虑不安，坚持认为"他们的目标不仅仅是亨利一人，还包括其他君主，我确信我也

①　Michael G. Brennan, ed., *The Origins of the Grand Tour: the Travels of Robert Montagu, Lord Mandeville* (1649 – 1654), *William Hammond* (1655 – 1658), *Banaster Maynard* (1660 – 1663), p. 21.

②　Ibid., p. 22.

是他们的目标之一"。① 在同年 6 月 2 日，詹姆士一世仓促起草并发布了一份敕令，禁止英国天主教徒"返回我们的王宫，或者返回我最亲爱的妻子王后的宫殿，或是回到我亲爱的儿子王子的宫廷中"。敕令同时要求英国的天主教徒宣誓效忠英国君主，并公开拒绝教皇的权威。②

面对英国王宫与日俱增的反天主教歇斯底里，对天主教徒家庭的孩子们而言，如果他们花费得起，在国外进行长期的旅行似乎成了一种具有吸引力的选择。伍斯特伯爵的儿子查尔斯·萨默塞特（1588—1665）便是这样一位旅行者。在查尔斯的手稿中，他详细而富有洞见地描述了自己的旅行经历。查尔斯·萨默塞特的父亲表面上承认了英国国教的权威，但他的母亲第二代亨廷登伯爵之女伊丽莎白·哈斯丁斯却公开而坚定地信奉天主教。受母亲的影响，萨默塞特兄妹似乎也多信奉天主教。查尔斯的长兄亨利在法国和意大利游历期间便公开投向天主教的怀抱，而亨利的儿子中也至少有两人是在海外接受了耶稣会士的教育。查尔斯的一位弟弟托马斯为了信守自己的天主教信仰，先是居住在爱尔兰，而在成年后的大部分时间里，他则生活在欧洲大陆。到 17 世纪 40 年代中期，托马斯已经住到罗马的英国天主教徒社区之中。在那里，托马斯还受到过约翰·伊夫林的拜访。③

就查尔斯·萨默塞特本人而言，他曾先后在伊顿公学和牛津大学莫德琳学院接受教育。莫德琳学院本身有时也曾遭到怀疑，被认为对暗中信奉天主教的学生抱有同情。在 1609 年年初，查尔斯娶了一位富有的爱尔兰女继承人伊丽莎白·鲍威尔。按照当时的传统，青年男性贵族的父母往往在儿子婚后不久便要将他们打发到国外。因此，早在 1610 年 5 月之前，伍斯特伯爵可能就已打算将儿子查尔斯送到欧洲，去做进一步的游学。拉瓦伊阿克谋杀事件之后，英国天主教徒面临的危机无疑证实了这一计划是明智的。于是，在 1611 年 4 月，查尔斯离开了英国。之后，他在法国、意大利、德意志、低地国家以及佛兰德斯进行了广泛的旅游。最后，在 1612 年 5 月，他返回到家中。

查尔斯·萨默塞特的旅行日志内容丰富、书写整齐，它可能也是詹姆士一世时期内容最为广博、编撰最为细心的游记，而且，它面向的读

---

① J. F. Larkin and P. L. Hughes, ed., *Stuart Royal Proclamations*, Vol. 1, Oxford: Claredon Press, 1973, pp. 245 – 250.

② Michael G. Brennan, ed., *The Origins of the Grand Tour: the Travels of Robert Montagu, Lord Mandeville* (1649 – 1654), *William Hammond* (1655 – 1658), *Banaster Maynard* (1660 – 1663), p. 22.

③ Ibid..

者也是十分明确的。1610 年 6 月，在詹姆士一世的长子亨利被册封为威尔士王子之际，查尔斯及他自家的哥哥爱德华同时被册封为巴思骑士。萨默塞特家族的男性青年，特别是托马斯和查尔斯，似乎都是威尔士王子宫廷亲信中极受重视的人物。虽然他们人所尽知的天主教立场导致威尔士王子身边的人员至少在公开场合与他们暂时保持着距离，但是，由于查尔斯·萨默塞特的这本日记在政治和文化方面观察敏锐，它读起来像一份关于西欧各国宫廷中最有影响人物的消息灵通的情报报告，同时还是一本为青年旅行者提供有关精美建筑和历史名胜方面信息的详细的文化指南。因此，它的发行很有可能是为了向亨利王子的宫廷随从提供一本有关旅游和治国术方面的有见识的参考手册。

二　亨利王子及其亲信的活动

1610 年年初，英格兰王太子威尔士王子亨利年仅 16 岁，但他身边已经会聚了一批具有亲欧倾向的廷臣。这批廷臣认为，与欧洲大陆的国家保持更密切的联系应当成为英国富有远见的新外交政策的重要组成部分。对亨利王子本人而言，虽然他自己并没有找到任何机会前往国外游历，不过，他对大陆旅行的教育功效给予了充分的肯定。著名的旅行家托马斯·柯雅特将自己的《糙米粗饭》致献给亨利王子，该书对柯雅特在西欧所做的广泛旅行进行了描述。在书中，柯雅特对朝臣阶级派遣年轻子弟到国外完成教育的时尚的价值做出了积极评价：

> 对殿下宫廷中许多追求时髦、高贵而慷慨的青年而言，这种时尚可能会产生小小的鼓舞，促使殿下身边出类拔萃的人物到外国旅行，通过观察和学习偏僻地区的语言来丰富自己的知识。卑以为，这是宫廷中绅士提高修养、增加见识的主要手段。由此，他们高贵的出身、良好的教育、散发出德性的谈话，将让他们有资格被招纳入殿下的宫廷中。①

亨利王子对大陆旅行的关心或许仅仅是人们的一种期待，因为，在

---

① Coryat's Crudities, *Coryats Crudities Hastily Gobled Vp in Five Moneths Trauells in France, Sauoy, Italy, Rhetia Commonly Called the Grisons country, Heluetia aliàs Switzerland, Some Parts of High Germany, and the Netherlands; Newly Digested in the Hungry Aire of Odcombe in the County of Somerset, & Now Dispersed to the Nourishment of The trauelling Members of This Kingdome*, London, 1611, Dedicatory Epistle to Prince Henry.

王子最亲密的谋臣和老师中，有许多人都曾从此种形式的教育经历中获益。王子儿时的家庭教师和宫务大臣托马斯·查勒内勋爵在年轻时（16世纪80年代）便曾在意大利各地进行过广泛的旅行。在1596年至1598年间，查勒内又曾以情报收集人员的身份驻留佛罗伦萨。王子的首席秘书亚当·牛顿在16世纪80年代也曾寓居在法国，而王子的审计官约翰·霍利思（1564—1637）也曾在法国和意大利进行过广泛的旅行。此外，王子的财务总管查尔斯·康沃利斯勋爵以前曾担任过英国驻西班牙大使。早在1605年，康沃利斯勋爵就曾多次致函年仅11岁的王子，向他提供有关西班牙事务的情报。①

在亨利王子的这些宫廷亲信中，有关西欧文化与政治的可靠知识既时髦又颇受人们欢迎。亨利王子总是积极从到过外国宫廷的旅行者那里收集第一手的报道。在亨利王子玩伴的家庭教师中，曾经进行过这样旅行的一些人深受鼓舞，从而确保了有关外国宫廷事务、陆军和海军事务、宗教冲突和文化观察等的通信能够源源不断地送回国内，并到达亨利王子的手中。例如，16岁的约翰·哈林顿是亨利王子儿时的玩伴，当哈林顿在低地国家、德意志、瑞士、意大利和法国等地旅行时，他总是恪尽职守地以意大利语和拉丁语写信给国内的亨利王子，向王子描述自己对最喜爱的两大主题——军事要塞和大陆建筑设计——的观察。亨利王子宫廷的亲欧倾向与16世纪50年代初诺森伯兰公爵的亲欧洲倾向如出一辙，它标志着英国对欧洲大陆政治和文化事务的好奇在大约60年的时间里达到了高潮。1612年11月，亨利王子意外的死亡，导致英国宫廷中最亲欧的一帮人"树倒猢狲散"。然而，亨利王子及其最亲密顾问和追随者的志趣，为17世纪第二个十年中身在欧洲大陆的英国人发展出文化折中主义铺平了道路。②

亨利王子及其幕僚对欧洲大陆表现出了广泛的兴趣。柯雅特将其《糙米粗饭》致献给亨利王子，同一时期英国最伟大的收藏家和鉴赏家、1607年后成为亨利王子主要文化导师之一的阿伦德尔伯爵托马斯·霍华德本人的亲自参与，便是这一取向的体现。1612年11月亨利王子去世后，阿伦德尔与伊利戈·琼斯建立起文化上的友谊。伊利戈·琼斯是一名画家、布景师和机械发明家。在亨利王子去世前的十来年中，伊利戈

---

① Michael G. Brennan, ed., *The Origins of the Grand Tour: the Travels of Robert Montagu*, *Lord Mandeville* (1649 – 1654), *William Hammond* (1655 – 1658), *Banaster Maynard* (1660 – 1663), p. 23.

② Thomas Birch, *The Life of Henry Prince of Wales*, Dublin, 1760, pp. 319 – 324.

因策划豪华的宫廷化妆舞会而获得了巨大的声名；1610 年，他被任命为王后和白厅宫廷的舞台总监；同一时期，他还被任命为亨利王子的总管。①

1613 年 4 月，亨利王子的妹妹，伊丽莎白公主下嫁巴拉丁选侯弗雷德里克。作为受命的四名皇家专员之一，阿伦德尔伯爵陪同公主前往海德堡。在完成使命后，阿伦德尔伯爵携夫人阿丽西亚·托尔伯特——富有的什鲁斯伯里伯爵的女儿和继承人——及伊尼戈·琼斯一同前往意大利，去考察威尼斯、维琴察、佛罗伦萨和锡耶纳等地在艺术、古迹和建筑方面取得的非凡成就。他们一行人在罗马度过了那年的冬天，并在那里过了 1613 年的圣诞节和 1614 年的新年。在罗马，阿伦德尔伯爵进行了一些小型的发掘，并培养出了对罗马雕像和其他一些小古董的终身兴趣。接着，他们一行人又到那不勒斯进行了短期旅行。其后，阿伦德尔伯爵因叔祖父北安普顿伯爵的去世而被迫中断自己的旅行，并返回英国。在返回英国的途中，他经过都灵，翻越阿尔卑斯山，穿越法国来到巴黎，最终于 1614 年 11 月回到伦敦。② 在这期间，琼斯则在威尼斯和维琴察进行了最后一次参观。在琼斯回到英国后，两人合作发起了一项建筑和收藏行动，从而在文化方面为查理一世统治时期艺术鉴赏家的概念定下了调子。

亨利王子的妹妹伊丽莎白公主庞大扈从队伍横穿法国和德意志的旅程，可以看作是一个标志，一个英国和欧洲大陆间政治和文化新关系的标志。公主的婚姻同样也是一个标志，它标志着亨利王子的亲信在欧洲所抱有的更为明确的抱负，在他去世后再次达到高潮。因此，波希米亚的伊丽莎白及其家人在 1613 年至 1660 年间所经历的少许快乐及更多的考验和磨难，她的法国籍弟媳亨丽埃塔·玛丽亚王后所经历的辛酸苦辣，都促使英国王室的拥护者坚定地将他们的注意力集中在西欧。

三 游学活动的变化

在詹姆士一世统治时期，典型的游学者是那些为父母派遣到法国学习礼仪，以期能闻达宫廷的青年绅士。在这一时期，"为了完善知识"而

---

① W. J. Loftie, *Inigo Jones and Wren, or the Rise and Decline of Modern Architecture in England*, London: Rivington, Percival & Co. , 1893, pp. 115 – 116; Mary F. S. Hervey, *The Life Correspondence & Collections of Thomas Edward, Earl of Arundel, "Father of Vertu in England"*, Cambridge: Cambridge University Press, 1921, p. 62.

② Mary F. S. Hervey, *The Life Correspondence & Collections of Thomas Edward, Earl of Arundel, "Father of Vertu in England"*, pp. 74 – 89.

到欧洲大陆游历的英国人虽然继续前往意大利，以满足自身的好奇，但他们更多的是以观光者的心态前往那里的。只有博斯维尔、第二代阿伦德尔伯爵托马斯·霍华德、第二代莱切斯特伯爵罗伯特·西德尼被剥夺继承权的儿子等不满国内现状的人，才会在意大利长期寓居。有抱负的青年在寻求社交礼仪教育时，更多的是前往法国。① 促成此种变化的原因主要有如下几个方面：

第一，17 世纪初法国的魅力日益增长。在纳瓦尔的亨利统治期间，法国对国外的英国人来说，已逐渐成为一个比意大利更具有吸引力的目的地。到 1606 年，在一些英国旅行者心目中，"法国不仅幅员辽阔、景色优美、物产丰饶，而且，整个国度到处都有着欧洲其他地方无法比拟的非凡的城市、集镇、自治城镇、城堡和村落。它们人口众多，管理有序，有着世界其余地方所没有的知名大学、学院、教堂及其他皇家建筑"②。正因为法国魅力的与日俱增，于是乎"没有哪个国家能像这个国度一样，每年有如此多的绅士、商人和其他人等从各基督教国家蜂拥而至。他们或因对知识的渴求而毅然离开父母的羽翼，或受到稀有科学或新的思想的吸引，或受到利益的吸引。在诸国之中，没有哪个国家能够像这个岛屿（英国），每年有如此多的绅士、学生、商人及其他人等前往法国"。③ 同时，尽管法国在名义上是天主教国家，但它事实上也有几乎半数的人是新教徒。法国宫廷宏伟而充满生气，这是"穷酸的"意大利各邦国君主的宫殿无法比拟的。对詹姆士一世统治时期的纨绔子弟们来说，虽然意大利一度曾是人们为获取知识而前往旅行的目的地，但现在获取知识的地方已经不再仅限于此了。同时，他们也并不希望掌握原汁原味的古典知识。对他们来说，了解一些从法文翻译中拣选出来的神话便足矣。况且，意大利人彬彬有礼的举止对他们来说已经变得相当乏味。他们之所以能在宫廷或军营中取得成功，更多仰仗的似乎是诸如骑马、击剑和跳舞等技艺。而这些技艺的最佳传授地现在已经从意大利转移到了法国。④

高卢绅士勇敢、殷勤而高贵，但却不学无术。读书是一件让他们感到头痛的事情。他们瞧不起室内久坐的生活，并将所有文职交付给资产阶级，自身则全身心投入战争之中。一旦父母看到宫廷中所有的荣誉都

① Clare Howard, *English Travellers of the Renaissance*, p. 102.

② W. H. , *Biens Sans Bruit*, *The Reformed Trauailer*, London, 1606, pp. 4 – 5.

③ Ibid. .

④ Clare Howard, *English Travellers of the Renaissance*, p. 103.

被英俊的马术师收入囊中时，他们会认为将金钱浪费在学习书本知识之上是一种错误的方针。当一位出身于大学的男子来到宫廷之中，却发现自己比不上一个目不识丁但却能在决斗中杀死对手，或舞姿优美的年轻侍从。显然，军事训练与体育技能是最为有效的。由法国发展出来的军事类型给其他国家留下了深刻的印象。因此，在深受法国文化影响的斯图亚特王朝统治下，英国宫廷对法国的理念尤其开放。同一时期的旅行指南也记载了伊丽莎白时期"有几分严肃、忸怩作态、自大而危险的面孔"的典型朝臣向雍容尔雅的骑士的转变。① 伊丽莎白时期的旅行指南往往对意大利的事物大加赞赏，但到1642年，《国外旅行指南》则敦促旅行者模仿法国人。② 罗伯特·丹灵顿勋爵首先倡导各种法国式的技艺应成为旅行者教育的主要内容。于是，法国及其宫廷成为满足这些英国人精神、文化需求的一个重镇。

　　第二，英国绅士理念发生的变化。绅士理念的变化是对都铎王朝时期热衷学问的反动。亨利八世曾极力鼓励子女们如伊拉斯谟般博学，并从牛津和剑桥招徕学识渊博的学者，以指导王家幼稚园。然而，到查理一世统治时期，这个时代已然一去不复返了，书本知识在王室教育中受到尊重的程度有所下降。纽卡斯尔伯爵威廉·卡文迪什是查理王子（后来的查理二世）的老师。卡文迪什给他的这位学生的信便是这一趋势很好的例证："我不希望殿下过分用功，因为太多的思考会妨碍行动。"在伯爵看来，王子应当仿效的是他的另一位老师奇切斯特主教布雷恩·杜帕，"他一点都不迂腐，他恰如其分地利用自己所学，从来没用它来烦人烦己……阅读书籍，勘察人情……他用以打动人的，是他的智慧和风格，而不是他滔滔不绝的讲述。一言以蔽之，他小心翼翼地掩饰自己的书生意气……这才是一名真正的绅士"③。

　　不过，无论是在都铎王朝时期还是在斯图亚特王朝时期，卖弄学问在宫廷圈子中似乎都没有任何危险。想要让大多数贵族子弟从书本上学到任何的东西，那需得苦口婆心。多个世纪以来，绅士的标志是勇敢、谦恭及优美的骑术。不能假定对学问突发的热情便能改变这一切。阿什克姆就曾宣称，伊丽莎白时期的青年认为有学问是耻辱的，因为法国绅士就没有学问。在詹姆士一世统治时期，高层在如此多方面普遍放松了努力，精通希腊作家的著作不再是朝臣的理想，纨绔子弟们几乎不比中

---

① Clare Howald, *English Travellers of the Renaissance*, p. 108.

② James Howell, *Instructions for Foreign Travell*, London, 1642.

③ Clare Howard, *English Travellers of the Renaissance*, p. 104.

世纪的侍臣有文化。

第三，贵族对大学教育信心的日渐消退。根据亨利·皮奇曼的描述，英国贵族在孩子年龄还很小的时候便将其送到牛津或剑桥，而事实表明，他们中仅有极少数的人能够应付大学的学习。对于大多数12—14岁的小家伙来说，他们"只盼着下次接他们回家的马车，盘算周五及斋戒之夜在哪里进餐。除了用各种图片装饰自己的书斋，或将从来就没有翻阅或根本就读不懂但却装潢优美的书籍放置在最为显眼之处外，他们在学习上就再无用心之处了"。他们发现，"亚里士多德的各种范畴，深奥的各学科基础知识，远远超出自身稚嫩的接受能力，更无法与在城镇或广袤的田野中呼朋唤友、尽情玩耍的自由生活相比"。于是，他们放弃了理解这些枯燥而深奥的学问的念头。对这些贵族子弟的父母来说，他们"一旦察觉到自己的孩子有任何的野性或不踏实，很快便会陷入绝望，并断绝了孩子们在学问上会有所长进或可以胜任别的事情的念头。他们既不考虑年轻人的天性，也不考虑他们究竟花了多少时间。作为补救之举，他们要么将这些孩子送到宫廷中充当侍从，要么将他们送到法国和意大利去了解时尚，以期能提高他们的修养。但结果往往越发糟糕"①。

第四节　近代初期的文化旅行

一　16、17世纪的文化旅行

1625年3月，詹姆士一世去世，他的小儿子查理随后继承了英国王位，成为斯图亚特王朝的第二位国王，史称查理一世。在查理一世统治的初期，外交成为他关注的首要问题。尚在查理一世继位之际，最初仅限于波西米亚的战争（三十年战争）已经扩大为一场席卷地区更为广阔的欧洲战争。早在1620年，查理一世的姐夫弗雷德里克五世在白山之战中被击败。到1622年，弗雷德里克虽然得到了英国志愿军的援助，但他在巴拉丁选侯领地的世袭土地还是被神圣罗马帝国皇帝斐迪南二世占领。为了帮助姐夫夺回巴拉丁选侯领地，查理一世向派兵帮助占领选侯领地的西班牙宣战。英国和西班牙之间的关系再度紧张。不过，到1628年8月，白金汉公爵乔治·维利耶被刺身亡，他领导下的英西战争事实上也

---

① Henry Peachman, *The Compleat Gentleman*, London, 1622, p. 33.

停止了。1629 年，英国与西班牙缔结了《马德里条约》，正式结束了两国军事对峙的局面，英、西两国间的关系得以缓和，西班牙控制下的意大利边界则再度向英国人开放。前往意大利旅行也因此而变得更为容易。

与此同时，在意大利，罗马亲英贵族巴贝里尼作为英国的主要保护人，他们一家所开展的活动大大增加了英国的外交机遇。17 世纪 30 年代，在巴贝里尼一家的支持下，英国人得以再次作为游客而重新造访罗马，而不必再像费尼斯·默里逊和亨利·沃顿那样装扮成天主教徒或其他国家的人。[①] 枢密院在给前往国外旅行的个人发放许可证时，也放松了对他们前往罗马参观的限制。

查理一世的个人嗜好进一步激起了英国人对大陆文化的兴趣。早在 16 世纪，都铎王朝的文艺复兴运动提倡发展以古典主义为基础的文化，这激起了上层阶级对货真价实的古代文物的消费热情。到 17 世纪初期，在前往信奉天主教的意大利旅行变得更为普遍时，这种对古代文物的消费热情进入了最初的鼎盛时期。在这一时期，如果一个人希望成为一名为朝臣以及短命的威尔士王子亨利及他的弟弟查理王子认可的"艺术品鉴赏家"，那他就必须是古典文明方面的饱学之士。古典文明不仅提升了他们的道德水准，也促进了他们智识的发展。[②] 查理一世继位后，他希望在臣民和大陆君主中将自己塑造为一个"在前卫的大陆审美趣味方面具有见识的文化人"。而被贺拉斯·沃波尔称为"英国古董之父"的阿伦德尔伯爵在詹姆士一世统治的最后十年中收藏的大量艺术品，詹姆士一世最有影响的宠臣、年轻时曾在法国待过一段时间的白金汉公爵乔治·维利耶的艺术收藏，则为查理一世实现其诚挚的愿望打下了基础。随着提香、保罗·韦罗内塞（1528—1588）、拉斐尔（1483—1520）和莱昂纳多·达·芬奇（1452—1519）等人的作品进入英国王室和贵族的收藏品中，英国旅行者也逐渐意识到，西欧社会文化的丰富多彩正是它们政治实力和社会复杂水平最有说服力的证据。[③]

此外，意大利文化的魅力是吸引英国人前往意大利旅行的又一因素。早在 17 世纪 30 年代，罗马便为博学多才的乔瓦尼·洛伦佐·贝里尼

---

① Edward Chaney, *The Evolution of the Grand Tour*, *Anglo - Italian Cultural Relations since the Renaissance*, p. 109.

② John Wilton - Ely, "Classic Ground: Britain, Italy, and the Grand Tour", *Eighteenth - Century Life*, p. 152.

③ Michael G. Brennan, ed., *The Origins of the Grand Tour: the Travels of Robert Montagu*, *Lord Mandeville* (1649 - 1654), *William Hammond* (1655 - 1658), *Banaster Maynard* (1660 - 1663), p. 30.

(1598—1680）等人的巴洛克风格所主导，并对当时最伟大的艺术家迭戈·
委拉斯贵兹（1599—1660，西班牙画家）和尼古拉斯·普珊（1594—1665，
法国画家）等人有着极大的吸引力。这些艺术家从卡拉瓦乔（1573—
1610）和卡拉齐兄弟所开创的风格中获得了灵感。同时，意大利的大学
不仅培养了像伽利略和马尔皮基（1628—1694）这样的本土科学家，也
培养了像威廉·哈维（1578—1657）这样的英国人。要是没有在帕多瓦
学习的经历，哈维不可能发现血液循环的现象。英国人在文学、音乐、
数学、科学、艺术、建筑、政治学、银行业、哲学和历史编纂学以及其
他一些领域所取得的进步都或多或少地直接受益于他们在意大利游历、
学习的经历。在当时，意大利在马术、剑术、筑城学、舞蹈和优雅等方
面的影响也同等重要。对约翰·多恩、约翰·道伦德、伊利戈·琼斯和
阿伦德尔伯爵和伯爵夫人这样一些要求更为直接地了解意大利的人来说，
意大利之旅的魅力是不可抗拒的。①

　　在查理一世统治的初期，阿伦德尔伯爵托马斯·霍华德与查理一世
的关系并不十分融洽。不过，在17世纪30年代中期，阿伦德尔还是前往
欧洲大陆进行了一次意义重大的外交和文化旅行。1636年，阿伦德尔率
领使团前往费迪南皇帝的宫廷，试图阻止有关国家在雷根斯堡会议上就
《布拉格条约》达成一致，因为，该条约牵涉到巴拉丁选侯弗雷德里克以
前的属地上巴拉丁，而弗雷德里克的遗孀查理一世的姐姐伊丽莎白则一
直在为长子谋求该地的继承权。②

　　从外交的角度来讲，阿伦德尔的这次使命毫无成果可言。但从文化
的角度讲，此次旅行的意义却极为重大。1636年5月，阿伦德尔在纽伦
堡以极其低廉的价格购买了整个皮尔克海默图书馆，其中藏有大量丢勒
的原创插图画和信函。另外，阿伦德尔在这次旅程中还曾经在科隆滞留，
并雇用了布拉格天才雕刻师文西斯劳斯·霍拉来为自己服务。而文西斯
劳斯·霍拉则不仅尽职尽责地记录下了伯爵带回家的珍贵私人收藏品，
而且还创作了一些17世纪英国最为重要的乡村和城市景观插图。③

　　有鉴于阿伦德尔伯爵的社会威望及其收藏品的丰富，研究者能够相

---

①　Edward Chaney, *The Evolution of the Grand Tour*, *Anglo – Italian Cultural Relations since the Renaissance*, preface, p. vii.

②　Mary F. S. Hervey, *The Life Correspondence & Collections of Thomas Edward*, *Earl of Arundel*, "*Father of Vertu in England*", pp. 357 – 377.

③　Michael G. Brennan, ed., *The Origins of the Grand Tour*: *the Travels of Robert Montagu*, *Lord Mandeville* (1649 – 1654), *William Hammond* (1655 – 1658), *Banaster Maynard* (1660 – 1663), p. 30.

当详尽地追溯他的旅行和收藏习惯。然而，对 17 世纪 30 年代和 40 年代早期的众多普通旅行者来说，他们的旅行和收藏活动则不怎么为人所知。不过，在这些旅行者当中，以手稿的形式编写个人的大陆旅行回忆录的做法仍然十分盛行。在旅行者取道回家之际，或在回到家之后，他们往往会以更优美的形式将大陆旅行期间的日记和粗糙的笔记进行整理。编写游记的做法在当时非常盛行，很多人开始在自己的著述中对"就何种信息应该记入这些回忆录"的问题提出了自己的见解。例如，弗朗西斯·培根在 1625 年出版的《论集》中便收录了他刚发表不久的一篇短文"论旅行"。在文中，培根提出了这样的建议：

> 应该参观和观察的事物有：正在接见外国大使的各国宫廷；正在听审案件的各国法院及宗教法庭；教堂、修道院及其现存的纪念碑；城镇的城墙、防御工事、港口、古迹和遗存；各地的图书馆、大学及大学内的辩论和讲座；航运和海军；房舍、国家花园和大城市附近的娱乐场所；军用装甲库、兵工厂、弹药库、交易所和仓库；马术操练、剑术、部队训练及诸如此类的事物；生活无忧的人们所观赏的戏剧；珠宝、官服及其他奇珍异宝。总之，所到之处，凡是值得注意的东西都应该观看。[①]

虽然英国人在 17 世纪 30 年代编写的旅行纪实现在已经很少为人们所知，不过，幸运的是，少数人的大陆游记还是幸存了下来，让我们得以了解他们在欧洲旅行的经历。例如，1633 年至 1635 年，托马斯·阿伯迪在法国、意大利和瑞士进行了广泛的旅行，并记录下了自己的旅行见闻。日记的前半部分由英语写成。在布洛瓦过冬时，阿伯迪学习了数学、音乐、舞蹈和当地语言，并用优美的法语完成了日记的后半部分。托马斯·雷蒙德来自于一个富有旅行传统的家族。1632 年至 1637 年，雷蒙德随同刚被任命为英国驻布拉格公使的舅舅威廉·博斯韦尔来到欧洲大陆，并抵达了海牙。之后，托马斯·雷蒙德便开始独自行动。他从低地国家、意大利和法国一路走来，沿途依靠各种手段维持生计：在威廉·帕金勒姆勋爵的荷兰军团当兵；担当时任驻威尼斯大使的菲尔丁勋爵巴兹尔的

---

① Francis Bacon, "Of Travel", in Francis Bacon, *The Essayes or Counsels of Civil and Morall Francis Bacon*, *Lord of Verulam*, edited by Ernest Rhys, J. M. Dent & Co., London, 1906, p. 54.

私人秘书；在巴黎期间，受雇成为青年贵族摩尔东特勋爵的家庭教师等。①

17世纪30年代中期，苏塞克斯富有的地主子弟乔治·柯特普在法国生活了大约18个月。其间，他在卢丹停留了一年的时间，在那里集中精力进行学习，并在一家由苏格兰人斯特拉坎经营的专科学校中学习法语。之后，他动身南行，途经日内瓦、热那亚、罗马、那不勒斯，最后访问了墨西拿和君士坦丁堡。当初，柯特普与丹克瑞勋爵结伴横渡英吉利海峡，丹克瑞的家庭教师奉劝两人从巴黎出发南下至卢瓦尔河，然后从奥尔良沿河而下至图尔斯、布洛瓦、索米尔和翁热等地。到翁热后，丹克瑞决定留下来继续自己的学业，而柯特普则继续前行到了卢丹。②

其他一些旅行者对欧洲大陆的访问则要短暂得多。例如，1634年5月，为了向莱顿的医生咨询孩子的健康情况，柴郡前议员威廉·布里列顿携带全家穿过海峡，到荷兰度过了为期三周的时间。在荷兰期间，威廉·布里列顿利用这一时机进行了"小型旅行"，参观了荷兰主要的城市，在海牙拜会了流亡的波希米亚王后伊丽莎白，并为自己在英国的花园购买了一些郁金香球茎。③

在这一时期，许多其他旅行者甚至没有为旅游而旅行的概念，他们主要是因为商业方面的原因而在西欧各地穿梭往来。彼得·曼迪便是这样一位旅行者。1639年，曼迪横渡海峡到了荷兰，之后，他又去了但泽以及更遥远的地方。在随后的八年中，曼迪便一直待在国外。当他还在荷兰的时候，他对鹿特丹、代夫特及阿姆斯特丹进行了考察，对自己所喜爱的各种事物做了大量的笔记，其中包括荷兰的丧葬习俗、建筑图案、沼泽地的排水系统以及伦布兰特（1609—1669）的作品等。④ 彼得·曼迪曾经在国外居住生活了三十多年，到过法国、西班牙、土耳其、印度、日本、低地国家、俄国、普鲁士和波兰等国家和地区。曼迪留下了大量的日记，这些日记无论是从其覆盖的区域来说还是从取材于作者亲身观

① G. Davies, ed., *Autobiography of Thomas Raymond and Memoirs of the Family of Guise of Elmore, Gloucestershire*, Hereford: The Hereford Times Ltd., 1917, pp. 30 - 49.

② Mrs. S. C. Lomas, F. R. Hist. S, *The Memoir of Sir George Courthop*, 1616 - 1685, London, 1907, pp. 104 - 105.

③ William Brereton, *Travels in Holland, the United Provinces, England, Scotland, and Ireland, 1634 - 1635*, edited by Edward Hawkins, The Chetham Society, 1844, pp. 1 - 35.

④ Lt. - Col. Sir Richard Carnac Temple, Bt., C. B., C. I. E., F. S. A., ed., *The Travels of Peter Mundy in Europe and Asia, 1608 - 1667*, Vol. 4, *Travel in Europe, 1639 - 47*, London, The Hakluyt Society, 1925, pp. 60 - 81.

察到的资料而言，都是作者生活的那个时代的任何其他旅行者无法企及的。它们向世人昭示了一位 17 世纪难得一见的绅士，一位睿智、讲多种语言的商人，他跋涉于西欧和东欧各地，寻找主顾，谋求实利，并寻求长期旅行的刺激。①

　　17 世纪 20 年代的这些例子同样说明，在大陆进行长时间的旅行，不再完全是宫廷精英或特别富有阶层的特权。17 世纪 30 年代后期，在父亲每年 200 英镑的资助下，休·�珀动身前往意大利。1639 年 2 月，鄍珀抵达罗马，在英语学院，他和其他一些英国来访者受到了热情的款待。1638 年 5 月，诗人约翰·弥尔顿（1608—1674）离开英国，前往欧洲大陆进行为期 15 个月的旅行。是年 6 月，弥尔顿到达了佛罗伦萨，在 10 月，弥尔顿继续前行，途经锡耶纳前往罗马。在 12 月，弥尔顿又到了那不勒斯。在经过博洛尼亚和费拉拉时，弥尔顿雇船将旅行期间收集的大量书籍和其他物品运送回国。之后，在 1639 年 4 月的时候，弥尔顿又到了威尼斯。1639 年夏，弥尔顿从威尼斯起程回家，沿途又经过了维罗纳、米兰、伦巴底和奔宁阿尔卑斯山而进入日内瓦，由此继续西行，穿过法国而最终回到英国。②

　　英国内战的爆发使得前往欧洲大陆旅行的英国人的社会基础进一步拓宽。内战期间，许多王党分子及中立人士都竭力避免让自己和子女卷入纷争之中，于是，旅行者的数量大大增加。事实表明，在内战期间，旅行要比图谋不轨或玩忽职守所付出的代价小得多。当然，在 17 世纪四五十年代，大部分在欧洲大陆旅行的英国人都不是心怀怨恨的保皇派流亡者。这正如约翰·伯肯黑德勋爵当时指出的那样，"我们中的许多人注定要流浪，但这不是因为我们像该隐那样让人流血，而是因为我们要求和平"③。随着王党与议会间关系的日益紧张，许多旅行者认为，进一步延长旅行时间不失为一种明智的选择。罗杰·普拉特勋爵以及约瑟夫·科斯顿便做出了这样的选择。

---

①　Michael G. Brennan, ed. , *The Origins of the Grand Tour: the Travels of Robert Montagu*, *Lord Mandeville* (1649 – 1654), *William Hammond* (1655 – 1658), *Banaster Maynard* (1660 – 1663), p. 32.

②　W. Carlos Martyn, ESQ. , *Life and Times of John Milton*, New York: The American Tract Society, 1866, pp. 77 – 98; Gordon Campbell, *A Milton Chronology*, London: Macmillan Publisher Limited, 1997, pp. 59 – 67.

③　伯肯黑德的评论出现在英国王党分子约翰·雷蒙德的书中，参见 John Raymond, *An Itinerary Contayning a Voyage through Italy in the Yeare 1646*, *1647*, *and* 1648, London, 1648, preface, A6。

　　内战爆发后，罗杰·普拉特勋爵为躲避国内的政治风暴，并让自己获得一些适用的教育，在1643年前后离开了英国，并一直在法国、意大利、佛兰德斯、荷兰等地旅行，直至1649年。在经历了六年半的时间后，直至战争结束，国王被处死，罗杰·普拉特勋爵才再次返回家园。[①] 科斯顿出身于伦敦的一个商人家庭，他们一家的收入主要来自于出租土地所得的租金和小额贷款所得的利息。与费尼斯·墨里逊一样，科斯顿曾就读于剑桥大学彼得豪斯学院，1633毕业时获文科学士学位。1641年9月，他开始了自己的大陆游历。他父母双亡，靠姑妈和表兄提供的零用钱维持国外的生活。在经过马赛进入意大利之前，科斯顿在法国境内由北向南而行，并沉醉于沿途所获得的知识和感官刺激。在进入意大利后，他仔细考察了罗马、那不勒斯、洛雷托和威尼斯等地。此后，他便安下心来，在帕多瓦大学进行了一段时间的医学学习。1642年12月31日，科斯顿在帕多瓦大学的学习功德圆满。此时，他的家人似乎希望他就此起程回家，但科斯顿却选择了在欧洲大陆继续逗留，以免回国面对伦敦不断加剧的政治局势的不确定性。王政复辟后，科斯顿进入皇家内科医学院，在医学领域获得了一份报酬丰厚的职业，并最终于1669年被册封为勋爵。[②]

　　从17世纪40年代开始，英国旅行者的社会成分日益多元化，而他们的旅行书面记录也因各种不同的目的而被编纂成册。罗伯特·巴格雷夫（1628—1661）是一位刚出道不久的黎凡特商人，出身于一个具有强烈保皇倾向的家庭。1647年夏天，巴格雷夫经海上前往土耳其。途中，他绕道前往里窝那、锡耶纳和佛罗伦萨，并分别在那里进行了短期考察。1652年9月至1653年3月，在巴格雷夫从君士坦丁堡返家的旅行中，他从东向西横穿欧洲大陆，途经保加利亚、罗马尼亚、波兰、德意志和低地国家。1654年至1656年，巴格雷夫再次前往欧洲大陆进行商业旅行。其间，他访问了西班牙，并由地中海坐船前往威尼斯。在威尼斯，他做了几个月的生意，参观了那里的旅游景点，并抽出时间到帕多瓦进行了短时间的远足。1656年春天，当巴格雷夫最终从威尼斯起程回家时，他从陆上经过奥地利、德意志和低地国家而进入英国。

---

① 普拉特勋爵对自己大陆旅行原因的解释，参见 R. T. Gunther, *The Architecture of Sir Roger Pratt*, Oxford, 1938, pp. 3 – 10。

② Michael G. Brennan, ed., *The Origins of the Grand Tour*: *the Travels of Robert Montagu, Lord Mandeville* (1649 – 1654), *William Hammond* (1655 – 1658), *Banaster Maynard* (1660 – 1663), p. 33.

罗伯特·巴格雷夫的旅行主要是为了获取自己在黎凡特公司将要从事职业所需要的经验和训练，而艾萨克·巴塞尔博士 1647—1649 年的旅行则与罗伯特·巴格雷夫的旅行形成对照。艾萨克·巴塞尔是遭到驱逐的诺森伯兰郡大助祭，曾作过查理一世的私人牧师。1647—1649 年，他陪同威廉·阿什伯汉姆、托马斯·兰姆顿、约翰·劳伦斯、马斯特·阿什沃思等一群出身于王室的青年学生，在法国和意大利进行了一次无奈而富有冒险性的旅行。在艾萨克·巴塞尔细心的指导下，他们一行人考察了罗马、那不勒斯、西西里和马耳他等地的古代遗迹，并合作编写了此次旅行的学术总结。①

约翰·费勤（1626—1682）是伦敦市书记官的儿子。1649 年，他在终身朋友兼伴侣的托马斯·贝内斯（1622—1680）陪同下，离开英国前往意大利。两人在帕多瓦定居下来，并同时进入了帕多瓦的医学校学习。此后，两人便一直待在帕多瓦，直至 1657 年同时毕业。1659 年，费勤被任命为比萨解剖学教授。1660 年，两人回国进行了短期的逗留，不过，他们最终还是选择了在意大利寓居。1665 年至 1670 年，费勤扮演着查理二世驻托斯卡纳大公宫廷代表的角色。②

同一时期的其他一些旅行者在记述其旅行经历时，同样也为人们提供了大量信息。后来成为威洛比勋爵和林赛伯爵的罗伯特·博蒂（1648 年至 1649 年，博蒂在法国游历，并用拉丁文和法文给父亲和其他一些人写信），同一时间内在法国、加泰罗尼亚和意大利旅行的一位无名氏，王党分子威廉·艾吉曼（1649—1651 年，艾吉曼同爱德华·海德勋爵、科廷顿勋爵等人一道在佛兰德斯、法国和西班牙等地进行旅行），切斯特菲尔德伯爵菲利普·斯坦霍普（1650—1652 年，他在法国和意大利进行旅行）等人便是这样的旅行者。这一时期，一些零星的西欧个人旅行记述也开始得以出版，如欧文·费尔萨姆《低地国家的主要特征》的盗印本，该盗印本非常受欢迎，1652 年出现了授权印刷的版本。③

17 世纪 50 年代的另外两位英国旅行者也值得分别提一提。第一位是约翰·雷瑞斯比勋爵（1634—1689）。雷瑞斯比是约克郡人，是一名坚定的王党分子。1654 年至 1658 年，他在欧洲大陆旅行。1679 年后，他以相

---

① Michael G. Brennan, ed., *The Origins of the Grand Tour*: *the Travels of Robert Montagu*, *Lord Mandeville* (1649 – 1654), *William Hammond* (1655 – 1658), *Banaster Maynard* (1660 – 1663), p. 35.

② Ibid..

③ Owen Feltham, *A Brief Charactaer of the Low – Countries under the States*, *Being Three Months Observations of the Vices of the Inhabitants*, London, 1652.

当鲜活的笔调将自身的经历编写成卷轶浩繁的手稿。雷瑞斯比的记述是在查理二世复辟很长一段时间之后才动笔写成的。在解释"在面临国内剧变的情况下，作者为什么要决定撤离到大陆？他又是如何做出撤离决定的"等问题方面，该记述显得与众不同：

> 我发现，在英国，一名绅士无法获得提高，而其他方面的形势也无法得到改善。所有的上层贵族和绅士都隐退到乡村，以免当时疑心重重的政府猜疑他们的言行有利于王室，有利于王室的言行会使人们陷入犯错误的危险，并因此而受到惩罚。居住在城镇里的人，要么是一些狂热分子，他们信奉反叛和闹分裂的宗教，要么则是一些浪荡子。因此，青年人难免受到其中一个方面的影响。考虑到上述原因，我请求出外旅行。出于同样考虑，母亲同意了我出外旅行的请求。1654 年 4 月，我动身前往法国，这一年我二十岁。在此前一年，克伦威尔向世人昭示了他解散上届议会和召开新的议会、征服爱尔兰、让军队完全服从自己意愿的雄心，藉此，他得以在三个王国中为所欲为。[1]

另外一名旅行者是弗朗西斯·默托夫特。默托夫特的手稿详细记录了他本人 1658 年至 1659 年间在法国和意大利的旅行。在年满 21 岁时，默托夫特用父亲留给他的一笔金额为 500 英镑的遗产进行了"大旅行"。默托夫特对自己旅行经历的记述清晰而不加修饰，他对巴黎、奥尔良、索米尔、蒙特彼埃、热那亚、比萨和罗马等主要城镇的描述生动而具有历史真实感。尽管默托夫特早年的生活及 1659 年之后的活动几乎不为世人所知，但他的记述无疑是游历的英国人对欧洲大陆社会、宗教和文化进行直接观察的一个重要例证。[2]

二 文化旅行者的艺术收藏活动

17 世纪中期，游历西欧的英国人所写的日记和游记，零星地反映了旅行者是以何种方式来记录自己国外经历的。从传统上来讲，旅行日记

---

[1] James J. Cartwright, ed., *The Memoires of Sir John Reresby of Thrybergh*, *Bart.*, *MP for Yord & C.*, 1634 – 1689, London, 1875, p. 25.

[2] Michael G. Brennan, ed., *The Origins of the Grand Tour: the Travels of Robert Montagu*, *Lord Mandeville* (1649 – 1654), *William Hammond* (1655 – 1658), *Banaster Maynard* (1660 – 1663), p. 36.

为英国旅行者回忆和纪念在欧洲大陆上度过的时光提供了主要的框架。除此之外，青年旅行者习惯上会带回书籍、版画（engraving）、绘画、古董（真品或为了满足旅游市场之需要而特别制作的赝品）和其他奇珍异品等众多的纪念物。

事实上，英国人很早就对欧洲大陆的艺术发生了兴趣。在英国，现在所知最早前往欧洲大陆寻求艺术灵感的建筑师是约翰·舒特。在1550年，舒特受恩主诺森伯兰公爵委派，前往意大利研究建筑。后来，舒特出版了第一本论述古典建筑风格的英文著作《建筑基础入门》。① 近代英国第一位重要的建造师伊尼戈·琼斯则至少曾两次前往意大利。一次是在1600年之后不久，另一次则是在1613年至1615年间。在后一次的意大利之旅中，琼斯是以阿伦德尔伯爵随从的身份而前往欧洲大陆的。② 威廉·史密斯是一名画家和雕刻家，在1609年至1616年的七年中，他一直在法国、低地国家、德意志及意大利等国家和地区旅行，并在那里看到了最精湛的技艺。尼古拉斯·斯通是一名建造师和雕刻家，他招赘进入了荷兰的一个艺术世家之中。1635年，他的儿子亨利到阿姆斯特丹，给他的舅舅当学徒，随后又加入他的哥哥小尼古拉斯的行列，前往意大利进行四年的学习之旅，并在那里进一步接受训练。③

为了专业教育的缘故而前往欧洲大陆进行的旅行，与早年间医学或法学专业学生的外国大学之旅实属同一类型。从人文教育或者教养的角度来看，现在尚不能确定美术是从什么时候开始吸引英国的业余爱好者的。不过，生活在伊丽莎白时代的第19代阿伦德尔伯爵亨利·菲茨詹南显然属于早期的业余爱好者之一。早在16世纪60年代，伯爵在意大利旅行时，便从那里带回了一些绘画，他可能还带回了大量的大理石家具。在伯爵后来的旅行中，他也多有收藏，不过，大多数的收藏品可能并非他本人亲自收集的，而是由前往尼德兰和法国旅行的代理人为他收集的。

亨利·沃顿是斯图亚特王朝时期旅行者中第一位活跃的艺术鉴赏家，同时也是同一时期艺术领域的另一位"超级业余爱好者"。就艺术爱好而言，沃顿是首位开始收藏意大利绘画的英国艺术鉴赏家，他将意大利在艺术与建筑方面的高雅品位以及古代和文艺复兴时期的文化带回到了英

---

① John Shute, *The First and Chief Grounds of Architecture*, London, 1563.

② Inigo Jones, "Letter of 1616 to the Earl of Arundel", in Mary F. S. Hervey, *The Life Correspondence & Collections of Thomas Howard Earl of Arundel*, Cambridge: The Cambridge University Press, 1921, p. 501.

③ G. B. Parks, "Travel as Education", in Richard Foster Jones, ed., *The Seventeenth Century: Studies in the History of English Thought and Literature from Bacon to Pope*, p. 276.

国。作为与莎士比亚同时代的人，沃顿在文化修养方面可谓他那个时代涉猎最广的英国人。他不仅是一名资深的古典学者，还是一位一流的拉丁语学者。在跟随当时欧洲最为博学的学者艾萨克·卡索邦学习时，沃顿还接受了希腊语的训练。此外，他还是一位让人钦佩的现代语言学家。他与培根保持着通信联系，并与他谈论自然哲学，他还是当时欧洲大陆及国内学识最为渊博的那些学者的朋友。① 作为 17 世纪前期著名的外交官、学者、诗人和书信作家，沃顿曾长期在欧洲大陆学习、游历和履行外交使命。② 作为英国派驻威尼斯的大使，沃顿对大使一职位的解读——"大使是一名为了国家福祉而被派到国外撒谎的诚实人"，经常被后人加以引用。③

1624 年，沃顿出版了《建筑诸要素》一书。该书是继约翰·舒特《建筑基础入门》之后的第二本英文同类著作，同时也是英国境内第一本阐述建筑理论的著作。作为一本古典建筑原则的概览，虽然书中不乏卖弄之处，但在当时，它却对实际施工的建筑师大有裨益。作为第一本能够以手册或论著形式而发行的英文文本，《建筑诸要素》也是对当时英国人最复杂、最体现教养的品位——这也是濒临建筑师伊尼戈·琼斯和克里斯多弗·雷恩生活的那个伟大时代的一种品位——的记录，而它在自己的诞生地意大利却已日渐衰落。该书预示着帕拉迪奥风格在英国的登陆，而此种建筑风格将在 18 世纪发展至巅峰。虽然，《亨利·沃顿勋爵从最优秀的作者和实物中收集的建筑诸要素》这一完整的标题明确地体现出它的论述是肤浅的，其目的也仅仅在于传播从其他大师那里获取到的知识，但书中也不乏沃顿本人对意大利建筑的研究与观察。④

詹姆士一世的长子亨利王子曾对艺术鉴赏家这一声名孜孜以求，为了实现这一目标，他雇用许多有眼光的朝臣和外交官来为自己服务，帮助收集高质量的绘画。这些受雇的朝臣或外交官包括在意大利的达德利·卡尔顿勋爵以及在低地国家的爱德华·康威勋爵。除了亨利王子之

① Logan Pearsall Smith, *The Life and Letters of Sir Henry Wotton*, Oxford: The Clarendon Press, 1907, Vol. 1, Preface, p. iii.

② Adolphus William Ward, *Sir Henry Wotton*, *A Biographical Sketch*, Westminster: Archibald Constable and Co, 1898, pp. 19 – 20; Logan Pearsall Smith, *The Life and Letters of Sir Henry Wotton*, Oxford: The Clarendon Press, 1907, Vol. 1, Chapter 2, 4, 5, 8, 9, 10.

③ Naomi Miller, "Review of The Elements of Architecture by Henry Wotton", *Journal of the Society of Architectural Historians*, Vol. 29, No. 1, 1970, p. 65.

④ Henry Wotton, *The Elements of Architecture*, *Collected by Henry Wotton Knight*, *from the Best Authors and Examples*, London, 1624.

外，为人们所熟知的收藏家还有查理王子、第一代萨默塞特伯爵罗伯特·卡尔、第一代白金汉公爵乔治·维利尔斯、第三代彭布鲁克伯爵威廉·赫伯特、彭布鲁克伯爵的弟弟第一代蒙哥马利伯爵菲利普·赫伯特以及恩迪米昂·波特等人。不过，这些人并没有或很少为了收藏的目的而特地前往欧洲大陆旅行。与他们相反，其他一些人则利用旅行之便，将欧洲大陆甚至更为遥远地区的艺术品带回国内。例如，伯利男爵威廉·塞西尔的曾孙鲁斯勋爵弗朗西斯·曼勒斯在意大利旅行时带回了一些雕像。1619 年，托马斯·罗伊在出使印度后返家的途中，也带回了一批艺术品。在 17 世纪 20 年代中，坎奈姆·迪戈比勋爵多次在希腊旅行，他也带回了若干雕像。在英国新兴的艺术收藏时尚形成的时期，旅行在所有的收藏活动中都扮演了一定的角色。虽然要判定旅行在收藏家和业余爱好者艺术品位的形成过程中究竟发挥了多大的作用是困难的，不过，至少对阿伦德尔、沃顿、鲁斯、迪戈比以及伊夫林等人来说，旅行无疑有助于审美情趣及教育目标的实现。①

　　对普通的旅行者来说，将图画及雕像等艺术品作为自身的教育资源尚需时日。1606 年，托马斯·帕默就曾这样评论说："意大利境内随处可见的碑林、年久日深的历史遗迹，有关形形色色的事件和人物的种种记录，仅仅是一些徒有其表的东西，一些聊以果腹之物，而非必须了解的知识。"② 与托马斯·帕默对历史遗迹明显缺乏兴趣相反，亨利·皮奇曼可能是首位对艺术品本身发生兴趣并将其记录下来的普通旅行者。诚然，皮奇曼的《有造诣的绅士》一书中"论旅行"的那一章并没有提及那些拥有审美情趣的旅行者；不过，当他在书中其他地方提及自己在 1612 年至 1614 年间的历次旅行时，却提到了佛罗伦萨、巴黎及罗马等地的艺术收藏，并对其中的一些雕像发表了自己的看法。而且，他还阅读过瓦萨里的著作，从中了解到了契马布埃、拉斐尔等意大利画家的简短历史。此外，他还相当熟悉意大利和低地国家的音乐与音乐家。③

　　沃顿的《建筑的要素》及皮奇曼的《有造诣的绅士》是否都对当时旅行者的目标产生影响，仍是一个有待研究的问题。不过，在罗伯特·波义耳的旅行记录中，却并没有出现这方面的证据。罗伯特·波义耳在

---

① G. B. Parks, "Travel as Education", in Richard Foster Jones, ed., *The Seventeenth Century: Studies in the History of English Thought and Literature from Bacon to Pope*, p. 278.

② Thomas Palmer, *An Essay of the Means How to Make Our Travel into Foreign Countries the More Profitable and Honourable*, London, 1606, p. 44.

③ Henry Peachman, *The Compleat Gentleman*, London, 1622, pp. 99 – 102, 105, 137 – 154.

家庭教师的带领下前往意大利进行为期一年的旅行时，年仅 14 岁；而且，他主要专注于语言和数学的学习。1641 年，波义耳虽在罗马观看了"奇珍异玩"，但那是出于何种目的却不清楚。① 1638 年至 1639 年，弥尔顿也曾到意大利进行过旅行。不过，其目的并非"去学习各种原则，而是为了增长阅历，并进行明智的观察"。就对艺术的兴趣而言，我们知道，弥尔顿购买了一些乐谱并且还可能对古典建筑留下了印象。②

约翰·伊夫林（1620—1706）是一位集学者和艺术品鉴赏家于一身的著名旅行家，同时也是一位睿智、有教养而敏锐的观察家。伊夫林所写的回忆录成为 17 世纪四五十年代最出名的大陆旅行游记。当伊夫林在欧洲大陆旅行时，他能接触到一些最有名望的人物，并进入一些特权场所，这是许多人无法企及的。在记录旅行见闻时，即便是描述十分熟悉的场所，伊夫林也总是将自认为是从权威渠道获得的信息与不那么可靠的二手信息按主次顺序加以处理。只有当他觉得已经把握住了这些知识要点后，才用自己的评论对其进行加工修饰。伊夫林的评论有时确实富有真知灼见，有时则仅仅是轻描淡写、一笔带过。例如，伊夫林对巴黎的描述完成于他退休后的 17 世纪 70 年代，而非他参观该城市时的 1643 年。在许多特定细节的描述中，伊夫林主要取材于在巴黎购买的流行旅行指南，即克劳德·德·瓦雷纳的《法国之旅》。③ 因此，伊夫林日记的风格实际上对 17 世纪中期之后英国人大陆旅行游记的风格起到了重新界定的功效。对伊夫林而言，他在历次旅行中扮演的并非仅仅是一名忠实记录自己所见所闻的旅行者。与此相反，伊夫林同时还是一名真实意义上的文化旅行者，他渴望弄清楚并理解所到之地的艺术与文化生活的主要内容。在旅行日记中，伊夫林记录了自己对建筑、花园、绘画、雕刻、其他更小型的艺术品、音乐以及具有科学价值的机械和其他一些自然现象所做的观察。④

在伊夫林之后，英国的旅行者尤其是那些前往意大利的旅行者，越来越多地将注意力投向艺术领域。例如，约翰·雷蒙德（1646 年）与弗朗西斯·默托夫特（1658 年）先后前往意大利，参观了那里的古代遗迹

① Thomas Birch, *The Works of the Honourable Robert Boyle*, *An Account of Philaretus*, London, 1772, Vol. 1, p. 14.

② David Masson, *Life of John Milton*: *Narrated in Connection with the Political*, *Ecclesiastical*, *and Literary History of His Time*, Boston: Gould and Lincoln, 1859, Vol. 1, Chapter 8.

③ Claude de Varennes, *Le Voyage de France*, Paris, 1643.

④ G. B. Parks, "John Evelyn and the Art of Travel", *Huntington Library Quarterly*, University of California Press, Vol. 10, No. 3, 1947, p. 261.

和现代艺术作品。1654—1658 年，约翰·雷瑞斯比勋爵一直在法国和意大利旅行，他留下了两份非常具有启迪作用的记录。在旅行之后不久，雷瑞斯比勋爵写下了一本《游记》，其中详细地描述了他见到的景观，尤其是佛罗伦萨的各个艺术景点。《游记》中还提到他在一些艺术收藏品中见识到了机械方面的珍品。此外，《游记》中也包含老式的政治描述，以及对各个地方和人民的印象的重点描述。雷瑞斯比勋爵在晚年的时候还编写了一本《回忆录》。其中，不仅他旅行记录的兴趣发生了彻底的转变，就连他对旅行的看法也发生了逆转。在他看来，他在国外的停留是毫无意义的。①

　　在 17 世纪中期，部分英国旅行者同伊尼戈·琼斯一样，开始因职业原因而对收藏版画、小雕像和建筑设计方案发生兴趣。尼古拉斯·斯通和亨利·斯通兄弟二人便是这样的旅行者。斯通兄弟二人出身于墓碑制作匠之家。在两人的日记中，他们详细地记载了 1638—1642 年各自在意大利的观察所得和收藏的物品。在尼古拉斯的记述中，他显然仅仅把穿越法国的旅行看作是实现目标的一种手段，因为，在他对穿越法国的这段经历的记述中，他主要关注的是大陆旅行中一些日常的实际问题。不过，兄弟二人在抵达意大利后，就开始关注意大利的雕像、建筑图案和大理石样品，从中为他们的父亲大量搜罗直观的素材。1642 年 5 月，在兄弟二人行将离开罗马之际，他们首先将搜罗到的各种物品——各式书籍、石膏雕像、模塑、成百件大理石样品、拓印、雕版图案——分装成许多小箱，再把它们塞进一个特意购买的巨大箱子中，然后又将箱子裹上结实的帆布并用绳子扎牢。最后，兄弟二人便将装箱后的收集品发送到莱戈恩（即里窝那）两位值得信赖的商人那里，让他们通过海路将这些物品运送回英国，交给正翘首以盼的父亲。②

　　理查德·西蒙兹是埃塞克斯的一位中等收入的绅士。1649—1652 年，西蒙兹曾在法国和意大利境内旅行。其间，他不仅对观光表现出了兴趣，而且还对各种各样的小装饰品、贝壳、小型古董及其他各种物品表现出了浓厚的兴趣。当时，无论是大城市的知名古玩店，还是流动小贩或其他人等，都清楚地知道旅行者对各种稀奇古怪或时新物品有着无尽的欲

---

① G. B. Parks, "Travel as Education", in Richard Foster Jones, ed., *The Seventeenth Century: Studies in the History of English Thought and Literature from Bacon to Pope*, p. 279.

② Michael G. Brennan, ed., *The Origins of the Grand Tour: the Travels of Robert Montagu, Lord Mandeville* (1649 – 1654), *William Hammond* (1655 – 1658), *Banaster Maynard* (1660 – 1663), p. 37.

求，并纷纷向他们兜售此类物品。尽管不时会面临各种稀奇古怪物品的诱惑，西蒙兹主要还是将自己的金钱花在了收集画有壮观的古典遗迹、建筑杰作、绘画和意大利雕刻的版画之上。在西蒙兹的记事本上，他详细地记录了自己购买的这些物品。其中一本记事本不仅包含一份西蒙兹1650—1651 年在罗马购买的插图画的详细清单，还分门别类地记录了他在罗马收集到的 100 幅拉斐尔作品的版画，米开朗琪罗《西斯廷教堂》及《末日审判》的插图画，以及提香、卡拉瓦乔和多米尼其诺等人的作品。此外，西蒙兹还从威尼斯圣马克广场及里亚尔托桥的印刷商那里购买了 50 多幅版画。像阿伦德尔那样的贵族拥有巨大财富，他们可以获得原创的和珍稀的艺术品，但对像西蒙兹这样的普通英国旅行者而言，他们则仅仅只能以造价低廉但却不乏美感的艺术品版画来满足自身的美学情趣。西蒙兹在参观乔瓦尼·安吉洛·卡尼尼的画室时，还对调色、涂色、透视和风景画所需画具等具体的艺术问题进行了详细的记录。虽然从纯粹金钱的角度来看，西蒙兹作为旅行者所处的环境与阿伦德尔相比是完全不同的，但作为收藏家，他们都受到相似欲求的驱使，那即是对庞杂而丰富的西欧文化进行收藏、归类、界定和理解。①

在 17 世纪，对图画、雕像及建筑的兴趣成为绅士的显著特征。绅士们不仅学习以欣赏绘画，他们自身也尝试着作画与上色。在乔治·桑迪斯的游记中，我们便可以看到一幅绘于阿佛纳斯湖畔的木版画，画中的旅行者身穿纳瓦尔的亨利一般的服饰。② 在照相机发明前的时代中，拿出备忘簿记，勾勒迷人景色的素描，是见惯不惊的。"在我睡觉之前，我画了一幅这一宜人台地的景观画"，伊夫林在罗恩时这样写道。在土伦，他在一个陡峭的悬崖上见到了一座非常坚固的城堡，"景观如此引人入胜，我情不自禁地拿起蜡笔作起画来"。③ 因此，同一时期的旅行指南不可避免地要反映同时代人们的艺术品位。例如，在《旅行者之友》一书中，巴尔萨扎·耶比坚持将了解"透视、雕刻、建筑和图画"作为文雅教育必不可少的部分，并非常重视艺术作品的识别与鉴定，认为这是旅行者

---

① Michael G. Brennan, ed., *The Origins of the Grand Tour: the Travels of Robert Montagu, Lord Mandeville* (1649 – 1654), *William Hammond* (1655 – 1658), *Banaster Maynard* (1660 – 1663), pp. 38 – 39.

② George Sandys, *A Relation of A Journey Begun in An. Dom.* 1610, London, 1615.

③ John Evelyn, *Diary and Correspondence*, ed. Bray, London, 1906, Vol. 1, pp. 77 – 78.

的主要职责之一。①

耶比、拉塞尔斯及同时期其他人的训诫虽然重要，但有些国外教育训导则要比专业家庭教师的论述更为有趣，因为它们的撰写人本身便是当时的完美绅士。切斯特菲尔德伯爵写给儿子的家信对国外教育的目的进行了界定，其中显示出的随意程度是以为公众阅读而写作的家庭教师的书中没有的。尽管书信的内容人尽皆知，但书信与"为心智的训练"（Cultum Animi）而旅行之间的关系却没有引起人们的重视。伯爵在儿子14 岁之际便将其送到大陆进行为期五年的学习，以期他能更好地为将来的人生做好准备，而这是当时牛津和剑桥这两所大学无法企及的地方。切斯特菲尔德对两所大学评价不高。他非常瞧不起这样一种教育，即它不能防止一个人在向国王陈词时神色慌张。他记得自己最初被介绍给良友高朋时，全身上下每个地方都流露着剑桥的笨拙、拘谨，被吓得不知所措。在剑桥，他"在一个缺乏文化素养的研讨班中，从一群迂腐的学究那里，养成了尖酸刻薄的癖性，以及喜争吵好辩驳的癖好"，这阻碍了他在文雅世界中的发展。只有当他在接受大陆的教育后，他才领会到了全然不了解近代欧洲却只知道厚古薄今的英国人的荒唐。"他们的兜里无时无刻不装有一两本典籍，他们固守着昔日的洞见，对近代的'糟粕'不屑一顾，并直言不讳地向你说明，在过去的一千七百年中，任何一门艺术或科学领域都没有取得丝毫进展。"② 因此，他的儿子将不会在学究的圈子中浪费时间，而是在家庭教师的陪同下进行旅行，并开始到各个宫廷中去直接了解那里的生活。学习书本知识与了解风俗礼仪齐头并进。

---

① Balthazar Gerbier, *Subsidium Peregrinantibus*, *or an Assistance to a Traveller in His Converse with Hollanders*, *Germans*, *Venetians*, *Italians*, *Spaniards*, *French*, *Directing Him after the Lates Mode*, *to the Greatest Honour*, *Pleasure*, *Security*, *and Advantage in His Travells*, Oxford, 1665; Clare Howard, *English Travellers of the Renaissance*, p. 169.

② Clare Howard, *English Travellers of the Renaissance*, p. 171.

第二章 "大旅行"时代

17 世纪下半叶，获取体现绅士素养和身份的技艺开始受到更多的重视。在这一时期，英国人旅行以成就绅士的做法与以前已有所不同。随着意大利和德意志再度向旅行者开放，"大旅行"，即依次在荷兰、德意志、意大利和法国观光，成了一种极为不错的选择。虽然在巴黎花上一段时间，以便到专门学校学习各种运动和技艺仍然普遍，但大部分旅行者的精力已转向乘坐驿递马车，在欧洲各地的省区城镇穿行。观光显然比研究行政管理、撰写游记乃至驾驭"高头大马"更为容易。在 17 世纪末叶，纨绔子弟们甚至不愿意花费精力到各类专门学校学习。穿着华美，谈吐诙谐，取代了军事方面的抱负。绅士们再也忍受不了驾驭高头大马的艰辛，他们前往欧洲大陆各地游历时，往往选择更为舒适的方式，而乘坐马车穿行欧洲便成为他们的首选。这种旅行形式同样也适合于乡村地主子弟。当此之际，理查德·拉塞尔斯在《意大利之旅》一书中适时提出了"大旅行"观念，系统阐述了旅行的教育功能和价值。于是，"大旅行"逐渐获得了上层社会的认可，不仅大贵族和"勇武之家"，甚至于普通的乡村绅士都希望打发自家子弟前去寻求这种"时尚"。①

第一节 "大旅行"观念的出现

一 拉塞尔斯与《意大利之旅》

"大旅行"的概念是英国天主教神甫理查德·拉塞尔斯提出来的。拉塞尔斯是 17 世纪英格兰约克郡的一位天主教神甫和旅游作家，先后在法国杜埃的英语学院和索邦大学接受教育和培训，并于 1631 年成为一名天

---

① Clare Howard, *English Travellers of the Renaissance*, pp. 142 – 143.

主教神甫。由于生活在圣职人员相对过剩的时代,拉塞尔斯一直没有受
到欧洲大陆的青睐。尽管如此,他也没有返回英国,并拒绝在英国布道
团任职。相反,他充分利用自己以四海为家的生活经历和长期在欧陆游
历的优势,陪同英格兰上层天主教徒在欧洲各国游历。在其一生中,拉
塞尔斯有相当一部分的时间是在欧洲大陆各国游历中度过的,并曾为多
名英国贵族担当过私人教师。按照拉塞尔斯本人在《意大利之旅》一书
前言中的描述,他大半生的时间都在外国生活和游历,曾在佛兰德斯进
行过 3 次长期旅行,6 次前往法国,5 次造访意大利,并分别到过荷兰和
德意志 1 次。①

　1649 年,拉塞尔斯陪同约克郡的托玛斯·温特霍尔一行在欧洲大陆
游历。与拉塞尔斯一样,温特霍尔是一名天主教徒。为了避免遭受对天
主教抱有偏见的共和国不公正的待遇,温特霍尔携带夫人凯瑟琳、弟弟
以及两名仆人一起离开英格兰,前往欧洲大陆。在这期间,温特霍尔聘
请拉塞尔斯担任自己一行人在欧洲大陆游历的向导。旅行开始进展比较
顺利。1649 年冬天,他们一行人及时到达了罗马,并在那里度过了圣诞
节。在随后的几个月中,他们觐见了教皇,参加了大赦年庆典,瞻仰了
古代帝国首都的古典遗迹。在晚春时节,一行人已经游历了意大利半岛
的大部分地区。然而,到仲夏之际,温特霍尔一行返回约克郡的行程却
为一场灾难所阻止。在一行人返回帕多瓦之际,有孕在身的凯瑟琳夫人
因高烧而早产,并于不久后病逝。凯瑟琳夫人的去世使她的丈夫陷入极
度的悲伤之中,这严重影响了一行人回国的行程。直到 1651 年年初,他
们才返回到巴黎。之后,托玛斯与拉塞尔斯分手,横渡海峡回到英格兰。
作为温特霍尔一家欧陆之旅的向导,理查德·拉塞尔斯随后写了一份记
述凯瑟琳夫人大陆旅行的手稿以纪念这位恩主。在巴黎期间,拉塞尔斯
将这份题为《凯瑟琳·温特霍尔夫人之旅行》的手稿赠送给托玛斯,供
其寄托哀思。② 拉塞尔斯所写的这份手稿即是后来的《意大利之旅》的最
初样稿。拉塞尔斯后来对这份回忆录进行了订正和补充,将其修改成一
部全面记述游历意大利半岛经验的旅行指南。

　17 世纪 50 年代,一些英国人因不满克伦威尔的统治而相继逃亡到欧
洲大陆,拉塞尔斯则继续为其中一些人担当向导。在此时期,他又写下
了大量有关意大利的笔记。1654 年,苏格兰保皇派贵族后裔布拉威尔德

---

① Richard Lassels, *The Voyage of Italy or a Compleat Journey through Italy*, Preface.
② Tony Claydon, *Europe and the Making of England*, 1660 – 1760, Cambridge: Cambridge University Press, 2007, p. 13.

男爵为了躲避格伦凯恩起义而离开不列颠，前往欧洲大陆旅行。拉塞尔斯虽然没有能够陪同男爵进行旅行，但他却应邀为男爵起草了一份共约5万字的旅行指南——《描述意大利》。在这份旅行指南中，拉塞尔斯不仅对旅途中值得观看的风景、不同的旅行路线进行了描述，他还就应该在什么地方停留、什么地方应该出示什么文件等问题提出了自己的建议。①后来，拉塞尔斯将这份旅行指南增补到温特霍尔手稿之中。1668年，拉塞尔斯在去世之前将这些记录相当翔实的资料留给了自己的朋友西蒙·威尔逊（Simon Wilson）。而威尔逊则在拉塞尔斯记述的基础上继续进行修订，并于1670年以《意大利之旅》为名在巴黎出版。②

二 《意大利之旅》与"大旅行"的观念

《意大利之旅》一书由西蒙·威尔逊的献辞、理查德·拉塞尔斯所写的前言以及正文三部分所组成。

该书的前言可以看作是理查德·拉塞尔斯对当时正在英国社会上层兴起的"大旅行"所进行的理论辩护和阐释。在拉塞尔斯看来，旅行有如下一些好处：旅行是认识世界的最佳途径；旅行可以培养青年（贵族）独立自主和吃苦耐劳的精神；旅行可以培养旅行者谦恭的品德；旅行可以提供学习他国语言以及与其他国家居民自由交流的机会；旅行可以增加旅行者与其他地区居民的认同感；旅行可以增长旅行者的专业知识，赋予他们更好地为国家服务的能力；旅行可以增长旅行者的见识，让旅行者更加豁达乐观；旅行可以使旅行者改头换面、焕然一新。接着，拉塞尔斯对旅行过程中应该引起注意的事项进行了说明。他认为，如下一些方面十分重要：条件优越的家庭应该为旅行的子女选择出身、品德、学识俱佳、具有丰富旅行经验的导师，同时应赋予他管教子女的权力；旅行者前往外国旅行之前，应当首先在英格兰游历一番，以适应国外的观光游历；旅行者出国旅行之际应当确立正确的目标，即从旅行中获得各种教益而不应仅仅贪图享乐；出门旅行之际，旅行者应该拥有开放的胸怀，做好接受新鲜事物的准备。同时，在旅行过程中保持快乐的心情也十分重要，因为它能"缩短漫漫旅程"，"让旅行者对粗劣的食物甘之如饴，让驽马继续前行"。③

① Richard Lassels, *The Voyage of Italy or a Compleat Journey through Italy*, Preface.

② 参见西蒙·威尔逊为理查德·拉塞尔斯《意大利之旅》第一版（巴黎，1670年）所写的献辞。

③ Richard Lassels, *The Voyage of Italy or a Compleat Journey through Italy*, Preface, aii.

《意大利之旅》一书的正文分为上、下两卷。拉塞尔斯以自己在意大利的旅行进程为线索来组织该书的内容。在该书的上卷中，拉塞尔斯首先对意大利半岛的总体情况，即该地的自然环境、风土人情、居民、物产、宗教信仰及历史进行了概要性的记述。之后，拉塞尔斯对当时通往意大利的各条路线进行了记载，并描述了自己在5次前往意大利旅行的途中经过和参观的重要景观。此后，作者便将大量的笔墨用于描写自己在意大利境内旅行的经历和见闻。在这一部分内容中，拉塞尔斯详细地记述了自己从法、意边界的塞尼山出发前往罗马这段路途中的见闻。

在该书下卷中，拉塞尔斯将笔墨集中于描述自己在罗马、那不勒斯、罗马周边、威尼斯和帕多瓦等地参观的情况，以及他在途中所经过的70多个城镇里见到的一些重要的自然和人文景观。其中，拉塞尔斯使用了该卷半数以上的篇幅（255页，下卷正文共445页）来描述和介绍罗马城市的各类景观以及社会、文化和宗教机构。在记述完自己在罗马的游历和观察之后，拉塞尔斯以类似的方法记述了自己在那不勒斯和威尼斯等地旅游参观的情况，同时也细致地介绍了各地值得观赏的各种景物，并对当地的历史、文化和社会生活中具有特色的一些方面进行了描述和评价。

《意大利之旅》一书1670年在巴黎出版后不久就为英国读者所接受，很快又被整个欧洲奉为意大利旅行指南的权威书籍，成为前往意大利旅行的人手中必备的指南。仅在1670年，《意大利之旅》便出版了两个版本，此后，它又先后以3种不同语言出版了7个版本（1686年、1698年、1705年以英语出版了三个版本；1671年、1682年以法语出版了两个版本；1673年、1696年以德语出版了两个版本）。约翰·贝里在评价《意大利之旅》一书所取得的成就时指出："自17世纪中期至18世纪初期，约翰·伊夫林、约翰·雷蒙德、约翰·雷、威廉·布罗姆利、弗雅德和艾迪生等英国人都对意大利旅行文学做出了引人注目的贡献。不过，与理查德·拉塞尔斯的作品相比，他们的作品无不显得略逊一筹。"[①] 拉塞尔斯之后的作家试图更新，甚至订正《意大利之旅》的内容，但他们在进行这种尝试的过程中，无不承认凯瑟琳夫人的这位向导对他们的影响。尽管约翰·雷、威廉·阿克顿和约瑟夫·艾迪生这样一些作家风格各异，但他们都交口称赞拉塞尔斯一书所覆盖的范围，他们在自己的书中甚至

① John Bury, "Review of The Grand Tour and the Great Rebellion: Richard Lassels and 'The Voyage of Italy' in the Seventeenth Century", *The Burlington Magazine*, The Burlington Magazine Publications Ltd., Vol. 130, No. 1024, July, 1988, p. 542.

建议读者阅读《意大利之旅》一书以获取更多的细节。

《意大利之旅》一书之所以能在英国甚至是欧洲风靡一时，其原因就在于它是一部非常实用的意大利旅行指南。它不仅叙述清晰，内容真实，而且便于使用。它虽然不是第一本介绍意大利状况的著作，也不是第一本欧洲大陆旅行指南，但它却是第一本系统描述外国（主要是意大利）事物的著作。在英格兰，尚在"大旅行"萌生的时期，为旅行者提供相关的指导便已成为人们重点关注的问题之一，这推动了相当数量的旅行指南和游记的问世。到拉塞尔斯作品问世之际，英格兰已有大量旅行指南和游记存在，如威廉·伯恩的《旅行宝典》（1578）、贾斯特斯·李普西乌斯《旅行者指南》的英译本（1592）、塞缪尔·卢克诺的《足不出户而知世界》（1600）、罗伯特·丹灵顿的《旅行方法》（1605）、菲尼斯·默理逊的《欧洲十二王国游记》（1617）、威廉·李斯高的《欧、亚、非三洲游历的真实描述》（1623）、詹姆士·豪威尔的《外国旅行指南》（1642）、约翰·雷蒙德的《1646—1647年意大利游记》（1648）等。[①] 然而，它们对实际进行旅行的人们却没有多大的用处。它们所描述的旅行路线也跳跃不定，让人无法效法。虽然早期的一些作家也对穿越英吉利海峡前应该采取的预防措施提出了很好的建议，例如，詹姆士·豪威尔在其1642年出版的《外国旅行指南》一书中就提供了一些普遍适用的好建议，还有一些则对大陆各国的风土人情进行了很好的总结，但却没有人确切地告诉人们应该在何处停留，应该游览哪些景物，也没有谁能像拉塞尔斯这样覆盖如此广阔的地域，更没有谁能像拉塞尔斯这样将渊博的学识和丰富的个人经历注入自己的作品之中。与拉塞尔斯的《意大利之旅》相比，此前的旅行指南无不黯然失色。因此，拉塞尔斯本人被他同时代的安东尼·阿武德誉为"那个时代最让青年人信服的向导

---

① William Bourne, *A Booke Called the Treasure for the Trauailers*, London, 1578；Justus Lipsius, *A Direction for Trauailers*, London, 1592；Samuel Lewkenor, *A Discourse Not Altogether Vnprofitable, Not Vnpleasant for Such as Are Desirous to Know the Situation and Customes of Forraigne Cities Without Trauelling to See Them, Containing a Discourse of All Those Cities Wherein Doe Flourish at This Day Priuileged Vniverisities*, London, 1600；Robert Dallington, *A Method for Trauell*, London, 1605；Fynes Moryson, *Containing His Ten Yeeres Travell throvgh the Twelve Deminions of Germany, Bohmerland, Sweitzerland, Netherland, Denmarke, Poland, Italy, Turkey, France, England, Scotland, and Ireland*, London, 1617；William Lithgow, *A Most Delectable and Trve Discovrse of an Admired and Painful Peregrination from Scotland to the Most Famous Kingdomes in Europe, Asia and Africa*, London, 1623；James Howell, *Instructions for Forraine Trauell*, London, 1642；John Raymond, *An Itinerary Contayning a Voyage Made through Italy in the Yeare of 1646 and 1647*, London, 1648.

和导师"就不足为奇了。①

《意大利之旅》不仅是一本实用的旅行指南,也是一部系统论述旅行教育功能的重要理论著作。早在 16 世纪中期,由于受文艺复兴"学以致用,服务国家"的新教育观念的影响,英国贵族纷纷赴欧洲大陆进行游历,以进一步接受教育。② 他们前往外国宫廷进行观摩,学习现代语言,观看古代遗存下来的各种丰碑。1559 年,在《论忠告与顾问》一书中,瓦伦西亚人文主义者弗里奥·西瑞奥尔便将旅行视为博闻广识的宫廷顾问所必须具备的教育内容的重要组成部分。③ 1570 年,该书经托马斯·布伦德维尔译成英文后在伦敦出版,它的主张对英国社会上层产生了深刻的影响。在 16 世纪 70 年代后期,派遣享有高度特权的英国青年人前往欧洲大陆进行游学已被牢牢地确立为训练自命不凡的宫廷精英熟悉国际事务和世界文化的一种方式。到 17 世纪,大陆旅行更加流行,它被视为"绅士教育不可或缺的组成部分,是未来职业生涯的重要准备"。④ 拉塞尔斯《意大利之旅》一书的重要意义在于,它在继承前人成果的基础上,对当时正在英国社会兴起的赴欧游历现象进行了全面的总结,系统阐述了旅行的教育功能和价值,为"大旅行"提供了强有力的精神支撑和理论基石。

作为该书开篇的"就旅行致读者前言"可谓是"大旅行"的一份独到而重要的理论宣言书。通过强调旅行给人们带来的益处,这一前言为"在法国进行大旅行和在意大利周游"提供了充足的理由。拉塞尔斯认为,旅行的教育功能主要体现在思想文化、社会、伦理道德和政治四个方面。首先,从思想文化方面来讲,旅行可以消除因安土重迁而造成的无知。通过旅行,人们可以了解"各地的风俗","学会各种外国语言,与各国居民自由交谈"。其次,从社会的角度来讲,旅行的社会教育功能与当时英国社会时尚的"面向世界之绅士"观念密切相关。在继承源自卡斯蒂廖内《廷臣论》一书思想的基础上,拉塞尔斯强调,仅旅行本身

---

① Anthony A Wood, *Athenae Oxonienses: An Exact History of All the Writers and Bishops Who Had Their Education in the Most Ancient and Famous University of Oxford*, *from the Fifteenth Year of King Henry the Seventh*, *Dom.* 1500 *to the End of Year* 1690, London, 1692, Vol. 2, p. 419.

② Kate Aughterson, ed., *The English Renaissance: An Anthology of Sources and Documents*, London and New York: Routlerdge, 1998, p. 215.

③ Joan - Pan Rubies ed., *Travellers and Cosmographers: Studies in the History of Early Modern Travel and Ethnology*, Aldershot, Hampshire: Ashgate Publishing Limited, 2007, p. 166.

④ R. E. W. Maddsion, "Studies in the Life of Robert Boyle, F. R. S.", *Notes and Records of the Royal Society of London*, Vol. 20, No. 1, 1965, p. 51.

就足以让旅行者建立"足够的自信"、培养出"端庄的仪态",最终"随心所欲而不逾"。简言之,只有进行过"大旅行"的青年人才可能充分获得"基本的教养",没有这些基本的教养,"他虽然内心良善无比,但却是白丁一个"。旅行在伦理道德方面所起到的教育功能则体现在,它可以让旅行者的内心世界犹如外表一样华美。通过旅行的教育,人们去除了自负和骄傲之心,变得谦虚而有礼貌。通过体验旅途的艰辛和无助,人们可以培养出坚毅的品格和自助的精神,从而"虽漂泊流离而怡然自得,虽客处他乡却宾至如归"。此外,旅行最重要的教育功能体现在政治教育方面,它可以让旅行者掌握专业政治知识。如果方法得当,"大旅行"可以发挥治国术培训学校的功能,让进行旅行的贵族获取治理国家的能力。①

《意大利之旅》一书主要是建立在拉塞尔斯自己切身经历和他对当时"大旅行"现象的观察和思考基础之上的,该书对旅行所做的具体指导以及它所提出的主张无不让人信服。不仅如此,拉塞尔斯还为当时正在英国社会兴起的赴欧游历现象进行了全面的理论总结,系统阐述了旅行的教育功能和价值,为"大旅行"提供了强有力的精神支撑,从而对"大旅行"进行了强有力的宣传。《意大利之旅》一书问世后,受到广大读者的欢迎,成为"最全面的旅行指南,人们查阅最多的工具书"②,这无疑促进了"大旅行"观念在英国社会的传播和普及,也使得这一观念逐渐为英国社会更多的阶层所接受。

"大旅行"之所以能逐渐获得英国上层社会的认同,并成为时尚,还与如下一些因素有关。第一,国外旅行作为学习现代语言、促进年轻人个人发展和完善的手段而受到重视。16、17世纪期间,学习语言已成为许多人出国旅行的重要理由。他们相信,学习外国语言的最佳方法便是远离讲母语的同伴,与外国人一起居住和生活。一些作家甚至建议旅行者避免和国人居住在一起,目的就是为了让他们能集中精力学好一门新的外语。③ 除了学习语言之外,通过旅行以更好地了解自我并促进自身的发展,获取足够多的世界知识以使自己能够成为有益于国家的一员,也成为旅行的目的。1611年,克伦威尔夫人为了儿子申请旅行许可而写给罗伯特·塞西尔勋爵的信便是很好的说明。在信中,夫人打算让儿子在

---

① Richard Lassels, *The Voyage of Italy or a Compleat Journey through Italy*, Preface, aiii - e.
② Jean Vivies, *English Travel Narratives in the Eighteenth Century: Exploring Genres*, trans. Claire Davison, Aldershot: Ashgate Publishing Limited, 2002, p. 4.
③ Robert Dallington, *A Method for Travel*, London, 1605, Sig. B3.

法国待上三年至四年，"到那时，（他）已经掌握了该国语言，而且能够更好地了解自己……他将更适于为陛下效力尽忠；凭借他在国外的经历，在他更为成熟的岁月里，在神的恩宠下，他将成为国家中的有益的一员"①。

第二，游学开始被一些人视为是"年轻人体验外部世界进而成为完全意义的绅士"的最佳途径。时人相信，绅士们到外部世界亲身体验要比通过阅读书本更能了解世界。就阅历在增长一个人绅士风度方面发挥的作用问题，托马斯·柯雅特进行了如下的评论，"绅士风度本身就是优美的，但如果再加上对外国的体验，那它则要卓越得多"②。体验外部世界的作用不仅仅限于增加绅士风度。在伊丽莎白统治时期及斯图亚特王朝初期，支持游学的主要理由是，它能让整个社会或国家直接受益。游学让整个社会或国家直接受益的途径有两个，一是通过增加年轻人对世界的体验，使他在返乡之际能够成为社会中更为有用的一分子；二是让他有机会为枢密院收集情报。这两种角色间的区别有时非常细微。旅行者为了有助于处理日后职业生涯中的民事事务而储备的知识，常常会成为枢密大臣制定外交政策时的有用信息。旅行者在自己受教育的同时，常常也对枢密院有所帮助。

第三，英国人对自身生活习性的反思，也是"大旅行"逐渐得到社会认同的一个重要原因。在斯图亚特王朝复辟后，随着欧洲大陆的各种理念被介绍到英国，法国越发成为"绅士及文明人"的评判者。像伊夫林这样的旅行者，开始对英国绅士的生活习性进行反思。英国绅士"在乡村中独居野处、意兴萧然的生活"，"自大而土气的英国人"，"我们忧郁的国民拘束的谈吐"等形象，给人们留下了深刻的印象。③ 时人普遍承认，礼让和友善之修养必须在海外才能获得，因为"纯粹的英国人"是缺乏那些品质的。他"谈吐粗俗，待人粗鲁、不易结识"④。即便是睿智而诚实的英国人也开始为自身的举止感到羞愧，并觉得有必要抛弃一些英国特性。包括詹姆士·豪威尔在内的许多当时人认为，"岛国居民"面临被孤立于其他世界公民之外的不利局面。他们的年轻人需要到国外旅行，以便与那些"更有教养的外国国民，即那些首先为学问和知识教化

---

① Sara Warneke, *Images of the Educational Traveler in Early Modern England*, p. 43.

② Thomas Coyate, *Coyats Crudities*, London, 1611, Sig. B4.

③ John Evelyn, *A Character of England*, London, 1659, pp. 45 – 49.

④ Clare Howard, *English Travellers of the Renaissance*, p. 141.

的人们"交往。① 在欧洲大陆的旅行,让英国绅士去除了英式的土气、谈吐的尖酸及生活的懒散,让他举止更自信和得体。② 有鉴于此种认识,托马斯·布朗勋爵期望儿子在国外时,能去除"乡村式的腼腆",并建议他"着装美观,举止优雅自信"。③

第二节　黄金时期的"大旅行"

从 17 世纪六七十年代开始,越来越多的英国人前往欧洲大陆游历、学习,从而开启了英国历史上的"大旅行"时代。在 18 世纪,"大旅行"较以前任何时刻都更加流行和普及。自文艺复兴以来,前往欧洲各个国家,特别是意大利旅行的热潮屡经起伏。到 18 世纪,在数代人之前还是极端困难甚至危险的事情,变得相对容易起来。虽然旅行者在各地游历仍然可能会遇到这样或那样的麻烦和困难,但这些麻烦和困难已不足以阻止一个健康的人出外旅行了。

一　大旅行者数量的增长

17、18 世纪之交,前往国外旅行的英国人数量有了较大的增长。1660 年至 1715 年间的信函、日记和日志一共提及了 350 名前往法国旅行的英国人。当时,人们普遍相信有大量的人在国外旅行,这有助于拓宽他们对"大旅行"的社会和文化意义的理解。旅行者数量的增加,要求英国外交官为他们提供接待、引见与其他方面的帮助。对此,许多外交官和游客也多有评论。例如,1725 年 6 月,驻佛罗伦萨公使弗朗西斯·科尔曼写信给南方部副部长抱怨说,"本周,由于一大群英国绅士的存在,我自己几乎抽不出一小时的时间,这群绅士有二十几人"。在同一个夏天,弗朗西斯·海德从时尚的阿登矿泉疗养地发出的信函也指出,"目前,这里四分之三的外国人都是英国人,我相信,这里的我国国民大约有近百人,他们大多因为健康原因而来到这里"④。

18 世纪上半叶,巴黎和意大利吸引了大多数的英国旅行者。霍雷肖·沃波尔是首席大臣罗伯特·沃波尔勋爵的弟弟。1728 年,霍雷肖·

---

① James Howell, *Instructions for Foreign Travel*, London, 1642, pp. 13 – 14.
② Obadiah Walker, *Of Education Especially of Young Gentlemen*, Oxford, 1673, p. 192.
③ Sara Warneke, *Images of the Educational Traveler in Early Modern England*, p. 49.
④ Jeremy Black, *The British Abroad*, *The Grand Tour in the Eighteenth Century*, pp. 6 – 11.

沃波尔出任驻巴黎公使。在他举行盛大宴会庆祝国王生日的时候，出席的人中有"五十名英国勋爵和绅士"。四年之后，霍雷肖·沃波尔的接任者，第一代瓦德格拉夫伯爵詹姆士记录道："城中到处都是英国人。昨天，我差不多与十几位新来者一起进餐，而今天与我进餐的人数将更多。"① 在这些旅行者中，许多人将继续前行到意大利。

约瑟夫·埃特威尔是第二代考珀伯爵在欧洲大陆旅行时的导游，后来成为牛津大学埃克塞特学院的院长。1730 年 6 月，埃特威尔在佛罗伦萨发现"多达 13 人的"英国游客，"今年，这群在意大利的英国人数量如此众多，以致我们在每个地方都能遇到他们"。1733 年，第三代埃塞克斯伯爵威廉在描述博洛尼亚时，不仅提及了在那里听到过的最优美的歌剧，还提及他在那里有"一大群同伴，其中包括 32 名英国人"。1734 年，理查德·波科克（1704—1765）注意到有 40 名英国人在罗马，而在 1737 年，时任都灵文秘的亚瑟·维利特斯不无感叹地提及了"这个城市有许多英国人"，并列出了其中 12 名旅行者的名字。1739 年，下院议员弗雷德里克·弗兰克兰德（1694—1768）与自己新婚不久的第二任妻子分别后，前往意大利进行了一次快速的旅行。在佛罗伦萨，弗兰克兰德写道："这个地方寒冷的天气及数量众多的英国人，有时几乎让我认为自己仍置身在英国。据估计，在罗马，我们这样的英国人有大约 80 位。"②

1739—1748 年，欧洲的冲突导致了英国与西班牙（1739—1748）以及英国与法国之间（1743—1748）的战争，同时也造成了欧洲其他许多地区之间的彼此敌对。虽然冲突并没有能阻止英国人出游，但旅行者的数量则是有限的。战争结束后，某些地区的旅行出现了显著的复兴。不仅旅行者的人数有所增长，"几乎每天都有运载着英国人的车辆进入巴黎"，其间还出现了女性游客。例如，后来成为首席财政大臣的诺斯勋爵弗雷德里克（1732—1792）观察到，"我国现在罗马的旅行者中有 40 人是女性"。③

不过，在欧洲的其他一些地区，前去旅行的英国人则没有那么多。例如，在 1750 年 8 月，维也纳公使罗伯特·基思虽然提到当地有许多他的同胞，但他却只能说出其中五个人的名字。1750 年，乔治二世对汉诺威进行了访问。虽然此次访问让"许多英国人"对该地产生了兴趣，根据当时前往那里的爱德华·迪格比记载，那里显然有 7 位旅行者和其他

---

① Jeremy Black, *The British Abroad*, *The Grand Tour in the Eighteenth Century*, pp. 6–7, 11.
② Ibid. , p. 7.
③ Ibid. .

一些人物，但到第二年的九月，在莱比锡的英国人便仅有 8 位了。①

在 18 世纪 50 年代初，前往欧洲大陆旅行的英国人的数量恢复到了 30 年代的水平。1751 年 1 月，第二代阿尔伯马尔伯爵威廉记录说，自从他本人在 1749 年 7 月 25 日以大使身份抵达巴黎以来，已经会见了"大约 300 名爱好时尚的英国同胞"②。直至 1763 年巴黎和会结束七年战争，这一水平才被决定性地超过。当时的报刊也纷纷报道游客动身前往国外的消息。例如，1763 年 1 月 25 日，《伦敦年代记》便报道说，第三代布里奇沃特公爵弗朗西斯（1736—1803）、塔维斯托克侯爵约翰、第二代阿普奥索里伯爵（1745—1818）已在前一天动身去法国了。同年五月，托玛斯·鲁宾逊在巴黎写道："英国人每天都群集于此，这些公民似乎都希望来此寻欢作乐，而不愿在布莱顿赫姆斯顿呼吸新鲜空气。"这一评论大体反映了此时国外旅行对英国社会精英的魅力及可能的程度。1763 年 8 月 23 日的《圣詹姆士年代记》更是声称，英国在该年度已经签发了 7400 本法语护照。③

在七年战争之后，英国人重新大量涌入欧洲大陆。事实上，在欧洲大陆，很少有地方是英国人足迹未曾抵达的。不过，大多数的英国旅行者利用的还是传统的路线，而且，他们大量地涌入的地区主要是为数不多的几个中心。总的来说，前往意大利的旅行者依然人数众多。1768 年，巴雷迪出版了《意大利礼仪和习俗》一书，他在书中估计，"在前 17 年中，有 10000 多名英国人在意大利各地走动，其中既有主人，也有仆从"④。这个数量看起来很庞大，但这意味着每年平均仅仅有 500 人到 600 人前往意大利，而这仅仅是当时人数大约为六七百万的英国人的万分之一。

在 18 世纪后半期，英国人向欧洲大陆的流动更为普遍，外国旅行成为相当一部分英国人的主要爱好。在 1772 年，一位敏锐的观察家写道："如果说在乔治王朝的前两位国王统治时期有 1 名英国人旅行过的话，那么现在便有 10 人在进行大旅行。事实上，在这个王国中，旅行的精神达到了这样的程度，以致在富豪之家，几乎所有的人都曾在前往法国、意大利或德意志的夏日远足中走马看花。"爱德华·吉本在瑞士洛桑旅行

① Jeremy Black, *The British Abroad*, *The Grand Tour in the Eighteenth Century*, p. 7.

② Ibid., pp. 7 – 8.

③ Ibid., p. 8.

④ Joseph Baretti, *An Account of the Manners and Customs of Italy with Observations of the Mistakes of Some Travellers*, *with Regard to That Country*, London, 1769; William Edward Mead, *The Grand Tour in the Eighteenth Century*, p. 104.

时，曾写信对已经汇集在美丽的莱曼湖（Lake Leman）湖滨的英国人进行描述。在信中，吉本提到他曾被告知，在 1785 年的夏天，在欧洲大陆的英国人有 4 万多。当然，在吉本看来，这似乎是难以置信的。①

18 世纪 70 年代后期，英、法两国因法国公开卷入"美洲反叛"（美国独立战争）而彼此敌对。与此同时，英、法两国间的敌对行动还进一步扩展，殃及西班牙（1779）和联合省（1780）。受此影响，前往国外旅游的英国人数量有所减少，不过，其人数依然可观。在佛罗伦萨公使贺拉斯·曼恩写给朋友罗伯特·沃波尔的小儿子贺拉斯·沃波尔的信中，曼恩给出的数字十分具有说服力。1744 年 7 月 21 日，曼恩记录了 14 位游客；1751 年 8 月 20 日，曼恩则记录了大约 35 位游客，这是"较此前许多年所见到的都还要多的一大群乌合之众"；1752 年 1 月 28 日，曼恩记录了"一群路过的索然无味的年轻人"；1752 年 8 月 11 日，曼恩则记录到了 34—35 位游客；1768 年 10 月 18 日，大约在该季节的后期，曼恩记录到了至少 37 位；1772 年 12 月 19 日，曼恩写道，英国侨民"几周前尚有大约 60 人，现在减少为 10 余人"②。

1783 年 9 月，英国与法国、西班牙、荷兰等国签署了《凡尔赛和约》，从而结束了彼此之间的敌对行动。此后，"大旅行"的人数明显回升。回升的势头一直持续到法国革命战争的早期阶段。1784 年 3 月，驻巴黎大使、第三代多塞特公爵记录道："每天，英国人都蜂拥前来我们这里。"不过，约翰·布鲁克曾暗示："大旅行"最盛行的时期是 18 世纪 30 年代和 40 年代；在 20 年之后，它绝不可能还是那么盛行；绝大多数旅行过的议员都是贵族或地产家庭的长子，而不是这些家庭的其他孩子，或家境不那么殷实的人们。③ 布鲁克的看法显然是值得商榷的。因为，所有的迹象都表明，在 18 世纪中后期，旅行越来越普遍。

大量的旅行者继续前往法国和意大利参观，而游客们也很清楚他们同胞的存在。1775 年，罗伯特·沃顿发现有"30 位以上"的英国人在第戎，而日内瓦则"充斥着地地道道的英国人，他们服饰招摇，醉心于赛马"。1784 年，约瑟夫·克拉多克发现巴黎有如此多的英国人，以致他几乎没有机会练习法语。威廉·贝内特是剑桥大学以马利学院的学生，后来他成为克罗因主教。1777 年，贝内特曾陪同威斯特摩兰伯爵前往法国。1785 年 10 月，在第二次旅行的后期，贝内特取道阿布维尔前往蒙特勒

---

① Lecky, *History of Engalnd in the Eighteenth Century*, VII, pp. 230 – 231.

② Jeremy Black, *The British Abroad*, *The Grand Tour in the Eighteenth Century*, p. 8.

③ Ibid. .

伊。途中，他写道："在路上，我遇到了成群结队的英国马车。我国同胞外出旅行的人数之多，这让外国人感到格外吃惊。瑞士人就常常问我怎么会出现这种情况。他们认为我们的国家肯定非常不利于健康，以致每个人都急于出来。"①

在整个 18 世纪，旅行者的人数因季节和年份的不同而变化很大。意大利基本上属于这种情况。在这里，天气的季节性变化对旅客的便利和安全而言特别重要。此外，冬天的积雪会封锁住阿尔卑斯山的隘口，这对意大利境内旅行的节奏也产生了影响。在夏季，罗马和那不勒斯因为天气炎热和易患疟疾而不受欢迎；在严冬时节，一些游客则偏好于更为温暖的那不勒斯，而不那么喜欢天气寒冷的罗马。1792 年，"大旅行"仍然处于高潮时期，但随着国际危机的蔓延，它开始受到影响。在这年的 5 月 8 日，菲利帕·莱特贵妇在罗马写道："今年春天，这里有 150 名英国人，现在，他们几乎没有人留下来。"② 1794 年 2 月，托玛斯·布兰德估计那不勒斯英国游客的数量大约为 130 人，这是"最多的一群"。英国旅行者的人数变化很大，而且，尽管英国游客能肯定巴黎和意大利主要城市有大量英国同胞，但并非每个地方都如此。以现代甚至 19 世纪的标准来说，当时旅行者的数量可能算不了什么，但对当时的人们来说，他们无疑见证了一个重要的变化。例如，1783 年，布兰德在洛桑时写道："我打算 12 月 1 日抵达罗马。通往那里的路上有如此多的英国人，这种状况是前所未有的。"③

18 世纪晚期，在欧洲的很多地区，英国游客的数量都显著增长。在 18 世纪 80 年代，尽管地中海沿岸的里维埃拉在某种程度上成为广受欢迎的冬日旅游胜地，但每年前往那里的游客人数不等。尼斯是当时萨伏伊－皮德蒙特统治者撒丁尼亚国王的领地，是游客频繁参观的一个城市。1784—1785 年的冬天，尼斯有许多英国游客。然而，在 1789 年 12 月，驻尼斯领事纳撒尼尔·格林却评论说："这里的英国人为数不多，大约有 20 来个人。"④

在这一时期，参观瑞士的游客数量显著增加。1770 年，一位英国旅行者记录道："日内瓦有许多英国人"；1785 年，另外一位游客在洛桑写

① Jeremy Black, *The British Abroad*, *The Grand Tour in the Eighteenth Century*, pp. 8 - 9.
② E. F. Elliott - Drake, ed., *Lady Knight's Letters from France and Italy*, 1776 - 1795, 1905.
③ Jeremy Black, *The British Abroad*, *The Grand Tour in the Eighteenth Century*, pp. 9.
④ Ibid..

道:"我猜想英国侨民大约有 80 人。"① 一直以来,日内瓦都颇受欢迎,这既有教育方面的原因,同时也是因为日内瓦毗邻进入意大利的塞尼峰路线。在 18 世纪,对"大旅行"的年轻人而言,瑞士还有着其独特的吸引力。这主要是因为,许多有名望的哲学家和科学家都居住在那里。例如,除伏尔泰之外,面相学理论的阐释者拉瓦泰居住在苏黎世,科学家和诗人奥尔布雷奇特·冯·霍勒住在伯尔尼,山地科学家贺拉斯 - 本尼迪克特·德·索绪尔和物理学家西奥多·特隆沁两人则住在日内瓦。1761 年,卢梭在日内瓦湖畔创作的《新爱丽丝》出版。该书吸引了许多游客前往日内瓦,去寻找小说中描述的地点。《新爱丽斯》也改变了人们对阿尔卑斯山的认知。此前,人们通常认为,阿尔卑斯山在南、北欧之间制造了无可避免的、令人厌恶的自然障碍。而现在,它却成为一个人们可以体验自然之雄伟的地方。于是,旅游在日内瓦发展起来,而从日内瓦出发很轻松便可以抵达的夏蒙尼山谷等地则成为旅行者经常造访的地方。②

在欧洲大陆,英国游客数量显著增长的另外一个地区是中东欧。它主要以柏林、德累斯顿和维也纳等地的宫廷以及往来于它们之间的地区为中心。1769 年,英国驻德累斯顿萨克森宫廷的公使罗伯特·默里·基思抱怨说,"在这个月中,我接待了如潮水般涌来的英国人,他们几乎吃空了我的家,一周前,第 29 个人才从我这里离开"。5 年后,基思调任维也纳。不过,他再次发牢骚说,"这里来了十多个伊顿公学的学生";当基思在普雷斯堡(即布拉迪斯拉发)观看一个国际象棋的自动装置时,他又注意到了另外 16 名英国旅行者的存在。1782 年 11 月,基思接待了"十五六名同胞",第二年 1 月,他又与"十多位约翰牛一起用了餐",1783 年 2 月,他提及了"十六七名英国侨民"。1785 年,基思写道:"今年冬天,我将接待大量的英国侨民,维康比勋爵、安克拉姆勋爵、吉尔福德勋爵、格拉斯哥勋爵、丹戈隆勋爵等,此外还有几十位普通人。"③基思补充说,在两年中,他向帝国宫廷引见了 400 名年轻绅士,而这也是他向伊丽莎白·克雷文贵妇(1750—1828)提供的数字。1785 年 12 月,伊丽莎白·克雷文贵妇向国内报告说,"这里有如此多的英国人,以至于

---

① Jeremy Black, *The British Abroad*, *The Grand Tour in the Eighteenth Century*, p. 9.

② Michael Heafford, "Between Grand Tour and Tourism, British Travellers to Switzerland in a period of Transition, 1814 – 1860", *The Journal of Transport History*, 27/1, p. 28.

③ Mrs G. Smith, ed., *Correspondence of Sir Robert Murray Keith*, 1849, Vol. 1, pp. 123, 469; Vol. 2, p. 180.

我身抵达罗伯特·基思勋爵下榻之处时，几乎要怀疑自己是否正置身英国"。1792 年 6 月，布兰德发现"仅仅有两三位英国人"在维也纳①，不过，当时奥地利已经和法国处于战争状态，旅游几乎为革命和战争所中断。

二 "大旅行者"兴致的变化

法国大革命和拿破仑战争期间，英国和法国之间几乎是冲突不断。欧洲旅行缓慢而极其有限的开放也为两国间的冲突所中断。不过，在多种酝酿已久的文化潮流的推动下，国内旅行的时尚开始兴起，并填补这一缺口。1746 年，詹姆士二世的支持者发动了一次反对汉诺威君主的反叛。在卡洛登之战中，反叛者遭到致命的打击，信奉天主教的苏格兰斯图亚特王室重新君临天下的威胁被消除了。在随后半个世纪的文化发展中，王党作为一种实际政治力量的终结，苏格兰高地上众多凯尔特村落的解体，预示着两种思潮的出现，即英国人对大不列颠的凯尔特边界的迷恋，以及后来英国人对天主教主导下"神秘而黑暗"的广大地区新的"歌特式"幻想。1760 年，詹姆士·麦克菲森出版了《收集于苏格兰高地的古诗片断》，这是最早旨在介绍古代游吟诗人奥西恩和他的父亲芬戈尔失传诗歌的作品之一。虽然在随后的几十年中，该作品的可信性颇受质疑，但这却增加了麦克菲森作品的知名度，并激起了南部苏格兰人及英国人前去探访一度曾经避之不及的高原景观。萨缪尔·约翰逊是一名地地道道的伦敦人，尽管他斥责麦克菲森的作品系伪作，但他同样也盼望着前往苏格兰高地和诸岛参观，以见识与文明的南方的生活制度几乎完全不同的那种简单和狂野。对许多其他同时代的人来说，尽管该地区新近弥漫着芬戈尔和奥西恩精神，但其贫瘠、地势险恶和让人不祥的感觉也正好是其魅力之所在。②

在此前的时期，前往欧洲大陆进行"大旅行"的英国人喜爱的是富饶而文雅的景观，而奥西恩的朝圣者们则为雾霭、群山和瀑布所吸引。他们新的热情开始感染前往诸如北威尔士等其他英国边界地区的旅行者，以及穿越瑞士的旅行者们。对前往意大利的特权青年来说，翻越阿尔卑斯山脉是必须经历的磨难。以前，旅行者在这里往往会雇用一群车主，

---

① Jeremy Black, *The British Abroad*, *The Grand Tour in the Eighteenth Century*, p. 10.

② James Buzard, "The Grand Tour and after 1660 – 1840", in Peter Hulme and Tim Youngs ed., *The Cambridge Companion to Travel Writing*, Cambridge: Cambridge University Press, 2002, p. 43.

让他们运送马车和行李；他本人则坐着一种称为"阿尔卑斯自行车"的轿子，由人抬着走过这一地区，其间，他甚至不用睁一下眼睛（见图10）到18世纪60年代的时候，有组织的"前往日内瓦城外观看冰川和瀑布的一日游"开始出现。1765年，第一家旅行客栈在夏蒙尼开张营业。①

从1713年西班牙王位继承战争结束起至1793年英法敌对的重新开始，是旅行的黄金时期。在这一时期，收藏古代文物成为一种普遍的时尚。尽管教育仍然是"大旅行"的首要任务，但希望拥有和展示古代文物，常常成为英国人前往欧洲各地旅行的动力所在。特别是在辉格党人的圈子中，收集体现他们在文化和政治方面忠诚于罗马共和国价值观念的古代文物，仍是一种极为重要的目标。②

与此同时，英国人的"大旅行"还发生了另外一种变化。在法国大革命和拿破仑战争期间，虽然前往意大利旅行受到了限制，但同一时期的希腊复兴却极大地推动了思想文化的发展，人们逐渐将兴趣转向爱琴海地区，"大旅行"也进入新的历史转折时期。③ 在近代早期，英国人对"大旅行"中的主题和场所的态度不断发生变化。随着"大旅行"范围的扩大，考古发现及相关理论出版物日渐增多，它们主要来自于有计划的远征。许多由此而产生的书籍完全改变了人们对古代的看法，这对那个时代的艺术、建筑和设计发挥了至关重要的影响。朱利安－戴维·勒鲁瓦的《希腊精美纪念碑残骸》（1758），考古学之父约翰·乔基姆·温克尔曼（1717—1768）的《古代艺术史》等作品的出版，标志着同时代的人们开始向正确评价希腊的方向转变。与这些作品的出版并驾齐驱的便是英国人对国内建筑学产生了新兴趣，而这种建筑学则是在维苏威火山周围被掩没的早期城市的蛛丝马迹开始影响亚当和他同时代人的作品之际建立起来的。④

在18世纪80年代，随着人们对历史文化复杂性认识的加强，罗马古代遗物作为人们普遍接受的"大旅行"主要看点的地位受到了威胁。1755年，苏格兰画家和古文物收藏家阿伦·拉姆齐（1686—1758）就匿名出版作品赞扬希腊。正是这一作品的推波助澜，意大利建筑师、艺术

---

① James Buzard, "The Grand Tour and after 1660 - 1840", in Peter Hulme and Tim Youngs ed., *The Cambridge Companion to Travel Writing*, Cambridge: Cambridge University Press, 2002, p. 43.

② John Wilton - Ely, "Classic Ground: Britain, Italy, and the Grand Tour", *Eighteenth - Century Life*, p. 152.

③ Ibid., p. 154.

④ Ibid., p. 159.

家吉安巴蒂斯塔·皮拉内西（1720—1778）强横地卷入了后来所谓的希腊—罗马争论之中。在18世纪中期，随着人们对位于柏埃斯图姆三座多利式庙宇注意的增多，有关古典设计起源的争论更加激烈。于是，更富于冒险精神且不畏艰险的旅行者，纷纷前往西西里参观位于阿格里琴托、塞杰斯塔和塞利侬特等地的希腊庙宇。①

据档案记载，英国人最早对希腊的考察发生在1749年。在这一年，年轻的爱尔兰地主查尔蒙特伯爵詹姆士·科菲尔德在私人老师爱德华·墨菲的陪同下，进行了一次异常雄心勃勃的旅行。在这次冒险旅行的不同阶段，许多志趣相投的人们相继加入。在科菲尔德本人的随笔手稿和同行的旅行家、学者理查德·道尔顿的《希腊和埃及古代文物》（1752）一书的帮助之下，辛西娅·奥康纳在《快乐时光》一书中，对这次发生于1747年至1754年间、在意大利开始并最终在意大利结束的"周游"进行了详细的描述。不过，该书最为重要的部分却是对詹姆士·科菲尔德这位无畏的青年人的海上航行进行的描述。在这次海上旅行中，查尔蒙特乘坐小船从墨西拿前往君士坦丁堡，接着又到了莱斯博斯岛、希俄斯岛、米克诺斯、得洛斯岛、蒂诺斯岛、锡罗斯岛和帕罗斯岛。在亚历山大登上埃及之后，他又不畏艰险，一直旅行到了塞加拉和吉萨。在向北返回的过程中，他们经过了罗得岛和尼多斯。在最终抵达雅典之前，查尔蒙特和他的随行人员发现了哈利卡那苏斯（博都茹姆）传说中的摩索拉斯王陵墓上的众多浮雕，这让他们跻身于最早发现这些浮雕的人群之中。②

三 "大旅行"的衰落

在18世纪前半期，旅行的英国人有许多相似之处。他们中多数来自富有之家，其中许多人更是家世显赫。在这一世纪中，商业和职业阶层财富的增加，导致青年游客数量的大幅增长。在这些阶层中，他们发家的历史虽然不长，但却腰包鼓鼓，他们期望获得旅行所能赋予的一切社会声望。③ 同时，越来越多不那么富有的游客也开始参与到欧洲大陆的旅行活动中。18世纪欧洲旅游的扩张，是英国人闲暇活动普遍扩张的组成部分。闲暇活动的扩张，导致了参观各种疗养地和其他一些场所游客数

---

① John Wilton – Ely, "Classic Ground: Britain, Italy, and the Grand Tour", *Eighteenth – Century Life*, p. 159.

② Ibid., p. 160.

③ William Edward Mead, *The Grand Tour in the Eighteenth Century*, p. 104.

量的增长。不那么富有的英国游客偏爱于路程更短、开销更少的地方，而不是传统的巴黎和意大利之旅。前往意大利旅行会带来许多问题，因为任何一次旅行都需要花费大量的时间和金钱；在意大利旅行本身也会导致额外的费用，如因公共交通的相对缺乏而产生的费用。前往巴黎和低地国家的旅行，则为囊中羞涩的英国人提供了一种更为快捷、花费也更少的选择。1763 年之后，前往巴黎和低地国家的旅行得到极大的增长。而前往两个地区的英国游客的日志频繁地记录下了同胞的存在。①

在"大旅行"时代，家庭教师成为重要人物。确然，从旅行以成为一名完全意义的绅士的观念为英国人接受以来，家庭教师就一直存在。1625 年，弗朗西斯·培根在"论旅行"一文中首倡聘用家庭教师。② 然而，直至 17 世纪中叶，家庭教师才获得完全的权威。在这一时期，男童们尚在十四五岁的懵懂之际，便被打发到国外，其原因就在于，在这一年龄阶段，他们更易于接受外国语言的熏陶。然而，在这一年龄阶段，他们独立行事的能力却无法获得父母的信任，何况人们已对国外旅行在道德和宗教方面的潜在危害进行了一个世纪之久的申讨。父母对旅途中孩子们面临的危险是何等的担心，家庭教师对这些心肝宝贝应当承担何种责任，可以从劳瑟夫人写给后来成为国务大臣的约瑟夫·威廉的信中窥见一斑：

> 我确信你已经接到了我的儿子，并收到了我们捎带的书信。恳请你敦促他学众善而避不肖，因为他是他父亲的希望和唯一的子嗣。我祈求万能的上帝赐予你各种有所助益的办法；我以为，你审慎的管教和训导会对他大有裨益。无论你发现他是温顺驯良还是桀骜不驯，都请告诉我。他的性情是好的，先天的才智也还可以，但其所学尚不如我之意。不过，他还年轻，尚有足够的时间来学习。通过学习，他即使不能追回虚度的时光，也可对其稍加弥补。首要的是，努力让他固守自己的宗教，这是我们所有其他希望的基础；鉴于你们所在之地的放荡，这就更需要加以考虑。我不怀疑你已仔细考虑了前往意大利旅行的决定，但出于慈母的担心及女性的愚钝，我还是有话要说：我所有的情感总的可以概括为一点，我同样知道他脾气火爆，性子急躁。不过，我将他完全交付给你管教，仅祈求上帝

---

① Jeremy Black, *The British Abroad, The Grand Tour in the Eighteenth Century*, p. 10.

② Francis Bacon, *Essays or Counsels Civil and Moral of Francis Bacon*, Edited by Melville B. Anderson, Chicago: A. C. McClurg and Company, 1890, p. 108.

给予你最佳的指引，并让他服从你的管教，并努力提高自己。①

对与时尚界缺少联系的家庭来说，家庭教师作为时尚的评判者也日益必要。而这些家庭教师也不失时机地开始撰写如何从事"大旅行"的书籍。《意大利之旅》便是在这样的背景下写成的。书中附有绅士理查德·拉塞尔斯这位"曾为几位英国贵族和绅士担当家庭教师，并五度游历意大利"的绅士所撰的旅行训示。在陈述旅行之利时，拉塞尔斯对乡村绅士因自身的无知而日渐敏感的心态大肆加以利用。"乡村贵族从来没有见到过他父亲的佃农及教区牧师之外的其他人；他们根本就没有读过约翰·斯窦及约翰·斯皮德的著作，以为这个国家的边缘便是世界的尽头……"，"从来就没有旅行过的乡村绅士在前往伦敦之前，即便不是忙着立遗嘱，至少也会泪流满面"。"大旅行"显然是这些不足之处的补救之道，而在一位睿智的家庭教师指导下就更是如此。选择家庭教师应比选择任何其他侍从更为慎重，因为"仆从和脚夫犹如旅行者的雨靴，他一到造访之家便会将其放在门口，而家庭教师则如他的衬衫，一直穿在身上，因此应当是由最佳布料做成的"。②

随着"大旅行"的日益盛行，它逐渐转变为一种习俗，并成为一个人受过良好教育的唯一证明。在这个过程中，"大旅行"逐渐丧失了其主要的教育功能。在 18 世纪，当许多旅行者从英国涌入欧洲大陆时，他们的目的仅仅是为了在那里尽可能懒散地度过数月或数年的时光。巴黎、都灵、佛罗伦萨、罗马和柏林等城市为他们提供了无穷的乐趣，而他们也别无他求。在他们活动的圈子中，高卢人式的巧妙应答之才，看似精明的神态以及从容优雅，比熟悉艺术、历史、科学或任何其他严肃的主题更为重要。从富有青年游客的观点来看，他们没有任何责任去谋生，也不希望将有关外国知识用于实践，因此，他们也就没有彻底了解任何知识的迫切需求。

大量的游客迷失了，不知道如何打发他们在国外的时光。三餐之间的时间漫长而难熬。他们仅有的一点兴趣便是前去观看他们不太了解且无法欣赏的建筑和绘画，在乡村中散步或驱车前进，汇集在人群中观看刚刚抵达或正要动身离开的驿站马车。他们思念熟悉的英国风景，并如置身于陌生楼阁的猫那样心神不安。这种类型的英国人旅行是为了把他们的钱用出去，并放松他们一片空白的大脑。无论他们置身凡尔赛、竞

---

① Clare Howard, *English Travellers of the Renaissance*, p. 147.

② Richard Lassels, *The Voyage of Italy or a Compleat Journey through Italy*, Preface, aiiij – eii.

技场还是身在圣詹姆士或纽马克特，他们都一样愚笨而空虚。如果说他们有任何的好奇感的话，那也留给了"宫殿、花园、雕像、图画、古董和艺术品"①，而即便是这些东西，他们也仅仅是走马看花而已。他们的知识储备不足以领悟多数他们所见到的事物的重要意义，他们从一个城市游荡到另一城市，但却并没有因为期间的辛苦而更为聪明。

拿破仑战争之后，欧洲旅行出现了新的发展趋势。在这一时期，虽然追求风景如画的理念依然存在，甚至理想的"大旅行"游客所抱有的古典旨趣也没有完全消失。然而，大多数同时代的评论家却认为，即便大陆旅行的某些目标与18世纪时期的相同，滑铁卢的胜利还是开启了新的时代。在新的时代中，机会与进取心使得欧洲的各种引人注目的东西突然向"每个人"敞开怀抱。《威斯敏斯特评论》这样写道："当和平到来之际，在我们的岛屿樊笼开放之日……每个英国人最大的愿望便是……赶紧前往大陆"。"整个新的一代人如潮水般穿过多佛海峡而涌入法国。"② 在这样一些陈述中，一度曾与享有特权的个体联系在一起并用以确保其特权的文化实践，似乎立即转变为一种为非个体化的、如潮水般的大众也触手可及的活动。正是这样一些夸张的反应虚构出了大众旅行的观念。

与此同时，推动大众旅游出现的技术和制度的进步开始露出端倪。一方面，蒸汽动力在铁路和海洋上的运用，极大地提高了旅行的速度，并相应地降低了旅行的费用。另一方面，市场上新的机构和设施的出现，有助于减轻范围更广的新兴顾客群体的经济负担以及旅行时的其他负担。1821年，蒸汽船开始穿越英吉利海峡。据估计，到1840年，每年大概有100000人在利用这一服务。欧洲范围内铁路的延伸是一个极不均衡的过程，但尚在这一漫长进程的开始时期，便已有观察家将其视为一场正在开展的革命。在蒸汽动力出现并产生影响的同时，权威的便携火车时刻表、让旅行者在国外能够更为轻松地进行货币兑换的金融手段、旅行代理人、旅行指南等的问世，也在推动着大众旅游业的出现。

总之，到19世纪中期，随着朝臣时代的一去不复返、大学课程范围的拓宽以及英国实力和自信日益增强，英国旅行者的态度也开始发生明显变化，此前如饥似渴地获取知识的努力逐渐为放松身心的娱乐追求所取代。随着蒸汽动力的使用、铁路的兴建和大众旅游的兴起，"大旅行"

---

① William Edward Mead, *The Grand Tour in the Eighteenth Century*, p. 106.

② James Buzard, "The Grand Tour and after 1660 – 1840", in Peter Hulme and Tim Youngs ed. , *The Cambridge Companion to Travel Writing*, p. 47.

逐渐失去了昔日的魅力，并从此走上了衰落之路。

第三节 女性与"大旅行"

一 女性旅行者

近代之前，英国女性因各种需求而离家远游的现象并不罕见。① 不过，直到 16 世纪和 17 世纪，旅行都极为艰辛，有时甚至十分危险。大多数女性经受不了长途旅行的劳顿，因此在相当长的一段时期里，旅行者主要还是男性。到 17 世纪末 18 世纪初，随着道路的改进，旅行变得更为容易和舒适，女性开始更多地迈出家门，加入旅行者的行列。

1713 年 12 月至 1714 年 1 月的某一天，在威尼斯旅行的托马斯·科克遇见了夏洛特·巴尔的摩男爵夫人。1724 年 10 月 13 日，杰拉德男爵夫人玛丽在一位年迈的绅士和一位英俊的扈从照料下来到都灵；12 月初，玛丽贵妇一行人取道博洛尼亚、佛罗伦萨前往罗马，并在那里滞留了一年的时间；随后，他们还造访了里窝那和帕多瓦。1729 年，寡居不久的伯爵夫人玛丽·费勒斯来到巴黎，她在那里结识了第二代埃格里蒙特伯爵查尔斯·温德汉姆的家庭教师坎贝尔，之后，两人便结伴同行，游历了威尼斯、罗马和那不勒斯等地。1730—1733 年，凯瑟琳·埃德温在哥哥查尔斯和叔父汉弗莱的陪同下，在意大利游历了近 3 年的时间。1731 年，66 岁高龄的格里茜尔贵妇带着女儿、女婿及外孙女经荷兰、法国而前往意大利旅行。1731—1733 年，化名布朗的王党分子尼斯戴尔伯爵也带着妻小在意大利旅行。旅行途中，伯爵将女儿安妮·马克斯维尔嫁给了约翰·贝洛男爵（John Bellew）。此后，一家人先后游历了里窝那、皮斯托亚、佛罗伦萨、罗马等地。在一家人滞留罗马期间，已在意大利度过八年时光的林德赛夫人和他们生活在一起，并承担着照顾贝洛贵妇的任务。②

自七年战争结束起，更多的英国女性开始前往欧洲大陆旅行，她们

---

① 对早期英国女性旅行者的研究，参见 Susan Signe Morrison, *Women Pilgrims in Late Medieval England: Private Piety and Public Performance*, London: Routledge, 2000；Margaret Harvey, *The English in Rome 1362–1420, Portrait of an Expatriate Community*, Cambridge: Cambridge University Press, 1999。

② John Ingamells, *A Dictionary of British and Irish Travellers in Italy 1701–1800*, pp. 45, 396, 353, 332, 41, 75.

的足迹远至罗马、维也纳、哥廷根和伊斯坦布尔等地。例如,1769 年 12
月,寡居的伯克利公爵夫人伊丽莎白·波福特带着自己唯一在世的女儿
玛丽·萨默塞特贵妇及刚成为孤儿的外孙女年仅 9 岁的伊丽莎白·康普
顿小姐,离开英格兰,前往欧洲大陆游历。她们一行人先后到了尼斯、
都灵、米兰、帕尔马、博洛尼亚、锡耶纳、罗马、比萨、佛罗伦萨、威
尼斯等地。1781 年 7 月,伦敦名妓伊丽莎白·布里吉特·阿米斯蒂特独
自一人旅行至巴黎,并在是年 12 月抵达意大利。[1] 1785 年,赫斯特·皮
奥齐便随新丈夫旅行至意大利。[2] 玛丽·沃特利·蒙塔古贵妇更是在往返
于君士坦丁堡的漫漫路途中进行了长期的旅行。[3]

17、18 世纪期间,促使英国女性走出家门前往欧洲大陆旅行的原因
很多:谋求病痛的康复,寻求精神的独立和情感的慰藉,躲避国内尴尬
的处境,谋求教育的升华、职业的提升,等等。

谋求病痛的康复是促使英国女性前往欧陆旅行的一个重要原因。在
近代时期,在各种时尚健康理论的影响下,上层社会的妇女(包括男性)
常常前往欧洲大陆各地的温泉疗养地或海滨浴场疗养、游历,以谋求病
痛的康复。自古代以来,欧洲的内科医生便注意到了天气、季节、地理
区域和身体健康之间的关系,他们相信,理解天气模式会有助于增进身
体健康。17 世纪晚期,被誉为"英格兰的希波克拉底"的内科医生托马
斯·西德纳姆复兴了环境医学的理论。他认为,为了理解人们生病的原
因,医生需要理解环境特别是空气质量和季节对身体内部体液所产生的
影响。如果空气对健康形成危害,有条件的人们可以通过改变生活的环
境而改变空气质量。旅行显然是改变生活环境的一种重要方式,于是,
健康和旅行之间的联系便被建立起来。[4]

与此同时,人们开始相信旅行有利于精神疾病的康复。受约翰·洛
克哲学思想的影响,一些医务工作者开始利用"想象混乱"这一理论来
界定精神疾病,提出了疯癫的概念。理智并非一种神性存在,它一旦受
到侵蚀,就会导致疯癫。洛克认为,心绪由经验中获得的各种感知构成。
心绪的波动是由过去经历的痛苦、苦难、快乐及同情等造成的。如果前
述经历被莫名其妙地混淆在一起或者遭到曲解,如果一个人按照"错误

---

[1] John Ingamells, *A Dictionary of British and Irish Travellers in Italy* 1701 – 1800, pp. 66, 26.

[2] Brian Dolan, *Ladies of Grand Tour*, p. 17.

[3] William Edward Mead, *The Grand Tour in the Eighteenth Century*, p. 105.

[4] Brian Dolan, *Ladies of Grand Tour*, London: Flamingo, 2002, pp. 150 – 151.

的原则"将它们拼凑在一起,那便是精神错乱的征兆。[1] 按照这一理论,药物无法治疗疯癫,相反,生活方式的转变,即改变不健康的习惯、远离有害的影响,才是最佳的药物。旅行显然是改变生活方式的不二选择。

许多医生相信,各种形式的精神失常,无论是忧郁症、歇斯底里、癫狂还是抑郁症,都可以通过旅行而治愈。通过积极的精神刺激,旅行可以放松大脑。即便是那些倾向于从身体因素来解释疯癫的人们(他们认为脾脏是精神狂躁之源)也相信旅行是有益的,因为坏天气常常加重病情。如果一个病人为抑郁症所苦,让他离开有害的人际交往环境会有助于振奋精神。罗伯特·伯顿在其开创性的著作《精神抑郁剖析》中认为,旅行是一种重要的治疗方法。"对一位患有精神抑郁症的人而言,没有什么药物能比出外透气、各地游玩或海外旅行并见识各种时尚更为有效。"[2] 到18世纪80年代,爱丁堡著名的内科医生威廉·卡伦在他的医学论著《医学实践要义》一书中也开出了同样的处方。"如果患有精神抑郁症的人们能够将注意力从他们的胡思乱想中转移开来,并稍稍将注意力放在其他事情之上……一次旅行,它有着中断思绪之功效,并能提供吸引注意力之物,常常是有益的。"[3]

此外,浴疗法受到了人们的重视。在16世纪,浴疗法重新受到英国人的注意。早在1562年,威廉·特纳医生在自己的著作中便提到了巴斯温泉的治疗功能。1574年,约翰·琼斯出版了《巴斯温泉浴的辅助疗效》一书,对巴斯和巴克斯顿温泉大加赞赏。1628年,托拜厄斯·文纳在他的短论《巴斯温泉浴》中对巴斯温泉的特性及其运用进行了描述。在文纳之后,许多医学工作者继续对巴斯温泉中的矿物品质进行讨论,而其中比较著名的便有爱德华·乔登、亨利·查普曼、本杰明·艾伦等人。在同一时期,其他地方的温泉同样引起了人们的注意。坦布里奇威尔斯、哈罗盖特、斯卡伯勒等相继被医务工作者提及。埃普索姆的水井引起了尼希米亚·格鲁的注意,而罗伯特·波义耳则列举了研究矿泉水的一些规则。约翰·弗罗耶撰写的《冷水浴的历史》(1697)一书得到广泛的传播,有助于新时尚的确立。18世纪初,乔治·切恩则建议利用巴斯温泉

---

① Patrick Romanell, *John Locke and Medicine: A New Key to Locke*, New York: Prometheus Books, 1984, pp. 129 – 132.

② Robert Burton, *The Anatomy of Melancholy*, London, 1621, Vol. 1, p. 328.

③ William Cullen, *First Lines in the Practice of Physic*, 4 Vol. s, Edinburgh: William Creech, 1778 – 1784, Vol. 4, p. 172.

治疗痛风。① 1752 年，理查德·拉塞尔在《论海水的运用》一书中建议身体抱恙的人们进行海水浴，并饮用海水以清理肠胃。② 在各种健康观念和医学理论的影响下，抱恙的人们常常会前往散布于欧陆各处的疗养地治疗、游历，以谋求病痛的治疗和康复。

婚姻、家庭生活的不幸是促使英国女性走出家门前往欧陆旅行的又一原因。在英格兰，尽管浪漫爱情的观念在 12 世纪便已经出现，像《王者之心》这样的浪漫故事在中世纪就颇为流行，而《高卢的阿马迪斯》及类似的浪漫文学也取得了极大的成功，但直至近代时期，它们对地产阶层的影响都微乎其微。近代初期，年轻人的婚姻仍然主要由父母安排（包办）。③ 近代时期，婚姻是一件十分重要的事情，它承载着众多的使命。在上层社会中，婚姻主要由父辈或监护人来安排，包办婚姻依然盛行。包办婚姻背后的主要动机无疑是它所带来的经济和社会收益，父母在安排子女的婚姻时很少考虑他们的情感需要，他们考虑得更多的是自身及女儿社会、经济方面的需求，这是当时的社会环境造成的。

16—18 世纪，英国人的婚姻仍然带有浓厚的商业气息，婚嫁并非一件容易的事情。上层社会的父（母）亲在安排女儿的婚姻时，需要为她准备相当大一笔的现金陪嫁，这笔现金陪嫁通常会在婚礼后的一两年内分期兑现。现金陪嫁的多少取决于新娘父亲对她的宠爱程度、新娘拥有姊妹的多寡、新娘的长相及她是否有生理或心理缺陷等。另外，父亲还

---

① William Turner, *The First and Second Part of the Herbal of William Turner Doctor in Physic, Lately Overseen, Corrected and Enlarged with the Third Parte, Lately Gathered, and Now Set out with the Names of the Herbs, in Greek, Latin, English, Dutch, French and in the Apothecaries and Herbaries Latin...Here unto Is Joined Also a Book of the Bath of Baeth in England and of the Virtues of the Same with Diverse Other Bathes Most Wholesome and Effectual in Almanye and England...* London, 1568; John Jones, *The Bathes of Bathes Ayde*, London, 1574; Tobias Venner, *The Bathes of Bath, or a Necessary Compendious Treatise Concerning the Nature, Use and Efficacy of Those Famous Hot Waters*, London, 1628; Edward Jorden, *A Discouse of Natural Bathes and Mineral Waters*, London, 1631; Henry Chapman, *Thermae Redivivae, the City of Bath Described*, London, 1673; Benjamin Allen, *The Natural History of Chalybeat and Purging Waters of England*, London, 1694; John Floye, *History of Cold Bathing*, London, 1697; George Cheyne, *An Essay of the True Nature and Due Method of Treating Gout*, London, 1722. 关于近代时期英格兰境内各地温泉治疗功能的论述，同时参见 D. G., "Review of Public Baths and Health in England, 16th – 18th Century by Charles F. Mullett", *The English Historical Review*, Vol. 62, No. 242 (Jan., 1947), p. 124。

② John Towner, *An Historical Geography of Recreation and Tourism in the Western World*, 1540 – 1940, p. 170.

③ Lawrence Stone, "Marriage among the English Nobility in the 16th and 17th Centuries", *Comparative Studies in Society and History*, Vol. 3, No. 2, 1961, pp. 182 – 183.

需要为女儿准备嫁妆、珠宝首饰以及一场花费不菲的盛大宴饮。作为回报，男方的父亲需要承担更为广泛的义务。首先，他需要为未来的儿媳准备一份寡妇所得产，即她寡居时的年度抚恤。寡妇所得产与现金陪嫁之间的比例通常由双方的父亲进行磋商，通常采用实际拥有土地的形式，不过，有的家庭则更喜欢统一管理土地，因而只会支付给寡妇固定的年金。其次，在女方父亲的要求下，他会承诺在有生之年向自己的儿子提供一份津贴，津贴可能会采用年金的形式或直接分给地产和房屋。最后，他需要为儿媳提供一份供其个人开销的年金，并将它交付给托管人管理。此外，他还需要说明在自己去世时留给长子的地产比例。①

为此，贵族乡绅主要将婚配对象局限在本阶级之内。就贵族而言，在 1603 年前跻身贵族行列的家庭中，1540—1599 年的婚配行为中大约有20% 是在贵族头衔拥有者或继承人与女继承人之间进行的。在随后的 60 年中，其比例迅速增长至 35%。显然，16、17 世纪之交贵族在财政方面的困境迫使他们一心一意地寻求财富婚姻。1603—1641 年新晋的贵族在主要的婚姻机会前很有眼力，事实上，这常常是他们得以晋升的重要原因。在伊丽莎白女王统治的晚期，他们中有 32% 的人通过迎娶女继承人的方式来改善自身境况。在随后的 30 年中，他们加速了这一进程，并在数量上达到了旧贵族的水平。17 世纪初，整个贵族阶层中有三分之一的人迎娶的都是女继承人。另外，还有一部分人迎娶的虽然不是女继承人，却得到了一大笔现金陪嫁。显然，17 世纪初的众多婚姻中最为重要的考虑便是财富，而其重要性似乎有增无减。尽管社会和政治方面的考虑影响着众多早期的婚姻，社会流动性的增长不可避免地导致他们越来越重视经济方面的考虑。②

从某种程度上讲，上层社会中追求财富婚姻之人的日益增多与以伦敦为中心的全国婚姻市场的发展是互为因果的。在 16 世纪，婚姻在廷臣之外的家族来说就是寻求盟友，而他们的结盟对象主要局限于本地，通常是本郡贵族和乡绅。即便是伦敦附近的地区也属于同样的情况。对长期议会中议员家族关系的考察表明，一个郡中乡绅之间的关系极为错综复杂。在 16 世纪前三分之二的时间里，即便是北部英格兰的贵族结亲对象的地理区域也是有限的。例如，直至该世纪末，除了仅有的两个例外，奥格尔和沃顿家族所有其他子弟嫁娶的对象都限于英格兰北方。相比之

---

① Lawrence Stone, "Marriage among the English Nobility in the 16th and 17th Centuries", *Comparative Studies in Society and History*, Vol. 3, No. 2, 1961, pp. 187 – 188.

② Ibid. , p. 194.

下，南方贵族嫁娶对象的地理区域则要宽广得多。由于毗邻伦敦，道路状况也要好一些，而冬季也不那么严寒，因此，南方贵族之间的交流沟通更加容易，其乡土观念也没有那么浓厚。然而即便是这样，直至16世纪70年代，南方贵族重视本地区的趋向依然强劲。

16世纪末叶，伦敦作为婚姻交易所的发展最终打破了贵族和乡绅中存在的地方主义。在伊丽莎白统治时期，大约有13位伯爵或未来的伯爵及5位男爵的新娘出身于女王宫廷中的侍女。对乡绅地主而言，日益受人欢迎的伦敦"社交季节"则提供了同样的机会。与此同时，有关财产析分的知识仅掌握在少数几家技艺高超的不动产交易所手中，必然增加资本的重要性。对贵族阶层而言，到17世纪中叶之前，婚姻市场已经扩展到全国的范围之内。尽管贵族婚姻的地理区域稳步扩张至整个王国的范围之内，其社会范围却并没有得到多大的扩展。在1540年至1569年之间，拥有头衔的贵族及其男性继承人中有54%的人的婚姻都发生在贵族阶层内部，但在1570年至1599年之间，其所占比例下降至33%。贵族阶层内部的通婚比例急剧下降，其原因正如1613年亨廷顿伯爵在给儿子的信中指出的那样，"……与乡绅婚配，你可能会得到大笔现金陪嫁……没有金钱，（贵族）头衔就像光秃秃的树木一样裸露无形"。许多乡绅对贵族阶层的这种唯利是图的取向十分清楚，他们中的一些人试图对此加以防范，弗朗西斯·奥斯伯恩便向其读者指出，"表面荣耀的贵族，犹如法老的母牛，毁掉了与他们结亲的乡绅，因为这让他们开销倍增"。[1]

到奥斯伯恩著书立说之时，前述建议开始说服乡绅阶层，而贵族阶层也再次主动退回到自己的营垒。在1600年至1629年间，大量上层乡绅得以晋升入贵族的行列，这使得贵族的数量倍增，因此，两个阶层间的婚姻关系比较模糊。在随后的1630—1659年间，当新的贵族阶层逐渐被吸纳后，整个贵族阶层的婚配开始恢复到1570年之前的状况，内部通婚的比例远远超过50%。不过，由于贵族家庭数量已经倍增，他们的婚姻并不如16世纪那么具有排他性。[2]

由此可见，近代初期英国上层社会在一定程度上仍然实行内部通婚，而婚姻更多的是基于经济、社会因素的考虑，父母安排子女的婚姻常常不会顾及他们的情感需要。另外，作为两性中"更为逊色"的一个性别，

---

[1] Francis Osborne, *Advice to a Son or Directions for Your Better Conduct through the Varous and Most Important Encounters of This Life*, Oxford, 1655, p. 67.

[2] Lawrence Stone, "Marriage among the English Nobility in the 16th and 17th Centuries", *Comparative Studies in Society and History*, Vol. 3, No. 2, 1961, p. 196.

年轻女孩往往更需要父母的庇护，她们对父母也更为依赖，在婚姻方面自由选择的权利就更为有限，常常需要更多地服从父母的安排。这样的婚姻难免会给她们带来这样那样的问题，如夫妻间感情淡薄、家庭暴力及通奸等。富勒在《英格兰的价值》一书中曾这样概括包办婚姻带来的消极影响："如此多的拉郎配导致的是夫妻生活的不协调和真正的不幸福，并使得通奸具有无穷的诱惑力。"① 为了逃避婚姻和家庭生活的不幸并寻求情感的慰藉，上层社会的一些妇女也相继踏上前往欧陆旅行的道路。

文化知识方面的渴求，如寻求启蒙和自我提高，是促使女性前往欧陆旅行的又一原因。近代初期，英国的男女两性的教育存在极大的差异。即便是文化水平较高的社会阶层中，女性通常仅被授以基本的读写知识，而他们的丈夫、父亲和儿子则不仅获得了特殊的技能，而且他们还能进入一个没有受过教育的人永远无法进入的世界。在 17 世纪，女性的教育不再被认为是严肃的事情，在某些地区，它甚至成为人们嘲弄的对象。即便是詹姆士一世，他对自己女儿的教育要求标准也不高，随着伊丽莎白宫廷的解散，因她对正义女神阿斯特来亚的崇拜而保持生机的对女性谦恭而尊重的传统也不复存在。诸如伊丽莎白·乔斯林的《母亲给未出生孩子的遗产》及理查德·布拉斯韦特的《英格兰贵妇》之类的著作都告诫提防女性受教育的危险，并重申贤惠的妻子和母亲的作用。② 格瓦斯·马克汉姆《英格兰家庭主妇》一书呈现的则全然是一幅秩序井然的乡村家庭的景象，其中，领头的是一对基督教夫妻，他们的权威凌驾于仆人和孩子之上。男人经营地产上的营生，而做饭、缝补及看病则由女性负责。妻子定下了道德方面的调子，并充当着谦逊和节制的榜样：

> ……不渴望发号施令，更多的是唯命是从，在丈夫面前始终显得愉快、亲切而开心；虽然偶尔不测或捉摸不透丈夫的意愿可能会导致她有相反的想法，但却善良地压制它们……提醒自己，即便是对仆人讲恶毒和不礼貌的话也是丑陋的，而在丈夫面前讲这些话则是极其可怕和丑陋的……③

---

① T. Fuller, *The Worthies of England*, London, 1662, p. 234.

② Elizabeth Joceline, *The Mother's Legacy to Her Unbron Child*, 1622; Richard Brathwait, *The English Gentlewoman*, 1631; Alice T. Friedman, "The Influence of Humanism on Education of Girls and Boys in Tudor England", *History of Education Quarterly*, 1985, p. 66.

③ Gervase Markham, *Countrey Contentments*, including *The English Housewife*, London, 1615, p. 3.

到 18 世纪，女性教育的重点被放在让女性接受教育的同时保持女性风范，让她们既能与男性交往但又不至于为此而过多地抛头露面或争强好胜。詹姆士·福代斯在《给年轻人的告诫》中传递的信息一直萦绕在喜欢刨根问底的人们的头脑之中：女性不应当让教育引导着她们到公众场合抛头露面，或致使她们希冀在所有的地方而非合适的场合都耀眼夺目。有知识的女性被期望保持其女性风范，但却如"男性"一般学习。汉娜·莫尔的父亲处理她的数学天赋问题时采用的方法便是断然中断那一个男性领域的课程。具有讽刺意味的是，福代斯的话在汉娜·莫尔的首个剧本《寻求幸福》中得到附和。在剧本中，有一位人物建议他的女性朋友约束自己在文化方面的抱负，"因为一位女性只能在适合她的领域耀眼夺目"①。

尽管女性接受的正式教育仍然有限，但许多有地位的女性已经能够流利地讲欧洲语言，她们还学习过历史、掌握了艺术技能，且热心于文化方面的讨论。另外，旅行也为品位和举止提供了一个速成教育，从而绕开了通往优雅的（纯男性的）传统路径。长期以来，男人们都将旅行和自我提高之间的联系看成是理所当然的。然而，此种个人启蒙的诉求却被认为是女性不宜注意的，而且也很少有女性公开谈及这个话题。当然，此种状况引起了一些女性的批评，玛丽·伯里便是其中之一。"看看女性所受的教育，"玛丽抱怨说，"依照现行的制度，因之而出现的身心的懒散几乎是必然的，她们没有比目前更无知、软弱和堕落，我已经是大感惊奇了。"② 玛丽·伯里对女性教育的现行制度的抗议源于她的这一担心，即尽管她最近获得了财富并致力于智力的提高，但她却可能陷于更加糟糕的境地。"获取才智的每一分花费都与我们无缘"，她在自传回忆中写道。③

为了改变这种状况，同时也是为了提高智力、谋求卓越并为参与社交做准备，玛丽姐妹踏上了游历欧陆的旅程，并来到了荷兰、瑞士和意大利。在这些国家和地区，玛丽遇到了具有同样抱负的其他一些人。在洛桑，她遇见了 16 岁的德·斯泰尔小姐，德·斯泰尔小姐在少女时代主要活跃在她母亲的沙龙中，后来，她成为作家。在罗马，玛丽得以觐见

---

① Hannah More, *The Search after Happiness*: A Pastroral Drama, Bristol, 1773; Charles Howard Ford, *Hannah More*: *A Critical Biography*, New York: Peter Lang, 1996, p. 13.

② Theresa Lewis, ed., *Extracts of the Journals and Correspondence of Miss Berry from the Year* 1783 - 1852, London, Longmans, Green and Co., 1865, Vol. ii, p. 313.

③ Ibid., Vol. 1, p4.

教皇；在那不勒斯，她则被邀请至卡洛琳的宫廷，卡洛琳是奥地利女皇玛丽亚·特雷萨的女儿，奥皇约瑟夫二世的妹妹。在随后的旅程中，玛丽还与著名的数学家皮埃尔·西蒙·拉普拉斯进行了交谈，而她本人也被引见给拿破仑·波拿巴。

到18世纪末叶，英国的"文学淑女"已经开始习惯于"智力生活"的追求，而大陆旅行则让她们在启蒙时期英格兰的文化地理中开辟出一块小的天地。许多有机会旅行的妇女正在改变着普通人的看法，并表明旅行何以能够帮助她们在文雅社会中达到一个新的境界。许多以文化成就而闻名的才女同样也抛弃了温文尔雅的画室闲聊这种沉闷乏味的生活，奔赴海外去训练自己的头脑，享受社会独立的乐趣，培养新的品位和浪漫的爱情。旅行帮助妇女发展出了对教育机会和教育权利的看法，并为那些试图从不幸福的家庭环境中脱离出来的女性提供指导。她有助于增强女性的身心健康，并让许多人成为作家、时尚的仲裁者和沙龙女主人。

二 英国社会的反应

对旅行中的女性，男性又有怎样的反应呢？贺拉斯·沃波尔在写给正在进行第二次大陆之旅的玛丽·科克贵妇的信中开玩笑地说道："你已经旅行得够多了，你应当让寻星博士前来看你，而不必每寻找一个星星都亲力亲为。"贺拉斯这样写可能是为了显得幽默，但在他与科克贵妇、玛丽·伯里和其他人的通信中，贺拉斯表现出了对女性旅行的动机完全缺乏理解。显然，贺拉丝并非是唯一一个对女性旅行动机缺乏理解的人。"他们必定认为我是一个怪人，"韦伯斯特贵妇在提及她自己徜徉于意大利时遇到的旁观者时笑道："年轻、漂亮却孤身一人，旅行仅仅是为了去看卡拉拉的采石场。那或许是一个古怪的家伙。"①

与此同时，男人和君主们想知道国外社会向妇女们提供了哪些不同于国内社会的东西。他们知道，男人离家为的是更好地理解国内社会，为的是比较、探察，为的是收藏和交流。如同大千世界一样，通过理性的比较分析，政治社会能够最好地得到理解。然而，此类活动却被认为远远超出了女性的能力。让男人们感到不自在的是如下一个事实，即英格兰妇女离家远游是因她们对国内社会的某种不满。乔治王时代的英格兰被经营为一个绅士的俱乐部，而欧洲大陆却提供了一个最为惬意的环境，妇女在那里可以探索并培养自己的兴趣和能力。置身于外国土壤，

---

① Brian Dolan, *Ladies of the Grand Tour*, p. 9.

她们有望不受本土严厉的法律和社会习俗约束。当然，英国妇女对欧洲大陆社会也并非不加批评地全然接受，她们中的一些人，如汉娜·莫尔、诺森伯兰贵妇、凯瑟琳·汉密尔顿贵妇等，对欧洲社会也不无微词。

从事大旅行的绅士们将自己塑造成鉴赏家和赏心悦目之物的收藏家，同时还声称自己是高雅礼仪和理智的守护者，而旅行的动机则更为复杂。对渴望征服新的领域的男人们而言，旅行带来了实在的利润回报，攫取了新的奇珍异玩，赢得了帝国的徽章。寻求平等并非他们的目标，他们的梦想是在将来获取财富，这也是男人们有兴趣将其置于封闭的社会等级之中的事物。因此，乔治王时代旅行家的遗产为自封的旅行业余爱好者——如第二代贝斯伯勒伯爵威廉·庞森比之流——的描述所主导，而不是为威廉·庞森比的儿媳贝斯伯勒贵妇汉丽埃塔——1770—1790 年，她曾多次在欧洲大陆旅行——这样的女性的记述所主导。同样，人们对典范性的艺术鉴赏家威廉·汉密尔顿勋爵的故事耳熟能详，但对他的侄女玛丽·汉密尔顿的故事却不甚了了，虽然她在 18 世纪 70 年代曾在大陆旅行，并成为乔治三世宫廷中的一名受欢迎的人物。

男人的旅行记述全神贯注于征服、艺术鉴赏及荒野的驯服，而女人们的记述则大多是有关个人的成长、独立和健康等更为多样性的经历。在整个 18 世纪，旅行为家庭背景各异的众多妇女提供了教育、娱乐、身体操练和解闷的途径。教育论著作家玛丽亚·埃奇沃斯因渴望在群英荟萃的沙龙中寻觅知音而前往法国旅行。后来，她的妹妹梵妮也游历了欧洲。在梵妮返乡回到爱尔兰后，她的评价变得更为"理性"。"她曾和我一起在伦敦、巴黎和日内瓦待了几个月"，玛丽亚写道，"最近，她又和她的妹妹福克斯及巴莉·福克斯一起到了罗马、佛罗伦萨及其他许多地方，一路上，她赞不绝口，但她却没有因此而沉醉，还是（毅然）返回到祖国和家乡。只有在进行一番比较后，她才会对它们交口称赞。"[1] 考察欧洲大陆不仅成为发展一个人情感的方式，它同样成为探究外交关系的一种方式。如同所有绅士都被期望做的那样，在欧洲大陆旅行的贵妇同样也有意识地收集当代事件，并思考欧洲人是否认同她们国家的利益之所在。与此同时，她们还对邻国的礼仪评头论足。正如安娜·米勒贵妇对她自己 1770 年的旅行中遇到的意大利人所描述的那样，"他们似乎十分熟悉政治事务、欧洲的利益、大国均势、欧洲当权者的生活方式及其私下的本来面目，贸易、商业及英格兰的利益，那里的政党等"[2]。

---

[1] Brian Dolan, *Ladies of the Grand Tour*, p. 11.
[2] Ibid., p. 12.

女性旅行家为其他妇女提供了当代的社会和政治知识，这些知识是她们尚无法正式获得传授的。1796 年，埃莉诺·巴特勒在兰戈伦的"贵妇圈"中对法国人入侵的担心进行讨论后问道："我们现在能将目光投向欧洲的哪一个地区，它将不会成为我们将来痛苦的策源地？"通过查阅安娜·米勒的《发自意大利的书信》、海丝特·皮奥齐的《在穿越法国、意大利和德意志的旅程中的观察和反思》或玛丽安娜·斯塔克的《发自意大利的书信》等，这些女性都能够从其他妇女的旅行书籍中获取信息。①每过十年，便有更多的妇女走出自我贬抑并克服自己的虚荣心，拿起笔来记述自己在海外的经历。

尽管女性在旅行作家中仍然属于少数，但她们却为其他女性提供了榜样。其开端仅仅是对法国沙龙女主人——诸如朱莉·德·莱斯皮纳斯、乔芙兰夫人或德方夫人等知名的巴黎女主人——的模仿，正是这些女性为日渐堕落的宫廷文化提供了更加具有刺激性的文化选择。汉娜·莫尔机智地将 18 世纪后半期英格兰"蓝袜界"的活动比作朗布伊埃公馆举办的著名沙龙，这表明二者之间的相似性有助于塑造英国知识女性的认同。到 18 世纪末，大量女性旅行者和旅行作家的出现促成了"精通文学的旅行者"和"知识女性"的新形象的出现。群星荟萃有助于塑造乔治王时代的"文化女性"，享受"精神生活"的各种方式是女性集体开辟出来的。旅行经历及对外国的探索则是这一进程中不可或缺的。

第四节 "大旅行"的特征

从 16 世纪到 19 世纪初期，英国人在欧洲大陆的旅行呈现出一系列特征，它们分别体现在旅行的客源、目的地、旅行路线和旅行的季节性等方面。其中一些特征在"大旅行"三百年余年的历史中很少发生变化，而其他一些特征则因旅行者的喜好或旅行目的地形势的变化而发生了变化。

---

① Anna Miller, *Letters from Italy*, *Describing the Customs and Manners of That Country in the Year 1765 and 1766*, London, 1776; Hester Piozzi, *Observation and Reflection Made in the Course of a Journey through France*, *Italy*, *and Germany*, London, 1789; Marianna Starke, *Letters from Italy between the Years 1792 and 1798*, *Containing a View of the Revolutions in That Country from the Capture of Nice by the French Republic to the Expulsion of Pius Vi from the Ecclesiastical State*, London, 1800.

一　旅行的客源地

英国国外旅行文化的发展发生在其特定的国内环境中，这些环境既有利于"大旅行"的开展，也体现了"大旅行"产生的影响。欧陆旅行在其发展的过程中呈现出了一个地域模式。其中，某些地区极其重要，作为旅游原发地，它们可谓各具特色。这些重要的地域包括地主庄园、首都伦敦、省区中心城镇和疗养休闲胜地、各地的学校和大学。英国地产阶级文化的一个特征便是频繁地在上述环境中移动，即从乡村房舍和庄园前往首都伦敦参加上流社会的社交活动，从公立学校进入大学，从地区城镇前往休闲胜地。①

在英国，地主庄园是培育"大旅行"兴趣的一个重要地方。地主庄园不仅是贵族和乡绅休闲的场所，还为休闲旅行提供了所需的经济来源和时间。与此同时，地主庄园还有着许多其他的功能。乡村宅邸是地主阶级接受非正式教育的重要场所，在这里，各种思想得以在不同的社交圈子之间传播。② 人们频繁地使用散布在各地的图书馆，它们收藏着各种旅行书籍、插图、旅行者日记和游记，它们在朋友和亲戚的圈子中传播。在这些乡村环境中，人们得以展示他们在艺术和建筑方面的品位，并享受其中的快乐。地主庄园中的园地和广场则是实践新时尚的最佳场所。在这些场所中，进行过"大旅行"的英国乡绅可以将现实或想象中的意大利景观加以改造。一些上地所有者，如斯托海德的霍尔和海格利的利特尔顿，试图捕捉理想化的意大利风景。斯托海德风景园乍看起来颇像在克劳德·洛林《提洛岛海岸风景》所描绘的景象中加入了古典神庙。它们与"大旅行"的相互影响是显而易见的。房舍和园地里的布置不仅反映了大陆旅行的影响，同时也进一步激起了人们前去旅行的冲动。③

伦敦是促进旅游文化发展的另外一个重要地方。近代时期，英国的地主阶层常常会在冬季前往伦敦参加各种舞会、聚会、音乐会、宴会。伦敦广受欢迎的社交季节无疑是促成品位发展的一个重要因素。与此同时，伦敦还成立了数量众多的各类时尚俱乐部。其中一些俱乐部，如业余爱好者协会（1732），则是专门为进行过"大旅行"的人们设立的。正

① John Towner, *An Historical Geography of Recreation and Tourism in the Western World* 1540 – 1940, p. 104.

② K. S. Dent, "Travel as Education, The English Landed Classes in the Eighteenth Century", *Educational Studies*, No. 1, 1975, Vol. 3, pp. 171 – 180.

③ John Towner, *An Historical Geography of Recreation and Tourism in the Western World* 1540 – 1940, p. 104.

如贺拉斯·沃波尔（1717—1797）尖刻指出的那样，业余爱好者协会"名义上是一个曾去过意大利的人参加的俱乐部，实际上只是一个酒鬼俱乐部"。①

随着地区休闲城镇的兴起，它们逐渐发展成为旅游文化形成过程中的区域中心。出席聚会或舞会，拜会地区书商或是参观流动图书馆，参加当地的各种俱乐部和协会，都成为鼓励旅行的文化网络的一部分。在这些地区中心之外，还有温泉疗养地和海滨胜地。从 17 世纪起，各类胜地成为伦敦社交季节之后时尚游历的组成部分，它们有着自己的舞会和聚会。在这里，大陆旅行的经历和计划将让一个人身价倍增。

学术机构是"大旅行"的另外一个重要的客源产生地。在 18 世纪，尽管像威斯敏斯特和伊顿这样一些为数不多的公学以及牛津大学和剑桥大学在教育中的地位已然削弱，但它们依然是地主阶层接受正式教育的基地。重要的社会交往常常在这些地方进行。在 18 世纪，牛津大学和剑桥大学的一些"机敏"学员还成立了各种俱乐部和协会，它们类似于伦敦的同类机构。对部分来自中产阶级家庭的学生来说，公学和大学教育让他们得到了进入上层社会的"敲门砖"，而这将促使他们以导师或者富人朋友的身份参与到"大旅行"之中。②

旅游文化场所是与休闲产业日渐商业化这一更为广阔的社会背景联系在一起的。当时的经济结构不仅对休闲和旅行行业的发展做出了回应，而且也促进了休闲和旅行事业的发展；而信息通过报纸、杂志和书籍的形式进行传播，奢侈品消费的增长，时尚的日益重要，都是这种经济结构的具体体现。将这些不同的文化进程以及它们得以发生的场景整合在一起的有效途径便是将它们与特定的生活方式和生活周期联系起来。因此，对地主阶级的成员来说，"大旅行"是闲适生活方式的一部分，这种生活方式建立在乡村地产、某种形式的教育、伦敦和地区的社交季节、参观时尚的胜地及在英国国内旅行等的基础上的。

二　旅行的路线与目的地

就当时人在西欧旅行的主要路线和目的地而言，托玛斯·纽金特在《大旅行》这套四卷本的旅行指南中进行了很好的总结。按照纽金特在《大旅行》中的描述，法国、意大利、德意志和尼德兰这四个国家是当时

---

① P. Gay, *The Enlightenment*, New York: Knopf, 1967, Vol. 1, p. 84.

② John Towner, *An Historical Geography of Recreation and Tourism in the Western World* 1540 – 1940, pp. 105 – 106.

英国旅行者在欧洲旅行的主要地区；从巴黎、阿姆斯特丹、布鲁塞尔、汉堡、维也纳、威尼斯、佛罗伦萨、罗马和那不勒斯等中心城市辐射而出的多条路线则是当时主要的旅行路线。尽管纽金特也对西班牙、葡萄牙、瑞典、俄罗斯、波兰和丹麦等国的情况进行了介绍，不过，这些国家并没有成为"大旅行"的主要目的地。①

对17世纪早期和19世纪初期"大旅行"的抽样调查表明，就欧洲范围来讲，旅行者实际利用的线路很少有偏离纽金特的描述，旅行的整个模式也几乎没有发生重大的改变（见图9、图12、图14）。巴黎成为众多旅行者在法国的集结地；之后，旅行者继续前行，前往都灵、佛罗伦萨、罗马、那不勒斯和威尼斯。离开这些中心城市，旅行线路便要发散得多。就地区范围来说，旅行线路也没有发生重大变化。在"大旅行"的实践中，瑞士作为重要旅行中心的崛起，意大利旅行的路线从亚得里亚海沿岸转移到翁布里亚便是其间发生的重要变化。另外，一些地方级别的旅行几乎没有什么改变。例如，在"大旅行"的整个活跃时期，短期探访那不勒斯周围的古典遗迹，从罗马出发前往提沃利和弗拉斯卡蒂进行远足，几乎都大同小异。②

这些基本的空间模式构成了"大旅行"的框架，不过，旅行者对各个地方的看法却在发生变化。例如，17世纪早期的旅行者审视罗马、伦巴底平原和阿尔卑斯山的角度就明显不同于19世纪初期的旅行者。实际上，18世纪中期的旅行和16世纪后期的欧洲"古典"旅行之间存在巨大的差别。原因就在于：首先，在18世纪，古典和文艺复兴的信条支配着人们的观念；同时，由于受浪漫主义思想潮流的影响，人们认为"大旅行"应该是一次浪漫之旅，在这样的旅行中，旅行者应该探访壮观和如画的风景；此外，在这一时期，人们对中世纪表现出了新的热情。③ 在16世纪到19世纪初期，随着游客品位和时尚的变化，欧洲要么通过不断地打造出艺术、建筑和城市图案等具体的景点，要么则通过感性的重新评价来营造出新的喜好。随着既存的旅游中心重新得到评估，而新的旅游中心又相继被发现并受到青睐，某些地方的声望也随之而不断地发生变化。

---

① Thomas Nugent, *The Grand Tour, or a Journey through the Netherlands, Germany, Italy and France*, London, 1756.

② John Towner, *An Historical Geography of Recreation and Tourism in the Western World* 1540 – 1940, pp. 108 – 109.

③ Ibid. , pp. 109 – 110.

总的来看,"大旅行"的目的地及线路的分布,受如下一些因素的影响:交通运输网络的发展状况、教育和社会因素、各种景观的地理位置、战争和疾病,等等。

首先,交通运输网络的状况常常对旅行路线的选择造成影响。当时,为了促进商贸等其他类型旅行的发展,各国铺设了各自的道路网络,在各地游历的旅行者都能对它们充分加以利用。不过,在"大旅行"的历史中,交通基础设施状况的好坏并没有成为旅行者决定选取哪些地方作为目的地的决定性因素。潜在的文化因素决定着"大旅行"的整体结构,而交通状况的改善仅仅对旅行起着推波助澜的作用,它对旅行者决定前往哪些城市和地区参观并不构成决定性的影响。

在"大旅行"时代,旅行所需时间几乎没有明显地缩短,"大旅行"的节奏也没有发生显著的变化。马匹的最快速度和最大的耐力是决定旅行所需时间的决定性因素。因此,在16世纪中期,从罗马旅行至那不勒斯需要五天时间,到19世纪初期,情况也大致如此,尽管在19世纪初期,由于道路状况的改善,旅行时间缩短了一天。在整个"大旅行"的历史中,从佛罗伦萨前往罗马都需要五天到六天时间。由于各地道路的情况千差万别,季节差别和当地的天气状况都可能造成旅行所需时间的不同。在16世纪90年代,菲力斯·默里逊从德累斯顿旅行至布拉格用了三天时间;而同样的旅程皮奥齐夫人在1784年则花了五天时间。[1]

其次,教育和社会因素对"大旅行"的目的地及旅行路线的形成也产生了影响。这种影响在不同的阶段有不同的体现。在"大旅行"的早期阶段,在特定的教育中心正式接受实用知识和社会技能方面的训练成为旅行的首要目的。帕多瓦及其著名的大学,威尼斯、佛罗伦萨以及蒙彼利埃等能够提供语言、科学和外交技能方面培训的文化中心,成为"大旅行"的首要目的地;同时,像巴黎这样的文化和社交中心,图尔和索米尔等卢瓦尔河谷地的学术机构,便成为旅行者主要的汇集地。随着这种择业动机逐渐淡出历史舞台,绅士的社交技能——马术、舞蹈、击剑、良好的谈吐、艺术知识——逐渐取得支配地位,在欧洲各主要国家的宫廷、社交和艺术中心接受更为广泛和正式的社交和文化教育,成为"大旅行"的重要目标。像卢瓦尔河谷地的学术机构便丧失了影响力。而巴黎和凡尔赛的宫廷则因将教育和丰富的经历结合在一起,而继续成为重要的旅行中心。在17世纪60年代,约翰·克伦奇在提及巴黎时指出:

① John Towner, *An Historical Geography of Recreation and Tourism in the Western World* 1540 – 1940, pp. 110 – 111.

“这个城市的主要行当便是它的语言、舞蹈、剑术和马术大师……他们将这些提供给全欧洲。”① 其他一些教育中心则包括都灵。18 世纪 30 年代，约瑟夫·斯朋思将他的学生林肯勋爵带到这里学习马术、击剑和舞蹈。在其他一些地方，如佛罗伦萨和罗马的学术机构，则可以培养对艺术品的鉴赏能力。②

在 18 世纪，旅行和参加时尚会社取代了更为精深的教育实践。在欧洲各地的宫廷和艺术中心，进行“大旅行”的游客不仅可以置身在外国人之中，而且还可以和来自国内的熟人和朋友相会。这一进程不仅增加了巴黎、罗马、佛罗伦萨和那不勒斯等既有中心的魅力，也有助于在刚刚形成的德意志各国宫廷社会中产生新的目的地。当詹姆士·博斯维尔在德意志旅行时，他逐一游历各地的宫廷——不伦瑞克、柏林、德累斯顿、卡塞尔、汉诺、曼海姆、卡尔斯鲁厄，并用一地的介绍信去敲开另一地的大门。在维也纳，约翰·莫尔发现游客“随便一站，便置身在鱼龙混杂的人群之中”。③ 在 18 世纪，参加各种聚会、舞会，置身于名人、富人之中，都成为决定“大旅行”目的地的重要因素。

再次，文化喜好，如对古代遗迹、有价值的艺术品和建筑等的兴趣，也对旅行目的地和旅行路线的选择产生了影响。在 19 世纪之前，古代遗迹的所在地一直是“大旅行”的重要目的地。游客仰慕的古代遗产主要源自于罗马帝国时期。直到 18 世纪晚期，希腊尚处于土耳其的牢固控制之中，希腊世界几乎不为世人所知。主要的古代遗迹都位于意大利：罗马及其周边地区，提沃利、阿尔巴诺和弗拉斯卡蒂，罗马至那不勒斯的亚壁古道，那不勒斯西面的火山区，维罗纳的圆形剧场，纳尼、费洛和安科纳的桥梁和拱门。从 18 世纪中期开始，赫库兰尼姆和庞培两地发现的罗马遗迹以及柏埃斯图姆发现的希腊神庙又为那不勒斯地区增加了新的古典名胜。其他一些古代遗迹则坐落在法国，集中在罗讷河谷地下游的维埃纳、奥伦治、阿尔勒、尼姆和嘉德水道桥。④

对进行“大旅行”的人们来说，古代遗迹从来就没有丧失过它们的魅力。它们的所在地往往成为“大旅行”的目的地，而且，游历这些古

① J. Clenche, *A Tour in France and Italy Made by an English Gentleman*, London, 1676, p. 3.

② John Towner, *An Historical Geography of Recreation and Tourism in the Western World* 1540 – 1940, p. 115.

③ John Moore, *A View of Society and Manners in France*, *Switzerland and Germany*, London, 1781, Vol. 2, p. 313.

④ John Towner, *An Historical Geography of Recreation and Tourism in the Western World* 1540 – 1940, pp. 116 – 117.

迹的独特旅行线路一旦形成，它们在随后的数个世纪中也常常为游客所沿用。最典型的例子便是游览那不勒斯西部的古代遗迹。在 16 世纪，参观阿尼亚诺湖、凯恩峭壁（Grotto del Cane）、波佐利、海湾和亚维努斯湖，便是那不勒斯游的重要组成部分。在 18 世纪初期，米松的旅行指南继续为该地区提供了一份详图并对其进行了细致的描述。到 19 世纪 20 年代，他推荐的路线仍然为游客所沿用。

除了古代遗迹之外，具有重要价值的艺术作品和建筑的所在地也常常成为"大旅行"的目的地。在"大旅行"时代的多数时间内，具有重要价值的艺术品和建筑主要是文艺复兴时期的作品及随后出现的风格主义和巴洛克风格的作品。直到 18 世纪中期，英国对艺术品和建筑的喜好都由外国主要是意大利和法国来满足，因为这两个国家是当时艺术和建筑领域的革新者。同一时期英国本土的建筑和艺术风格主要还是中世纪的哥特式风格，爱好时尚的精英们对它们几乎不感兴趣。直到浪漫主义时期，英国才开始引领时尚和左右大众的喜好，此后前往欧洲旅行的游客才开始对大陆中世纪的遗产发生兴趣，并对这类新的景点进行探访。

值得强调的是，当旅行者参观艺术和建筑中心时，他们常常既参观新近的成果，又参观过去的作品。从这个意义上讲，无论是在意大利、法国和后来的德意志，文化景观的地理分布都日益广阔。对早期的"大旅行"游客来说，意大利文艺复兴时期的许多伟大作品都是新近时期的成果。罗马圣彼得大教堂主要是 16 世纪后期的创造，但它迅速成为"大旅行"游客参观的主要事物之一。西克斯都五世（1585—1590）、乌尔班八世（1623—1644）等教皇的活动，将罗马这一永恒之城改造成了巴洛克风格的奇观。弗拉斯卡蒂新近竣工的别墅、坐落在卡斯特甘多夫的教皇寓所迅速引起了旅行者的注意。

无独有偶，坐落于维琴察及其附近由帕拉第奥建造的别墅，很快成为在威尼斯和维罗纳之间旅行的理由之一。18 世纪初，博洛尼亚魅力大增，其原因部分在于 17 世纪的卡拉齐画派引起了游客的兴趣，成为时尚。参观艺术和建筑中心，常常就意味着参观新近或同时代的成果，这在法国和德意志十分明显。17 世纪法国实力和影响的增长，为游客在意大利之外创造了新的游访对象。巴黎和凡尔赛成为拥有无数艺术收藏品和不朽的巴洛克风格建筑的重要文化中心。从 1624 年开始，卢浮宫得到扩建；1625 年，卢森堡宫得到扩建，整个凡尔赛则从 1661 年开始得到扩建。所有的这些建筑很快便受到参观者的仰慕。

文化中心的转移也成为决定"大旅行"目的地之所在的又一个因素。

在 17 世纪和 18 世纪期间，财富和权势逐渐从意大利转移到阿尔卑斯山以北地区，这对德意志境内的"大旅行"产生了重要的影响。随着德意志各邦经济的日渐繁荣，它们的首都也在文艺复兴思想和巴洛克风格的基础上进行了重新改造。在这一时期，随着重要的艺术收藏中心的涌现，许多城市开始引起"大旅行"游客的注意。前往该地区旅行的早期游客发现，它在文化方面几乎不具有重要意义，因为许多地方都在三十年战争中遭到破坏。到 17 世纪 70 年代，爱德华·布朗在他的旅行中却注意到，建筑的设计和组织更加合理，要塞和城堡的分布更为均匀，女修道院和啤酒屋的建筑更为整洁和宽敞。① 而维也纳美泉宫（1695）、柏林皇家宫殿（1698）、德累斯顿茨温格尔宫（1711）、慕尼黑宁芬堡宫（1714）的修建，都有助于增进德意志城市的魅力。德累斯顿巴洛克风格的建筑则尤为旅行者所仰慕。

此外，战争也是影响"大旅行"的目的地和路线选择的一个因素。从 16 世纪中期至 1815 年拿破仑战争结束，欧洲战争对"大旅行"的模式产生了多种不同的影响。西班牙王位继承战争（1701—1713）、奥地利王位继承战争（1740—1748）、七年战争（1756—1763）和法国战争（1792—1815）等，往往导致大陆旅行大范围的停滞。不过，旅行并没有因此而完全中断，旅行线路往往转移到其他地区。法国内战（1562—1595）使前往意大利的旅行者转而绕道德意志，而三十年战争却使旅行者实际上无法进入德意志，他们则经过法国前往意大利。同时，战争也在一些较小的地方造成麻烦。1588—1604 年，英国和西班牙处于战争之中。在此后的相当长一段时间中，西班牙控制着米兰和那不勒斯，这给旅行者带来了麻烦。为了避免被西班牙人发现，在 1617 年，菲尼斯·默里逊不得不迅速地通过米兰。困扰着早期旅行者的另外一个因素便是对宗教裁判所的担心，而威尼斯则因其宽容的宗教政策而成为新教旅行者的一个重要而安全的港口。在 17 世纪，宗教裁判的影响逐渐不再成为旅行者的麻烦了。

通常，旅行者对战争即将爆发及其可能影响到的地区了然于胸。在 1740 年，当奥地利王位继承战争即将爆发之际，托马斯·格雷尚在意大利，他写道："正如你所见，我们现在正准备根据战争形势可能发生的变化，再次向北方行进，前往威尼斯和米兰的辖区，或者前往德意志抑或

---

① Edward Brown, *An Account of Several Travels through a Great Part of Germany*, London, 1677, p. 148.

法国南部，而且我们的行程并不匆忙。"① 总的来说，在拿破仑主宰欧洲大陆政局之前，交战双方都给旅行者留出三个月的时间，以便他们离开宣战地区。旅行者能够若无其事地选择他们的路线，他们甚至敢于经过战区附近。在 1793 年至 1794 年间，浪漫主义小说家拉德克利夫夫人顺着莱茵河绕法国边境而行，她的游记中充斥着大量关于附近战争激动人心场面的描述。

如果战争确实让游客无法进入欧洲的大部分地区，他们就转而选择新的目的地。七年战争期间，当布罗多宾勋爵在苏格兰的泰伊茅斯旅行时，他在信中写道："进入苏格兰高地地区旅行已成为时尚，今年夏天，许多人都来到了这里；我认为其原因在于他们不能前往国外。"② 当法国革命战争造成了同样的后果后，游客便开始前往处于皇家海军保护之下的地中海地区，参观处于英国占领之下的西西里（1800 年）。和平条约缔结后，旅行总能迅速得以恢复。战争被认为是政府和军队的事情，战后大众间便不再存在敌对情绪。

三 旅行的季节

就旅行的时间而言，从 16 世纪后期到 19 世纪 20 年代，旅行者常常在两个季节开始"大旅行"，即春夏之交的四月、五月和夏秋之交的八月、九月。很少有人在夏季或者是冬季开始旅行。人们之所以选择这两个季节进行旅行，主要是由于气候、伦敦时尚社交季节以及罗马和威尼斯等地广受欢迎的一些节日庆典等因素的影响。在理查德·拉塞尔斯的旅行指南《意大利之旅》中，他建议英国游客夏季在英国本土旅行，进入秋天之后，再前往欧洲大陆旅行。1806 年的《爱丁堡评论》则指出了大学学期及伦敦社交时节的影响："在每学期结束之际，我们的大学则将大量的'初加工品'（这里指刚从学校毕业的学生——笔者）输出到欧洲；伦敦时尚而快乐的社交季节一结束，'游客'和'旅行者'便踏上了他们的征程。"③

如果旅行者在伦敦或地方社交季节之后开始"大旅行"，那么，他们就不必在冬日糟糕的道路上旅行。如果旅行者在秋季启程，那么他们就可以在阿尔卑斯山脉为皑皑白雪覆盖之前越过它，而且，游客也可以避

---

① Thomas Gray, *The Letters of Thomas Gray*, ed., D. C. Tovey, London, 1909, Vol. 1, p. 75.

② John Towner, *An Historical Geography of Recreation and Tourism in the Western World* 1540 – 1940, p. 127.

③ Ibid., p. 130.

免盛夏时节在南欧旅行。许多游客都打算前往罗马过圣诞节和复活节，前往威尼斯过耶稣升天节，这样，他们就可以观看到在这两个城市举行的典礼和庆祝活动。尽管旅行者多在五月或十月回到英国，但他们返回英国的时间并没有呈现出明显的特征。

就旅行者在欧洲大陆旅行的季节以及他们在特定的地方滞留的季节和时间长度而言，途中经过的中转城镇与旅行的主要目的地城镇之间存在明显的不同。就欧洲大陆的整个范围而言，在北欧所呈现出的季节特征主要由离开英国的时间、在秋季翻越阿尔卑斯山脉等因素所决定。在阿尔卑斯山脉北面的欧洲大陆，全年都可以进行旅行。在冬季，尽管德意志的道路给游客造成了重重困难，但许多游客还是在泥泞的道路上艰难前行。在意大利，旅行的季节模式则要明显得多。大多数游客都将在意大利各地，特别是在南部的罗马及那不勒斯两地旅行的时间安排在冬季，他们都力求在夏季开始之前进入北部地区。在 18 世纪后期，随着前往瑞士进行短期旅行的游客的增多，这一地区的旅行也呈现出明显的季节特征。大多数游客都在夏季的七月、八月、九月前往该地区进行旅行，有时，他们还附带着前往意大利北方的湖泊地区进行旅行。

在特定地方滞留的季节模式十分明显。这主要体现在里昂、都灵和日内瓦等一些中转城市上。大多数游客都在九月或十月抵达里昂。之后，他们便从这里出发，翻越阿尔卑斯山脉，前往意大利。盖纳德将里昂描绘为"所有准备前往意大利之人的伟大集合地"。[①] 都灵也呈现出类似的季节模式。每年十月，大多数游客在翻越塞尼峰关口后到达这里。同样，由于翻越阿尔卑斯山有着季节性限制，日内瓦也呈现出类似的季节特征。与此同时，到 19 世纪 20 年代，日内瓦还成为夏日瑞士旅行的基地。

在 17 世纪，英国人的"大旅行"往往局限于尼德兰、法国和意大利，因为在多数人看来，"在这个文明世界的其余地区，几乎不再有什么可看的……那里唯一有的便是惊人的、十足的愚昧"[②]。而英国人"大旅行"的主要目的地则是巴黎、威尼斯、佛罗伦萨、罗马和那不勒斯。巴黎有两个旅游旺季：四月和九月。由于巴黎往往是旅行者在旅途中参观的首个重要旅游中心，这两个高峰也反映了旅行者从英国动身的时间。在五月和六月之交的耶稣升天节庆典期间，威尼斯明显进入了旅游旺季。

---

① J. Gailhard, *The Compleat Gentleman or Directions for the Education of Youth as to Their Breeding at Home and Travelling Abroad*, London, 1678, p. 140.

② R. E. W. Maddsion, "Studies in the Life of Robert Boyle, F. R. S. ", *Notes and Records of the Royal Society of London*, Vol. 20, No. 1, 1965, p. 52.

由于威尼斯地处意大利北方，旅游季节波动没有其他南方城市那么明显。罗马的旅游则呈现出明显的季节特征。在复活节庆典期间的三月、四月间，以及圣诞节期间的十二月和一月，罗马都十分热闹；旅行者在这些时间进入罗马的原因与他们不愿意在炎热而于健康不利的盛夏季节进入罗马的原因一样明确。在那不勒斯，气候的季节变化成为决定旅游旺淡的主要因素。在十二月至三月的这段时间内，旅行者蜂拥而至，而在夏季的数月之中，则很少有旅行者前来造访。而佛罗伦萨则呈现出复杂的季节特征。八月至十月，旅游处于高峰；在五月、六月，旅游则处于低谷。但总的来说，波动并不显著。该城市对从南方返回来的游客来说，可能并不太热，而对冬季前来旅行的游客来说则是温暖宜人。①

---

① John Towner, *An Historical Geography of Recreation and Tourism in the Western World* 1540 – 1940, p. 130.

第三章 "大旅行"兴起的社会背景

"大旅行"发端于近代之初的欧陆游学,它在17世纪后期和18世纪达到鼎盛,并以经过改头换面的形式一直存在到19世纪。"大旅行"在英国社会兴起并历经三个多世纪而不衰,大致有如下一些方面的原因:首先,16世纪以来,欧洲各地区之间文化关系的变化及由此而产生的英国对欧洲大陆文化中心的依附;其次,文艺复兴以来各种近代理念的影响、"旅行即教育"观念的深入人心、各类旅行著述的宣传是"大旅行"获得越来越多的认同的重要原因;最后,经济的繁荣和"文雅社会的要求"也是"大旅行"兴起和发展的原因。

第一节 欧洲文化中心的变迁

一 "中心"的意义

在社会学的话语体系中,"中心"这一概念体现为多种形态,它们相互重叠,却并不完全一致。米尔卡·伊利亚德指出,每个宗教世界都存在一个中心,即"……著名的神圣之区,一个绝对真实的地区"。[①] 其中,圣山是神圣之区的典型,它是天地交会之处,位于世界的中心;每座庙宇或宫殿,由此引申开来,每座圣城或王宫,都是圣山,它们因此都成了中心;圣城或庙宇被视为宇宙之轴,是天、地及冥界交会之处。[②] 由此可见,在传统的宇宙形象中,中心是宇宙之轴穿过地球之处,是天、地和冥界的交会点。然而,从地理学的角度来讲,中心却未必处于信徒生活空间的中央。事实上,正如维克多·特纳指出的那样,中心在地理上

---

① Mircea Eliade and Williard R. Trask, *The Myth of Eternal Return: Cosmo and History*, Princeton: Princeton University Press, 1971, p. 17.

② Ibid. , p. 12.

的非中央位置是有意义的，原因就在于它赋予朝圣以方向和结构，即作为前往"远方的中心"从而得到精神升华的神圣之旅。然而，仅仅从狭隘的宗教层面来理解中心是不够的。爱德华·希尔斯认为，每个社会都有一个中心，这个中心是各种重要的终极道德观念的非凡汇集处。虽然希尔斯并没有明确地探讨具有非凡魅力的中心的象征性载体的位置之所在，但毫无疑问的是，他认为至高无上的象征——如君主或国王——的所在地通常都位于那个社会的地理范围之内。S. N. 埃森斯达特进一步发展了希尔斯的中心概念，他将中心区分为多种，如政治中心、宗教中心和文化中心等。在现代社会中，这些中心并不一定彼此重叠，而它们各自最重要的象征可能也分别位于不同的地方。①

对个人而言，他的精神中心，无论是宗教还是文化方面的中心，即是对他本人具有终极意义的中心。结构—功能主义理论——特别是帕森斯的理论认为，在现代社会中，个人的精神中心通常位于他所在社会的范围之内，这是理所当然的。个人需要遵守他生活于其中的社会的终极价值观念，但这种遵守却可能会导致紧张和不满。不过，通过"模式维护"和"紧张情绪控制"这两种手段，各种紧张和不满将得到很好的处理。"紧张情绪控制"包括各种类型的休闲和娱乐活动，它们为个人找到了放松和释放的手段。休闲和娱乐活动发生在被隔离的环境中，它们并非"真实"生活之部分，可以称为"意义有限的领域"。②尽管休闲和娱乐活动由一些代表着与核心价值体系的要求相反的活动组成，它们在消除个人积累起来的紧张情绪及增强个人对中心的忠诚方面确实发挥了作用。个人可能需要缓解由价值观念所造成的紧张，但他却无法从根本上消除它。在帕森斯的理论体系中，旅游是最佳的娱乐活动，它是一个人暂时逃离自己所属中心的一种形式。③

不过，在现代社会中，还有许多人游离在他们生活的社会之外。这些游离于社会之外的人们所向往的精神中心又是怎么样的呢？它们可分为几种情况：首先，一些人彻底游离于社会之外，他们不再寻找任何的中心。也就是说，他们已经不再寻求任何具有终极意义的所在。其次，还有一些人清楚地知道他们自己所在的中心缺少些什么，因而希望在他

---

① Erik Cohen, "A Phenomenology of Travel Experiences", in Erik Cohen, *Contemporary Tourism: Diversity and Change*, London: Elsevier Ltd., 2004, p. 67.

② Peter L. Berger and Thomas Luckmann, *The Social Construction of Reality: A Treatise in the Sociology of Knowledge*, Doubleday, 1966, p. 39.

③ Erik Cohen, "A Phenomenology of Travel Experiences", in Erik Cohen, *Contemporary Tourism: Diversity and Change*, p. 67.

人的中心里间接体验真正的参与。再次，一些人，尤其是被卡沃里斯（1970）描绘为"后现代"的人们，通常都具有分散的人格，他们游移于不同的中心，对中心的寻求本身成为他们的终身目标。此外，还有一些人发现，他们向往的精神中心位于它处，它们不在自己的社会或文化中，而是存在于其他文化和社会之中。对于所有这些人群而言，旅行的功能和重要性是不同的。这正如艾里克·科恩指出的那样，旅行在现代人生活中的地位及其重要性源于人们的整个世界观，并取决于他们是否依附于一个中心以及这个中心相对于他们所生活的社会的位置。不同模式的旅行经验源于游客与中心间的不同关系。①

在很大程度上讲，近代早期英国人"大旅行"的兴起，是英国贵族对大众文化的脱离及其对欧洲文化中心（先是意大利，后来则是法国）依附的结果。在中世纪和近代之初，欧洲文明的中心位于地中海世界的意大利。意大利保留着许多古典时期的遗迹。在当时，希腊人和罗马人取得的这些成就被看作人类文明的精华。中世纪后期，城市的繁荣、文化的发展，推动了意大利文艺复兴的出现。在文艺复兴运动中，人文主义开始成为意大利文化中的主导力量之一。与此同时，意大利的政治结构促使人文主义在其不同的权力中心呈现出鲜明的本土特色。在那不勒斯、乌比诺、曼图阿、费拉拉和米兰，人文主义呈现出宫廷特性。在罗马，人文主义很自然地在古代遗迹中寻找到了灵感。在利奥十世之前的日子里，它主要围绕教皇的宫廷开展活动，而且对希腊语也几乎不感兴趣。在佛罗伦萨，美第奇家族因资助文艺而吸引来了一流的学者。另一方面，在威尼斯，人文学科的研究明显地体现出了热衷希腊研究的强烈偏好。不过，从事人文主义研究的主要是贵族阶层的成员、从事学校教育的学者以及协助阿尔都斯进行出版的一批博学之人。②

二 作为文化中心的意大利

从 14 世纪起，特别是在 15 世纪，越来越多的艺术家和人文主义者聚集到意大利各城市共和国的王公与市政长官周围。他们仿效美第奇家族，创立学校和学院并在教育中强调古典文化。教育领域对古典文化的强调并没有导致中世纪的各种课本被突然清除。甚至晚至 16 世纪，贝休恩的

① Erik Cohen, "A Phenomenology of Travel Experiences", in Erik Cohen, *Contemporary Tourism: Diversity and Change*, p. 66.

② Denys Hay, *The New Cambridge Modern History*, London: Cambridge Uniersity Press, 2008, Vol. 1, p. 95.

艾弗拉德和维拉丢的亚历山大所编的手册仍然在学校中使用。不过，在此时的大多数学校中，这些手册已经为佩罗蒂、苏尔皮西约和曼希尼利等人编写的新文法所取代。在大学中，学校教育中新、旧两种因素依然并行不悖，意大利大学的组织则仍停留在中世纪的水平。例如，在博洛尼亚，文科院系仍然按照"三艺"和"四艺"来划分。在博洛尼亚和帕多瓦，亚里士多德处于至高无上的地位；但与此同时，对外科医生来说，希腊和阿拉伯自然哲学家的名声却不减当年。在众多传统知识存在的同时，大学中同样也出现了各种人文主义的新价值观念。在佛罗伦萨、博洛尼亚和帕多瓦等地的大学中，不仅有波利提安、伯罗奥尔多、科德罗·厄西奥、勃姆巴西奥、利奥尼科·多米奥、罗莫洛·阿马西奥等人，同时也有很少受新的思想潮流影响的神学家和教会法学者。[①] 于是，大学中经常出现的情况便是新旧两种传统彼此妥协，从而使双方得以在相当长的时间里和谐共处，彼此都不对另一方形成竞争。

不过，意大利大学的组织却有利于人文主义的各种理念经文科院系向法律、医学和神学领域渗透，而各类专门学校则为人文主义者提供了与同行及资助人讨论和交流的机会。意大利境内最早传播人文主义的专门学校位于那不勒斯，它由安东尼奥·帕诺米塔在阿方索五世统治时期非正式创立，该校创建的主要的目的是为了讨论与古典时代相联系的各类主题。而在马西利奥·费奇诺以及美第奇家族资助人引领下的佛罗伦萨柏拉图学院，则从柏拉图崇拜中受到鼓舞。在 15 世纪后期和 16 世纪初期，佛罗伦萨思想文化生活中独特的面貌都是该学院一手促成的。

罗马学院是彭波尼奥·利托创建的，它完全为考古旨趣所支配，而利托本人在罗马则扮演了一个类似于费奇诺在佛罗伦萨所扮演的角色。利托学院的异教化倾向虽然没有恶意，教皇保罗二世却看到了它对基督教潜在威胁，因此，他在 1468 年将该学院打入"地下"状态。在西克斯都四世时期，教廷的主要官员多出身于利托学院，它也再度为人们所知。不过，利托学院最辉煌的时期却出现在利奥十世统治期间。那时，它甚至得到了教皇的资助。阿尔都斯（Aldus）在威尼斯主持的学院与意大利其他的学院有所不同，它对希腊化时期的文化表现出了特别的兴趣，因而在整个欧洲获得了巨大的声誉，并与各地建立起广泛的联系。[②]

在文艺复兴和人文主义的鼓舞下，许多大学在当时的发展中都发挥

---

① Denys Hay, *The New Cambridge Modern History*, London: Cambridge Uniersity Press, 2008, Vol. 1, p. 96.

② Ibid. .

了自己的作用。虽然这些大学在思想文化方面实际上并没有处于支配地位，但在意大利各邦国兴起的背景下，亚平宁半岛上各邦国都纷纷建立起自己的大学。而且，各个大学的文科院系和医学院系尤其受到了激励。在 16 世纪，法理学这一传统优势专业正一如既往地保持着它卓越的地位。公职数量的增加提供了一种良好的就业前景，这反过来又促进了法律院系的发展。而这些法律院系主要按照城邦的方针，本身便非常强调知识的实用性。对意大利境外法律专业的学生来说，这样的学习仍然颇有吸引力。在意大利各个大学获得的学位仍然能够确保这些学生在国内有一个好的，甚至是极为不错的职业前景。①

在 15、16 世纪，意大利各世俗权力当局根据其政治的世俗化倾向，密切关注着都市生活的迫切需求，并主要将注意力集中在与社会相关的实用学科的传授之上。意大利大学注重实效并将实用作为教学的取向。而各地权力当局则纷纷向大学推荐研究的内容，以期它们能满足欧洲各国的需求。在法国人入侵意大利之后，各个城邦的宫廷气息越发的明显，这促使米兰、佛罗伦萨、威尼斯及教皇国的新统治者纷纷坚持各项研究必须以实用为取向。意大利大学关注现实生活、注重实效的教学取向吸引了来自欧洲各地的学者，在一流的大学中，外国学生占有很高的比例，有时他们甚至达到学生入学人数的一半。在这些大学中，同样也有相当比例的外国教授。②

与此同时，意大利在艺术领域也取得了非凡的成就。人文主义及其对世界的新理解，有助于与重建空间相联系的新美学的出现。从这时起，建筑师开始利用古典建筑的各种原则，如门窗对称布局，支柱和圆屋顶。在绘画艺术方面，锡耶纳画家马尔蒂尼和洛伦采蒂兄弟、佛罗伦萨画家契马布埃和乔托的探索与成就，让绘画摆脱了拜占庭风格的影响。在 15 世纪末，佛罗伦萨的绘画达到顶峰，出现了波提切尼和达芬奇这样的艺术家。③ 16 世纪初，罗马超过了佛罗伦萨，成为意大利艺术的新首都。教皇尤里乌斯二世和利奥十世一心要恢复昔日的辉煌，这吸引了众多艺术家前往罗马定居。由布拉曼特设计、米开朗基罗领导建筑的罗马圣彼得大教堂、米开朗基罗制作的罗马圣彼得大教堂里圣母哀悼基督的雕像、

---

① Hilde de Ridder – Symoens, *A History of the Universities in Early Modern Europe*（1500 – 1800）, Cambridge：Cambridge University Press, 1996, Vol. 2, p. 148.

② Ibid. , pp. 148 – 149.

③ 德尼兹·加亚尔等：《欧洲史》，蔡鸿滨、桂裕芳译，海南出版社 1992 年版，第 301—306 页。

大卫雕像及西斯廷教堂圆顶上的绘画、拉斐尔创造的梵蒂冈巨幅壁画、都是这一时期所取得的艺术成果。1527 年，罗马遭受帝国军队的洗劫，威尼斯成为意大利艺术的新首都，而威尼斯的富有贵族则承担起为艺术家提供庇护的责任。建筑师帕拉第奥的《四论建筑》，提香的异教寓言画和裸体画，韦罗内塞场面奢华的人物画，丁托列托喜爱动态强调明暗对比的绘画，成为该时期威尼斯文化成果的代表。①

在 16 世纪中期起至 18 世纪末期的这段时间里，意大利在思想、文化、建筑、艺术和音乐等领域继续向前发展，对整个欧洲乃至世界其余地区都产生了深刻的影响。在政治思想方面，1531—1532 年出版的马基雅维利的《论集》、《君主论》及 1561—1564 年出版的圭恰尔迪尼的《意大利史》，确立了对国家进行现实主义分析的原则。后来，这种现实主义的分析方法为乔瓦尼·波泰罗和保罗·萨皮继承。此外，卡斯蒂廖内的《廷臣论》（1528）、乔瓦尼·德拉卡萨的《论仪止》（1558）、古阿佐的《论文明交谈》（1574）等著作所倡导的行为模式，也纷纷为整个旧政体时期的意大利和欧洲各地的城市和宫廷社会模仿。②

与此同时，意大利的艺术和各种学问也处于繁盛时期。艺术家们创作了许多伟大的作品，其中既有卡拉瓦乔和卡拉契的绘画，贝里尼的雕刻，也有博罗米尼的建筑。瓦萨里《众艺术家的生平》（1550）对传统进行改写的企图，西利尼自传中天才艺术家的典型画像，佛罗伦萨的设计学院，都对理解艺术的各种标准进行了推广。意大利的音乐也获得了同样的名声。情歌，组织井然有序的音乐学校，佩里的《达芙妮》（1598）、《尤丽狄西》（1600）等第一批歌剧中音乐、舞蹈和戏剧相互结合的新形式，推动着欧洲范围内以意大利为中心的音乐文化的产生。在文学方面，塔索和马里诺的壮丽诗篇，班德罗与辛吉奥的中篇散文小说，戈尔多尼的戏剧，都在国际范围产生了影响。在科学和自然哲学方面，从德拉·波尔塔之《自然的魔力》，集耶稣会士和数学家于一身的克拉维斯对格里高利历法改革所提的建议，伽利略的观察与实验，林西奥学院（1603）和西曼托学院这样一些擅长某种学问的学院，到罗拉·巴斯 1732 年后进行的公开试验，亚力山德罗·伏特发明的早期电池，意大利人都以新科

---

① 德尼兹·加亚尔等：《欧洲史》，蔡鸿滨、桂裕芳译，海南出版社 1992 年版，第 367—369 页。

② John A. Marino, *The Short Oxford History of Italy*: *Early Modern Italy*（1550 – 1796），Oxford University Press，Oxford，2002，pp. 5 – 6.

学的精神而进行收集、归类和猜想。①

三 作为文化重镇的法国

随着意大利文艺复兴的成果向欧洲北部的扩展，法国逐渐成为欧洲文化的另外一个重镇和中心。15世纪后期至16世纪是法国君主政体从中世纪走出来以后所经历的第一个重要的锤炼时期，同时也是法国跨进近代社会门槛之后所经历的第一个重要的文化繁荣时期，即法国的文艺复兴时期。作为当时波及整个西欧的文化新浪潮的组成部分，法国文艺复兴的产生是多种因素综合作用的结果，它既受惠于新文化运动起步较早的意大利及西北欧地区已经形成的人文主义思潮，同时也得益于法国本身所固有的注重博学、突出怀疑和擅长讥讽等文化传统；它既得到新时代更为繁盛的物质财富的滋养，同时也得到新时代不同社会阶层的支持。在新文化的庇护者中，最为著名的是国王弗朗索瓦一世，他不仅将王室行宫枫丹白露变成了一个远近闻名的艺术中心，而且还将意大利文化巨匠达·芬奇请到王室另一行宫昂布瓦斯长住。法国在文艺复兴时期所取得文化成就是多方面的，它所造就的人才也是难以计数的。其中，博学的人文主义者吉约姆·比代、弗朗索瓦·拉伯雷、蒙田（Montaigne）、让·博丹便是其中的代表人物。②

17世纪，法国文化在前一时期已经大放光彩的人文主义文化的基础上继续发展。从17世纪初至17世纪30年代，巴洛克文化在法国强劲泛滥，而古典主义也潜滋暗长；17世纪30年代至80年代，古典主义在法国取得了空前的发展。在古典文化凌世横空的时期，法国文化取得了多方面的成就：在建筑艺术方面，出现了最为杰出、最为奢华的凡尔赛宫；在哲学领域，最为引人注目的是以"我思故我在"而闻名的笛卡尔和以强调感官享受而著称的伽桑狄；在文学领域，法国则涌现出了一大批影响深远的文学宗师，如悲剧作家高乃依、拉辛，喜剧作家莫里哀，以寓言讽刺诗独霸诗坛的拉封丹，王室史官布瓦洛。③

四 近代英国文化的发展

在近代早期，英国在文化方面也取得了显著进步。在都铎王朝早期，受意大利文艺复兴的影响，英国也出现了"文艺复兴"，并产生了托玛

---

① John A. Marino, *The Short Oxford History of Italy*: *Early Modern Italy* (1550–1796), p. 7.
② 陈文海：《法国史》，人民出版社2004年版，第170—173页。
③ 同上书，第190—214页。

斯·艾略特、罗杰·阿什克姆、托马斯·莫尔这样的人文主义者或学问家。伊丽莎白统治时期是英国文学的黄金时代。莎士比亚的剧作和十四行诗、埃德蒙·斯宾塞和菲利普·西德尼勋爵的诗歌、克里斯托夫·马洛的戏剧，都取得了后人无法超越的成就。17世纪，约翰·多恩和乔治·赫伯特创作出了神秘而美妙的"空灵"诗歌，约翰·弥尔顿写出了卓越的史诗。[1]

然而，与绚丽多彩的意大利和法国文化相比，英国的文化仍然显得单调而落后。在视觉艺术方面，英国仍然处于相对落后的状况。在都铎王朝初期，在大主教托玛斯·沃尔西（1475?—1530）的鼓励下，亨利八世曾不遗余力地资助视觉艺术的发展。不过，随着英国因宗教改革而与罗马断绝关系，亨利八世努力所取得的成果却没有能够得到充分的巩固。英国仍然落后于法国和西班牙这两个崇尚古典风格的竞争对手。在爱德华六世统治时期，由于国王本人体弱多病，那些以他的名义进行统治的人本身虽然喜爱意大利风格的文化，但他们的政治和宗教政策却助长了偶像破坏，并致使英国进一步孤立于欧洲大陆之外。1570年，伊丽莎白女王被革除教籍，16世纪80年代与西班牙的战争进一步加剧了英国的孤立。在这样一些不确定的形式之下，英国的视觉艺术发展缓慢，并且长期为外国人所支配。[2]

到18世纪，随着绅士有闲阶层社会精神特质的发展，教育和职业旅行的独特动机逐渐融入了一个宽广得多的文化领域。这些文化旨趣的某些方面，如古典成就和文物、艺术和建筑、风景画的韵味、旅行文学的流行都明显地与旅行相联系。观看与古代伟大作家或是古代壮举相联系的场所，往往是人们前往意大利旅行的重要动机，它同时也是强调古典著作重要性的这种教育的自然延伸。同样，艺术和建筑方面的旨趣也为意大利古典和文艺复兴的理念所支配，17世纪英国对精美艺术日渐增长的兴趣与艺术鉴赏家的崛起相联系。这些富有的业余爱好者将他们对科学的兴趣与收集古董、绘画和雕刻作品统一起来。这些收藏品主要来自于国外，尤其是来自于意大利。[3] 于是意大利和法国对受过教育的英国人

---

[1] Stanford E. Lehberg, *The Peoples of the British Isles: A New History*, Vol. 1, *From Prehistori Times to* 1688, Belmont, California: Wadsworth Publishing Company, 1992, Vol. 1, pp. 319–320.

[2] Edward Chaney, *The Evolution of the Grand Tour: Anglo–Italian Cultural Relations since the Renaissance*, Preface, p. xiii.

[3] John Towner, *An Historical Geography of Recreation and Tourism in the Western World* 1540–1940, p. 100.

便产生了无法抗拒的魅力，他们普遍将前往这些地区的旅行当作是绅士教育的重要组成部分。

总之，直到 18 世纪晚期，英国社会精英向往的文化在地理上都位于英国之外——开始是意大利，后来又增加了法国。"大旅行"的兴起则源于欧洲文化、教育中心的魅力。法国（巴黎）和意大利（特别是罗马、佛罗伦萨及威尼斯）成为"大旅行"最为重要的目的地。如果英国旅行者没有到这些地方参观，那整个旅程便没有达到其目的。巴黎被认为是一个培养文明人必须具备的优雅举止及得体行为的理想场所。正如切斯特菲尔德勋爵在给他旅行途中十几岁的儿子的著名信件中指出的那样，"必须承认，优雅并非大不列颠本来就有的……自蛮族将它驱赶出希腊和罗马以后，它似乎已经在法国找到了避难所"。对来自北方的参观者来说，意大利不仅是拉塞尔斯所称的"自然的宠儿"，也是原初形态（古罗马）及其再创形式（文艺复兴）的古典文明的家园。[1] 因此，正如科恩（Cohen）指出的那样，在近代时期，英国社会精英所依附的文化中心位于别处，这种空间上的分离促使旅行发展为他们文化的一部分。[2]

第二节 影响"大旅行"的经济和社会因素

一 经济因素

"大旅行"是一项费用不菲的活动，而近代时期英国国力的增强、上层阶级（贵族、乡绅和中产阶级）财富的增加则为这项活动的开展提供了必要的经济支持。从 16 世纪开始，英国国力逐渐增强。英国国力的增强具体体现在如下一些方面：

首先，人口的快速增长。在 16、17 世纪，由于死亡率的降低和生育能力的提高，英格兰人口迅速增长。1540 年，英格兰的人口大约为 275万，到 1689 年时，英格兰的人口已经增长到 490 万。在 1700 年，英格兰的人口则可能增长到了 500 万。同一时期，威尔士和苏格兰的人口也显著增长。1485 年，威尔士的人口不到 20 万，但在 1600 年却增长至 30 万，

---

① Peter Hulme and Tim Youngs ed. , *The Cambridge Companion to Travel Writing*, Cambridge: Cambridge University Press, 2002, p. 39.

② John Towner, *An Historical Geography of Recreation and Tourism in the Western World* 1540 – 1940, p. 99.

到 1689 年，其人口更是增长至大约 40 万；1485 年，苏格兰的人口大约为 50 万，1600 年，增长到了 90 万，1689 年，几乎达到 100 万。[1] 整个 18 世纪，英国的人口继续增长，数量几乎翻了一番。到 1820 年，英国的人口已经达到 2190 万（见下表）。[2]

1700—1820 年英国和爱尔兰人口　　　　　　　　单位：人

	1700 年	1750 年	1800 年	1820 年
英格兰	5 000 000	6 000 000	8 400 000	11 340 000
威尔士	400 000	500 000	587 000	660 000
苏格兰	1 000 000	1 256 000	1 608 000	2 100 000
爱尔兰	2 500 000	3 000 000	5 000 000	7 800 000
人口总量	8 900 000	10 756 000	15 595 000	21 900 000

注：本表数据根据克里斯·库克等编《朗文英国近代史手册（1714—1980）》提供数据制作。[3]

　　人口的增长极大地刺激了农业的发展。16—17 世纪，英国的农业生产得到了极大的发展。随着人口的增长，人们需要更多的食物和制造品，特别是羊毛制品。通过作物生产的专业化，英国农业几乎比欧洲大陆任何地方都更为有效，也更为市场化。在 1450 年到 1650 年间，每英亩谷物的产量增加了至少 30%。[4] 在英国，粮食产量的增长是以耕地面积的增加为前提的。人口的扩张刺激了需求并提高了物价，大农场更加有利于商业化的农业生产。长子继承权则有助于防止土地分割，贵族阶级的大地产因而很少发生变动，而许多富有的土地所有者更是竭力增加他们所拥有土地的面积。土地所有者子女间的通婚也增加了地产的面积。一些大地主和约曼农将土地进行重组以增加产量。同时，许多土地所有者还通过"圈地"来扩大地产。

　　在寻求更多收益的过程中，地主加大了对佃农的压榨。在 1580 年至 1620 年间，许多地主提高了租金，更改了土地使用条件，从而让他们自

① Stanford E. Lehberg, *The Peoples of the British Isles*: *A New History*, Vol. 1, From Prehistorical Times to 1688, pp. 294 – 295.

② Ibid., Vol. 2, pp. 203 – 204.

③ Chris Cook and John Stevenson, eds., *The Longman Handbook of Modern British History*, 1714 – 1980, London: Longman, 1983, pp. 96 – 97.

④ John Merriman, *A History of Modern Europe*: *From the Renaissance to the Present*, New York and London: W. W. Norton & Company, 1996, p. 208.

己处于更加有利的地位。他们喜欢短期的土地租用。在同意租给佃农土地前，他们往往迫使佃农缴纳"进门费"。土地所有者将那些承担不起新的、更为苛刻的条件的佃农从土地上赶走。同时，他们也推动佃农使用更能增加产量的耕作方法，如作物轮种。许多小农根本无法与更为富有的土地所有者竞争。在年成不好的日子里，许多小农被迫出售土地，而富有的土地所有者则相对轻松地渡过了难关。

17 世纪下半叶起，由于土地所有权和租佃关系的重组、新作物的种植、耕作技术的改进（作物轮种的采用）、牲畜品种的改良和劳动生产率的提高，英国的农业生产经历了一个繁荣时期，它被欧美一些学者称为"农业革命"。① 根据 E. A. 莱格列的计算，1650—1750 年农业生产率至少提高了 13%。② 到 18 世纪上半叶，英国有大量剩余粮食出口到欧洲其他国家。在出口的农产品中，小麦的出口量最多，且呈迅速增长的趋势。1697—1705 年，小麦出口量为 116 万夸特，1706—1725 年为 548 万夸特；1726—1745 年为 708 万夸特；1746—1765 年激增至 951.5 万夸特。并且出口每夸特小麦还可得到 5 先令的奖金。在粮食产量增长的同时，畜牧业也有相当的发展。1710 年，史密斯菲尔德市场上出售的牛平均重量是370 磅，羊是 38 磅。到 1795 年，它们则分别上升到 800 磅和 80 磅。③

在农业经济发展的同时，英国的制造业也得到了发展。早在 16 世纪下半叶，英国便成了制造业和商业强国。16 世纪中叶，英国进入了手工工场的发展时期，到 17 世纪，呢绒业已经扩展到英国全国各地，不论是在城市或乡村，到处都有呢绒业的手工工场。纺织品生产改变了英国的经济。在纺织行业中，新的工业方法，如织袜机，增加了产量。羊毛制品（占出口的 80%）、精纺毛纱及布匹在英国和欧洲大陆都同样畅销。在这一时期的经济开发中，英国同样对铁、木材以及煤等自然资源加以开发利用。新的工业方法，如将白银从铜矿中分离出来的熔炉，使用煤炭制造玻璃的熔炉，增加了伯明翰及其周围地区铁、黄铜和白镴的产量。在这两个世纪里，小规模制造业活动如此活跃，以至于一些历史学家将这一时期称为"早期工业革命"。④

到 18 世纪中期，伴随着工业革命的发生，新的生产技术和生产工具

---

① Stanford E. Lehberg, *The Peoples of the British Isles: A New History*, Vol. 2, p. 199.

② ［法］费尔南·布罗代尔：《15 至 18 世纪的物质文明、经济和资本主义》第三卷，施康强、顾良译，商务印书馆 1993 年版，第 649 页。

③ ［英］莫尔顿：《人民的英国史》，谢琏浩等译，三联书店 1958 年版，第 262—263 页。

④ Stanford E. Lehberg, *The Peoples of the British Isles: A New History*, Vol. 1, From Prehistorical Times to 1688, p. 302.

广泛应用，英国纺织业的效率有了革命性的提高。如纺纱机经过不断的改进，很快将纺纱的速度提高了 100 倍；1785 年，卡特赖特发明的织布机，将织布的速度提高了 40 倍。工业革命前后英国制造业的发展从煤产量的不断提高上可见一斑。英国 16 世纪 50 年代煤的年均产量是 21 万吨，到 17 世纪 80 年代增长到年均 298.2 万吨，18 世纪 70 年代在此基础上再翻一番，达到 600 万吨。①

商业和贸易构成了英国经济中重要的增长领域。早在工业化开始的 17 世纪，为了增加收益而进行理性商业投资的资本主义实践已经在英国出现。到 18 世纪初期，英国已经步入了商业革命之中。正如约翰逊博士观察到的那样，"在早期的时代中，无论在哪段时间里，贸易都未曾如此引起人们的注意，人们也未曾如此竞相寻求商业利润"。② 在商业发展的热潮中，中产阶级提供了大量的人员。他们以理性的态度指导贸易的扩张，并应用自身拥有的商业技巧来进行必要的冒险。与此同时，尽管这一时期官方的政策依然是重商主义，但国家却没有对商业扩张进行规划和指导。不过，它确实对强大商业利益的需求做出了回应：它促进和保护外贸，甚至在必要的时候不惜发动战争；它特许成立独家商业和金融公司，避免征收抑制贸易发展的重税和内部关税。同时，国家还竭力通过关税和其他条例来保护制造业。

在这样的背景下，各种商业公司、银行、船运公司、托恩派克托拉斯、毛制品公司和无数的店铺在英国境内开设起来。有人估计，1746 年英国有 3200 个集市，各种材料显示，任何东西都可以在集市上买到。③ 18 世纪中期，英国国内已经没有重大的贸易壁垒，统一的国内市场基本形成。1748 年，法国人古阿耶教士给友人写信说："一路上不见关卡和税吏。如果你到这个岛国来，在多佛必定受到仔细检查，过了这一关，你就可以在大不列颠自由通行，谁也不会盘问你。人们既然如此对待外国人，对待本国公民就更不用说了。海关仅设在王国边境，一经检查就万事大吉。"④

在 16 世纪下半期，英国的海外贸易主要有两种形式，一是与新"发现"地区之间的海路贸易，一是与经过传统路线能够抵达的地区之间的

---

① J. A. Sharp, *Early Modern England: A social History*, 1550 – 1760, London: Arnold, 1997, p. 145.

② Stanford E. Lehberg, *The Peoples of the British Isles: A New History*, Vol. 2, p. 68.

③ J. A. Sharp, *Early Modern England: A social History*, 1550 – 1760, p. 141.

④ ［法］费尔南·布罗代尔：《15 至 18 世纪的物质文明、经济和资本主义》第三卷，第 326 页。

贸易。为了推动海外贸易的发展，许多特许公司先后建立起来。这些特许公司的投资者不仅分享收益，也一起承担风险，它们被称作联合股份公司。在这些新成立的公司中，"莫斯科公司"被授予同俄国贸易的垄断权利；利凡特公司被授予同地中海东部地区通商的权利；东印度公司则获得了在印度洋及周围地区从事贸易的权利。所有这些公司都将蔗糖、丝绸和香料等奢侈品带回了英国，同时也为木材、鱼、牛和毛料开辟了出口市场。

18 世纪，英国海外贸易的各个部门，如出口、进口和再出口等，都继续发展。与加工过的羊毛等老式的大宗出口相比，烟草、蔗糖、亚麻、印花布和奴隶的进口和再出口等"新行业"稳步发展。1700—1760 年，英国海外贸易增长了一倍，贸易增长率从世纪初的每年 1% 增长到 18 世纪 60 年代的每年 2%。1700—1770 年，英国进口总额由 600 万英镑增加到 1220 万英镑，出口总额由 640 万英镑增加到 1430 万英镑。[1] 在 18 世纪，英国在欧洲各国中的商业领先地位逐渐确立。

贵族和乡绅是从事或资助"大旅行"活动的主体，他们的经济状况直接牵涉到"大旅行"的兴衰。近代早期，贵族处于英国社会阶梯的顶端。尽管就影响力和财富总量而言，贵族阶级已经处于衰退之中，但他们的财富却继续保持增长。据劳伦斯·斯通统计，1559 年，贵族的土地收入平均为 0.22 万镑。内战前夜，这一数字上升到 0.5 万镑，在 17 世纪的大部分时间里，这一数字大致上保持稳定。到 18 世纪，贵族土地收入继续上升。[2] 尽管贵族在 1580—1620 年经历了短暂的困难期，但他们却设法通过增加地租收入、获得高级官职、缔结有利可图的婚姻、把握好的投资机会、谋求国王的赏赐，轻松地弥补了生活支出。这样做的结果是 18 世纪的贵族仍然比其他社会阶层富有，即使上层商人也无法企及。

18 世纪，贵族维持其生活方式的重要经济来源仍然是土地，土地最能体现贵族的财富。总体上说，17—18 世纪，贵族在全国土地中所占份额稳步上升。据估计，1690 年，英国和威尔士贵族占有不列颠土地的 15%—20%，1790 年为 20%—25%。[3] 土地的收益包括出售农产品和木材、耕地和牧场的地租收入；与此同时，贵族也能通过其他的方式增加自身的财富，例如开采煤铁、修建运河、城市的房地产交易等。贵族担

---

① 阎照祥：《英国史》，人民出版社 2003 年版，第 231 页。

② J. A. Sharp, *Early Modern England: A Social History*, 1550–1760, p. 157.

③ ［英］阿萨·勃里格斯：《英国社会史》，陈叔平等译，中国人民大学出版社 1989 年版，第 207 页。

任某些官职能够得到报酬和赏赐，从事商业贸易更可以增加收入。据格利哥里·金的估计，1688 年，贵族家庭的年平均收入为 2800 英镑。[①] 1759—1760 年，马西也对贵族的家庭收入作了归纳：年平均收入在 20000 英镑的家庭有 10 家，10000 英镑的有 20 家，8000 英镑的有 40 家，6000 英镑的有 80 家。科尔奎豪恩则估计，18 世纪末和 19 世纪初，贵族的平均年家庭收入在 8000 英镑。[②] 明格认为，1690 年，英国贵族家庭平均收入为 5000 英镑到 6000 英镑。1790 年，英国 400 家大土地所有者家庭平均年收入为 5000 英镑至 50000 英镑，平均为 10000 英镑。[③]

乡绅是英国上层社会中的又一个等级，也是近代英国社会激烈变动的受益者。正如约翰·唐纳指出的那样，近代早期农村社会和经济的变化是复杂的，正是这些变化导致了地产阶层的兴起，并让他们成为休闲和娱乐活动的中心角色。1540—1640 年是英国历史上的一个具有高度流动性的时期。在这一时期，许多人因购买土地而跻身于地产阶层，同时也有许多人因失去土地而被挤出地产阶级。都铎君主为了筹钱而出卖教会和王室土地，而在 1534 年至 1660 年间，英国 20%—30% 的土地进入了私有市场。乡绅阶层是这一时期社会剧烈变化的受益者。他们通过大量购买土地而跻身于精英阶层之中。在 17 世纪后期和 18 世纪，土地所有权进一步发生变化，在这段时间内，大土地所有者通过牺牲小农而扩大了他们的地产。到 18 世纪后期，乡绅大约占据了英国土地的 50%。[④] 总体而言，这些乡绅也比较富裕。据约瑟夫·马西估计，1760 年左右，480 个小男爵家族的年收入为 2000—4000 英镑；640 个骑士家庭，年均收入为 1000 英镑；缙绅家族 2400 个，年收入在 600—800 英镑；绅士家庭约有 14.4 万个，年均收入 200—400 英镑。[⑤] 贵族与乡绅家庭财富的集聚与增长，为他们派送或资助自家子弟乃至门客前往欧洲大陆进行"大旅行"提供了保障。

---

① Peter Mathias, *The First Industrial Nation: the Economical History of Britain*, 1700 - 1914, London: Methuen, 1983, p. 24.

② Roy Porter, *English Society in the Eighteenth Century*, London: Allen Lane, 1982, pp. 386 - 388.

③ Q. E. Mingay, *English Landed Society in the Eighteenth Century*, London: Routledge and Kegan Paul, 1963, pp. 111 - 112.

④ John Towner, *An Historical Geography of Recreation and Tourism in the Western World* 1540 - 1940, p. 31.

⑤ J. A. Sharp, *Early Modern England: A social History*, 1550 - 1760, p. 159.

二 社会因素

英国上层社会的现实需求直接推动了"大旅行"的发展。在中世纪，贵族家庭为了获得政治上的同盟者或扩大自身拥有的地产，往往采用相互结亲的办法来实现各自的目的，这导致早婚现象的盛行。近代初期，尽管早婚现象已经明显减少，但仍有一定比例的贵族家庭出于各种现实的考虑而让子女或受监护人在尚未成年之时便结婚。为了让婚姻得到法律的保障，他们会让新婚夫妻尽早圆房。然而，随着医学知识的传播，人们逐渐认识到过早的夫妻生活无益于男女双方的健康，而太早进行生育则不利于贵族家庭香火延续。于是，一种折中的办法便出现了：年轻夫妻先行守婚并象征性地圆房，然后便长期分居。打发已婚男性外出旅行则成为实现分居的有效途径。到17世纪初，经常发生的情况便是，新婚男人在婚礼后的一两天中，便被打发到欧陆，去旅行一年或更长的时间，并借机完成教育。[1]

精英社会交往的需求则是另一动因。近代早期，由于文艺复兴人文主义思想的传播，贵族和乡绅逐渐从大众文化中脱离出来。由于古典学问的重新发现，贵族和乡绅逐渐培养起了对精美艺术品的嗜好。同时，贵族阶级逐渐将优雅的社交技巧用来作为衡量一个人是否位高爵显的标准。古老的经典著作成为欧洲知识和文化生活的中心，卡斯蒂廖内《廷臣论》这样的著述更是将统治阶级与教育和艺术认同在一起。而像柏拉图这样的古典作家的观点对"受过良好教育的基督教君主和贵族"这样一种理想产生了深刻的影响，并加强了上层社会对历史的认同感。在从"大众文化"脱离出来的过程中，地区中心和伦敦成为具有共同文化价值观念的贵族和乡绅经常造访之地。而每一位希望在社会中显露头角的人都会在伦敦待上一段时间，他们常常在那里的时尚俱乐部中消遣，并从本阶级的人们那里吸收普遍为人们所接受的政治、道德和宗教等方面的观点。[2]

自伊丽莎白女王以来，伦敦的人口便开始大量地增长，并在英国取得了支配性的地位。在1688年"光荣革命"后的几十年中，伦敦的商业

---

[1] Lawrence Stone, "Marriage among the Nobility in the 16th and 17th Century", *Comparative Studies in Society and History*, Cambridge University Press, Vol. 3, No. 2, 1961, pp. 198 – 200.

[2] John Towner, *An Historical Geography of Recreation and Tourism in the Western World* 1540 – 1940, p. 17.

也迅速扩张。到1700年前后，伦敦的人口在全国人口中所占的比例超过了10%，它成为全国四分之三对外贸易的集散地，并拥有一个为历年庞大的战争开销而膨胀起来的政府。大量拥有庞大过剩资金的商人和土地出租人居住在伦敦，他们的人数达到了前所未有的水平。于是，伦敦的需求迅速打破了昔日的贸易模式，并创造出了一个真正的全国市场。① 伦敦迅速的发展，对传统的社会交往模式产生了影响，并对人们之间的互动提出了新的要求。伦敦生活的活力意味着社会交往不能再仅仅与金钱、土地和头衔等"真正"的价值指标相挂钩；相反，它必须建立在礼仪和外表等最不确定因素的基础之上。在相对封闭的乡村社会，人们有更多的机会了解一个人的背景。在走出乡村之后，城市居民除了根据一个人的外表进行判断之外别无选择。在这样的背景下，一个人如果没有看过巴黎，更不用说海牙、莱茵河以及威尼斯、佛罗伦萨和罗马，那他就无望成为时尚社会中的领袖人物。乡土气以及机智的缺乏无疑是于他们不利的。如果一个人想成为真正意义上阅历丰富的人，并与他活动于其中的社会保持联系，那么，意大利或法国的魅力早晚会让他们无处可逃，并将他们引领到那些他们必须一看的地方。在18世纪中，英国人拥有大量的财富和闲暇，他们也比欧洲其他民族更加不甘寂寞。在当时的英国社会中，人们期望参与社交活动的男人们熟悉大陆城市的主要风景，并在欧洲的主要都城中获得有关世界的知识，而这正是世界主义者的标志。一个人如果不熟悉意大利，那么他就不会成为排他性的"业余爱好者俱乐部"的成员。于是，他们便成了18世纪最为活跃的旅行家。②

第三节　近代思想观念的影响

近代思想观念的影响也是"大旅行"兴起的重要原因。文艺复兴时期，崇尚古典文化的人文主义思想运动成为欧洲文化生活的中心，人文主义者推崇的各种理想强化了英国人的旅行欲望。意大利不仅成为人们获取古典思想的灵感之源，而且成为文艺复兴期间人们重新诠释的主要对象。哲学和科学思想的发展也强化了人们旅行的愿望。新的天文学向中世纪经院哲学所主张的静态宇宙观提出了挑战。外向的思想，探索和

①　Iain Pears, *The Discovery of Painting: The Growth of Interest in Arts in England*, 1688 - 1768, London: Yale University Press, 1988, p.4.

②　William Edward Mead, *The Grand Tour in the Eighteenth Century*, p.105.

理解世界的冲动,激发了人们运动不息的新精神。① 在那个时代,一些人还将人类思维的扩张与旅行明确地联系起来。1578 年,贾斯特斯·李普西乌斯就这样写道:"低下而愚钝的人们,满足于对自己国家的了解,他们如蜗牛那样囿于自己的一片狭小天地,凡到一地,都会带上自己全部的家当……相反,更接近神灵的人们则以运动为乐,他们犹如诸天那般运动不息。"②

除了文艺复兴的成就和古典文化的魅力之外,探求科学知识也成为旅行的动力之一。在 17 世纪,培根和笛卡尔等哲学家论证了收集证据和运用理性的重要性,这对旅行者前往欧洲各地旅行,起到了推波助澜的作用。这正如保罗·福塞尔推测的那样,旅行的普遍魅力可能在于 17 世纪末叶英国对哲学经验主义的高度接受。对那些倡导"人类意识是白板一张"的概念并认为所有知识都产生于五种感官所获取的印象的人们来说,约翰·洛克《论人类理解》(1690)成为经典。如果说知识源于经验而非其他,那么旅行便是重要的,也是人们所需要的。随着殖民探险与扩张的伟大复兴时代的到来,得到明确而系统表达的经验主义,使得前往世界各地旅行并观察新鲜而不同的事物"成为一个自觉发展心智、收集知识的人的一种责任"③。到 18 世纪,启蒙哲学——基于人类理性的共同思想和观念体系——进一步将欧洲社会精英阶层团结起来。欧洲范围的社会和文化联系网络使人们可以他乡遇知音,而亲戚网络和恩主的经济资助让人们可以轻易地与其他社会接触,所有这些都为上层阶级进行旅行营造了舒适的环境。

与此同时,"旅行即教育"的观念也有助于"大旅行"的兴起。自文艺复兴初期以来,寻欢作乐和获益便成为欧洲人关于国外旅行利弊之大辩论所围绕展开的两个中心点。当时,支持旅行的人们往往以荷马以及贺拉斯对尤里西斯的称颂,来为旅行进行辩解。当 16 世纪的英国最终拾起这一理由时,它则变成了"所有的旅行者确实都愉快地对尤里西斯交口称赞,因为他了解、熟悉不同的民族和礼仪,并见识过许多城市"④。

---

① John Towner, *An Historical Geography of Recreation and Tourism in the Western World* 1540 – 1940, p. 99.

② Justus Lipsius, *A Direction for Trauailer*, *Taken Out of Justus Lipsius*, *and Enlarged for the Behoofe of the Right Honorable Lord*, *the Yong Earl of Bedford*, *Being Now Ready to Trauell*, 1592, A. 3.

③ Peter Hulme and Tim Youngs ed. , *The Cambridge Companion to Travel Writing*, p. 37.

④ William Aldis Wright, ed. , *The English Works of Roger Ascham*, Cambridge: Cambridge University Press, 1904, p. 224.

这可能是人们对游学价值的最初认识。1507 年，弗朗西斯哥·维托里
（1474—1539）便以完全世俗的口吻写道："为了从旅程中获益，必须将
几种因素相结合：健康而强壮的身体、财富、性格乐观而随和的旅伴。
如果缺少其中之一，旅行便不会是一件愉快的事。"[1] 伊拉斯莫则对当时
仍然十分盛行的巴斯之妻综合征耿耿于怀，他感到自己有必要重新强调
哲罗姆有关朝圣可有可无的观点，并提醒自己的读者有关青年男女离家
远游所蕴含的道德危险。[2] 虽然有这些警告，在 16 世纪，天主教国家的
朝圣活动依然活跃。

　　不过，在北部欧洲，宗教改革从根本上削弱了人们对圣徒遗物、传
说和获得教皇许可的赎罪卷的尊重，而这些东西本身便是朝圣中心神圣
地位的基础。由于宗教改革并不彻底，它并不足以消灭人们旅行的愿望。
同时，随着统一的基督教世界的解体，拥有中央集权的王廷的出现，彼
此敌对的新教和天主教民族国家的发展，人文主义的传播，外交职业的
扩展，旅行的新理由开始出现，并取代了昔日的理由。

第四节　西欧各地交通运输的发展

一　概况

　　在近代早期，西欧许多地区的道路网络仍然以罗马时代铺筑的道路
为基础。然而，自罗马帝国衰落以来，中心城市与偏远的省区城镇之间
一度连绵不断的交通线路，多数已经为杂草落叶覆盖湮没。[3] 公路是这一
时期主要的交通线路。在很多情况下，它甚至是唯一的交通线路。除了
法国和低地国家的部分地区外，整个欧洲地区的道路仍相当糟糕，以米
德的话来说，简直就是文明国家的耻辱。即便在并不缺少财富且有几分
辉煌的英国，道路也造成了几乎是不可克服的困难。英国辉格派政治家、

① Edward Chaney, *The Evolution of the Grand Tour*, *Anglo - Italian Cultural Relations since the Renaissance*, p. 60.

② Clare Howard, *English Travellers of the Renaissance*, p. 6.

③ Ludwig Friedländer, *Roman Life and Manners under the Early Empire*, translated by J. H. Freese, MA., London: George Routledge & Sons, Limited, Seventh edition, Vol. 1, p. 277.

历史学家麦考利就曾多次提及英国道路的糟糕。① 不过，到 18 世纪下半期，经过约翰·梅特卡夫（1717—1810）、托马斯·泰尔福特（1757—834）及约翰·劳顿·麦克亚当（1756—1836）等工程师的努力，罗马帝国时期建造坚硬而平坦的道路的技艺再度得到应用。于是，在西欧地区，特别是在英国和法国，道路状况有了显著的改善。

在欧洲，除陆路交通之外，内河航运也十分重要。在铁路时代到来之前，就便利和廉价的程度而言，陆路运输无法与水上运输相媲美。鉴于当时道路的状况，河流和海洋提供了最为简易的交通渠道。像英国这样一个有着漫长海岸线和良好河道网络的国家，其水路运输和海运十分发达。凡有可能，河流都被用来进行运输；在没有河流的地方，运河则常常填补了其中的空缺。在中世纪后期，荷兰和意大利的工程师发明了开挖人工航道的技术。到 17 世纪末，欧洲已经有多条著名的运河存在。朗格多克运河位于比斯开湾和地中海之间，于 1681 年竣工。该运河便是当时著名的运河之一。②

从 16 世纪晚期开始，欧洲有许多交通工具可资利用。在水路交通方面，欧洲的主要河流都提供驳船服务，驳船主要依靠马拉或在河流上顺流而下。从 17 世纪初期开始，低地国家发展出了先进的马拉运河船运系统，称为"拖船"。在陆地交通方面，大约从 16 世纪开始，西欧大片地区都为驿道网络所覆盖，分布于各地的驿站为乘客提供通往下一站的马匹。在 17 世纪，公共马车服务出现了，虽然它们的速度要慢得多，但却更为便宜，而且覆盖了欧洲的广大地区。

在同一时期，法国和意大利出现了提供租用马车的旅行形式。旅行者和代理人签订协议，租用马匹在某些地区间旅行而不需要换马。尽管这种形式的旅行速度十分缓慢，但其好处便是旅行者不必利用驿道。许多富有的旅行者不是购买便是租用马车，然后再对车马出租者或是驿道系统加以利用。大多数旅行者在旅程中不可避免地要采用多种交通方式，他们往往会对水路和陆路交通同时加以利用。由于顺流而下往往要快捷一些，因此，利用水路交通对欧洲各地"大旅行"的方向产生了普遍的影响。多数人在欧洲大陆旅行时都按照逆时针方向行进：在法国顺罗讷河而下，返回时则沿莱茵河顺流而下通过德意志，抵达低地国家和英吉

---

① Thomas Babington Macaulay, *The History of England from the Accession of James* Ⅱ, New York: Harper & Brothers Publishers, 1853, Vol. 1, pp. 279 – 291.

② Arthur Birnie, *An Economic History of Europe*, 1760 – 1930, London: Methuen & Co. Ltd., 2006, p. 39.

利海峡。① 总体而言，在 16—19 世纪，尽管西欧各国的交通运输都在缓慢发展，但不同国家的发展情况都很不一样。当旅行者在不同的时间前往不同的国家旅行时，他们的感受也是十分不同的。

二 英国的交通

英国人"大旅行"的第一站便是从各地前往位于英国海岸的哈维奇、雅茅斯、布赖顿和多佛等地。在 17 世纪，进行"大旅行"的游客从伦敦出发前往英吉利海峡的路线几乎都是穿过肯特郡，途经德特福、刘易舍姆、布罗姆利、奇普斯蒂、塞文奥克斯、汤布里奇、弗利姆威尔等地，随后来到莱伊。莱伊在当时是奇切斯特大港口管辖下的一个繁荣港口。到 18 世纪，由于港口的淤积，它的重要性丧失了。②

在从伦敦出发穿过肯特郡乡村的快速旅行中，或者在穿越各个郡前去沿海港口的漫长旅程中，英国旅行者不会遇到语言不通、货币不一或是规章不同的问题。不过，旅行也绝非一件轻松的事情。在近代早期相当长的时间里，英国的陆路交通状况仍然十分糟糕。长期以来，英国的道路修筑一直为不完善的路政体系所阻碍。1555 年，英格兰通过了一条法令，要求每个教区自行负责经过教区的道路，并迫使教区居民每年提供 6 天义务劳动，以维护道路。然而，由于教区居民未必是境内道路、特别是交通干线的主要使用者，教区当局往往以极为马虎的方式来履行自己的职责。在这样的背景下，道路的情况便可想而知。直至 18 世纪，马车在伦敦近郊翻车或陷入烂泥之中不能前行的事件仍然时有发生。在下雨的时节，从肯辛顿宫到圣詹姆士宫的伦敦城区常常是一片泥潭。

因此，从英国内地前往沿海港口的旅程并不轻松，这正如斯莫利特描述的那样，尽管乘坐马车前往多佛的旅行并不比前往其他港口的旅行糟糕多少，但它也并不让人感到惬意：

> 我不必告诉你，就旅行的便利而言，这是英国最糟糕的道路，它必然会让外国人给整个国家留下不好的印象。总的来说，沿途客栈的房间冰冷而不舒适。酒馆老板粗野无礼，服务又差；饭做得糟糕之极，酒水粗劣而难以下咽，收费简直就是抢人；从伦敦到多佛

---

① John Towner, *An Historical Geography of Recreation and Tourism in the Western World* 1540 – 1940, pp. 110 –111.

② R. E. W. Maddsion, "Studies in the Life of Robert Boyle, F. R. S. ", *Notes and Records of the Royal Society of London*, pp. 55 –56.

的途中，简直就喝不上一滴还算差强人意的麦芽酒。①

　　当旅行者抵达沿海港口后，接下来便是横渡英吉利海峡。对于前往欧洲大陆的旅行者而言，横渡海峡有如下几条路线可供选择：乘坐邮船从哈维奇前往荷兰的布瑞尔；从雅茅斯前往位于易北河河口的德意志城市库克斯哈文；从伦敦到汉堡；从布赖顿或南安普敦到法国西部海岸的勒阿弗尔、迪拜或瑟堡；从多佛到加莱或者法国北部港口城市布伦。到18世纪，伦敦每周都有一班帆船驶往阿姆斯特丹；在阿姆斯特丹，同样也有着返航的服务。②

　　在这些前往欧洲大陆的线路中，从多佛到加莱的这条航线路程最短，同时也是最受18世纪英国游客欢迎的一条线路。在风向许可的情况下，运载邮件和旅客的邮船定期在星期二和星期五从多佛起航开往加莱，而在星期三和星期六从加莱开往多佛。除此之外，在多佛或加莱分别还有三至四艘私人三桅帆船。支付10—12里弗，便可以连人带行李上船渡海。一个人专用一艘小船，则需花费大约5个基尼（英国的旧金币，值1镑1先令）。③

　　在蒸汽船投入使用之前，海上航行完全取决于风向，行程可能在岸上耽搁许多天。贝茨说，在16世纪，"48小时的航行根本就没有什么可抱怨的"。④ 在柯雅特的著名旅行中，他从多佛到加莱共用了10个小时。到18世纪，在顺风的情况下，横渡海峡通常也得用上5个小时，或更多的时间；⑤ 尽管行船的时间常常只需要3个小时，甚至更少的时间。1754年，科克和奥若瑞伯爵从多佛横渡海峡到加莱用了3小时10分钟。1772年，查尔斯·伯尼博士在加莱等候可以横渡海峡的天气就用了9天时间。当他最终到达伦敦时，却因旅途中的不适而患了一场大病。

三　法国的水陆交通

　　法国的陆上交通经历了一个缓慢的发展过程。16世纪，意大利红衣

① William Edward Mead, *The Grand Tour in the Eighteenth Century*, p. 30.
② Thomas Nugent, *The Grand Tour, or a Journey through the Netherlands, Germany, Italy and France*, Vol. 1, p. 326.
③ Percy Hetherington Fitzgerald, *The Life of Laurence Sterne*, London, 1896, p. 329.
④ E. S. Bates, *Touring in 1600: A Study in the Development of Travel as a Means of Education*, p. 63.
⑤ Edward Wright, *Some Observations Made in Travelling through France, Italy, etc*, 1719–20, London, 1764, Vol. 1, p. 1.

主教路易·理普曼诺（1500—1559）在前往法国的途中，发现那里的道路泥泞难行。只有从巴黎通往奥尔良的公路才得到铺设。在普瓦图时，理普曼诺每天只能走 4 里格。[①] 在 17 世纪，尽管在某些情况下，只要道路还能勉强通行，它们就毫无疑问地会得到改善，但法国道路的状况仍然难以让人感到满意。晚至 17 世纪中叶，法国的道路常常没有明确的线路，它们往往经过很深的河滩，河水都能够从马车的两边漫入车内。在 1700 年之前，甚至在 1700 年之后相当长的一段时间里，夜间旅行被认为是不明智的。1755 年，视力如隼的修道院长巴特勒米去了意大利。对在途中经过的法国道路，他评论说："我们的旅行有时让人疲惫不堪。从欧塞尔前往第戎的旅程长达 32 里格，这段路程是最让人难以忍受的。道路经过的是一个非常漂亮的地区，但道路本身却是我见过的最糟糕的。"[②]

从路易十四统治时期开始，法国的交通状况得到了改善。在欧洲的大多数国家里，道路的照管由地方当局负责；而在法国，中央政府却率先担负起修筑和维护道路的职责。在路易十五统治时期，法国成立了政府的路政工程师团体。1747 年，为了向工程师提供培训，法国还专门建立了一所学校。到路易十六统治时期，为修复和重建道路，法国政府强制实施劳役，迫使农民每年必须提供 30 天的个人劳动。于是，道路的状况大为改善，人们甚至在天黑之后都仍然可以在路上奔波。到 18 世纪末叶，法国拥有了 25000 英里的一流道路（见图 7），它宽阔而铺筑良好的公路获得了所有游客的钦佩。除了低地国家的一些地区之外，欧洲没有哪个地方的道路能比法国的道路更好。《巴黎观察》一书的作者对巴黎通往凡尔赛的道路进行了这样的描述，"它们铺得非常平坦，正如法国大多数道路的情况一样"。而并不喜欢讲溢美之词的玛丽·蒙塔古夫人在 1739 年却这样写道：

> 法国得到了很大的改善，我们几乎辨认不出这是我们二十年前曾经经过的国度……道路得到了修缮，大部分道路都铺得像巴黎的街道一样，道路两旁都像荷兰的道路一样种上了树木。盗贼得到了很好的防范，以致你可以手拿钱包而走遍全国。[③]

---

① Albert Babeau, *Les Voyageurs en France depuis la Renaissance jusqu'à la révolution*, Paris: Librairie Firmin - Didot et Cie, 1885, p. 127.

② William Edward Mead, *The Grand Tour in the Eighteenth Century*, p. 44.

③ Mary Montagu, *Letters of Lady Mary Wortley Montague*, *Written during Her Travels in Europe, Asia, and Africa*, Bordeaux, 1805, Vol. 2, pp. 52 - 53.

根据威廉·琼斯牧师的描述，从加莱至圣欧麦的道路"似乎并不亚于英国的任何一条托恩派克公路"，它大约有 40 英尺宽，两旁种植着柳树、白杨和榆树。蒙斯和巴黎之间的道路修得如此之好，以至于马车的主人向雇主保证，在离开布鲁塞尔的第三天，他们便可以在巴黎吃晚饭。

不过，在法国及西部地区的布列塔尼和拉文迪，道路的状况依然极为原始。约翰·卡尔曾前往法国旅行，他在返回英国前经过了诺曼底的卡昂。对于那里的道路，卡尔评论说，"在我们从卡昂出发后，道路变得非常糟糕，我们笨拙的车辆一直咔咔作响，并不时地从路的一边颠簸到另一边，我们时时面临着被摔出马车的危险"[1]。在偏远的各省，许多公路无疑是严重缺乏维护。即便是那些得到铺设的道路，它们上面的铺路石也过于坚硬，不宜轻型马车的通过。尽管道路的情况依然糟糕，但与欧洲大陆其他国家的道路相比，法国道路的质量还算是不错的。

在近代早期，法国的马车比多数欧洲国家要多，但它们却很少用来为旅行者服务。迟至 1686 年，在鲁昂和勒阿弗尔之间，仅有一辆马车供人们租用，这辆马车还是用帆布进行覆盖，它既不体面也不舒适。在 17 世纪最后四分之一世纪的时间里，一位英国绅士以这样的语言来描述他对法国马匹和车辆的印象："他们的马匹矮小，它们被如此怪异地套在一起，以致任何一匹马都不能疾走或快跑，教英国马跳舞也要比教它们中的任何一匹缓驰容易，因为它们只能迈步行走，因此，他们的马车和所有的车辆都如此的慢，简直让人不能忍受。"[2] 一个世纪之后，另外一名英国游客评论道："对一名英国人来说，法国用于旅行的车辆似乎非常没有前途，他们的马匹矮小，在没有乘客和行李的情况下，车辆使用的木材似乎便构成了相当的负荷；安装在马车后面用以减缓车压在大路上的铺路石时所产生的震动的弹簧就犹如缩绒机的铁锤一般。"[3]

到 18 世纪，法国的公共交通服务有了很大的起色。就陆上交通工具而言，法国主要有四种，即驿递马车、公共马车、大型旅行马车、快速马车。此外，还有四轮双座篷盖马车。与此同时，政府将主要的道路详细地划分为许多驿段。在每个驿站，人们都可以找到供租用的马匹或马车，它们的价格往往是固定的。虽然通过驿站车马旅行会带来一些不便，

---

① John Carr, *The Stranger in France*, *or a Tour from Devonshire to Paris*, London, 1807, p. 348.

② William Edward Mead, *The Grand Tour in the Eighteenth Century*, p. 52.

③ Reverend William Jones, *Observations in a Journey to Paris by Way of Flanders*, *in the Month of August*, 1776, London, 1777, Vol. 1, p. 32.

而且其收费也往往偏高,但对收入相对宽裕的游客来说,这似乎是在法国旅行的最佳方式。因此,大多数游客常常选择通过驿递马车进行旅行。

轻便马车或快速马车则为法国境内旅行的游客提供了更为快捷的旅行方式。在1789年,理格比博士在从尚蒂伊发出的信函中评论说,"昨天,我们很轻松便完成了90多英里的旅行;道路好极了,马匹也利于旅行,我真的认为它们比英国的要好"。① 在任何地方,人们都能找到定期往来于王国各地的运输工具;而且,在多数驿站,人们都能找到供个人使用的轻便马车。就加莱至巴黎或是巴黎前往里昂的长途旅行而言,除非旅行者有钱租用私人马车,他常常都乘坐快速马车。根据纽金特的记载,这种快速马车和普通的公共马车几乎没有什么差别,只是速度更快,每天能够行使70—80英里。② 当然,乘坐这种马车并不是一件舒服的事情,正如斯莫利特描述的一样,旅行者"必须和其他七八名乘客挤在同一辆马车中,因此坐得非常不舒服,有时还得冒着窒息的危险,而同车的人对此却漠不关心。凌晨三四点,有时甚至在两点乘客便被催促起床"③。

除了快速马车之外,用于公共运输的还有公共马车和大型马车。按照纽金特的描述,法国的公共马车与英国的公共马车并没有什么不同,车内可以容纳6名乘客,它的速度并不怎么快,而且还运载着很多的货物和行李。大型马车则是一种大而笨重的车辆,它可以客货两用,通常能装载16名乘客,速度也很缓慢,很少能快过快速步行。由于路面是用大石块铺筑而成,这种车辆前进时颠簸得厉害,坐起来很是不舒服。由于快速马车和公共马车的路线是固定的,因此,对私人马车主加以利用有着可以自己决定路线的优点。④ 根据詹姆士·爱德华·史密斯的描述,这些私人马车主遍布于整个意大利以及法国南部,他们承担着在固定的时间内将旅行者运送到他的目的地的任务,并为此而收取一定数量的费用;在车主的要求下,旅行者需要在途中支付入住客栈的所有费用……这种方式比通过驿递马车旅行要便宜。当然,乘坐私人马车要求起得非常早,马车行使的速度也非常慢。不过,速度慢也有它的好处,因为旅

---

① Dr. Edward Rigby, *Letters from France*, etc, in 1789, edited by Lady Eastlake, London, 1880, p. 16.

② Thomas Nugent, *The Grand Tour*, or a Journey through the Netherlands, Germany, Italy and France, Vol. iv, p. 14.

③ Tobias George Smollett, *Travels through France and Italy*, London, 1766, p. 68.

④ Thomas Nugent, *The Grand Tour*, or a Journey through the Netherlands, Germany, Italy and France, Vol. iv, pp. 18 – 9.

行者可以随时下车步行以研究路边的植物，或像马或骡子一样快速行走，直到走累为止。①

在法国境内，旅行者除了借助各式马车进行旅行之外，他们还有很多机会借助水上交通工具来改变自己的旅行方式。从巴黎出发，游客可以在早晨八点搭乘笨拙的驳船或平底小船从皇桥出发，沿塞纳河前往塞夫勒或圣克卢。他甚至可以乘坐小船进入首都。诺斯利就曾进行过这样的尝试，他记述说，在三四匹马的拖曳之下，驳船从枫丹白露沿河而下前往巴黎需要航行10—20个小时，行程16法国里格，大约为48英里。乘船从鲁昂前往巴黎往往要用36个小时。

在18世纪，当游客在图卢兹旅行时，他可以通过郎格多克运河而前往地中海。郎格多克运河全长大约150英里，是欧洲运河中最为伟大的工程之一。除了塞纳河之外，卢瓦尔河、吉伦河及其他一些小一点的河流也可以让游客和当地人相对舒适、方便地从一个地方前往另一个地方。不过，法国境内最为著名的水上旅行要数沿罗讷河顺流而下的航行，经过法国前往意大利的旅行者几乎总是要采用这一线路。游客甚至可以搭乘"水上马车"从巴黎前往里昂，不过，他需要付上35里弗并经过10天航行。接着，他在里昂登上驳船，然后以"极快的速度"顺流而下，轻松地抵达马赛，而且所费无几。罗讷河上的小船十分舒适，它们有很高的甲板，可供游客在上面散步。一些小船在马的拖曳之下逆流而上，一些则顺流而下。从里昂到阿维隆，顺流而下的水上马车要3天才能行驶完48里格的路程，其收费为八里弗。在这一旅行路线上，游客主要担心的问题是如何安全地通过圣灵桥。在这里，许多船只在抛锚时常常撞到码头而弄得粉身碎骨。为了规避这一危险，乘客们常常在这里登岸。斯莫利特说，"赶牛人坐在水牛的两角之间，驱赶着水牛游过其中的一个桥洞，而沿河而上的小船则在水牛拖曳之下逆流行进"。②

四 低地国家的水陆交通

近代时期，低地国家交通十分发达，旅行颇为便利。多数旅行都通过水路完成，但利用轮式马车的人也相当的多。低地国家是欧洲水上交通系统最为发达的地区，它的水上公共交通系统覆盖范围最为广阔（见图2）。很多代人以来，这里的水上航运便组织良好，各种旅行指南都登

---

① James Edward Smith, *A Sketch of a Tour on the Continent in the Years* 1786 *and* 1787, London, 1793, Vol. 1, p. 145.

② Tobias George Smollett, *Travels through France and Italy*, p. 146.

载了描述详细的"需要知道的说明：邮船、拖船、客船、帆船以及运鱼船等从阿姆斯特丹出发前往低地国家主要城镇的时间"。① 纽金特的描述便再现了当时的情况：

> 在荷兰和联合省的大部分地区，在奥属尼德兰和法属尼德兰的许多省份，旅行的惯用方式是乘坐拖船。这是一种大型的有篷船，它和利物浦公司的驳船大同小异。在马匹的拖曳之下，船行速度达到每小时 3 英里。运费不超过每英里 1 便士；乘客有着携带旅行皮包和供给品的便利；因此，他们在途中不必再去酒馆花钱。这些船上的位置和邮船上的一样，价钱是固定的；因此，游客不必为此讨价还价。运载行李必须额外付钱，它们的价格似乎并不固定，而是由船长或船老大决定，他们往往根据自己的判断和贪心来决定收费的多少；因此，在将行李放上船之前，乘客必须就运载的物品谈好价钱，否则，他们高兴要多少，他就得支付多少。在荷兰，几乎在所有的城镇，每天都有船到达；如果是一个相当大的地方，几乎每个小时，当钟声敲响的时候，都有船到达……②

时人关于运河小船的另外一些描述让整个图景更加完善：

> 这些客船，或如它们所在国家的语言所称的"拖船"，以每小时 4 英里的速度行进，它们只在某些村落停留七八分钟，以便乘客能有机会伸直身子，并到客栈中喝上一杯。船费大约为 1 英里 3 个法新（英国旧时铜币，相当于四分之一便士）……船由马匹拖曳，能载 20—25 名乘客。它非常干净，上面有一个甲板为乘客挡雨水，因此，乘客宾至如归。他们每个人都随心所欲地聊天、读书、缝补、针织。船行进得如此平稳，除了他们向外张望时，他们甚至忘记了是在水上航行……船的两侧开着窗户用以透气；乘客坐船时可以透过窗户观看乡村景色。③

对现代的读者来说，船行的速度或者算不了什么，但与欧洲许多地

---

① Thomas Nugent, *The Grand Tour*, *or a Journey through the Netherlands*, *Germany*, *Italy and France*, Vol. 1, pp. 315, 334 – 367.

② Ibid., pp. 48 – 49.

③ William Edward Mead, *The Grand Tour in the Eighteenth Century*, pp. 40 – 41.

区的普通轮式交通工具相比，船行的速度并不逊色。就其他一些细节而言，乘船远比坐邮车或马车舒服。游客热衷于在荷兰和弗兰德斯水上旅行所带来的快乐，他们宣称，"水上旅行的便利和快乐是描述不尽的"①。早在17世纪，米松便对这些船只进行了这样的评价："在这些船中，你就像在家里一样安然就座，不受风雨的侵犯；因此，你可以从一个地区前往另外一个地区，几乎感受不到你已然身处家外。"②

根特与布鲁日由一条30英里长的运河连接，每天往返于两地之间的拖船是整个欧洲同类船只中最为出类拔萃的，因为，拖船犹如一个分成几个房间的完美酒馆，日常用餐时，它能提供六七道菜和各种酒类，而且价格适中。冬天时，他们在壁炉中生起了火，船运行得很平稳，一路上，乘客就如待在家里一样。从阿姆斯特丹前往安特卫普和布鲁塞尔，3—4名绅士在女士的陪同之下，可以每天花上7—10盾在鹿特丹租用一条游艇，从而毫无拘束地欣赏该国景色。他们可以随船带上几名仆从来为他们做饭并照看行李；他们可以在船上舒服地睡觉，这要比在客栈中安逸得多。"如果他们愿意，他们可以在中途停下来去看看多特或卑尔根奥松姆，西兰岛的一些城镇。"③ 当然，在天热时节，水上旅行也有其不便之处，那即是运河中的水几乎静止不动，水面上覆盖着发绿的浮渣，并散发出令人作呕的恶臭。

低地国家的陆上交通也颇为便利。在佛兰德斯，除了在一些人迹罕至的地方外，道路的状况一直都不错。地面上隆起的低矮斜坡是修筑大道时的唯一障碍，这些笔直而没有岔道的大道从一个城镇通向另一个城镇。在很多情况下，道路和运河并排而行，它既可以用作纤路，也可以作为一般交通的公路。正如荷兰风景画家迈恩迪特·霍贝玛（1638—1709）的作品描述的那样（见图5），道路的两旁常常种植着两排树木，并得到了良好的维护。1773年，詹姆士·艾塞克斯曾在法国和低地国家游历。当他从安特卫普取道梅西林前往布鲁塞尔时，他在日志中记录道：

> 道路值得旅行者瞩目，它们通过的是人们能够想象得到的最让

① James Edward Smith, *A Sketch of a Tour on the Continent in the years* 1786 *and* 1787, London, 1793, Vol. 1, p. 6.

② Maximilian Misson, *A New Voyage to Italy: with Description of the Chief Towns, Churches, Tombs, Libraries, Palaces, Statues, and Antiquities of That Country, Together with Useful Instructions for Those Who Shall Travel Thither*, London, 1739, Vol. 1, p. 3.

③ Thomas Nugent, *The Grand Tour, or A Journey through the Netherlands, Germany, Italy and France*, Vol. 1, pp. 279, 202.

人喜爱的地区，道路中间铺了石块，有如伦敦最好的街道，而且还得到了更好的维护。在铺过的路面两边则是沙或鹅卵石，整条道路的两旁都种着树木，从而形成了美丽的林荫道。①

在荷兰以及弗兰德斯，大多数的城镇都有公共马车。多数主要城镇都有三匹马拉的邮车，它们将所在地与欧洲各地联系了起来。在阿姆斯特丹、布鲁塞尔、海牙和鹿特丹等地，邮车在固定的日子里出发或抵达。例如，在阿姆斯特丹，来自德意志、科隆、克利夫斯、列日、格尔德兰等地的邮车会在星期天抵达；而来自西班牙、葡萄牙、法国、布拉班特和弗兰德斯的邮车则在星期二临近中午的时刻到达。那些喜欢专用车辆而不愿使用民用车辆的游客，则可以租用以红色天鹅绒装饰并由外观漂亮的马匹拖曳的华丽马车。不过，当游客租用邮车供个人使用时，法律要求至少租用3匹马。但如果在第一站路上便租用3匹以上的马匹时，整个行程中都需要支付多出马匹的工钱。

五　意大利的水陆交通

近代初期，意大利的道路交通仍然十分落后（见图6）。在意大利的大片地区，要么根本没有道路，要么便是雨天泥泞而晴天尘土飞扬的小径。最好的道路也很糟糕。提瓦罗尼在皮德蒙特时写道：

> 旅行对所有的人来说都是困难的。从许多城镇和村庄中一走出来，人们便被迫步行或是骑驴、骡或马，而行走于狭窄的道路之上。这些道路年久失修，或是为没有桥的水流所阻断…由于大道甚至皇家公路的维护都交给了村社，糟糕的道路过去是，现在依然是国际商业的最大障碍。②

18世纪初期到18世纪末叶，西欧地区的道路交通已经得到了很大发展，但意大利的情况依然很糟糕。在时人描述意大利境内广大地区的游记中，道路的总体情况与皮德蒙特的状况大体相似。詹姆士·爱德华·史密斯在描述热那亚周边地区时指出，那里"山特别多，进入内陆旅行

---

① James Essex, *Journal of a Tour through Part of Flanders and France in August*, 1773, edited by W. M. Fawcett, Cambridge: Bell & Co., 1888, p. 55.

② William Edward Mead, *The Grand Tour in the Eighteenth Century*, p. 46.

的唯一方式便是坐轿子"①。1766 年萨姆尔·夏普写作时记录道："我们即将到达都灵；但从亚历山大出发的旅程让人很是不舒服；一夜的雨让地面变得泥泞不堪，且十分粘脚，道路几乎无法通行。"② 在早一些的时间里，一位旅行者非常公允的描述说，圣雷莫和热那亚之间 90 英里的路程骑骡子需要走 3 天，这条路"要么非常好，要么非常糟糕，不过更多情况下是后者；它主要位于高山的边缘，非常狭窄而崎岖"。③

博洛尼亚和佛罗伦萨之间的道路是旅行者常走的，艾迪生对这条道路进行了如此的描述，"道路……在众山之中起伏，我想，这是亚平宁山脉中最差的道路，因为这是我第三次通过这些道路"。④ 对于这条道路，纽金特进行了更为详细的描述：

> 道路非常狭窄，马车无法通过；由于经常被迫下来徒步行走，在博洛尼亚和佛罗伦萨之间旅行的人们，要么坐轿子，要么骑驴，而不是像在开阔地区那样坐低轮轻便马车。根据季节的变化，从博洛尼亚坐轿子前往佛罗伦萨，通常会花费两个半到 3 个皮斯托尔，租用马匹则需要 18—20 尤里奥。⑤

在旅行者的料想中，穿越亚平宁山脉的道路有些难走应属正常，他们却没想到贯通南北的大道也好不了多少。在意大利旅行时，英国人走得最多的是从锡耶纳通往罗马的道路，然而，这条道路的名声却非常糟糕。查理·德·布罗瑟描述说，"不提及车裂马翻和旅行中的其他事故，也足以让旅行者缺乏旅行的勇气"。整个南方的道路最为糟糕。在那不勒斯王国旅行时，所有的东西都得用骡子来驮运。"在卡拉布里亚，骑马行走十分困难且很危险；在阿布鲁齐，情况也差不多。""在查理三世统治之前，除了通向罗马及部分通向福贾的道路外，那不勒斯王国再没有其他道路。任何其他可通行的路径都没有了。"后来，当道路的数量增加之

① James Edward Smith, *A Sketch of a Tour on the Continent in the Years* 1786 *and* 1787, London, 1793, Vol. 3, p. 86.

② Samuel Sharp, *Letters from Italy, Describing the Customs and Manners of that Country in the Years* 1765, *and* 1766, London, 1766, p. 263.

③ Edward Wright, *Some Observations Made in Travelling through France, Italy, etc*, 1719 – 20, Vol. 1, p. 20.

④ Joseph Addison, *Remarks on Several Parts of Italy, in the Years* 1701, 1702, 1703, London, 1765, p. 245.

⑤ Thomas Nugent, *The Grand Tour, or a Journey through the Netherlands, Germany, Italy and France*, Vol. 3, p. 324.

后，戈拉尼在那不勒斯旅行时仍然评论说："在这个王国旅行是不可能的。道路遭到了极度的忽视；路上没有警察，他们也不提供大部分欧洲其他地区所提供的便利，大部分旅程都是骑马完成的，后面还得跟着驮运行李和给养的马匹或骡子。"① 德·拉·兰德在《意大利之旅》中的描述，进一步证实了提瓦罗尼的记述。他说，罗马和那不勒斯之间的道路在冬季是如此的糟糕，旅行者有可能面临被泥坑吞噬的危险。②

在查理三世（1716—1788）统治那不勒斯之际，他修筑了从那不勒斯通往卡普亚、卡瑟特、波萨诺、维纳弗洛以及波维诺等地的道路，以通行轮式马车。这些道路都通往国王的围场。在 1778 年至 1793 年间，菲迪南开通了省区之间以及从内陆通往海洋的马车路。它们成为当时仅有的干道。除此之外，在王国所有其余地区，几乎到处都没有交通支线和相互往来的方式。

由于意大利的道路比较糟糕，只有非常坚固的运输工具才能将旅行者安全地运送到目的地。当时的很多记载为我们留下了有关这一时期意大利运输工具的描述。正如在法国旅行时的情况一样，在意大利旅行的游客不时自带交通工具。当旅行者自带交通工具时，巴雷蒂建议说："旅行者不仅应当将他的驿递马车造得坚固足以抗拒意大利的石路，而且还应当将其设计得易于拆开，因为，在经过山区或搭乘三桅小帆船时——例如，翻越塞尼峰或从法国南部前往热那亚——马车必须拆散。"③ 玛丽安娜·斯塔克则提出了更加详细的建议，"计划在意大利进行广泛旅行的人们，应当为自己提供一种坚固的低挂双杆英式马车或驿递马车。车辆应当装备有适用性强且缠有绳索的弹簧、铁制车轴、带有两个铁踏板的刹车链……修理车辆的工具"。④

除了自带交通工具之外，旅行者在意大利旅行还有这样一些方式：乘坐驿站的马匹，租用不换马匹的四轮马车，乘坐路上为游客提供必要膳宿的公共马车。通过驿站体系，旅行者有着付钱便能前去想参观之地的便利，而不必再为寻找车辆或赶车人承担责任。而且，正如巴雷蒂评论的那样，在 18 世纪下半叶，整个意大利的驿马都非常优良，赶车人驾马的速度也很快。在上坡时，他们赶着马快跑；而在平地时，他们则驱

---

① William Edward Mead, *The Grand Tour in the Eighteenth Century*, p. 48.

② De La Lande, *Voyage en Italie*, Paris, 1786, Vol. 7, pp. 238 – 239.

③ Giuseppe Marco Antonio Baretti, *An Account of the Manners and Customs of Italy*, *with Observations on the Mistakes of Some Travellers*, *with Regard to That Country*, London, 1769, Vol. 2, pp. 313 – 314.

④ William Edward Mead, *The Grand Tour in the Eighteenth Century*, p. 62.

车飞驰。①

对于那些希望免除照料自己和车辆麻烦的游客来说，他们常常将一切事务都委托给私人马车主或他的代理人处理。正如泰勒描述的那样，通过私人马车主旅行，无疑是在意大利进行旅行时最为舒适的方式。旅行的从容让人们有时间熟悉这个国家，游客没有了与欺诈的地头蛇争吵的烦恼。书面合同则明确地解释了这种旅行的方式："我们的合同规定，被运载到罗马，我们每人将支付20法郎，即20f，如果服务周到，则再给赏钱；在我们到达罗马之前，车主朱瑟佩·内皮提必须为我们提供每天的晚餐，有两张床并生有火的空房间。"② 多数有钱、有时间的游客远行到那不勒斯时，一般都借助私人车主来完成旅行。除了通过私人车主进行旅行之外，更可取的方式便是借助普通的承运人来进行旅行。选择通过私人车主而前往那不勒斯的游客必须从原路返回。通过普通承运人，一名满怀好奇的旅行者往往可以自行选择路线，从而让自己的好奇心得到满足。

此外，还有一种旅行方式便是通过车行。这种方式往往适用于那些不想坐邮车但又无法为自己提供更加便宜选择的旅行者。它要求旅行者从车行老板那里租用一辆马车，然后再从沿途之中的驿站租用马匹和赶马人。通过这种方式进行旅行的最大便利在于，旅行者可以在自己想停的地方便停，可以在任何一个车行更换马匹和车辆，而不必为车马的返回付费。此外，他们还可以在途中随意耽搁，以满足自己的好奇而不必考虑时间限制。因此，正如米松所说，"在这个国家旅行的最佳方式便是通过车行"，当然，在教皇国、托斯卡纳、帕尔马公国及摩德纳公国，它也是唯一可行的旅行方式。③

从陆地前往意大利的外国旅行者首先须得翻越阿尔卑斯山脉，这常常迫使许多游客从海上进入意大利。斯莫利特旅行时便采用了这一方式。在解释为什么要采用这种方式时，斯莫利特写道："罗马至尼斯的路程大约为400—500英里，我决定其中一半的路程采用水上旅行的方式。事实

① Giuseppe Marco Antonio Baretti, *An Account of the Manners and Customs of Italy*, *with Observations on the Mistakes of Some Travellers*, *with Regard to That Country*, London, 1769, Vol. 1, p. 280.

② Bayard Taylor, *Views afoot*, *or Europe Seen with Knapsack and Staff*, New York, 1854, p. 315.

③ Maximilian Misson, *A New Voyage to Italy*; *with Description of the Chief Towns*, *Churches*, *Tombs*, *Libraries*, *Palaces*, *Statues*, *and Antiquities of That Country*, *Together with Useful Instructions for Those Who Shall Travel Thither*, Vol. 1, p. 562.

上，从那里前往热那亚并没有其他方式，除非你骑着骡子，以每小时 2 英里的速度缓慢地行进于大山之中，并冒着随时摔断颈项的危险。"①

从尼斯前往热那亚的游客常常乘坐三桅小帆船。三桅小帆船是一种无篷船，由 10—12 名强壮的水手划动，它有足够大的空间，甚至可以容得下一辆驿递马车。在船尾乘客站立区的上面有一斜帆，用以防止游客被雨水淋湿。小船沿着蜿蜒的海岸缓慢行进，其覆盖的里程在 90—120 英里之间。这一行程需要花费游客 1 个金路易。约翰·罗索曾进行过这样一次旅行。在勒里奇，罗索写道："我们登上了一条有 10 只桨的三桅帆船，和信差一道出发前往热那亚。我们每人为航行支付了 1 个紫金，同时还为行李额外付了钱。他们整个晚上都在划船；在早上 10 点，我们到达了热那亚城；它距勒里奇 20 里格。"② 接着，罗索继续乘坐一条有桨有帆的小船前往维拉弗兰卡。在靠近海岸的海上航行也并不总是可以轻松地完成。莱特曾从马赛前往里窝那，他对自己的这次经历进行了如下描述："在马赛，我为朔风耽搁了两个星期。之后，我登上了一条前往里窝那的三桅帆船。可是，我们遇到了极其糟糕的天气，在与风和海洋鏖战 6 天之后，我们很高兴最终能够在圣雷莫上岸。"③

游客常常使用的另外一条海岸航线位于罗马和那不勒斯之间。这一航线价格低廉，而且即便是在恶劣的天气之下，它也能让旅行者以一种不舒适来替换另一种不舒适。据纽金特的描述，夏天在这一航线上乘船旅行最为舒服。通常，游客可以"在罗马或奥斯蒂亚花 8 个皮斯托尔，雇用一条三桅小帆船或一叶扁舟，来完成自己的旅行。为了在天气恶劣的情况下能够有地方躲避，船往往在近岸海域行驶。在顺风的情况下，到达那不勒斯只需要 24 小时，但最多也超不过 2 天 2 夜。对那些不愿独自雇用小船的旅行者来说，他们需要为乘船支付 2 克朗，或为乘船与膳食支付 5 克朗"。④ 不过，在地中海上旅行的危险在于，游客可能面临野蛮的海盗掳掠的威胁，这并非完全是无中生有的，这些海盗常常藏匿于某个隐蔽的海湾之中，等待机会对未加防范的船只发起攻击。

在游客进入意大利后，当他们来到亚平宁山脉和阿尔卑斯山脉之间的平原之上时，他们也有机会进行水上旅行。在这一地区，道路的情况

① William Edward Mead, *The Grand Tour in the Eighteenth Century*, p. 33.

② Captain John Northall, *Travels through Italy*, 1752, London, 1766, p. 457.

③ Edward Wright, *Some Observations made in Travelling through France*, *Italy*, *etc*, London, 1764, Vol. 1, p. 18.

④ Thomas Nugent, *The Grand Tour*, *or a Journey through the Netherlands*, *Germany*, *Italy and France*, Vol. 3, pp. 377 –378.

并不怎么理想，游客常常走水路来减少麻烦和费用。事实上，在从费拉拉前往威尼斯的各条道路中，水路是最受人们欢迎的。在威尼斯和费拉拉之间，人们可以通过驿道或运河往来。在17世纪，雷前往意大利进行了旅行，他对前往威尼斯的旅行进行了详细的描述：

> 我们乘坐佛罗伦萨私人船主的小船前往威尼斯，在抵达马尔奥伯戈之前，我们经过了9座水闸；在马尔奥伯戈，我们换乘另一艘船只，并从水位更深的河道进入了一条水位更浅的河流，小船将我们载到了距离博洛尼亚45英里远的费拉拉。从费拉拉出发，我们在一匹马的拖曳之下，在一条人工沟渠中航行至彭特，并进入波河；在这里，我们再次更换座船，并顺流而下航行27英里后到达科波拉；在科波拉，我们便进入了威尼斯的领土，我们被迫再次换船，以便搭乘威尼斯的小船。[1]

一个世纪之后，在同一地区旅行的詹姆士·爱德华·史密斯发现，这条路线上的膳宿仍然相当简陋：

> 今天晚上（五月八日），大约在10点，我们登上了一条前往威尼斯的邮船，每人支付了30保罗——不到15先令——以便在途中不再交纳任何其他费用并有饭吃……船长在努力让大家尽可能舒服地凑合着吃了一顿晚餐后，便开始安排床垫……乘客们被安置或者说堆放于它们之上，或者是箱柜和任何可以想得到的东西之上。[2]

在18世纪末叶，玛丽安娜·斯塔克乘坐马车从费拉拉前往梅斯特雷，并从那里乘刚朵拉前往威尼斯。不过，斯塔克却建议病弱者"在距离费拉拉5英里的弗兰克里诺登船，一直由水路前往威尼斯。整个行程途经波河、阿迪杰河、布伦塔以及泻湖，常常在20小时之内便可以完成。相反，在所有的情况之下，马车都必须在陆上行驶。由于道路极其糟糕，它们最好是空车行驶"[3]。

---

① William Edward Mead, *The Grand Tour in the Eighteenth Century*, p. 35.

② James Edward Smith, *A Sketch of a Tour on the Continent in the Years* 1786 *and* 1787, London, 1793, Vol. 2, pp. 374, 380.

③ Mariana Starke, *Letters from Italy between the Years* 1792 *and* 1798, London, 1800, Vol. 2, p. 195.

从帕多瓦前往威尼斯的布伦塔航道非常出名。它长约 25 英里，河道两边矗立着威尼斯贵族的宫殿，它们的建筑样式丰富多彩，彼此间互不雷同。这些宫殿式别墅以及它们的园地华丽、美观，游客们的赞美之情也总是溢于言表。对于密集排列的围篱、按照几何形状整齐匀称地进行布置的花园而言，18 世纪的旅行者是它们的热情仰慕者。完成布伦塔之旅，普通的旅行者乘坐平底驳船或舢板大约要 8 小时。舢板安装有镜子和玻璃门，并铺设了地毯，是一种相当豪华的交通工具。按照莱特的描述，舢板是一种宽大而堂皇的船只；它的中部是一个小房间，常常装饰着雕刻品、金粉和绘画。它由一匹马拖曳着沿布伦塔而下，直至泻湖的入口弗西诺；从那里到威尼斯，它便由另外一种有 4—6 名桨手、被人们称为雷缪西瓯的船只拖拽着前行。①

六 德意志的水陆交通

近代时期，德意志的道路交通同样十分落后。在平时，远距离交通十分困难，而在冬天，远距离运输更是不可能。对多数旅行者来说，从秩序井然的法国交通体系进入德意志原始的交通体系，就犹如从文明社会来到野蛮地区。在 18 世纪晚期，德意志的一些邦国花费了不少人力来修护道路，它的交通网络得到了一定的发展（见图 8），却仍有很多需要改善的地方。游客对德意志境内道路的批评则依然十分尖厉。

在 18 世纪，德意志有一些伟大而辉煌的城市，但一直到 1753 年，它才按照科学的方法修筑起第一条道路。米松发现，科隆通往美因兹的道路是如此的差，以致他不得不取道莱茵河，虽然水上航行的速度也极为缓慢。在提及奥格斯堡与慕尼黑之间的道路时，米松说道："对马车来说，这个国家的直路极其难走；由于山中频繁的上坡和下坡，马车很容易翻车，乘客经常被迫步行。"② 从纽伦堡起一直到因戈尔斯塔特，道路在丛林之中蜿蜒，且非常之糟糕。对此，布雷瓦尔描述说，沿着莱茵河的旅程经过了最为糟糕的道路，尽管时值仲夏，夏弗豪斯到奥格斯特间的路程需要用整整两天的时间。纽金特在书中也提醒旅行者说："（德意志的）道路总体上非常一般，天气不好的时候在那里旅行简直就是一种

---

① Edward Wright, *Some Observations Made in Travelling through France, Italy, etc.*, Vol. 1, p. 43.

② Maximilian Misson, *A New Voyage to Italy: with Description of the Chief Towns, Churches, Tombs, Libraries, Palaces, Statues, and Antiquities of That Country, Together with Useful Instructions for Those Who Shall Travel Thither*, Vol. 1, p. 87.

痛苦。"他说，邮车 1 天跑不了 18 英里。莫尔博士曾陪同汉密尔顿公爵前往德意志旅行。当一行人从法兰克福前往卡塞尔时，他们在出发后的第二天午夜才到达目的地。由于地面覆盖着积雪，道路情况很糟糕，加之驿站之间的距离很长，每辆车需要套 6 匹马；可在一些地方，马车跑得并不比枢车快。

在奥地利，一些地区的道路要比极西部地区的路好一些，但仍然有许多公路是无法通行的。晚至 1798 年，当玛丽安娜·斯塔克从罗布西茨前往奥西格时，她描述道："除非有人的支撑，最轻便的车辆也几乎逃脱不了翻车的命运⋯⋯有两个与我们同时上马车的人摔断了血管，而其他的人则翻出车外，疲劳几乎让他们丧命。"① 总的来说，正如一位在 18 世纪末叶前往德意志旅行的游客所说，"旅行的方式⋯⋯比欧洲任何其他同等文明程度的地区都更加不方便。因此，通讯受到了极大的阻碍，而在冬天的几个月里，它则完全被中断"②。

就交通工具而言，旅行者到德意志后有两种选择。一是粗陋而笨拙的公用车辆，即邮车；一是私人马车。德意志的邮车与法国乃至意大利的同类车辆十分不同。它事实上是一种毫无舒适可言的公共马车。正如纽金特描述的那样：

> 通常旅行的方式是坐一种他们称为邮车的东西，它确实是名副其实。这种车辆并不比普通的大车好，车上安有座位，除了黑塞—卡瑟尔以及其他少数几个地方外，邮车都没有车篷。它们行驶的速度非常慢，每小时不超过 3 英里。对旅行者来说更加不方便的是，无论是白天还是黑夜，夏天还是冬天，下雨还是降雪，它们都一直在路上不紧不慢地行驶着，直至指定的地方为止。③

在德意志旅行的另外一种方式便是自带车辆。正如约翰·罗素描述的那样，"在德意志想舒服地旅行，唯一的方式便是乘坐驿马拖曳的自带

① William Edward Mead, *The Grand Tour in the Eighteenth Century*, p. 50.
② Thomas Cogan, *The Rhine: or a Journey from Utrecht or Francfort Chiefly by the Borders of the Rhine and the Passage down the River from Mentz to Bonn⋯Embellished with Twenty-Four Views in Aqua Tinta, and a Map of the Rhine*, London, 1794, Vol. 2, pp. 258–259.
③ Thomas Nugent, *The Grand Tour, or a Journey through the Netherlands, Germany, Italy and France*, Vol. 2, pp. 67–68.

轻便马车"①。也正如纽金特所说的那样,有一辆自己的轻便马车为旅行者省去了"捆绑和解行李的麻烦,因为旅行者租用驿站的马车时,他必须每到一个驿站便要换车马,这十分不方便"②。

除了乘坐邮车或自带的马车在坑洼不平的道路上颠簸外,游客还可以使用德意志境内的三条主要河流,莱茵河、多瑙河和易北河。在 18 世纪及其之前的数个世纪中,莱茵河为德意志北方和南方之间提供了最为方便的通道。该河流是如此的不可或缺,以致从古代起,河流两岸的权力当局便因对航道拥有的特权而从所有船夫那里榨取高额的通行费。在 18 世纪之前,船夫们同样也强迫他们的乘客进行劳动。根据柯雅特的描述,甚至支付了路费的乘客也被迫轮流摇桨。当他们到达奥伯温特时,在经过繁重的摇桨劳动之后,他们会尽情地犒赏自己。为了沿河而上,人们常常使用马匹,这正如柯雅特的时代一样。一般的船舶常常用两三匹马来拖曳;而对更大一些的船舶来说,当它们装载了沉重的货物后,马匹的数量便增加至 10 匹,有时甚至是 20 匹。在河流的浅水地段,这些船舶就必须借助驳船的帮助。正如柯根描述的那样,"当水位变浅且风向不对的时候,它们往往要好几个月才能完成航行"。③

普通的游客通常不会乘坐货船,而是使用专门为运送乘客而设计的船舶。这些船舶大小各不相同,它们能够运送的乘客数量也各不相同。最为常用的船舶在中部建有一个长方形的船舱,它通常能够容纳 10—12 名乘客,而空间还绰绰有余;在船舱和船舵之间是一些长凳子,上面由帆布搭成遮篷,这便形成了低等级乘客使用的第二个船舱。莱茵河湍急的水流有助于顺流而下的航行,因此,从美因兹顺流而下前往科隆的收费要比从科隆逆流而上前往美因兹的收费少得多。众多的小船仅仅是顺水漂流而下,或稍微借助帆的帮助,并用舵或偶尔将长桨放入水中,来防止船撞到河岸或其他障碍物。

除了食宿条件更为糟糕之外,多瑙河和易北河上的运输与莱茵河上的情况十分相似。旅行者们常常抱怨船只又小又脏,而且还拥挤不堪。例如,1792 年,一位沿多瑙河而下的旅行者在日志中记录道:"我被禁锢在猪栏一样的地方已经 7 天了。"④ 然而,即便在最糟糕的情况下,船运

---

① John Russel, *A Tour in Germany and Some of the Southern Provinces of the Austrian Empire in 1820, 1821, 1822*, Edinburg, 1828, Vol. 1, pp. 13 – 14.

② Thomas Nugent, *The Grand Tour, or a Journey through the Netherlands, Germany, Italy and France*, Vol. 2, pp. 68 – 69.

③ Thomas Cogan, *The Rhine: or a Journey from Utrecht or Francfort...*, Vol. 1, p. 2.

④ William Edward Mead, *The Grand Tour in the Eighteenth Century*, pp. 38 – 39.

也几乎不比陆上运输差。1716 年，喜好奢华的玛丽·蒙塔古夫人从雷根斯堡取道多瑙河前往维也纳，她发现"旅行十分舒适"。她"搭乘其中一艘他们恰如其分地称为木屋的小船，船上拥有宫殿式的所有便利，船舱里有火炉，船上还有厨房，等等。每艘船都由 12 人划动，船行的速度如此快捷，在同一天中，你竟能看到如此多的景色"①。显然，她所搭乘的客船是最好的那种。

1798 年，玛丽安娜·斯塔克从德累斯顿取道易北河前往汉堡，她发现船上的条件也十分不错。她在信中写道："听说道路极其糟糕，客栈也非常一般，我们决定打发走骡子，而走水路；我们搭乘了一艘不错的客船，船上有 3 间客舱，4 张床，船舱的后面有一个供男仆使用的地方，前面则是放行李之处。""即便每天夜间船都要抛锚几个小时，以免船行时船夫们不断制造的噪声打扰乘客的睡眠，航行通常会在不到一周的时间里完成"。②

从汉堡沿易北河而下前往库克斯哈文的航程大约 60 英里，一艘配备有供五六个人的铺位和 1 个做饭炉灶的客船行完全程需要 18 小时。租用 1 条小船和船上的 3 名桨手则需要花上 70 马克。此外，还需付 4 马克的赏钱。乘客还需自备食品，但却不需为桨手准备食物。③

---

① Mary Wortley Montagu, *The Letters and Works of Lady Mary Wortley Montagu*, 1837, Vol. 1, p. 206.

② Mariana Starke, *Letters from Italy between the Years* 1792 *and* 1798, Vol. 2, pp. 249 – 50.

③ William Edward Mead, *The Grand Tour in the Eighteenth Century*, p. 39.

第四章 "大旅行"对旅行者的影响

近代时期，为学习外国语言，观察外国的文化、礼仪和社会，成千上万的英国人不辞辛劳，前往海外（主要是欧洲大陆）游历、学习。作为教育过程组成部分的海外旅行，或者说游学，成为英国绅士中约定俗成且受人欢迎的实践。在 17 世纪中后期至 18 世纪，"大旅行"成为这种实践的巅峰。在游学盛行的年代，英国人对欧洲大陆表现出了浓厚的兴趣，支持国外旅行的理念颇有市场，游学的益处也得到了良好的宣传。不过，批评之声也时有耳闻，一些人完全否定派送青年人到欧洲大陆旅行以完成教育的效用，有人甚至将游学视为诸害之首或一项可能导致人毁国亡的活动。部分印刷品与大众娱乐向英国大众呈现的是游学者特别负面的形象，体现了英国社会中固有的一些担忧和偏见，展现了英国人对本民族与欧洲社会持续交往过程中呈现出来的某些脆弱性的担忧。① 当然，无论理论家是否看好游学，对其践履者而言，大陆游学的不平凡经历确实对他们产生了深刻的影响。

第一节 同时代人对旅行利弊的论争

正如"旅行艺术"的创始人杰罗姆·特勒在《论旅行》中指出的那样，"旅行对一个人究竟是利大还是弊大"是一个古老的问题。② 早在晚古时期，凯撒利亚的巴兹尔和尼萨的格里高利便已经就朝圣的价值和利弊得失展开了争论。③ 到文艺复兴时期，欧洲人更是就国外旅行的利弊展开了激烈的争论，其主题便是围绕"国外旅行是为了纵情享乐，还是为

---

① Sara Warneke, *Images of the Educational Traveler in Early Modern England*, pp. 1 - 2.

② Jerome Turler, *The Traveller of Jerome Turler*, London, 1575, p. 4.

③ Brouria Bitton - Ashkelony, *Encountering the Sacred: The Debate on Christian Pilgrimage in Late Antiquity*, Berkeley and Los Angeles: University of California Press, 2005, pp. 30 - 64.

了有所收获"而展开。在英格兰,世俗旅行及相关理论的发展要比欧洲大陆缓慢得多。①

一 支持之声

近代初期,英国文化对经验方法的喜爱,导致英国人偏爱直接经验。而就旅行而言,尚在有关理论产生之前,已经有许多人加入前往海外特别是欧洲大陆游历、学习的活动中,牛津和剑桥大学的学子及其他人等前往欧洲大陆宫廷、文化教育中心学习、游历的事例便是其中的典型(参见第一章第一节关于近代初期游学的论述)。正是在这种偏爱经验的社会氛围中,旅行是教育工具,是思想文化的交流方式,通过比较,旅行会激发和促进旅行者批判意识的发展的观念在英格兰传播开来。在旅行理论孕育之初,支持旅行的人们往往利用荷马及贺拉斯对尤里西斯的称颂,来为旅行辩解。到16世纪,当英格兰人再次拾起这一理由时,它则变成了"所有的旅行者都对尤里西斯交口称赞,因为,他了解、熟悉不同的民族及其习俗,见识过许多的城市"②。这可能是英格兰人对旅行教育价值最初的认识。

16世纪,英格兰精英教育在很大程度上是以传播文艺复兴成果为导向,人们更多地将教育和旅行联系起来,并对旅行的教育功能进行论述。16世纪50年代初,托马斯·威尔逊在《语言艺术》一书中首先就"前往海外学习语言和获取他国经历"的原因进行了阐述:首先,旅行是有利可图的。它能让人学到知识,学会趋利避害;它有益于身体,能够增加力量、增进健康、增加美感;它能增长才智、让人得到经验,并让旅行者因此而获得财富、荣誉和朋友。其次,旅行能让人得到快乐。他国语言的亲切,空气的怡人,绅士思想的深邃,建筑的奇特古老,遗迹的美妙,学者的博学多才,能够让旅行者从中得到快乐。最后,旅行是容易的。旅行的容易在于,健全的法律确保了所有外地人和旅人通行的自由。人生其实就是一次旅行,人们则犹如徜徉于各地的朝圣者。视此为艰辛是愚蠢的,因为造物主已使其变得轻松而愉快。有谁能够比那些在各国旅行过的人更健康、更精力充沛、更愉快、更身强体壮的呢。此外,旅行也是必需的。如果一个人不希望无知而少见识,他就必须旅行。由

---

① Edward Chaney, *The Evolution of the Grand Tour*, *Anglo – Italian Cultural Relations since the Renaissance*, p. 58.

② William Aldis Wright, ed., *The English Works of Roger Ascham*, Cambridge: Cambridge University Press, 1904, p. 224.

于无知是一个巨大的耻辱，希望避免耻辱的人就需要去旅行。① 继威尔逊之后，安德鲁·博德在 1555 年出版了他于 16 世纪 40 年代写成的《知识入门第一卷》。在这部小册子中，博德对欧洲主要地区与国家的居民、居民的性情、所使用的语言及货币进行了概要的介绍。② 尽管这部类似于欧洲知识概览的小册子篇幅不长（约 100 页），其关于各地居民及其性情的介绍也因作者的民族偏见而有失准确，但作为近代初期英国出版的第一部欧陆指南，它推动了旅行在英国的发展。

在英国游学理论发展的过程中，16 世纪 70 年代是一个重要时期。1575 年前后，一批显赫的朝臣，即爱德华·戴尔、吉尔伯特·塔尔博特、赫特福德伯爵、克里斯多夫·哈顿勋爵与菲利普·西德尼勋爵等，在国外游历后回到英格兰。他们的事迹在宫廷中引起了震动，并在上层青年中掀起了出国游历的热潮。在这样的氛围中，为意欲旅行的年轻人提供建议的需求明显增长，而出版商们也不失时机地刊印各种探讨旅行问题的书籍。当时经常出现的情况是，一名年轻人在出外旅行前，往往会向某位有经验或年长的朋友求教，请他们帮助规划行程。而这些长者对年轻朋友私下的忠告，如塞西尔写给拉特兰的书信，则逐渐演变成为供其他旅行者参考的普遍性论述。③

早期论述旅行问题的著述中有相当一部分是外国（特别是德意志）作家作品的译本。德意志作家是旅行训诫手册写作传统的开创者。近代初期，地处欧洲文明边缘的德意志人同英格兰人一样开始觉醒，并意识到自身文化的相对落后。他们纷纷派遣年轻人前往欧洲文明中心，去寻求更为先进的文化。在这个过程中，他们不仅对文艺复兴时期的理念——"旅行是一种有益的教育经验，它让一个人在智识方面变得完善"——深信不疑，而且还继承了同一时期"旅行是一个人对国家应尽的职责"的信念。在一定程度上讲，德意志和英格兰都远离更为古老和文明的国家，都力求赶上欧洲文化中心的进展，而两国赖以指导其发展的绅士尤其是贵族则主动承担起卡斯蒂廖内描述的朝臣责任，时常出入外国宫廷，了解各国的人情世故，学习语言，寻求学问的精髓，其最终的目的就是为了在回国后能供君主咨询之用。不过，在 16 世纪，大学里尚没有开设政治经济学、现代历史及现代语言等课程，所有前述知识都只能通过直接观察和亲身体验才能获得。因此，所有的指导手册都对旅

---

① Thomas Wilson, *The Arte of Rhetorique*, London, 1553, filio. 16 – 17.

② Andrew Boorde, *The First Book of Introduction of Knowledge*, London, 1555, ai – iv.

③ Clare Howard, *English Travellers of the Renaissance*, pp. 21 – 22.

行者利用自身拥有机会的重要性及系统而彻底地进行调查的必要性加以强调。①

在源自国外作家的著述中,杰罗姆·特勒的《旅行家杰罗姆·特勒》(无名氏译,1575),贾斯特斯·李普西乌斯论述旅行价值和意义的精彩通信(约翰·斯特拉德林译,1592),丹麦地理学家和历史学家阿尔伯特·梅耶的《方法》(菲利普·琼斯译,1589),赫曼·科钦纳的《称颂旅行的演讲》(托马斯·柯雅特译,1611 年)等,便是其中的代表。②

虽然早在 1553 年,托马斯·威尔逊在《修辞艺术》一书中便对旅行之利进行过探讨,而 1561 年 G. 格拉塔罗鲁斯在巴塞尔出版的《论药物保健方法》一书则对"旅行者应如何避免容易遭受的各种病痛"提供了实用的指导,但正如特勒指出的那样,这些旅行规则散见于各种书籍的不同地方,并没有在书中某处进行集中讨论。特勒本人的《旅行方法》是第一部系统探讨旅行利弊和方法的著作,开创了同类书籍的先河。在该书的序言中,特勒首先指出,学生需要去旅行,去了解外国。其原因就在于,经历是人类智慧最重要的来源,而旅行则能增长阅历。通过旅行,一个人会变得更加睿智。③

1587 年,安特卫普的普朗汀印刷店刊印了史蒂芬·维南督斯·匹格乌斯的旅行记述。该记述记录了匹格乌斯的学生克里夫斯公爵查理·弗雷德里克的生平和历次旅行,及其在旅行期间死于罗马的有关情况。在记述中,匹格乌斯详细地探讨了影响旅行的各种因素:旅行的花费及途中可能遭受的病痛是巨大的制约因素,然而,明智地旅行却能确保心胸的开阔,正是这一点在权衡是否有必要出外旅行的过程中起了决定性作用。

西奥多·兹温格是"将旅行艺术降格为一种形式,但却赋予其科学

---

① Clare Howard, *English Travellers of the Renaissance*, pp. 22 - 23.

② Anon, *The Traveler of Jerome Turler*, London, 1575; John Stradling, *A Direction for Travelers, Taken Out of Justus Lipsius and Enlarged for the Behalf of the Right Honorable Lord, the Young Earl of Bedford, Being Now Ready to Travel*, London, 1592; Albrecht Meyer, *Certain Brief and Special Instructions for Gentlemen, Merchants, Students, Soldiers, Mariners, & C. Employed in Services Abroad or Any Way Occassioned to Converse in the Kingdom and Governments of Foreign Princes*, London, 1589; Thomas Coyat, *Coyat's Crudities Hastely Gobled up in Five Months Travel in France, Savoy, Italy, Rhetia Commonly Called the Grisons Country, Heluetia alias Switzerland, Some Parts of High Germany, and the Netherlands, Newly Digested in the Hungry Air of Odcombe in the Countey of Somerset, and Now Dispersed to the Nourishment of the Travelling members of this Kingdom*, London, 1611.

③ Anon, *The Traveler of Jerome Turler*, A iiij.

的面貌"的第一人。但人们更为熟知的却是贾斯特斯·李普西乌斯。在兹温格的书出版一年后,李普西乌斯写过一封精彩的书信,对旅行的价值和意义进行了探讨。该书信为约翰·斯特拉德林勋爵翻译成了英文(1592)。不过,在翻译的过程中,斯特拉德林将自己的思考和看法融入了翻译之中,这使译本看起来几乎像一本新的作品。① 1587 年,丹麦地理学家和历史学家阿尔伯特·梅耶《方法》一书出版。在书中,梅耶分别以条目的形式开列出旅行者应当加以观察、学习和描述的十二个方面(宇宙志、天文、地理、方志、地形、耕作、航海、政治、宗教、文学、历史及年代志)的具体内容。1589 年,菲利普·琼斯将其翻译成英文,并将这本"供那些打算通过见世面而得到收获与荣誉的人们使用的、短小却让人感到亲切的小书"献给弗朗西斯·德雷克。在献词中,琼斯称自己译书的初衷只是为了"在自己蒙神喜悦、时间方便且有良朋相伴,因而外出旅行时"能有所收获。②

乔治乌斯·洛伊修斯所著的《不眠的水星》(Pervigilium Mercurii)虽然一直没有翻译成英语,但其中描述的旅行者应当具有的重要品质,对英国读者产生了影响。洛伊修斯收录了 200 条简短的格言,并引经据典,以揭示旅行者的正确行为和职责。例如,旅行者当如塞涅卡所说的那样避免骄奢淫逸,当如贺拉斯和奥维德所说的那样避免懒惰,当如尤里西斯那样珍惜自己的财富、知识,并保守自己的秘密。旅行者必须对外国人的品行和宗教加以观察,但却不应对其横加指责,因为,不同的民族有着不同的宗教,他们认为父辈信奉的神灵理当受到尊重。忽略这些方面的人可能是出于宗教的虔诚,不过他却没有考虑别人的感受。当然,书中也不乏对女性的歧视。"天性本身要求女人待在家中。""确实,在整个德意志,没有妇女希望去旅行的,除非她一贫如洗,或有几分放荡。"③这些看法则反映了当时德意志对女性的偏见。此外,赫曼·科钦纳的《称颂旅行的演讲》则是一部德意志本土训示的集成。其中,有关旅行的各种训示试图将人类活动理性化,而这正是文艺复兴的显著特征。该著述后来为托马斯·柯雅特翻译并收入《糙米粗饭》一书之中。④

---

① Clare Howard, *English Travellers of the Renaissance*, pp. 24 – 25.

② Philip Jones, *Certain Brief and Special Instructions for Gentlemen, Merchants, Students, Soldiers, Mariners, etc, Employed in Services Abroad, or Any Way Occasioned to Converse in the Kingdoms and Government of Foreign Princes*, London, 1589, A2.

③ Clare Howard, *English Travellers of the Renaissance*, p. 28.

④ Thomas Coryat, *Coryat's Crambe or His Col Wort Twish Sudden, and Now Served in with Other Macoronick Dishes, As Second Course to His Cruidities*, Sig. B – D.

在同一时期，除了这些源自国外的旅行著述外，英格兰本土也出现了不少论述旅行问题的著作，如威廉·博恩的《旅行宝典》（1578）、托马斯·胡德修订的《航海必备》（1578）、菲利普·锡德尼写给旅行中的弟弟的书信（1580）、罗伯特·德弗罗的《有益的训示》（1595）、威廉·德维森的《旅行训诫》（1595）、罗伯特·丹灵顿的《旅行方法》（1598）等，它们都试图对旅行的教育价值或必要性进行阐释。① 另外，许多未曾出版面世的手稿也对国外旅行的益处和教育价值进行了阐述。1617—1618 年期间，诺森伯兰伯爵亨利写给儿子的长篇训示便是其中的一个例子。训示是这样开始的：

> 你必须思考，你旅行的目的不是为了学习矫揉造作的举止或服装时尚，也不是为了品尝各种佳肴美味，而是为了学习语言。这样，在今后闲暇之际，如果有人留下了任何有价值的东西，即使他们已然离世，你也可以和他们进行交流；如果有机会，你还可以与尚在人世的人们交谈；同样，如果有人赋予了我们任何正确的世界观，那即使他们不在身边，我们也可以与他们进行神交。因此，将一个人在国外时的所作所为与他在国内的行为进行比较，你的举止就会变得端庄，思想变得更加丰富，你的判断就会明智，并能让你做到趋利避害。

在详细阐述旅行中应当学习的事物后，亨利伯爵以这样的训诫来结束自己的忠告："但凡观察到有价值的东西，便将它们记录下来；因为，当你逐条回忆时，你的书页也更加易于打开，而你记忆的栅栏也更加易于打开。"②

---

① William Bourne, *A Booke Called The Treasure for Traueilers*, *Divided into Five Books or Parts*, *Containing Very Necessary Matters for All Sorts of Traueilers*, *Eyther by Sea or By land*, London, 1575; Thomas Hood, *A Regiment for the Sea*, *Containing Verie Necessarie Matters for All Sorts of Men and Travailers*, London, 1578; Philip Sidney, *Sir Philip Sidney to His Brother Robert Sidney When He Was on His Travels*, *Advising Him What Circuit to Take*, *How to Behave*, *What Authors to Read*, etc., in *Letters and Memorials of State* Collected by Arthur Collins, London, 1746; Robert Devereux, *Profitable Instructions for Roger Manners*, Harl. MS. 6265, p. 428; William Davison, *Insturtions for Travel*, MS. 6893; Robert Dallington, *A Method for Trauell*, *Shewed by Taking the View of France as It Stoode in the Yeare of Our Lord*, 1598, London, 1598.

② Maddison, "Studies in the Life of Robert Boyle, F. R. S. : Part VII. The Grand Tour", *Notes and Records of the Royal Society of London*, p. 51.

与此同时，一些著述开始将旅行与个人的公共职责联系起来。近代初期，英国逐渐受到市民人文主义理念的影响。市民人文主义试图将追求个人的完善与实现社会的福祉统一起来。人文主义者对市民生活的赞扬，首先就是为了在"冥思式的生活"与"积极的生活"之间架起桥梁，他们希望将自我实现的反思生活与服务于家国的政治生活结合起来。[①] 在他们看来，绅士的教育就应当让他为服务社会、君主及国家做好准备，而游学显然与这种理念暗相吻合。在 16 世纪，尽管有许多人在私下的通信中对"旅行有益于社会、君主和国家"的思想进行了回应，但威廉·伯恩却是少数几位在著作中明确阐述该思想的作家之一。1578 年，伯恩在《旅行宝典》一书中争辩说，"前往其他国家的旅行者能够让自己的国家在各个方面受益，因为他让自己的国家得以了解外国，了解它们对国家的管理、执行贸易法规的方式、城镇和乡村居民的习性……"[②]

到 17 世纪上半叶，旅行有益于国家的论调更常见于出版物之中。在 1607 年出版的《英雄教育：造就青年贵族》一书中，詹姆士·克利兰德认为，前往国外旅行是青年贵族让君主、国家和自己受益的主要途径。[③] 在 20 年之后，欧文·费尔森在《双重世纪中的各种决心》一书中对这一观点进行了扩充，"在一个国家之中，总是有一定数量的优秀贵族和乡绅青年，在其接近成熟的日子里，被送到国外接受教育。这是一件极好的事情……他们可能会对国家极其有用。如果他们在归来的时候深谙世务，精通外语，且人情练达，对于内政和外交而言，这些比任何书本知识都更为有用"[④]。

在 17 世纪众多的旅行著述中，弗朗西斯·培根（1561—1626）相关的论述值得一提。1625 年，培根发表了他的短文《论旅行》。在文中，培根建议：行将动身前去"大旅行"的年轻人应当对即将前往的国家的语言有所了解；他应当携带书面的指南和私人老师。年轻人应当记日记，不能在任何一个城市或市镇滞留太长时间，应当不时更换住所，以让自己习惯于迁徙流动。最后，他还应当备有介绍信，以便进入上流社会。在宣传正式旅行的道德教育价值方面，培根做出了自己的贡献。培根写道："对青年人来说，旅行是教育的一部分；而对年长一些的人来说，旅

① John Arthos, "A Hermeneutic Interpretation of Civic Humanism and Liberal Education", *Philosophy & Rhetoric*, Vol. 40, No. 2, 2007, p. 189.

② William Bourne, *A Book Called The Treasure for Travelers*, preface to the readers.

③ James Cleland, *Hero - Paideia, or The Institution of a Young Noble Man*, Oxford, 1607, p. 251.

④ Owen Feltham, *Resolves*, *A Duple Century*, London, 1628, p. 271.

行则是人生经历的一部分"。不过，对培根来说，要实现国外旅行的教育
功能，旅行就必须目标明确，并经过认真准备：旅行者应该研究人、人
的生活和文学，观察人们的各种成就，包括教堂、图书馆、学院、要塞、
港口、废墟，并"拜访国外声名显赫的各类杰出人物。"① 弗朗西斯·培
根的训诫为英国人所从事的游学提供了哲学基础，确保了它在年表中的
显著地位，并为它赢得了王室无条件的支持。培根的短文囊括形形色色
的动机和规则。后来的手册仅仅是对这些动机和规则的详细列举、延伸、
重复和重组而已。

在理查德·拉塞尔斯去世后两年出版的《意大利之旅》是 17 世纪另
外一部重要著作。该书开篇的"就旅行致读者前言"可谓是"大旅行"
的理论宣言书。通过强调旅行给人们带来的益处，这一前言为"在法国
进行'大旅行'和在意大利'周游'"提供了充足的理由。拉塞尔斯认
为，旅行的教育功能主要体现在思想文化、社会、伦理道德和政治四个
方面。首先，从思想文化方面来讲，旅行可以消除因安土重迁而造成的
无知。通过旅行，人们可以了解"各地的风俗"，"学会各种外国语言，
与各国居民自由交谈"。其次，从社会的角度来讲，旅行的社会教育功能
与当时英格兰社会时尚的"面向世界之绅士"观念密切相关。在继承源
自于卡斯蒂廖内《廷臣论》一书思想的基础上，拉塞尔斯强调，仅旅行
本身就足以让旅行者建立"足够的自信"、培养出"端庄的仪态"，最终
"随心所欲而不违"。简言之，只有进行过大旅行的青年人才可能充分获
得"基本的教养"，没有这些基本的教养，"他虽然内心良善无比，但却
是白丁一个"。旅行在伦理道德方面所起到的教育功能则体现在，它可以
让旅行者的内心世界犹如外表一样华美。通过旅行的教育，人们去除了
自负和骄傲之心，变得谦虚而有礼貌。通过体验旅途的艰辛和无助，人
们可以培养出坚毅的品格和自助的精神，从而"虽漂泊流离而怡然自得，
虽客处他乡却宾至如归"。此外，旅行最重要的教育功能体现在政治教育
方面，它可以让旅行者掌握专业政治知识。如果方法得当，大旅行可以
发挥治国术培训学校的功能，让进行旅行的贵族获取治理国家的能力。②

《意大利之旅》一书一问世，它所开创的写作风格便为许多人所推
崇。在《意大利之旅》出版后不到三年的时间内，剑桥博物学家、英格
兰皇家学会成员约翰·雷便写出了自己的旅行指南。在这本旅行指南中，

---

① Melville B. Anderson, ed., *The Essays or Counsel Civil and Moral of Francis Bacon*, Chicago:
A. C. McClurg and Company, 1890, pp. 108 – 110.

② Richard Lassels, *The Voyage of Italy or a Compleat Journey through Italy*, Vol. 1, aiii – e.

约翰·雷不仅详细记载了自己对欧洲各种植物的观察，同时还增加了对城市、纪念碑、风景以及外国花卉的描述；此外，他还将游历的地理范围进一步扩展到法国、德意志和尼德兰。[①]1693 年，约翰·洛克出版《对教育的一些思考》。在洛克这位辉格派哲学家看来，大陆旅行的目的在于"完成学习，成就绅士"。"进入外国旅行"，"通过见识各种人物，与各种性情的人交谈"对提高智慧和增强审时度势的能力"有巨大的好处"。因此，大陆旅行的最佳年龄不是 18 岁左右（多数英格兰人的子女在这个年龄时被送出国），而应该早几年，或者晚几年，这时旅行者更加成熟，能更好地"管住自己"。但无论年龄多大，社会地位如何，目的地是哪里，旅行者的首要目的都应该是"提高自己"，增强身体，提高智力，改善举止，提高教养、谈吐和自制的能力。[②]18 世纪中期，当托玛斯·纽金特在编著《大旅行》一书时，他同样也称赞旅行是"一种明显旨在以知识丰富头脑、订正判断、去除教育偏见、控制外部仪态，一句话，成就完全的绅士的习俗"[③]。

总之，在英国全民探索的过程中，在欧洲大陆、主要是文艺复兴的相关理论及德意志地区同类著述的影响下，旅行的整个理论在英国得到充分的讨论，并得到了一些确定的结论：

首先，旅行能够造福国家、推进公共福祉的发展。文艺复兴的一个伟大成果就是中央政府权力的重要性得到了前所未有的强调。这导致的一个结果便是，能否促进国家的福祉逐渐成为衡量一切事物的最终标准。就旅行而言，关键性的问题就在于它能在多大程度上给国家带来好处。于是，旅行的支持者自然要努力地证明旅行对国家的积极作用。[④]"如果世界上有任何东西能让一个人想到自己的国家的话，那必然是旅行"[⑤]，而且，只有高贵而有德行的人们才会有旅行的欲望，"只有高贵而有德行的人们才具有愿意出外旅行的英勇和无畏的性情。卑微而下愚的人们则往往满足于对自己家乡的了解，他们犹如背负全部家当的蜗牛那般念栈

---

① John Ray, *Observations, Topographical, Moral & Physiological, Made in a Journey through Part of the Low – Countries, Germany, Italy and France, with a Catalogue of Plants Not Native of England, Found Spontaneously Growing in Those Parts, and Their Virtue*, London, 1673.

② R. H. Quick, *Some Thoughts Concerning Education by John Locke*, Cambridge：Cambridge University Press, 1902, pp. 184 – 187.

③ Thomas Nugent, *The Grand Tour, or a Journey through Netherlands, Germany, Italy and France*, Vol. 1, preface, p. xi.

④ Lewis Einstein, *The Italian Renaissance in England：Studies*, New York：The Columbia University Press, New York, 1902, p. 123.

⑤ Anon, *The Traveler of Jerome Turler*, p. 38.

自己的家园……相反，高贵而具有滔天情怀的人们只有在模仿运动不息的诸天的过程中才会得到满足"。① 其他一些作家，如罗伯特·丹灵顿，在自己撰写的旅行指南中也阐述了类似的观点。

旅行有着悠久的历史，曾得到无数古人的践履。理论家们往往通过引用荷马在《尤里西斯》中极力描写的那些因在外国旅行并了解其风俗的希腊最完美、最有修养的绅士来证明旅行的必要性。有的作家甚至列举一系列教、俗名人的事迹来证明历史上每个国家的英雄都是些旅行家。他们认为，就自然赋予他们自身（成为世界公民）的自由而言，囿于一个小国狭窄的区域，是一件很丢人的事。在列举杰出的先人并展示旅行者高尚的动机之后，需要证明的便是旅行者对国家的效用。因此，决心离开自己的国家出外旅行的人，必须下定决心在旅行时抛开本国传统，超越自我，即忘掉过去的狂饮暴食、挥霍赌博及无所事事。他必须痛下决心——旅行是为了让知识更加完备、增加阅历、增长智识，进而更好地为国家服务。② 为此，在国外旅行的过程中，他必须全心全意地谋求有所收获；在他充分地利用了旅行的时光之后，他必须准备好随时为国家效力。

其次，旅行的教育功能及价值得到了明确的肯定。在伊丽莎白及其后的一段时间里，有关旅行及其教育功能的理论发展的程度可以从众多论述该主题的书籍中得到说明。特勒的《论旅行》、斯特拉德林的《旅行指南》、博内的《旅行宝典》、丹灵顿的《旅行方法》、帕默的《论如何让我们在外国的旅行更有益、更可敬》、培根的《论旅行》都对旅行的教育功能及价值进行了强调。"阅历是人类智慧最主要的组成部分，而旅行则可以增长一个人的阅历"，"没有人会否认旅行可以让人变得更加睿智"。③ 旅行可以增加阅历和学识，提高修养，获取日常行为规范的指导。同样，旅行旨在让旅行者与外国学者进行接触。在离开有关国家后，旅行者应当与相关学者保持书信联系。当时的书信表明，旅行的教育功能绝非仅仅是空谈和无用的理论。相反，旅行的主要益处在于能从中获得知识，而这些知识将让一个人更好地为君主出谋划策，更好地为国家服务。在 16 世纪，此种思想特别流行。无论是西德尼还是卢克诺都具有这

---

① John Stradling, *Direction for Travelers*, *Taken Out of Justus Lipsius*, *and Enlarged on the Behoof of the Right Honorable Lord*, *the Young Earl of Bedford*, *Being Now Ready to Travel*, London, 1592, A3.

② Robert Dallington, *A Method for Trauell*, Sig. B.

③ Anon, *The Traveler of Jerome Turler*, Aiiij.

种思想，他们几乎将其视为旅行的最重要的理由。在某种程度上讲，这仅仅是卡斯蒂廖内"朝臣的终极目的便是顾问君主"的一个体现。①

当然，旨在实现的理想的崇高也导致了观点的片面。理论上讲，旅行者只能为坚定的责任感所动，这让他几乎成为一个国家利益的奴仆。在这种认知下，寻欢作乐者，乃至最有修养的业余艺术爱好者都没有一席之地。在英国文艺复兴时期的思想中，旅行从来就没有被视为是一种理性的娱乐。相反，在旅行中寻欢作乐是真正敬畏上帝的旅行者的大忌，因为寻欢作乐仅仅是燕雀之志，欢愉的时刻短暂、不确定且易逝，它蒙蔽了旅行者的心智，给他们带来各种麻烦与苦恼，最终还会造成极大的伤害与灾难。为此，如果寻欢作乐是主要目的的话，那一个人最好就待在家中，而没有必要冒着各种危险前往国外。②

二 贬斥、质疑之声

尽管英国人对欧洲大陆表现出浓厚的兴趣，为国外旅行辩护的理念在英国也颇有市场，但当时也有一些人对大量思想尚未定型的年轻人涌向欧洲的现象表现出了担忧，对派送青年人到欧陆游学的效用提出了质疑，有人甚至将旅行视为诸害之首或可能导致人毁国亡的活动。

欧洲人历来有怀疑的传统。尚在朝圣盛行的时代，彼特拉克已经开始表达自己的担忧，他唯恐罗马世俗文化的魅力妨碍朝圣者实现其本来的目的。在《坎特伯雷故事集》一书中，乔叟通过对满身俗气的巴斯之妻的刻画来表达对朝圣的反感。③ 伊拉斯莫对同时代仍然盛行的巴斯之妻综合征耿耿于怀，他不仅对哲罗姆有关朝圣可有可无的观点进行强调，还提醒读者青年男女离家远游蕴藏着道德危险。④

近代初期，朝圣活动虽然日渐衰落，但朝圣者的各种形象及其受到的批评却流传了下来，并不断出现在各种关于游学者形象的描述和批评之中。在游学者起程横渡英吉利海峡之际，让朝圣者从狭隘的精神追求中掉下马来的种种世俗诱惑仍然存在，而且还非常地强大。正是对世界无限制的好奇，导致了朝圣者的毁灭。在道德和政治方面，它对游学者

① Lewis Einstein, *The Italian Renaissance in England: Studies*, p. 128.

② *John Stradling, Direction for Travelers, Taken Out of Justus Lipsius, and Enlarged on the Behoof of the Right Honorable Lord, the Young Earl of Bedford, Being Now Ready to Travel,* A4 – B1.

③ Edward Chaney, *The Evolution of the Grand Tour, Anglo – Italian Cultural Relations since the Renaissance*, p. 59.

④ Clare Howard, *English Travellers of the Renaissance*, p. 6.

同样有着极大的危险。正如中世纪的前辈一样,远离父母出外学习的年轻人在道德方面的堕落问题始终困扰着近代初期的父母。1541 年,威廉·布洛克在离家前往法国之前,他的父亲让他签署了一份"保证"。这份文献便体现出了当时父母对离家远游的孩子的担心。

给威廉先生的提醒

第一条,在早晨,记着向上帝祷告,感谢他的恩惠,恭顺地祈求他的慈悲,让他帮助你。

第二条,弥撒时虔诚而跪伏。当此之际,虔诚地祷告,完全抛开所有其他的想法及俗世的快乐,全身心地呼喊全能的上帝。

第三条,勤奋求学,自动而没有丝毫勉强地学习民法、修辞和希腊语。

第四条,无条件服从老师,凡事都听从老师的意见和安排。

第五条,洁身自好,不要陷入纵欲的可怕罪恶之中,始终记着你对婚姻的承诺。按照上帝的戒律,保持身体的洁净。

第六条,在条件许可的情况下,尽可能多地写信回英国,给父亲大人。

第七条,在闲暇之际,弹奏鲁特琴或其他乐器。

第八条,记录所到之国最好的时尚和习俗,……让自己习惯于其中最佳的时尚和习俗。

第九条,注意说话不要口齿不清。

谨以上帝之名起誓,我会遵从所有这些要求
我,你的儿子
威廉·布洛克①

在这份保证书中,布洛克的父母所表达的担心,与此前那些父母并没有什么不同。最初两点所表达的挚爱,让人想起了中世纪朝圣所追求的目标。威廉必须保证世俗的想法不会腐蚀他与上帝的沟通。此种中世纪式的虔诚与第三点和第八点所蕴含的人文主义形成鲜明的对照。年轻的勋爵必须学习民法、修辞和希腊语,必须观察所造访国家的习俗,必须精通鲁特琴,或许出于对他在宫廷中的前途着想,他还需力戒说话含混不清。对于远离父母监管且显然已经订婚的年轻人来说,他们的道德

---

① Sara Warneke, *Images of the Educational Traveler in Early Modern England*, pp. 293 - 294.

品质始终是父母关心的问题。威廉的父亲也不例外，他告诫自己的儿子不要耽于“纵欲这一可怕的罪恶”，“遵照上帝的训诫，保持自身身体的洁净”。1561 年，威廉·塞西尔在行将旅行前写给父亲陈述其意图和目的的“小论”，可能也做了类似于威廉·布洛克那样的承诺。不过，威廉·布洛克似乎更尊重父亲的愿望，而威廉·塞西尔一到欧洲大陆，就开始纵情于声色、赌博和其他一些龌龊的勾当。①

在 16 世纪前半叶，尽管公众尚很少关注旅行的危险及海外游学者的堕落问题，但到 1561 年，有迹象表明，旅行者偶尔的叛逆行为对一些人产生了影响，让他们对旅行产生了负面的看法。在 1561 年初萨默塞特公爵夫人安妮写给威廉·塞西尔的信中，安妮对旅行的看法便有极大的保留。当时，伊丽莎白女王和塞西尔都希望公爵夫人的儿子赫特福德伯爵爱德华去国外旅行，而作为母亲的安妮却心存顾虑：赫特福德虚弱的身体，已经丧失了一个“曾经前往海外，现正在返家”的儿子的事实，让公爵夫人对儿子的旅程特别担心；与此同时，就她本人对返乡旅行者的观察而言，她也颇为怀疑游学的可行性。“我回想起许多人，尽管旅行增加了人们对他们的尊重，但其中一些人却用光了自己的资财，虚度了时光，且名声扫地。因此，在我看来，在多数情况下，旅行虽然立意甚好，但其效果却往往适得其反。”② 公爵夫人的书信表明，至少她在内心深处是担心前往国外旅行的年轻人会堕落。许多世纪以来，对旅行者的堕落、特别是道德堕落的担心一直就存在，因此，公爵夫人的书信并没有什么特别不同寻常之处。不过，她的信件却表明，她对旅行抱有某些先人之见，而这正是促使她写信给塞西尔的原因之一。该书信表明，上层社会中已经有些人开始对游学实践表现出担忧，不过，这些担忧在公开场合尚未得到表达。

正是出于对年轻游学者道德堕落的担忧，同一时期的意大利便有了“特别容易让旅行者堕落”的形象。在 1564 年前，托马斯等人的著作都盛赞意大利，当然，也有一些人对旅行特别是意大利旅行持审慎的保留态度。例如，在 1556 年初蒙塔古子爵安东尼写给德文郡伯爵爱德华·康特奈的信中，便希望他在意大利游历时能避免每天都会呈现在他眼前的无数罪恶。③ 另外，托马斯·温德班克对意大利旅行的态度也特别具有启迪作用。

---

① Sara Warneke, *Images of the Educational Traveler in Early Modern England*, pp. 35.
② Ibid., p. 36.
③ Ibid..

　　1561—1562 年，托马斯·塞西尔在欧洲大陆进行了一次糟糕的旅行。温德班克作为这位年轻贵族私人老师，看着托马斯因赌博、玩女人而虚度时光并糟蹋父亲的钱财，身心饱受煎熬。在法国度过灾难性的一年后，温德班克鼓励托马斯经过低地国家前往德意志。在德意志，因为缺少花天酒地的机会，这位年轻人的行为有了一定程度的改善。正当托马斯似乎已静下心来的时候，老塞西尔却建议温德班克带着托马斯前往意大利，因为他们已经近在咫尺，这让温德班克大为震惊。塞西尔早先曾因托马斯的浪荡行为而责怪温德班克，并威胁要收回对他的资助。温德班克试图改变塞西尔对这样一次冒险的看法，并展现出了相当的机智。他承认参观意大利并学习其语言可能会对托马斯有所助益，但是，"那里虽然存在各种便利，但对年轻人而言，那个国家潜在的危险同样也非常巨大，由于那里有着从女人到娱乐的种种诱惑，有鉴于在法国我无能为力的经历，我必须坦承，我不知道自己能在多大程度上阻止他"①。温德班克还以天气的酷热及旅行所需的巨大费用来进行推诿。但塞西尔却继续敦促温德班克为托马斯安排进入意大利的旅行。作为回应，温德班克再次承认参观意大利可能对托马斯有好处，但参观应该尽可能迅速地完成，"因为，……在那个国家逗留的时间越短越好"。温德班克还补充说，显然，塞西尔最好将托马斯召唤回家，而不应让他进一步冒险，进入那一麻烦重重的国家。从许多方面而言，这样的看法并非是毫无缘由的。温德班克不想陪同托马斯进入意大利，因为，他相信自己驾驭不了托马斯，并担心托马斯旧病复发而让自己完全丧失资助。温德班克有关"意大利因其声色犬马而特别容易导致年轻人道德堕落"的臆想，与蒙塔古对德文郡公爵因每日呈现在眼前的诸多罪恶而可能出现的道德和宗教品格方面的危险的担忧如出一辙。②

　　温德班克对意大利旅行可能给年轻人造成的负面影响的担心，与塞西尔在通信中所表达的看法形成了有趣的对比。与温德班克不同，塞西尔非常乐意送孩子到意大利，前去了解那个国家，并学习其语言。他唯一有所保留的是，温德班克和托马斯经过意大利应"尽可能的低调，因为我知道天主教徒对我多有怨恨，可能会转而对我的儿子进行报复"。③即便公众对意大利之旅普遍存在担忧，但 1562 年末的塞西尔似乎并没有受到明显的影响。在阿什克姆出版《男教师》之后，塞西尔对意大利之

---

① Sara Warneke, *Images of the Educational Traveler in Early Modern England*, p. 37.
② Ibid. , p. 38.
③ Ibid. .

旅的看法则发生了 180 度的转变。16 世纪 80 年代初,当塞西尔打发小儿子罗伯特到国外时,他给儿子制定了一套规则,用以指导他在国外的生活。这些规则中包括对意大利之旅的提醒:"不要特意让儿子穿越阿尔卑斯山(南去),(在那里),他们除了傲慢、亵渎神灵和不信神之外,将一无所获。如果说旅行后能结结巴巴地说几句外语的话,那也犹如深入宝山空手归。"① 16 世纪 80 年代中期给罗伯特的这份指点明显不同于 1562 年末塞西尔在写给温德班克的信中所反映的态度。尽管可能是托马斯的行为致使塞西尔改变了对意大利旅行的看法,但是,老塞西尔有关"不信神"的评论,则明显反映了阿什克姆《男教师》的影响,它激起了公众对游学及其形象的讨论。

在 16、17 世纪,年轻人能否抵制欧洲大陆存在的各种诱惑,一直是各个家庭主要关心的问题之一。实际上,朝圣者的各种形象,如撒谎的旅行者、道德败坏的旅行者,都一成不变地流传了下来。如同朝圣的情况一样,由于英国人对国外旅行的热爱,无论公众的担心和恶意批评发展到怎样一种程度,它们都无法阻止参与到游学中的年轻人数量的增长。就传统而言,英国人喜爱旅行,也一直在旅行,而且,他们总会找到出外旅行的借口。在很大程度上讲,正是对前述一种传统的意识,加剧了近代初期英国人对游学者的关注。鉴于私下的担忧及前往意大利旅行人数的增长,出版物中出现一些反应就不足为怪。在这个过程中,罗杰·阿什克姆的《男教师》发挥了至关重要的作用。

据阿什克姆说,《男教师》的写作起因于作者本人与理查德·撒克维尔勋爵的一次偶然谈话。1563 年,伦敦发生了大瘟疫,伊丽莎白女王和部分大臣避居于温莎城堡。12 月 10 日,首席大臣威廉·塞西尔及威廉·彼得勋爵、F. 马森勋爵、D. 沃顿、财政大臣理查德·萨克维尔勋爵、财务总管沃特·米德梅勋爵、衡平法院法官汉登先生、珠宝行老板约翰·阿什特利、伯纳德·汉普顿先生、尼卡菲乌斯先生等人在首席大臣的房间中共进午餐,而作为帝师的阿什克姆也参加了这次聚餐。席间,塞西尔讲述了一则消息,即当天上午,有一些学生因害怕挨打,从伊顿公学逃走了。于是,进餐者围绕老师应当如何教育学生的话题展开讨论。退席后,阿什克姆来到女王的房间,与她一起诵读希腊语。后来,财务大臣萨克维尔加入到他们之中,并将阿什克姆拉到一边,继续讨论男教师需要温柔的问题。最后,谈论的话题从孩子的恰当教育转移到年轻绅士

---

① Sara Warneke, *Images of the Educational Traveler in Early Modern England*, p. 38.

的教育问题。阿什克姆和萨克维尔两人一致认为，溺爱子女的父母将儿子放到外面去获取经验时，给予了他们太多的自由，造成了他们的放任自流。这一话题促使萨克维尔询问阿什克姆对"英国人经常前往意大利"这一做法的态度。对这一问题及他们交谈中提到的其他所有问题，萨克维尔要求阿什克姆"按照某种秩序将我们谈话的要点写下来"。阿什克姆很快将这一要求付诸行动。最初，他打算将这一主题写成一个简短的小册子，后来，却将其扩展为一部详细阐述儿童和青年教育问题的论集。①

在《男教师》一书中，仅第一卷与意大利旅行的论争有关。在这一卷中，阿什克姆分别对"教授拉丁语的方法"、"在传授孩童知识的过程中，何以慈爱、和蔼比打骂、恐惧更为有效"、"17—27 岁间的年轻人必须接受道德教育"、"意大利化的英国人"等话题进行了讨论。在讨论年轻人需要注重道德教育问题时，阿什克姆提及了许多要素，这些要素则对他随后反对意大利旅行的观点产生了影响。阿什克姆认为，在孩子们道德最为脆弱的阶段，许多溺爱子女的父母却忽视了他们的道德教育。在富豪之家，这体现得尤为突出。确保孩子在年幼之际接受良好的教育虽然不错，但给予他们随心所欲的生活的自由，却使得年轻人彻底忘记了年幼时接受的有益教导。与此同时，阿什克姆对"将年轻人打发到世界中去，让他们从经历中学习"的做法极度反感。阿什克姆认为，花一年时间学习，要比花二十年时间体验收获更大。这一论点完全否定了 16 世纪游学最至关重要的理由，即国外旅行让年轻人得以体验外部世界，并让他成长为一个有益于共同体的男人。阿什克姆用这一理由来反对将年轻人暴露于经验世界的各种危险之中，并以此来否定旅行的益处。阿什克姆声称，花一年时间勤奋地阅读卡斯蒂廖内的《廷臣论》，"给年轻人带来的好处，我认为，要比在意大利旅行三年的收获，都还要多"。②

阿什克姆贬低意大利旅行，不是因为他不喜欢意大利的语言知识，也不是因为他对意大利有任何私人嫌隙，而是因为该国"耽于玩乐，恶习盛行"。阿什克姆对古典罗马的记忆充满敬意，但那段时光却一去不复返，虽然"德行曾让那个国家成为世界的女主人，但现在，恶习却让它匍匐于以前乐意为其效力的国家"。由于意大利现在已经无异于恶习的窠臼，人们不应再将意大利视为一个"适宜于将年轻人送去获取智慧和诚实"的地方。阿什克姆没有关注天主教教义所带来的危险，他认为，是

① Roger Ascham, *The Schoolmaster*, edited by Edward Arber, London, 1903, Preface to the Readers, pp. xvii – xxii.
② Ibid. , pp. 25 – 30, 49 – 70.

意大利的恶习和享乐腐蚀了年轻人的思想，并导致了他们的改变，让他们忘却了自己的学识和善良。意大利多有腐蚀人的方式和放浪的生活；享乐和妖妇塞斯密室的罪恶，让年轻的英国人转变为"地地道道的意大利人"。尽管许多"高贵的人"设法躲避了意大利女妖的诱惑，但更多的人在返乡之际已"变得比赛斯女妖宫廷中的人物还要糟糕"。虽然，对神恩坚定的信仰可能会让年轻人受到保护而不受意大利的感染，但大多数的英国旅行者却似乎蔑视此种保护：恐怕太多进入意大利的旅行者并不回避通往塞斯女妖宫廷的道路，而是对那里趋之若鹜。他们急匆匆地向她奔去，千方百计地想要向她效劳。不错，（我）掰着手指便能点出一些仅仅是为了投到塞斯女妖石榴裙下而离开英国前去意大利的人来。①

在阿什克姆看来，享乐从四个方面腐蚀了年轻人：首先，享乐让他忘却了以前所学的所有美好的东西；其次，享乐让他无法接受知识从而变得诚实；再次，享乐让他易于接受不良影响；最后，享乐让年轻人极度堕落，让他瞧不起任何诚实而正直的人。一旦年轻人的思想为虚荣所腐蚀，他便无法对接触到的宗教或哲学进行明智的判断，而只能给出一些荒谬的看法。这会给他们造成严重的损害。据阿什克姆的描述，意大利人将英国人称为"意大利化的英国人，或魔鬼的化身"。对于意大利化绅士的恶魔特性，阿什克姆进行了这样的解释：我坦率地告诉你，那些在意大利旅行、生活的人，将宗教、学问、权谋、经历和习俗从意大利带回到英国。那就是说，在宗教而言即天主邪教或更糟糕的信仰；就学问而言即是他们所不知的奇谈怪论；就权谋而言即是拉帮结派之心，胡思乱想之头脑，干预所有人事务的想法；就经历而言即是英国闻所未闻的各种新的危害；就习俗而言则是各种浮华和龌龊的生活。②

阿什克姆打开了潘多拉的盒子，释放出与意大利旅行密切联系在一起的三个论点：马基雅维利式的权术、无神论和煽动性言论。在此前的公众评论中，只有煽动性言论明显引起了重视。阿什克姆明确将意大利风格、马基雅维利主义和无神论联系在一起。《男教师》不仅激起了英国人对意大利风格的反对，也有助于鼓励 16 世纪的英国作家将马基雅维利和无神论密切地联系起来。在阿什克姆来说，最糟糕的情况便是，旅行后返乡的意大利化英国人成为一名马基雅维利式的无神论者、一名蛊惑人心的人物，他无时无刻不在宣扬其个人抱负，结果却牺牲了整个共同体的稳定。在 1569 年北方叛乱及 16 世纪 70 年代初针对伊丽莎白的种种

① Roger Ascham, *The Schoolmaster*, pp. 72 – 77.
② Ibid., pp. 75 – 78.

阴谋的余波中,《男教师》的出版让"意大利化的及马基雅维利式的无神论者"这一具有威胁性的旅行者形象迅速为部分英国人所接受。①

近代初期,由于阿什克姆对意大利旅行的抨击,欧陆游学的公共形象实际上已经无法消除其内涵的负面因子。同一时期的私人信函、官方档案及大众文学如诗歌、戏剧和小册子等,也纷纷对"马基雅维利式的旅行者或意大利化的背信弃义的旅行者"形象进行描绘和刻画。随着"马基雅维利式的假意大利人"这一负面形象的广泛传播,近代初期的游学已经很难消除它所具有的负面关联。很快,其他一些形象,如道德败坏者、文化叛徒、愚蠢的旅行者及撒谎的旅行者等,也开始加诸旅行者身上。虽然这四种形象在不同的程度上沿袭了中世纪的传统,与阿什克姆并没有直接的关系。但是,通过激起有关游学问题的公共评论及争论,阿什克姆间接地推动了传统批评的重新出现。与此同时,民政当局的档案、大众文学和戏剧、行为指南、旅行者及家人间的私人信函等,则推动了游学形象的传播,引起了人们对游学的关注。②

官方档案对海外游学的记载,主要反映了民政当局对游学活动潜在的政治威胁的担忧。前往欧洲大陆的英国旅行者可能皈依天主教以及随之而来的政治忠诚的削弱,成为君主、枢密院以及上下两院主要关注的问题。大多数涉及英国海外旅行者的官方档案呈现的主要是宗教叛徒和天主教皈依者的旅行者形象。1580年之后,旅行许可的内容,港口官员的委任状,议会两院的辩论,对旅行者、各式信函及训诫的审查,无不展现官方对旅行者宗教和政治节操的关注。对无神论者及马基雅维利式的假意大利人的担忧,同样出现在官方的圈子中。而在此前相当长的一段时间里,民事当局通常都不会将游学者与这样一些形象联系在一起。官方异常的关注对大众文学和行为指南中呈现的形象产生了影响。1604年至1608年间,詹姆士一世和他的枢密院试图对旅行许可的发放进行严格的控制。这一尝试无疑对本·琼森产生了影响,促使他将旅行许可问题写入了《狡猾的狐狸》这一剧本之中;1607年,詹姆士·克利兰德慎重地向父母们强调,他们必须从国王陛下那里为他们的儿子获取许可。③

大众文学传播的主要是愚蠢的旅行者和撒谎的旅行者这两种形象,不过,意大利化的旅行者的形象也得到了大量的刻画。在16世纪晚期,

---

① Sara Warneke, *Images of the Educational Traveler in Early Modern England*, p. 58.

② Ibid. , p. 59.

③ James Cleland, *Hero - Paideia*, *The Institution of a Young Noble Man*, Oxford, 1607, p. 252.

情况尤其如此。阿什克姆呈现的“邪恶而意大利化的旅行者”的形象，迅速吸引了诗人、剧作家、小册子作家及评论家，诗歌和散文很快便将意大利化的英国人描绘成“恶魔的化身”。1594 年，托马斯·纳什在《不幸的旅行者》中将意大利化的旅行者描绘为一种荒唐的角色。① 各种诡计多端，有时甚至心怀恶意的人物，如莎士比亚《皆大欢喜》中的杰奎斯、塞缪尔·丹尼尔《女王之世外桃源》中的克拉克斯、乔治·查普曼《两个聪明人和众傻子》中的安东尼奥，都例证了这些意大利化的英国人（假意大利人）日渐呈现出来的威胁。② 在 17 世纪最初的 20 年之后，假意大利人逐渐丧失了马基雅维利的弦外之音，成为愚蠢而非危险人物的代名词。约翰·库克《格林的口头禅》中的人物斯登斯、詹姆士·雪莉《舞会》中的人物弗雷西沃特便是两个愚蠢的假意大利人的典型例子。③ 当然，大众文学常常是将道德堕落的旅行者与假意大利人和愚蠢的旅行者联系在一起，而不将他们作为不同类型的人物而加以描述。

与此同时，文化叛徒、愚蠢的旅行者、撒谎的旅行者等形象也频繁地出现在大众文学和戏剧之中。从 16 世纪 90 年代起到整个 17 世纪，英国人因对出生地的热爱而具有的从旅行中返回的能力，成为大众文学及戏剧作家经常性地提及的主题。在整个 16 世纪，更为综合性的著作明显地将旅行者与文化和民族认同及忠诚的丧失联系在一起。从 16 世纪 90 年代开始，这种倾向在大众文学中显得更为常见。从大陆返回的绅士与家乡之间的疏远，似乎是与 17 世纪滑稽或愚蠢的旅行者的形象联系在一起的。

此外，各种小册子也纷纷对旅行者的负面形象加以描绘和刻画。构成行为指南或礼仪准则的各种手册、短论和小册子，包括训诫和建议性著作，主要是道德和社会教化的工具，而非礼仪著作。此类风格的著述往往会收录论述游学主题的短文，有些甚至全部致力于探讨游学问题。在此种风格的著作中，仅有少数对游学持完全否定的态度。一些作家，如理查德·马尔卡斯特（1581）和安东尼·斯塔福德（1612），沿袭阿什克姆的榜样。他们暗示，待在家中学习要比在海外旅行更有益于青年绅士。马尔卡斯特在其论著《孩童教育应持之立场》一书中便认为，英国

---

① Thomas Nash, *The Unfortunate Traveller, or The Life of Jack Wilton*, London: Charles Whittingham & Co. , 1892.

② William Shakespeare, *As You Like It*, 1599; Samuel Daniel, *The Queen's Arcadia*, 1605; George Chapman, *Two Wise Men and All the Rest Fools*, London, 1619.

③ Sara Warneke, *Images of the Educational Traveler in Early Modern England*, p. 60.

人不必像古人（如索伦、毕达哥拉斯及柏拉图等人）那样为寻求知识而出国旅行，因为首先，英国人有了书写的工具（鹅毛）笔及印刷术，可以借此获得大量的知识；其次，富有的青年绅士或富家子弟可以聘请优秀的老师，雇用能干的陪读，购置大量的图书，因而待在家中反倒可以更好地学到知识；此外，大量的事例表明，即便是出身卑微的人们在国内也可以获得渊博的学识。① 不过，无论是马尔卡斯特还是斯塔福德，他们都没有长篇大论地对游学进行论述。

与他们不同，被誉为"英格兰人的塞涅卡"的约瑟夫·霍尔用了整本书来论证海外旅行既不必要又大为有害。霍尔是埃克塞特和诺威奇的主教，他利用斯多葛学派及教会教父的主张，借以谴责英格兰上层阶级的游学，并将其斥为"私人和公众的不幸"。他认为，在海外旅行的绅士面临着"宗教的堕落，修养的倒退"等诸多的危险。为了国家和个人的福利，年轻人应当完全避免进行游学。② 班布蒂斯特·古德沃在谈到旅行之害时则不无夸张地说，"旅行是万害之首，利用不当，它瞬间便可造成人毁国亡；而且，事实表明，它是最为不幸的一条道路……不是每个凡夫俗子都能对旅行善加利用"③。纽卡斯尔公爵夫人的《各类演说》同样也完全否认游学具有任何的救赎价值。公爵夫人对如下一种通常的看法进行了抨击，即除非绅士到海外进行过旅行，去见识过世界上的各种时尚、风俗和礼仪，否则不能认为他受过良好教育。她认为，许多英国绅士返乡之际，除带回腐蚀整个国家的各种陋习和花里胡哨的东西外，一无所获。④

到 18 世纪，随着前往欧陆游历的英国人数量的增长，旅行带来的一系列问题，如财富的流失、外国文化的消极影响、天主教的蛊惑、性病等，引起了人们进一步的关注。1731 年 8 月 7 日，《绅士杂志》上刊登的一篇文章，便明显地体现出了批评者的担忧。在文章的作者看来，十七八岁的年轻人在学问没有任何进步或根本不了解本国国情的情况下便被打发到海外，其结果只能是，他们沉浸于各种下流放荡的事物，为簇拥

---

① Richard Mulcaster, *Positions, Wherein Those Primitive Circumstances Be Examined, Which Are Necessary for the Training up of Children, Either for Skill in Their Book, or Health in Their Body*, London, 1887, p. 208.

② John Hall, *Quo vadis? A Just Censure of Travel As It is Commonly Underesood by the Gentlemen of Our Nation*, London, 1617, p. 44.

③ Baptist Goodall, *The Trial of Travel*, London, 1630, Sig. G.

④ Margaret Cavendish, *Orations of Divers Sorts, Accomodated to Divers Places*, London, 1662, pp. 73 – 74.

在罗马天主教国家中的爱尔兰神甫和其他人员的阴谋所腐蚀。一旦他们背弃自己的宗教，就会对新教君主及自己国家的治理形式产生反感。与此同时，在外国逗留致使许多家庭将财产和收入浪费在国外，这不仅是自己国家的一种损失，还会打击本国的商人和制造者。此外，旅行的初衷虽然是为了熟悉外国的语言、风俗、礼仪、法律和癖好，了解各国的物产、生计，知道他们城镇的情况和力量之所在，然而，旅行者带回来的却是法式的发型、女人的睡衣、男人的假发和纸牌游戏、跳舞、赌博和假面舞会，等等。因此，为了本国的利益，必须阻止贵妇被带到国外；而为了本国的荣誉，也必须阻止向国外输出智障者。①有鉴于欧陆之旅引发的种种担忧，后来曾做过乔治三世之子威尔士王子和约克公爵的家庭教师的理查德·赫德便明确地反对英国绅士前往欧洲旅行。②

当然，由于游学并不局限于英国绅士阶层，对游学的热情及对该实践的广泛批评也并不仅仅限于英国。事实上，与18世纪之前文化和知识生活的其他许多方面一样，英国常常落后于欧洲大陆的各种潮流。欧洲许多国家都喜欢为教育的目的而在大陆各地旅行。在20世纪初期，马尔科姆·雷茨便指出，德意志较其他任何地区都更早地养成了前往国外旅行的习惯。在此种趋势发展至鼎盛时期之际，德意志人对旅行表现出了真正的狂热。雷特斯同样注意到，喜爱旅行的现象受到了一些德意志人的批评。③英国早期出现的某些旅行忠告是德意志的舶来品，这从侧面反映了德意志游学的早期发展及德意志随后对这一实践的批评。在16世纪，哲罗姆·特勒、贾斯特斯·李普西斯、奥尔伯特·梅耶的训导和主张都被翻译成英文，而托马斯·柯雅特在其1611年的柯雅特的《糙米粗饭》一书则收纳了赫曼·科钦纳论述旅行的文章。不过，尽管欧洲其他国家也就游学的价值展开了争论，而英国境内的争论则几乎是在其自身的环境中发生的，游学者的形象在更大程度上是由英国人自身的焦虑和偏见催生的。特纳、梅耶、科钦纳的著作并不反映英国游学者的形象，也没有对其形成产生重要影响。斯特拉德林对李普西斯著作的翻译与英国境内的辩论及游学的形象间的关系则要密切得多，而这主要是因为斯特拉德林在译本中融入了大量自己的思想，使得译本实际上成为他本人

---

① Elizabeth A. Bohls and Ian Duncan, ed., *Travel Writing* 1700 – 1830, *Anthology*, Oxford: Oxford University Press, 2005, pp. 13 – 14.

② Richard Hurd, *Dialogues on the Uses of Foreign Travel, Considered as a Part of an English Gentleman's Education between Lord Shaftesbury and Mr. Locke*, London, 1764, p. 159.

③ Malcom Letts, "Some Sixteen Century Travelers in Naples", *English Historical Review*, Vol. 33, 1918, pp. 176 – 196, 180.

思想的体现。①

　　近代游学出现在英国社会经历巨大变迁的时代，英国人围绕游学展开的论争揭示了处于变动社会中的英国人特别是英国下层绅士的种种顾虑和担心。英国人对外国人固有的仇视，对多数欧洲国家（特别是意大利和法国）所持的偏见，对天主教徒敌意的担心，以及对外国文化消极影响的顾虑等，则成为他们批评游学的动因之所在。

　　近代初期，英国社会发生着翻天覆地的变化。随着新世界的发现，美洲、爱尔兰种植园的开拓，随着宗教改革迫使天主教徒或新教徒流亡欧洲大陆，随着英国与欧陆及地中海诸国贸易关系的发展，英格兰人远离故土的现象越来越频繁。在主权国家的概念变得日益清晰、明确并具有强制性之际，英国人却开始向世界各地流散。② 同时，随着文艺复兴成就的传播，英国人开始对旅行产生新的兴趣。除了古典文化的魅力和文艺复兴的成就之外，探求科学知识也成为旅行的动力之一。在 17 世纪，培根和笛卡尔等哲学家论证了收集证据和运用理性的重要性，这对旅行者前往欧洲各地的旅行，起到了推波助澜的作用。对那些倡导"人类意识是白板一张"的概念并认为所有知识都产生于五种感官所获取的印象的人们来说，约翰·洛克的《论人类理解》成为经典。如果知识源于经验而非其他，旅行便是重要的，也是人们所需要的。随着殖民探险与扩张的伟大复兴时代的到来，得到明确而系统表达的经验主义，使得前往世界各地旅行并观察新鲜而不同的事物"成为一个自觉发展心智、收集知识的人的一种责任"③。到 18 世纪，启蒙哲学——基于人类理性的共同思想和观念体系——进一步将欧洲社会精英阶层团结起来。欧洲范围的社会和文化联系网络使人们可以他乡遇知音，而亲戚网络和恩主的经济资助让人们可以轻易地与其他社会接触，所有这些都为上层阶级进行旅行营造了舒适的环境，而理论家们的辩护则发挥着推波助澜的作用。

　　然而，随着英国社会与外国文化接触的增多，都铎王朝和斯图亚特王朝治下的英国青年绅士乃至整个社会的价值观念和评判标准发生了极大的变化，这引起了整个社会特别是下层士绅的担忧。围绕游学而展开的争论正是这些担忧的体现。尽管旅行者的数量在整个英国社会中所占

---

① Clare Howard, *English Travellers of the Renaissance*, pp. 23 – 29.

② John Stoye, *English Travellers Abroad* 1604 – 1667, *Their Influence in English Society and Politics*, New Haven and London: Yale University Press, 1989, pp. 4 – 5.

③ Peter Hulme and Tim Youngs, *The Cambridge Companion to Travel Writing*, Cambridge: Cambridge University Press, 2002, p. 37.

比例甚微，他们在返乡后能够对本国社会产生的实际影响也相当地有限，对游学的担忧似乎显得有点杞人忧天。然而，由于能够前往海外游历的年轻人多出身于社会中有影响的阶层，他们一旦返乡，往往会在社会中占据有影响的职位。因此，对游学所表达的忧虑，不仅体现了整个社会对英格兰社会、政治和文化面貌迅速发生变化的担忧，也体现了他们对未来的担忧。在未来社会的领导人和塑造者还是没有定力的年轻人之际，便打发他们到国外，让他们接触欧洲的各种恶习和文化，显然引起了一些人的担心。

此外，论争过程对游学的批评针对的往往是外国文化入侵或外国文化的引进以及旅行者带回来的礼仪和习俗，这是英国人不安全感的体现。1066 年以前，不列颠岛曾屡遭外族入侵，岛上的居民对外国文化影响往往比较敏感。在 16、17 世纪，英国人虽然不再面对入侵军队带来自己文化的局面，但他们却需要面对自己的孩子将外国文化及影响带到本国的局面。这些孩子前往欧陆学习、游历，将外国的文化和影响带回到乐于接受新奇外国事物和时尚的人群之中。对处于守势的爱国乡绅来说，这无疑是一种背叛行为，因而遭到他们的强烈反对。另外，英国人对外国人固有的仇视，对大多数欧洲国家所持的偏见，对天主教徒敌意的担心，以及对欧洲文化引入可能给英国传统遗产带来困境的顾虑，都增加了时人在派送年轻人到海外镀金时的忧虑。在民族意识日渐兴起的背景下，各个民族都被认为拥有某些独特的民族特征（或缺点）：西班牙人过于骄傲，荷兰人太喜欢喝酒，意大利人过于欺诈和嫉妒，英格兰人太没信仰或过于反复无常。[1] 在批评者看来，正是英国人自身所拥有的缺陷让旅行者处于十分危险的境地，因为，他们的反复无常将让他们背叛自我，并最终背叛自己的祖国。对游学的担忧是对英国本身及年青一代的贵族和乡绅标准和价值观念变化的担忧，它关注的是"有缺陷的"个人和国家在面临有侵略性的外国影响时是否具有保持自身完整性的能力。

不过，围绕游学而展开的辩论在 18 世纪时已不再像早期那样激情四射，也不再如早期那般恶言相向。与都铎王朝和斯图亚特王朝时期崇尚理想主义不同，18 世纪的英国社会更为重视通过旅行打磨年轻人的社会属性，完善教育不再受到重视。实际上，"通过经验而完善自我以最终有益于国家"的早期理想已经烟消云散。虽然对英格兰文化完整性的担忧

---

① 安德鲁·博德在他的那本类似于"欧洲各国概览"的论著中首先对欧洲各国的民族特征进行了描述和概括，参见 Andrew Borde, *The First Book of Introduction of Knowledge*, London, 1555, Chapter 1, Chapter 3, Chapter 9。

仍然不绝于耳，但游学却仅仅被当作是英国在外国事物侵袭下无法捍卫其民族完整性的一个例子而已。事实上，在18世纪，"大旅行"得到强调的一个好处就在于，游历让年轻绅士在比较中认识到本国的优越性，从而最终让他们更加依恋自己的祖国。民族缺陷不再得到讨论。年轻旅行者的道德修养可能受到损伤，他可能会自甘堕落，但在18世纪，旅行的批评者却认为，旅行者的脆弱主要是因为他的年轻，而不是因为他的民族特性。

中世纪残留的对旅行在宗教和道德方面的危险的担忧，世界变化所产生的社会恐惧，开启了在16世纪围绕游学而展开的辩论。道学先生确立的崇高标准和死板戒律可能要求太高而有违人性。对日益发展的现代人而言，它们显然要求太高。凡是16世纪和17世纪的道学先生曾经试图阻止的，18世纪的"大旅行"制度便予以践履。旅行以逃避家庭或大学的训导，18世纪的游客旅行的目的是为了被看到，或享受欧洲的各种娱乐，沿途则收获了无数无益的矫揉造作和陋习。

第二节　"大旅行"的实际影响

17世纪至19世纪初，大量的英国人前往欧洲大陆进行"大旅行"。在旅行期间，他们要么跻身各国宫廷，学习欧洲上层社会的社交礼仪和文化，要么参观各地的文化、艺术胜地，收集文物古玩，要么则借游历、学习之名在各地酗酒、赌博、寻花问柳。对旅行者个人来说，这样一些不平凡的经历必然对他们产生深刻的影响。正如英国学者杰里米·布莱克在研究中指出的那样，在近代时期，"英国上层社会大量的男性在他们成长阶段前往国外旅行所产生的影响必然是巨大的"①。

一　积极影响

在前往欧洲大陆旅行的过程中，英国人与外国人交流和结交，并将他们当作社会地位相同的人，出席国内很难有机会参加的各种庆典，造访在国内很难造访的各种机构，聆听意大利歌剧，出席天主教的仪式。这些经历必然对旅行者本人产生积极的影响。

第一，"大旅行"让旅行者获得了进一步的教育。"大旅行"构成了

---

① Jeremy Black, *The British Abroad*: *The Grand Tour in the Eighteenth Century*, p. 333.

一位绅士教育的最后一个组成部分，它是培养一位英国绅士的最为独特、最为强大的仪式，主要旨在让这些年轻人为担当国内为他们预留的领导职位而做好准备。① 通常，旅行发生在牛津或剑桥大学的学习完成之后，其花费的时间从一年到五年不等。作为一种社会仪式，"大旅行"要求一个人进行为期二至三年的旅行，并开展一系列旨在发展和完善年轻人的思维、习惯和品质的活动。进行"大旅行"的人常常在一至两名家庭教师的监管下从事各种学术、体育和社交活动。学术活动主要围绕历史、语言和自然科学而展开。此外，旅行者还研究艺术和建筑，以培养正确的审美观念。借此，这些来自于精英阶层的孩子们成了艺术鉴赏家，他们在旅行的途中常常购买各种艺术品和奢侈品。社会还期望男孩子们提高在诸如马术、击剑、射击和舞蹈等能够展现男子汉气概的各个领域中的技能。就社交而言，他们应当加入到大陆贵族和显要以及其他英国旅行者的圈子中，并借此来展示并提高自己的修养。②

作为一种教育制度，"大旅行"的价值是无与伦比的。只要旅行者愿意利用旅行所提供的大量机会，其回报几乎是不可估量的。"（旅行的）艰辛和快乐让我获得教益。在许多场合中，我都从初次进入世界的经历中大受裨益。对许多人来说，这一试验可能是危险的；对我而言，它却带来了最为真实和持久的好处。在我年满 21 岁之际，我那满心期望儿子在初入世界之际便能八面玲珑的好父亲，建议我进行第二次旅行……我最近经历的各种场景、结交的上层人物、学到的礼仪和知识，让我在返乡之际颇受老朋友的欢迎，并让我得以结识本来无缘亲近的许多人物。"詹姆士·布兰德·伯格斯在《回忆录》的总结中充分表明青年人从旅行中获得的好处。③

在"大旅行"的过程中，即便是对最愚笨的人而言，圣彼得广场、那不勒斯海湾、维苏威火山的山坡都足以让他热血澎湃，并激发他的想象。总体而言，当一位比较成熟的年轻人前往国外旅行时，如果他受过差强人意的教育，具有良好的能力并能够表现出一定的自我克制，那当他将时间放在了解所在国度的艺术、建筑、社会习俗、历史、行政体系时，他花费的心血则肯定会开花结果。通过广泛的游历和学习，勤奋而虚心的旅行者扩大了自己的视野，学会了宽容，发现了值得模仿的东西，

---

① Peter Hulme and Tim Youngs, *The Cambridge Companion to Travel Writing*, p. 38.
② H. T. Dickinson, ed., *A Companion to Eighteenth - Century Britain*, Oxford: Blackwell Publishers Ltd, 2002, p. 319.
③ Jeremy Black, *The British Abroad: The Grand Tour in the Eighteenth Century*, p. 317.

他的举止也变得更优雅，最终成为一位世界公民。

近代初期英国的历史表明，确实有大量的英国人从欧洲大陆的旅行中获益良多。这样的人物不胜枚举，如都铎王朝初年的威廉·格罗辛、克里斯托弗·厄斯维克、休·拉蒂默、托马斯·林纳克、威廉·李利、约翰·柯列特、卡斯伯特·汤斯托，伊丽莎白女王统治时期的威廉·哈维、约翰·伊夫林，斯图亚特王朝统治时期的约翰·弥尔顿，汉诺威王朝统治时期的约瑟夫·爱迪生、爱德华·吉本、托玛斯·格雷，等等。

第二，"大旅行"让许多旅行者为承担未来的社会责任做好了准备。通过给予年轻的英国人培养历史意识、艺术品位的机会，让他们实实在在地获取一些可以用来陈列在家中并证实他们的品位水准与自我价值的艺术作品和古董，"大旅行"让他们为将来要担当的角色做好准备。例如，1613 年，第二代阿伦德尔伯爵与艺术家伊尼戈·琼斯一起在意大利各地游历，他几乎是单枪匹马地发起了大规模收藏意大利古董的行动。阿伦德尔的珍藏品让英国观赏者第一次接触到古典时代以及意大利文艺复兴时期创作的艺术品；而琼斯回国后则设计了英国的首批帕拉第奥式（或者说是新古典主义）的建筑。在 18 世纪早期，像理查德·波义耳（第三代伯灵顿伯爵）、威廉·温德姆和托玛斯·科克（后来的第一代莱斯特伯爵）这样的一些人物都纷纷仿效阿伦德尔。除了可以获得艺术史和"正确品位"之原则的教育外，"大旅行"游客还可以收集"大量文化方面的战利品"，并建立自己的画廊，然后有选择地向日渐增多的"鉴赏家"进行展示。在这个过程中，他们自觉地承担起了资助和鼓励文化艺术发展的社会职责。

第三，"大旅行"让旅行者得以深刻体会欧洲文明的成就，并促使他们与古典文明传统认同在一起。"大旅行"试图实现的教育或准备功能所产生的后果十分显著。其中，它的第一个后果便与古典传统有关。18 世纪英国旅行者所谓的古典指的是罗马，而非希腊。随着海外帝国的扩张，富有的英国人将他们国家当前的地位与古代罗马帝国进行类比。他们将自己的时代称为"奥古斯都"时代，并期望有品位的人们仰慕并模仿罗马模式。拉塞尔斯在《意大利之旅》一书中敦促青年贵族进行旅行，其原因部分就在于"没有谁能比曾在法国进行过'大旅行'或在意大利周游过的人更好地理解李维、恺撒、奎恰迪尼等人"。① 旅行者对那些为他们在学校期间所读的拉丁文本炒出名的场所的切身体验，让他们将古代

---

① Richard Lassels, *The Voyage of Italy or a Compleat Journey through Italy*, Preface, a vi.

与现代帝国联系起来。由于"我们全部的宗教,几乎整个的法律、艺术以及让我们高于野蛮人的东西,都是从地中海各个海岸来到我们这里的","一个人如果没有到过意大利,那他总会觉得低人一等,因为他未曾看过社会期望一个人应该观看的那些东西"。①

在英格兰,上层阶级的许多成员从小便开始接受古典教育,他们先天就对意大利的社会历史成就感兴趣。通过旅行,他们得以了解当前欧洲大陆的社会和文化成就。随着时间的流逝,宗教改革时期的各种危险成为陈年旧事,前往意大利参观的英国新教游客一度感受到的恐惧和疑虑不复存在,他们开始品味罗马当前的形势与"他们觉得自身是其合法而出类拔萃的后裔……一度辉煌的罗马"之间形成的"可怜的对照"。②例如,戈德史密斯的诗歌《旅行者》便将旅行中读者的注意力指引向:

> 恺撒曾发号施令于斯的穹楼,
> 时间磨损了它们的面庞,
> 残破而摇摇欲坠,
> 寻求庇护所的农夫,置亡者于不顾,
> 在那废墟中,搭建起了自己的窝棚。③

目睹此情此景,英国游客如何能够全不在意。于是,"大旅行"促使他们自觉地从倒下的先驱手中接过帝国的旗帜。

第四,"大旅行"在英国社会精英阶层中培养起了超越民族国家的"欧洲认同"。前往欧洲大陆进行"大旅行"的部分英国人往往与当地的社会和政治精英进行交往,在这个过程中,"大旅行"无疑在这部分游客中培育起一种跨欧洲的阶级意识,一种"横向的"认同。它将英国的上层阶层和欧洲大陆的同类人物联系了起来,并向旅行者灌输了这样一种意识:他与欧洲大陆的同辈对整个欧洲的福祉都拥有共同的责任。欧洲之旅将尚未成熟的、具有岛民意识的年轻英国人引入了一个充溢着良好教养和文化品位的领域,而这些领域都是超越单个国家界限的。

第五,旅行有助于世界主义观念的形成。欧洲精英进行旅行、阅读

---

① James Boswell, *Life of Johnson*, Oxford University Press, 1970, p. 742.

② Kenneth Churchill, *Italy and English Literature*, 1764 – 1930, Cambridge University Press, 1980, p. 1.

③ Oliver Goldsmith, "The Traveller, or a Prospect of Society", in Arthur Friedman, ed., *The Collected Works of Oliver Goldsmith*, Oxford: Clarendon Press, 1966, Vol. 4, p. 255.

旅行著作的行为不仅扩展了人类知识的范围，而且还检验了不断扩大中的世界的道德确定性，它们对启蒙思想的基本原则，特别是宽容的思想，做出了重要的贡献。在实践中，旅行作为一种教育工具的价值越来越受到欧洲精英的重视，并逐渐制度化，成为"大旅行"。然而，到18世纪，"大旅行"特别是前往意大利旅行的教育价值通常被局限在展示古代历史之上，而不是与新的道德世界相对峙。不过，"大旅行"确实是确保了欧洲各地精英的儿女们之间存在一种共性，他们通过阅读古代的拉丁和希腊文本而接受的共同的人文主义教育以及旅行指南开列出来的相同旅行路线则强化了这种共性。正如一些学者主张的那样，这种共同的经历同样也对这些旅行者所共有的世界主义价值观念做出了贡献。

18世纪，文艺复兴时期一度脆弱且常常为长途旅行的艰辛及宗教和政治分歧中断的文化知识网络已经大为巩固，并拥有了更为广泛的社会基础。随着交通条件的改善、社会的日渐繁荣、识字人数的不断增多、书籍价格的逐渐降低，接触印刷文字变得更加容易。出版业的发展推动了欧洲文化知识网络的扩张。在18世纪，法国—瑞士边界上迅速发展起来的出版社、数量不断增多的文学和政治杂志（它们发表来自全欧各地的文章和述评）以及各种文章（这些文章反过来又在其他语言的杂志上得到翻译）便是文明社会边界扩张的最好见证。在这一时期，波兰贵族会阅读孟德斯鸠的作品，比利时律师会对美国革命战争中发生的各种事件进行评论，而佛罗伦萨的治理者则根据他们阅读的英国经济著作来推行农业改革。①

与这种跨边界的观念交流同等重要的则是为旅行所强化的各种社交网络。在"大旅行"的过程中，各国科学院来访成员及姐妹共济会成员在欧洲各地旅行之际，往往会受到当地沙龙的欢迎。一些城市拥有数量众多的外国人聚居地，外国人在这些地方聚集，一待就是数个月。英国、法国和德意志的"大旅行"游客往往在罗马和那不勒斯度过整个冬天。反过来，驻留的画家、音乐家和向导群体则在当地定居并为游历者服务。这些群体的世界主义性质及不同国籍旅行者之间的交流表明"大旅行"越来越受到欢迎，同时也反映了参与"大旅行"的人们的社会基础和地理范围的扩大。到18世纪，"大旅行"不仅成为富有青年人（无论他是否是贵族）教育的必备内容，也成为他们与启蒙欧洲的世界主义思潮认

---

① Melissa Calaresu, "Looking for Virgil's Tomb: The End of the Grand Tour and the Cosmopolitan Ideal in Europe", in Jas Elsner and Joan - Pau Rubies, ed., *Voyages and Visions: Towards a Cultural History of Travel*, London: Reaktion Books Ltd., 1999, p. 140.

同在一起的一种体验。①

与此同时，旅途中使用相似的旅行指南成为欧洲精英共有的经历。在18世纪，随着"大旅行"游客数量的不断增加，试图满足其需求的整个产业日益发展起来，而旅行指南的增多则仅仅是其中的一个体现。到该世纪末，安全的旅行线路及分布于沿途的客栈和换乘的马匹所组成的网络已经确立起来。"大旅行"游客在造访每一个主要城市的时候，都可以找到合适的导游带路，找到向他们出售风景画的画家，找到雕刻家为自己仿制在博物馆里见到的古代雕刻。旅行指南的发展成为整个旅游产业发展进程的组成部分，它不仅提供必要而适用的信息，而且还提供某种旅行文化上的便利。在18世纪，不仅旅行过程中身体遭受的不舒适程度得以减轻，文化上的不便也大大降低。

相比于"大旅行"游客信函和日记所遵循的单调模式（如看到的场所、经历的事情以及对经典引用的思索），旅行指南往往会有写给读者的介绍性信函，它们常常会声称拥有关于新场所和新路线的独到知识。尽管如此，旅行者们从旅行指南中获取的信息及意见却非常相似，部分原因就在于这些旅行指南往往会抄袭早期的文本。旅行指南创造的这种一致性对旅行者几乎没有什么要求，至多需要他们被动地赞成所见、所读是一致的。通过这种方式，旅行很大程度上成了一种消极的经历，它以旅行指南为媒介，而在旅行指南中，各个新的世界很少发生对峙，而固有的偏见则得到了有效的证实。②

在旅行指南强化文化偏见的同时，大多数旅行者都拥有以古希腊和古罗马历史和文学为核心的共同教育背景。甚至在动身之前，他们就已经背负起一个文化包袱，其中便包括一种既存的形象，特别是意大利的形象。事实上，多数"大旅行"会有的活动便是参观古代世界的各种场所及城市，在旅行指南中放入一张意大利半岛地图并在地图上标上古代罗马城市的拉丁名称，在当时也不会显得有什么不同寻常之处。造访诸如维吉尔的坟墓这样一些场所可以让人们切身体验到阅读拉丁文本时所想象的世界。参观古罗马的城市和建筑方面的丰碑，则扩展了古典世界的文学边界。当赫库兰尼姆和庞培古城被发现之后，通过陈列来自古罗马城市日常生活中的物品，游客对古典世界则更加了解。③

---

① Jas Elsner and Joan - Pau Rubies, ed., *Voyages and Visions: Towards a Cultural History of Travel*, pp. 141, 302.

② Ibid. pp. 141 - 142.

③ Ibid., pp. 142.

教育、国际交往及艺术收藏等活动是"大旅行"的主要内容,它们在地主阶层中培养起了世界主义,让他们成为一个独特的阶级。"大旅行"不仅让绅士阶层与普通的国人区别开来,也让他们得以创造和参与国际精英文化。"大旅行"培育出了一种前所未有的同质性,此后的任何阶级都没有能够达到这样国际范围的同质性。此外,尽管"大旅行"的完成标志着一位绅士正式教育的完结,"大旅行"经历的影响却终身存在。一从大陆返回,一名英国"大旅行"游客便要展示他学到的礼仪和取得的成就,以及他所购买的物品和其他财富;这些社会和物质上的收获将有助于证实他们在国内统治的合法性,并确保他们在文化方面的支配地位。[①]

二 消极影响

当然,任何事情都具有两面性,"大旅行"也不例外。进行"大旅行"的游客们在性格、目标及造诣等方面千差万别。在许多情况下,即便他们没有在道德方面受到腐蚀,他们显然也没有从自己的经历中获益。对于多数的年轻人来说,"大旅行"需要花费大量的时间和金钱,而他们的收获却微不足道。对他们来说,国外的长期停留并非是用来进行严肃的学习的,他们要么对此没有兴趣,要么则认为这是没有必要的;相反,许多年轻人都将"大旅行"看作是一个进行长期而持续玩乐的大好时机。国外学习的机会所能提供的理论方面的好处为在现实中贯彻系统训练的各种困难所抵消。而私人教师往往出身低微、聘金微薄,兴致勃勃的年轻人很少愿意耐心倾听这些陪同他们旅行的私人教师唠叨。由于相隔遥远,来自家中权威的训诫无疑大打折扣。当这些拥有大量的金钱,精力过剩而又几乎没有责任感的年轻人前往欧洲大陆旅行时,他们成了私人教师以及他们接触到的陌生人的巨大负担。

从理论方面讲,大陆旅行是一种理想的教育方式,但在实践中,当各类青年被派遣到国外而不顾他们的品位、能力或道德修养水平时,则会带来灾难。许多年轻的游客在国外除了参观过一些断壁残垣,对另外一个国家生活的表面现象有所熟悉之外,他们同在国内时一样无所事事。在许多情况之下,他们似乎还将国外的旅行看作是社会习俗强加给他们的一种处罚,因此,他们无意于过多注意严肃的事情而加重自己的负担。[②]

---

① H. T. Dickinson, ed., *A Companion to Eighteenth - Century Britain*, pp. 319 - 320.

② Jeremy Black, *The British Abroad: The Grand Tour in the Eighteenth Century*, p. 406.

法国、意大利和其他国家提供的独特教育机会对年轻人的吸引力并不比它们对孩子的吸引力高，他们对学问并没有太多的热情，在他们的"流亡"生活中，他们想念的是家中的马、狗和猎狐活动。夏普就曾描述说：

> 我不曾见到过有哪一位旅行的青年绅士不比我更急于回到朋友之中和回到国内的。我一直在想，他们在刚开始进行"大旅行"时是那么的兴高采烈，但通过经验，我发现，当他们身在欧洲大陆时，却将旅行看作成为一名合格绅士的一段学徒期。他们常常突然返回，他们纵容自己落入这样一种倾向而毫不惭愧：事实上，要不是他们在大城市中遇到了大量的国人，那他们的时间将很难打发；很少有人能花费终身的时间来从事艺术方面的爱好……①

对此，贝希托尔德也描述说："那些天生缺乏判断、天性不够谨慎的人们在旅行后变得较以前更加愚蠢；在自己国内便是蠢货一个的人们不可能因为跑上跑下而变得聪明起来；这正如苏格拉底所说，一个人要变得聪明，那必须更换他的灵魂，而不是改变环境。"②

太多的青年游客摆脱了一切控制，除了玩乐之外，他们什么也不考虑。他们花钱和花时间一样愚蠢。英国人在"大旅行"的过程中变坏的例子几乎是不胜枚举的。总的来说，在多数情况下，对那些懒惰、放荡的浪荡子而言，他们在欧洲一路酗酒、赌博，在国内养成的恶习上又增添了外国陋习，欧洲大陆的旅行仅仅是让他们养成了加速自己毁灭的习惯。这些曾经进行过"大旅行"的英国人往往举止矫揉造作，这对于他们来说，在丧失了让其在所生活的社会中体现自身价值的一切东西之后，这也算是一种微不足道的补偿吧。

"大旅行"还让一些旅行者种下了放荡不羁的种子。"大旅行"让其实践者在16—20岁期间脱离了父母的直接看管，并为他们提供了一段在进入成年之前的有限放松时间，当他们进入成年后，社会便希望他们能够树立负责任和节制的榜样。在国外期间，这些享有特权的年轻旅行者常常会纵情于与外国妇女发生一系列"教育性的"、没有羁绊的暧昧关

---

① Samuel Sharp, *Letters from Italy*, *Describing the Customs and Manners of that Country in the Years* 1765, *and* 1766, London, 1766, p. 172.

② Leopold Berchtold, *An Essay to Direct and Extend the Inquiries of Patriotic Travellors*, London, 1787, p. 84.

系。例如，詹姆士·博斯维尔在他年轻时旅行所写的日记中列举了许多进行性尝试的事例。① 1717 年，乔治·卡宾特也曾在自己的信中提及英国青年在欧洲大陆的"性冒险"：

　　在这里，我不能不提及托马斯·狄克逊先生在道格拉斯伯爵家聚会上经历的一次历险：他与一位非常有风韵的女士波林尼雅克夫人玩了一会牌，之后，女士表示愿意用自己的马车载他回去，他非常乐意地接受了这个建议。于是，这位年轻的绅士，一位寻欢作乐的男人，与一位漂亮的女士单独待在了一起：他忍不住将手放到了这位女性的禁区，他以这样的方式取悦自己相当一会，而她也以极大的耐心承受着这一切。接着，她以让人愉快的方式告诉他说，既然他对她如此动手动脚，她忍不住要进一步了解他……他竭力为自己辩解，并告诉她自己已在风月场上鏖战了一段日子，如果给他一天的时间恢复元气，他将像一个男人一样表现自己。她根本不介意他的借口，而是将他赶出了马车，并给了他这样一个忠告，"当他已经没有了自己的本钱时，就不要去纠缠像她这样有风韵的女人"。②

---

① Frederick A. Pottle, ed., *Boswell on the Grand Tour*, 1764, New York, Toronto, London: McGraw - Hill, 1953, p. 91.

② Jeremy Black, *The British Abroad: The Grand Tour in the Eighteenth Century*, p. 202.

第五章 "大旅行"与英国文化的变迁

正如美国学者艾辛顿指出的那样,文化处于一个永不休止的"再创造"过程之中,而文化再创造的动力则部分源于不同文化间的交往。① 近代时期,英国文化的再创造显然也从她与欧洲大陆的交往中获得了动力。作为英国与欧洲大陆文化交流的重要方式之一,"大旅行"成为欧洲大陆向英伦诸岛传播思想文化的一种重要途径。英国人在文学、音乐、数学、科学、艺术、建筑、政治、银行业、哲学、历史编纂学及其他许多领域所取得的进步,或多或少都源于英国人在意大利的直接体验。同时,意大利在马术、击剑、筑城、舞蹈及优雅方面的影响也同样重要。② 欧洲大陆的文化,如艺术品位及建筑风格,通过前往欧洲大陆进行实地考察和参观的"旅行者"以及其他一些媒介而来到英国,欧洲大陆的艺术风格与英国本土的传统碰撞、杂合,从而形成了独特的视觉艺术风格。

第一节 "大旅行"与艺术品位的变化

一 旅行者对欧洲艺术品位的介绍

在英国,艺术品位的发展是一个缓慢而不稳定的过程。都铎王朝初年,在大主教托马斯·沃尔西决定性的鼓励之下,亨利八世曾为资助视觉艺术的发展而做出了重要的努力。然而,亨利八世推行的宗教改革导致英国与罗马关系的空前恶化。英国与罗马关系的恶化对英国视觉艺术的发展产生了尤为深刻的影响,视觉文化在清教思想更为浓厚的改革家

---

① P. Ethington, "Toward Some Borderland Schools for American Urban Ethnic Studies"?, *American Quarterly*, Vol. 48, 1996, p. 348.

② Edward Chaney, *The Evolution of the Grand Tour*, *Anglo – Italian Cultural Relations since the Renaissance*, Preface, p. vii.

手中遭受到了重创。由于这些具有孤立主义倾向的门外汉的影响，从欧洲大陆返回的第二代旅行家们以意大利风格改造英国外部环境的努力失败了。英国在视觉艺术方面仍然落后于法国和西班牙这两个崇尚古典风格的竞争对手。

在宗教改革的帷幕刚刚落下之际，托玛斯·霍比、约翰·舒特、威廉·托玛斯等曾前往意大利旅行的英国人便开始介绍文艺复兴时期的意大利，并对某些意大利建筑进行了最早的介绍。就托玛斯·霍比而言，他提及了一件文艺复兴时期的雕刻，即蒙托索里的杰作，坐落于墨西拿的"俄里翁喷泉"（见图19）。霍比将其描述为"我曾见过的最为杰出的作品之一"①。霍比显然从这一作品中获得了灵感，当他继承贝克郡比山的地产后，便在比山修道院仿照这一模型修建了一座自己的喷泉。霍比还第一次提及了米开朗琪罗。不过，在这一时期，绘画仍然很少被注意到。

在伊丽莎白统治时期，曾经让彼特拉克大为忧虑的"好奇心"——因为它倾向于削弱朝圣者的虔诚——受到鼓励，不带任何宗教偏见地欣赏艺术、建筑乃至宗教艺术作品逐渐成为城市观光的内容。在菲利普·西德尼的大陆之旅中，欣赏、收集艺术作品成为旅行的重要内容：西德尼让维罗纳人为自己绘了一幅画像，从欧洲大陆给他舅舅莱斯特伯爵带回了一些绘画，并在《阿卡狄亚》一书中对一些神话题材的绘画进行了描述。不过，值得注意的是，西德尼购买的艺术品主要是一些肖像画。在后偶像破坏时代的文化中，清教思想弥漫，肖像画是唯一被接受的艺术品。西德尼在威尼斯订购的艺术品虽然非常珍贵，但它们却是从汉斯·霍尔班（1465？—1524）到凡·戴克时期资助历史中典型的一种风格。在这一时期，欧洲大陆的建筑仍没有引起英国人太多的注意。西德尼在向弟弟罗伯特讲述旅行的益处时，建议不必对其进行关注，"房子不就是房子，哪里都一样"。②

17世纪初期，英国和欧洲大陆的关系得到缓和，英国新教徒前往意大利旅行时的安全逐渐有了保障。同时，像鲁斯勋爵这样一些暗中信奉天主教的世界主义者作为资助人、收藏家、文化促进人、艺术代理人和向导的地位逐渐得到承认，他们还不时回到英国。另外，向威尼斯派驻大使让英国人受到鼓舞，而他们反过来又极大地激起了英国人对意大利

---

① Edward Chaney, *The Evolution of the Grand Tour*, *Anglo - Italian Cultural Relations since the Renaissance*, Preface, p. 204.

② Ibid, Preface, p. 205.

艺术的兴趣。精美艺术品本身成为国际外交公认的一种手段。例如，托斯卡纳大公对英国和佛罗伦萨在商业、军事和文化等领域交流不断变化的趋势迅速地做出了反应，赠送给王储威尔士王子亨利一套 12 个出自詹博洛尼亚工作室的华丽铜像，以此来鼓励亨利这一难得的爱好，并向他讨好。有充分的证据表明，亨利王子明确希望通过自己的收藏习惯来复兴一个世纪前亨利七世及年轻的亨利八世所树立的榜样。在那时，两位君主曾热烈欢迎前来自己宫廷的外国艺术家、学者和熟练的工匠。

亨利·皮奇曼是首位对意大利绘画进行描述的英格兰人。① 皮奇曼于1576 年出生在赫特福德郡圣奥尔本附近的诺思明斯，17 岁时成为剑桥大学三一学院的学生，1595 年被授予文科学士学位，1598 年又被授予文科硕士学位。1613 年前后，皮奇曼受聘作为私人教师，陪同阿伦德尔伯爵托马斯·霍华德、汉尼拔·巴斯克维尔和其他一些人的孩子前往欧洲大陆旅行。1634 年，皮奇曼出版了《真正的绅士》一书。② 在这一著作中，皮奇曼对乔瓦尼·契马布埃、塔狄奥·加迪、乔托、斯特法诺·费奥伦迪诺、奥卡尼亚、拉斐尔、米开朗琪罗等中世纪后期以来的意大利艺术家的逸事进行了介绍。由于皮奇曼主要从瓦萨里的著作中获取有关信息，书中出现了某种进步的概念。③

亨利·沃顿是最早对意大利艺术和建筑表现出兴趣的英国人之一。沃顿曾在意大利广大地区秘密旅行。在意大利期间，沃顿收集了帕拉第奥的制图，并向国内最有权势的人物赠送书籍、望远镜、雕刻、绘画、地图、模型和马赛克图案。1624 年，沃顿出版了《建筑要素》一书。在书中，他建议保守的国人将哥特式尖拱连同野蛮时代的其他遗迹抛还给它们“最初的发明者哥特人或伦巴底人”。同样，沃顿还对英国“着色的时尚……甚至君主的雕像”进行揶揄。与此同时，他积极推广不规则的花园图案和艺术批评词汇，并向一部分重要的英国旅行者介绍了原汁原味的文艺复兴时期的建筑和绘画。④

1613 年至 1614 年，伊尼戈·琼斯的意大利之旅很有可能是当时最为重要的一次“大旅行”。在这次旅行中，琼斯是 18 世纪前英国艺术最重

① John Hale, *England and the Italian Renaissance: The Growth of Interest in its History and Art*, Oxford: Blackwell Publishing, 2005, p. 42.

② Henry Peachman, *Peachman's Compleat Gentleman*, with an Introduction by G. S. Gordon, Preface, pp. vii – ix.

③ John Hale, *England and the Italian Renaissance: The Growth of Interest in its History and Art*, p. 42.

④ Henry Wotton, *Elements of Architecture*, London, 1903, pp. 14 – 17.

要的资助人和收藏家阿伦德尔伯爵及伯爵夫人的随从。在那不勒斯旅行时，琼斯和阿伦德尔等人大量收购像萨蒙特的《那不勒斯史》这样的书籍，并将书中卡斯托尔和波乐克斯庙的插图与实物进行对照。

在意大利，琼斯一行遇到了当时最臭名昭著的托比·马修以及其"割舍不下的伴侣"乔治·盖奇。盖奇是为沃顿憎恶的一群"天主教杂种"的核心人物。尽管盖奇被英国驻威尼斯大使描绘为"天主教徒的首领"，但他却是当时英国最具慧眼的鉴赏家，他与马修作为收藏家所树立的榜样甚至为阿伦德尔以及包括英国国王以及威尔士王子在内的其他人所模仿。事实上，可能是盖奇而非白金汉的弟弟波贝克一等子爵首先将凡·戴克介绍到英国。[1] 这发生在 1617 年他与马修设法让达德利·卡尔顿得到鲁本斯的绘画之后。卢卡斯·弗斯特曼将自己精致的雕刻作品、凡·戴克的《忏悔》献给盖奇，并将他与凡·戴克一道推荐给阿伦德尔。他甚至可能为阿伦德尔伯爵夫人设计了郊区别墅塔特庄园，而伯爵夫人则支持他成为牧师。[2]

这一时期，英国人得到的意大利绘画几乎都通过在大陆旅行或寓居的代理人收集的。在斯图亚特王朝统治的初期，除了威廉·佩蒂和巴尔萨泽·吉比尔之外，几乎所有的艺术代理人都是在欧洲大陆流亡的英国天主教徒。同马修和盖奇一样，阿伦德尔的表兄、鲁斯勋爵的旅行同伴罗伯特·康斯菲尔德，阿伦德尔的仆人、文西斯劳斯·霍拉的小舅子安东尼·特雷西，曼彻斯特伯爵改宗的儿子沃特·蒙塔古，皇家音乐师和艺术家尼古拉斯·拉尼尔，本笃会修士戴维·科德讷，法国出生的艺术商人丹尼尔·尼斯，理查德·拉塞尔斯的朋友和牧师同行彼得·费顿以及安东尼·伍德笔下"他那个时代最伟大的批评家"约翰·普莱斯等人，事实上都曾先后在欧洲大陆流亡。流亡的经历让他们得到了大陆东道主的信任，也使得他们急于取悦有影响力的同胞。此外，一帮关系密切、偶尔充当艺术代理人的英国人则是王室仆从，他们是恩狄米昂·波特、达德利·卡尔顿勋爵、威廉·汉密尔顿勋爵、巴兹尔、菲尔丁勋爵

---

[1] 就凡·戴克是受何人邀请而进入英国的问题，西方学者存在争论，例如爱丁堡大学的大卫·豪沃斯就认为，正是白金汉公爵乔治·维利耶（George Villiers）的长兄一等子爵约翰·维利耶（John Villiers）在从阿伦德尔伯爵夫人那里了解到凡·戴克这位画家后，在弟弟的鼓动下，最终于 1620 年 10 月将他邀请到英国的。参见 David Howarth, "The Arrival of Van Dyck in England", *The Burlington Magazine*, Vol. 132, No. 1051, 1990, p. 709。

[2] Edward Chaney, *The Evolution of the Grand Tour*, Anglo-Italian Cultural Relations since the Renaissance, pp. 209-210.

以及肯内姆·狄格拜勋爵等人，凡·戴克至少为他们中的三人画过像。[①]

17世纪20年代初，阿伦德尔伯爵夫人带着儿子们在意大利旅行、生活。在前往意大利南方的旅程中，鲁本斯为伯爵夫人和随侍的达德利·卡尔顿画了像。与此同时，在1620年到1621年的冬天，凡·戴克首次访问了英国，并住在拉尼尔的舅子爱德华·诺盖特的家中。至少从1606年开始，沃顿便就外交和艺术问题与冈察加一家保持着通信。在弗斯卡里尼被处死后，沃顿与阿伦德尔伯爵夫人间的关系出现危机，但他却就出售曼图亚藏品问题而在夫人与曼图亚的秘书斯特里奇之间建立起联系。1622年晚期，夫人与凡·戴克一道对藏品进行了考察。在伯爵夫人返回伦敦之际，她带回了凡·戴克曾经赞美过的有关“大运河”上的宅邸、位于多罗布伦塔的帕拉第奥式别墅、刚朵拉、两名黑人奴隶、植物等主题的画集，并托运回许多“食用大蜗牛”。重要的是，伯爵夫人还订购了朱利奥·罗曼洛修建的特宫模型，而这正是大约十年前伊尼戈·琼斯作为她的导游在曼图亚时曾经称赞过的。[②]

1625年5月，在继承王位前的几个星期里，查理一世派遣多才多艺的音乐大师尼古拉斯·拉尼尔“前往意大利收罗一些精美的绘画”，特别是谈判购买冈察加画集。为了不“助长其价格”，所有这一切所打的幌子便是圣年朝圣。正是在这期间，凡·戴克为拉尼尔绘制了一幅四分之三身高的画像。在那一年的晚些时候，拉尼尔获得了《尼科罗先生的救赎》这一作品的出口许可。据彼得·莱利说，国王查理一世正是在观看到这幅画后才下令将凡·戴克请到英国的。凡·戴克在英国的逗留，不仅给英国带来了巴洛克豪华壮丽的风格，也留下了一系列无与伦比的杰作。其中，他为查理一世作的画像就是他最好的作品之一。由于凡·戴克的影响，英国绘画中中世纪纤巧的风格被一扫而光，代之而起的是风靡欧洲的巴洛克风格。[③]

1627年，拉尼尔得到了国王及白金汉公爵的雇用。于是，他再次出现在神秘的丹尼尔位于慕拉诺的家中，并从那里得到了英国国内最早的

---

① Edward Chaney, *The Evolution of the Grand Tour*, *Anglo - Italian Cultural Relations since the Renaissance*, p. 211.

② Ibid. .

③ 朱伯雄主编：《世界美术史》第七卷《17、18世纪的欧洲美术》，山东美术出版社1990年版，第344页；有关凡·戴克在英国的停留对英国艺术所产生的影响，同时参见 Paul Oppe, "Sir Anthony Van Dyck in England", *The Burlington Magazine for Connoisseurs*, Vol. 79, No. 465, Decem, 1941, pp. 186 - 190。

昔日大师的画集。与此同时，拉尼尔还代表英国拥抱新文化的恩主与旧制度下的曼图亚人就绘画进行讨价还价。由于亨利·沃顿（他进献的"大量绘画"与卡普拉罗拉的图样帮助他获得了伊顿公学教务长一职）和巴尔萨泽·吉比尔（他于1621年代表白金汉到意大利进行了游历，并带回了巴萨诺和丁托列托的精美画集以及提香的《戴荆冠的耶稣》）等人的努力，白金汉公爵的画藏简直可以与阿伦德尔的藏品相媲美。

约翰·巴格雷夫是17世纪四五十年代流亡欧洲大陆的一位王党分子。在大陆流亡期间，他是意大利雕塑家、画家和建筑家、意大利巴洛克风格的杰出代表贝里尼的邻居和熟人。在这一时期，由于伟大的资助人和收藏家要么已然去世，要么则流亡国外，巴格雷夫独自进行着小规模的艺术品收藏。与盖奇及曾与意大利画家圭多·雷尼（1575—1642）交换绘画并由雷尼为他画像的拉尼尔不同，巴格雷夫不得不求助雷尼的追随者、不那么有名气的马泰奥·博洛尼尼为自己画像。然而，在17世纪中期的艰难岁月里，正是像巴格雷夫、出类拔萃的绅士鉴赏家理查德·西蒙兹以及处于穷途末路的天主教世界主义者理查德·拉塞尔斯这样一些人维持着英国人对艺术的兴趣。①

王政复辟之后，尽管查理二世也乐于接受作为外交馈赠的绘画，但他却从来没有像他的父亲和大臣那样为了收罗艺术品而不惜血本。英国的艺术欣赏水平没有能够恢复到查理一世时期曾经达到的水平。另外，在查理二世统治时期，"大旅行"开始前所未有地繁荣起来，而且日益以艺术为其取向。在18世纪的最初十年，英国的绘画事业处于最低谷。尽管这一时期从事装潢的人员中有索恩希尔这样的人才，但历史或风俗画事实上基本不存在，肖像画死气沉沉，而风景画则为三流的荷兰人所把持。艺术方面的训练根本就不存在。②

二 英国艺术品位的变化

从18世纪20年代开始，英国国内艺术相对落后的状况发生了明显的变化。在这一时期，许多英国艺术家相继前往欧洲大陆旅行，去观摩、学习欧洲大陆各国在艺术方面所取得的成就。许多艺术家，如詹姆士·巴里、亚历山大·科曾斯及其儿子约翰·罗伯特、纳撒尼尔·邓思、加

---

① Edward Chaney, *The Evolution of the Grand Tour*, *Anglo - Italian Cultural Relations since the Renaissance*, p. 213.

② John Hayes, "The French Taste in English Painting: Kenwood", *The Burlington Magazine*, Vol. 110, No. 785, Aug. 1968, p. 479.

文·汉密尔顿、威廉·霍尔、托马斯·琼斯、威廉·肯特、威廉·马洛、约翰·帕克、艾伦·拉姆齐、乔舒亚·雷诺兹、乔治·罗姆尼、乔纳森·斯凯尔顿、弗朗西斯·汤尼、理查德·威尔逊，德比的莱特以及雕刻师约瑟夫·诺勒肯斯和约瑟夫·威尔顿都曾前往意大利参观，还有一些人到了更为遥远的一些地方进行旅行。① 艺术家们向欧洲学习的急切心情，在纳勒罕勋爵写给姐姐的信中可见一斑：

> 自记事以来，我便希望前往一个能够满足自己对绘画和古代文物喜爱之情的地方。因此，一想到在如此短暂的时间里就要见到意大利，我便兴奋不已。于是，我每天都盼望着乔治·纳普顿先生的来信，盼望着他随信寄来所有精美画廊的目录以及他对它们的评语，因为，我希望通过到那里观看精美的原创作品来提高自己的品位以及鉴别能力。自离开英国以来，我已经领略过各种绘画。②

随着众多的艺术家出国学习、旅行，同时也由于数量众多的外国绘画被进口到英国（见附录），欧洲大陆的绘画风格逐渐被引进到英国国内。在 18 世纪，帕拉第奥建筑风格开始成为建筑领域的主导风格，建造风景花园的最初尝试也正在展开之中，而肯特也正在开始一种新型的装饰绘画；尽管维尔裘在 1724 年便注意到法国风格"并不怎么对这个国家的口味"，但法国的洛可可艺术还是为英国人以各种不同的形式所吸收。在乔治王朝前两位生性迟钝的君主统治时期，法国风格对英国艺术和设计的整个进程都产生了让人吃惊的解放作用，并在 18 世纪四五十年代达到了巅峰。

第二节　"大旅行"与建筑风格的变化

建筑是从"大旅行"中受益的又一领域。"大旅行"对英国建筑艺术的影响主要体现如下几个方面：首先，前往欧陆旅行的建筑师将欧洲大陆的建筑风格介绍到了英国，从而极大地改变了英国传统的建筑面貌。其次，在"大旅行"的过程中，通过参观大陆的重要建筑物，英国人增长了建筑方面的知识，提高了自身的欣赏水平。最后，贵族、乡绅将他

---

① Jeremy Black, *The British Abroad: The Grand Tour in the Eighteenth Century*, pp. 287 – 288.

② Ibid., p. 287.

们从欧洲大陆获得的建筑知识用来修建和改造他们的乡村房舍，这极大地改变了英国传统建筑的面貌，并形成了独特的建筑风格。

英国的建筑业首先从建筑师们在欧洲大陆旅行时所接受的大陆风格中受益。正如英国建筑师、曾任教于牛津大学埃克塞特学院的雷金纳德·布罗姆菲尔德指出的那样，在英国，从亨利八世统治时期引进的外国工匠尝试性地让英国建筑偏离传统到伊尼戈·琼斯和克里斯托夫·雷恩将英国建筑发展到极致，"文艺复兴永久性地在英国站稳脚跟经历了一个缓慢的过程"。在这个过程中，外国因素与英国传统的融合与调整花费了上百年的时间，其间，这个国家中最伟大的建筑师让各种一度中断的线索连接了起来，并将它们编织成了辉煌而和谐的建筑。① 在这个过程中，伊尼戈·琼斯做出了重要的贡献。

一　伊尼戈·琼斯与英国建筑艺术

伊尼戈·琼斯 1573 年 7 月 15 日出生于英格兰史密斯菲尔德圣巴塞洛缪教区的一个卑微家庭。② 1597—1603 年，琼斯在有权势的恩主、第三代彭布鲁克伯爵威廉的支持之下，前往意大利进行长期的旅行、学习。③ 在 1605 年前后，琼斯在阿伦德尔伯爵托玛斯·霍华德的资助之下，第二次前往意大利参观。1613 年，琼斯再次前往意大利，对威尼斯、维琴察与威尼托周边地区的古代遗物特别是安德里亚·帕拉第奥以及维森佐·斯卡莫齐的建筑进行仔细的研究。这让他成为首位系统学习意大利建筑的英国建筑师。④ 琼斯多次的意大利之旅极富成效。回到英国后，他受命参与并主持了大量的建筑项目，对英国的建筑艺术产生了深远的影响。正如雷金纳德·布罗姆菲尔德评论的那样，"伊尼戈·琼斯在意大利度过的时光并非徒劳无功。当他返还英国之际，他满载着文艺复兴时期意大利艺术家的精髓，并将自己国家的艺术带入了一个完全不同的境界"。⑤

伊尼戈·琼斯对英国建筑业的贡献主要体现在两个方面。首先，他

① Reginald Blomfield, *A Short History of Renaissance Architeture in England*, 1500 – 1800, London, 1900, p. 1.
② Ibid., p. 71.
③ John Newman, "Inigo Jones's Architectural Education before 1614", *Architectual History*, Vol. 35, 1992, p. 18; W. J. Loftie, *Inigo Jones and Wren, or The Rise and Decline of Modern Architecture in England*, London: Rivington, Percival & Co., 1893, p. 113.
④ John Hayes, "The French Taste in English Painting: Kenwood", *The Burlington Magazine*, Vol. 110, No. 785, Aug. 1968, p. 253.
⑤ Reginald Blomfield, *A Short History of Renaissance Architeture in England*, 1500 – 1800, p. 75.

将意大利舞台中的舞台镜框以及活动布景、背景和服饰等引入宫廷演出之中，为英国的舞台建筑和布景带来了深刻的变革。在伊尼戈·琼斯之前，莎士比亚舞台的机械设备相当原始，根本就不存在活动布景这样的东西。舞台场景由口头念诵文本字句的形式来表达；而且，剧场的形状让布景成为不可能的事情：在剧院中，舞台凸出到房间之中，前方和两边的楼座直通舞台的端线。琼斯改变了舞台的形状。他使用的假面剧舞台被布置在剧院边席的尽头，并以巨大的画框式建筑物或其他形式的边界圈围起来，而这成为现代剧院舞台的先声。活动布景是伊尼戈·琼斯由意大利引入的最为重要的一大改进措施。

琼斯还从意大利建筑师和画家巴尔达·萨雷佩鲁齐（1481—1536）的作品中获取灵感，极大地发展了整个舞台的机械装置。他通过运用彩绘的纸片来实现场景的变化，而这些彩绘纸片称作"挡板"。实际上，就是用大的绘画布景来充当背景。这些"挡板"通过固定在顶端和底部的滑轮装置来实现前后滚动，滑轮则被安装在旁边以升高或降低"云彩"。舞台后部的地面被升高至高于剧院地面 8 英尺的地方，而前部地面则较后部低 1 英尺；舞台的下面则放置用以升高戏台的绞盘和其他机械装置，而假面演员则在戏台上进行演出。舞台灯光也得到了仔细的考虑。公共剧院悬挂的蜡烛和半打舞台脚灯被假面舞台上的明亮照明设施取而代之。[①]

其次，伊尼戈·琼斯将帕拉第奥建筑风格、意大利文艺复兴时期的设计与比例等引入英国，从而导致英国建筑品位的彻底改变。[②] 1615 年，在伊尼戈·琼斯返回伦敦之后，他接替西蒙·巴兹尔出任工程总管，并立即投入到王室的工程项目之中。1617 年，琼斯为新的星室法庭准备了几种设计方案和模型，并开始兴建格林威治的王后行宫。在同一年，琼斯还开始修建林肯律师会馆的教堂。1618 年，琼斯被任命为规划林肯律师会馆广场的专员之一，并收到了为此目的准备一个方案的指令。1619 年，琼斯收到设计白厅新建筑的命令，并完成了对宴会厅的设计；在同一年，琼斯还为纽马克特宫的王子居住地进行了设计。[③]

在琼斯设计和主持的众多建筑项目中，白厅宴会厅在英国艺术史中

---

① Reginald Blomfield, *A Short History of Renaissance Architeture in England*, 1500 – 1800, p. 74.

② Joan Sumner Smith, "The Italian Sources of Inigo Jones's Style", *The Burlington Magazine*, Vol. 94, No. 592, July, 1952, p. 200；何平：《西方艺术简史》，四川文艺出版社 2006 年版，第 101 页。

③ Reginald Blomfield, *A Short History of Renaissance Architeture in England*, 1500 – 1800, p. 253.

占据了独特的地位。它不仅成为英国品位彻底转变的标志，而且还代表着英国历史的一个独特阶段。作为国王工程总管的设计物，白厅是英国第一个得到充分发展的帕拉第奥式建筑。此前，建筑方面对古典特征的运用都仅仅局限于表面的装饰，而这些装饰也常常无视整体是否搭配。琼斯将文艺复兴的建筑设计和比例引入英国，这极大地偏离了伊丽莎白时期的各项标准。① 对于伊尼戈·琼斯所设计的白厅宴会厅和纽马克特宫的王子居住地，英国皇家建筑师协会的约翰·哈里斯曾进行了这样的评论："二者都犹如突然从意大利吹来的一阵风，对与琼斯同时代的多数人来说，它们所带来的剧烈变革必然就如 1851 年为水晶宫博览会修建西格拉姆大厦一样。"②琼斯曾出任王家工程总管一职多年，对帕拉第奥风格的引入让他成为英国建筑业复兴的核心人物，他的风格则通过工程局而传播。因此，尽管琼斯的影响后来受到削弱，但即便是在英国的省区，人们也可以从三角墙的处理或檐口的安排中辨认出一些帕拉第奥风格的特征。

二　普通旅行者与建筑艺术

除了专业的建筑师之外，普通的英国旅行者通过对欧洲大陆重要建筑物的实地参观和考察，通过向当地建筑师学习、了解了有关建筑方面的知识，从而大大提高了在建筑学方面的欣赏水平。

近代以来，英国旅行者对欧洲大陆的建筑表现出了浓厚的兴趣。早期的英国游客在参观欧洲大陆的重要建筑时总是肃然起敬，充满了钦佩之情，亨利·皮切曼在《真正的绅士》一书中的描述："见到那些修道院装饰得如此堂皇，罗马枢机主教的画廊收集了如此丰富的近代画作、古老的雕像和古代文物……抑或是在佛罗伦萨大公或巴兹尔的费利克斯·普雷特鲁斯这样一些王公的橱柜中，或是在贵族的房舍中见到了种类如此繁多的服饰、面像，如此众多、如此罕见，而且如此精致的人、鸟和兽的标本……又有谁不会受到感动呢？"便是这种心情的体现。③ 在 17 世纪 50 年代，弗朗西斯·默托夫特在意大利遇到了他旅行中的首个重要城

---

① Joan Sumner Smith, "The Italian Sources of Inigo Jones's Style", *The Burlington Magazine*, Vol. 94, No. 592, July, 1952, p. 200.

② John Hayes, "The French Taste in English Painting: Kenwood", *The Burlington Magazine*, Vol. 110, No. 785, Aug. 1968, p. 253.

③ Henry Peachman, *The Compleat Gentleman Fashioning Him Absolut, in the Most Necessary and Commendable Qualities Concerning Minde or Body, That May Be Required in a Noble Gentleman*, London, 1634, pp. 104-105.

市热那亚，并发出了由衷的赞叹，"热那亚是一个堂皇的大城市，和基督教世界的任何其他城市一样，它拥有自己美丽而堂皇的房舍和宫殿……看到沿途都是富丽堂皇的宫殿，我们情不自禁地发出赞叹，人何以能建造出如此杰出而华丽的建筑！"①

英国游客的品位各不相同，不过，许多人都明显地偏好古典建筑风格，而不那么喜欢哥特式建筑，这导致多数游客对德意志、法国省区及意大利北部地区建筑的忽视或讨厌。古老的城镇遭到英国游客的嫌弃，他们喜欢的是都灵或马赛新城区宽阔而笔直的街道。乔治·伯克利对西西里卡塔尼亚的整齐匀称进行了称赞，而该城市是在 1693 年毁灭性的地震后进行重建的。当时，人们往往将狭窄、弯曲的街道与尘土、疾病和贫穷联系在一起。沃顿不喜欢梅肯，马克罗林不喜欢森斯都是因为这个原因。1683 年至 1684 年，坦克雷德·罗宾逊在欧洲大陆旅行时写道："我们英国的大教堂在高度和体积方面远胜于意大利的教堂；但就建筑的灵巧而言，它们却有不如；它们通常是一些哥特式建筑，而意大利的教堂却是希腊式或罗马式建筑，因而更为精确、雅致。此外，它们还有精美的雕刻、绘画、马赛克作品、金粉装饰和大理石等。"②

英国游客仰慕的许多建筑物在风格上都是相对新式的，或古典或巴洛克式。伦敦的圣保罗大教堂、巴黎的荣军院、凡尔赛的宫殿、维也纳的上下两座观景楼都属于这种情况。到 18 世纪下半叶，人们开始欣赏哥特式建筑，但游客对古老陈旧的建筑往往不太友好。当然，如果它们来自于古典时代，则又另当别论。许多游客的记述都反映出古典教育以及强烈地吸收古典形象和主题的公共意识形态的深刻影响。这种影响在英国人的每一次意大利之旅中都发挥着重要作用，并体现了意大利魅力的一个重要方面，从而抵消了意大利是罗马天主教所在地所产生的有害后果。

许多人显然很赏识他们在欧洲大陆见到的各种建筑物。布兰德对在巴黎见到的圣吉纳维芙新教堂以及先贤祠留下了深刻的印象："它非常漂亮，科林斯式风格以其清纯和恰如其分的比例而熠熠生辉，而且，它的附近没有其他建筑。它得以让人们目睹其全貌，并为建筑师的品位增加了无上的荣耀。"③ 然而，游客对外国建筑也并非不加批判的全盘接受。

① John Towner, *An Historical Geography of Recreation and Tourism in the Western World* 1540 – 1940, p. 119.

② Jeremy Black, *The British Abroad: The Grand Tour in the Eighteenth Century*, p. 304.

③ Ibid., p. 303.

一些游客甚至对他们见到的建筑物进行了指责。对于在意大利南部加利波利所见到的乡土气的巴洛克式建筑，威廉·扬这样写道："这个城镇的各个教堂建筑品位颇为低俗，意大利这一地区所有的公共建筑情况都是如此……简言之，它们与各种希腊建筑式样的简洁这样一种纯正的古代品位正好相反"。彼得·瓦奇普在参观法国北部城市里尔时则写道："让人讨厌的小窗户破坏了所有房舍的面貌。"贝内特认为法国建筑太过沉重，法国的大教堂和修道院比英国的同类建筑还要糟糕，他写道："在我们的任何一个主要集市城镇……维维艾、瓦伦斯、阿维尼翁、里摩日、卡霍、维埃纳、图卢兹乃至里昂的大教堂都很难被看作是一种装饰品。"①

三 欧陆建筑风格的扩散

"大旅行"对英国建筑艺术的影响还体现在模仿大陆建筑风格成为18世纪的英国贵族和乡绅的时尚。1688年光荣革命之后，贵族和乡绅等精英阶层在英国社会和政治领域取得了主导地位。由于君权遭到削弱，贵族和乡绅的权力增加了。为了对自身统治的合法性进行辩护，同时也是为了预防彻底革命的发生并维护自身的特权，贵族与乡绅自觉承担起了界定和捍卫政治自由和公民道德原则（这些原则多少有点类似于罗马共和国时期元老院寡头政治所理解的原则）的责任。在这个过程中，他们明显地让自身与查理二世及詹姆士二世时期显然更为放纵、更不注重德行的贵族保持距离，并在自己的行为、讲话、胸像和雕像、房舍和花园中体现自由和德行这样一些古典原则。同时，精英阶级以"自由"和"市民道德"为基础，并通过资助的形式来促进一种囊括所有艺术的话语。

在这个过程中，辉格派政治家沙夫茨伯里的美学思想对同一时期的建筑理念产生了深刻的影响。沙夫茨伯里对在文化生活的所有方面培育英国人民的正确品位都表现出了关注，不过，对他来说，建筑特别重要。他声称，在一个自由的国度中，建筑的状况与"人民"（拥有财产并在共和国中有着切身利益的人们）直接相关，并且，就那些对自由、法律、政府和财产表现出"强烈的关注和兴趣"且身为公民的建筑师而言，建筑更是与他们休戚相关。在自由取得胜利之际，"鉴赏力得以形成，批评家得以出现，公众的鉴别能力得到提高，正确的品位占据着

---

① Jeremy Black, *The British Abroad*: *The Grand Tour in the Eighteenth Century*, pp. 303 – 304.

主导地位……对文艺而言，没有什么东西能比一个民族占据统治地位的自由和高昂精神更精练、自然和合适的"。①

科伦·坎贝尔的《布列颠的维特鲁威》（1715）一书则在建筑方面具体体现了沙夫茨伯里的美学理念。《布列颠的维特鲁威》第一卷显然是辉格派的建筑宣言，它将自身与17世纪的克里斯托夫·雷恩和世纪之交的约翰·范布勒及其作品区别开来。在书中，坎贝尔对意大利建筑师安德里亚·帕拉第奥（1508—1580）及其信徒伊尼戈·琼斯大加推崇。在该书出版后的15年中，在伯灵顿勋爵及他的门客威廉·肯特指导下，帕拉第奥流派的建筑师在国王的各项工程中几乎占据了所有重要位置。从18世纪20年代开始到该世纪的中期，尽管雷恩的影响仍然存在于后来的范布勒、尼古拉斯·霍克斯莫尔、詹姆士·吉布斯和其他一些建筑师的作品中，但当时占主导地位的建筑风格都是维特鲁威－帕拉第奥式的建筑风格。

正是受1688年光荣革命后英国整个政治文化发展态势的影响，包括贵族和乡绅在内的上流社会对建筑表现出了浓厚的兴趣，他们中的许多成员都拥有相当多建筑方面的知识，并在建造和装饰堂皇的房舍方面发挥作用。在建筑和装饰方面，他们学习模仿欧陆风格的风气十分盛行。例如，1718年，卡纳比·汉格斯顿勋爵便计划与意大利建筑师讨论他在汉格斯顿的驻地和花园可能进行的改动。1734年，安德鲁·米切尔在安科纳考察正在修建中的传染病医院时，便向主持修建的建筑师讨教，而"建筑师卢伊奇·凡维特利是一位礼貌而睿智的人，他给我看了传染病医院的设计图和正面图"。② 德里主教兼伯爵尚在意大利之际便计划重建艾克沃斯，而他聘请的主要建筑师小马里奥·阿斯普鲁西便是一位意大利人。同一时期，英国的室内装饰则深受前往英国为伯利家族工作的意大利艺术家的影响，同时也受到了由罗伯特·亚当所引入的明亮的、优雅的风格的影响。这其中包括源自于古典时期的装饰主题，特别是在庞培的各种发现之后，情况尤其如此。而巴黎则是家具和家居设计的一个重要来源地。

当然，贵族和乡绅在模仿大陆建筑风格的同时，也注意和本土特色相结合。例如，1753年威廉·李前往维琴察观摩那里的帕拉第奥风格的建筑。在参观的过程中，他发现，威斯特摩兰勋爵在肯特的房舍显然是

---

① Philip Ayres, *Classical Culture and the Idea of Rome in the Eighteenth – Century England*, Cambridge University Press, 1997, p. 116.

② Jeremy Black, *The British Abroad: The Grand Tour in the Eighteenth Century*, p. 303.

模仿圆形大厅而修建起来的,而伯灵顿勋爵在切斯维克的房舍也有模仿之嫌。不过,这些仿制品与其模仿的对象并不完全相同,其外观的美丽胜过了模仿的对象。何以英国人在模仿欧洲建筑时会对其进行本土化的改造呢,约瑟夫·克拉多克下面一段话或许就是最好的概括:

> 我们的许多现代房屋都是模仿意大利的模型修建起来的,而一点都不参照或考虑地区的变化。由于意大利气候的炎热,因此房屋必须有不少的窗户。这不仅必然会使一幢建筑显得厚重,而且其所产生的效果也恰好是北方气候下应该避免的;此外,英国房屋的窗户本身是一大装饰,它们总是会装上玻璃,而且常常是最好的厚玻璃板。[1]

在 18 世纪,几乎所有的英国小城镇都出现了模仿古典建筑风格的建筑,而这些建筑多将欧洲大陆的风格与传统建筑模式相结合,一些建筑甚至只是在中世纪或 16 世纪建筑的基础加上一个正面。例如,1743 年南摩顿镇的市政厅便拥有一个通往底层的乡村式露天拱廊;法灵顿 17 世纪晚期的市政厅则拥有托斯卡纳式的圆柱;1747 年修建于巴纳德城堡镇的市政厅则是一个由托斯卡纳式的圆柱围绕起来的八角形建筑物,而大约在 1765 年修建的主教城堡市政厅则拥有一个威尼斯式的窗户。[2] 与此同时,帕拉第奥风格的别墅及其变体也遍布于英国乡村。这些建筑在外观上体现出了意大利建筑风格的影响,而它们的内部却被加以改造,以容纳它们的主人在"大旅行"过程中获得的各种书籍、绘画和装饰品。[3] 于是,欧洲大陆的建筑艺术与英国本土文化的结合形成了一种独特的"杂交"建筑文化。

总之,正是由于大量的英国旅行者前往欧洲大陆参观、学习,欧洲大陆的建筑知识得以通过这些旅行者而传播到英国。欧洲大陆的建筑风格(先是帕拉第奥建筑风格,随后是古罗马、"希腊复兴"时期的希腊建筑风格)与英国本土的建筑文化的结合促使英国传统的建筑发生了巨大的变化,无论是房屋设计还是室内布局设计,都呈现出了既不同于传统,

---

[1] Joseph Cradock, *Literary and Miscellaneous Memoirs*, 1826, Vol. 2, pp. 57 – 58.

[2] Michael Reed, "The Cultural Role of Small Towns in England, 1600 – 1800", in Peter Clark ed., *Small Towns in Early Modern Europe*, Cambridge: Cambridge University Press, 1995, pp. 121 – 134.

[3] John Towner, *An Historical Geography of Recreation and Tourism in the Western World* 1540 – 1940, p. 105.

也与欧洲大陆不完全相同的风格,这大概就是墨西哥学者卡西亚·堪克里克所谓的"杂种文化"。①

---

① 何平《中外思想中的文化"杂交"观念》,载何平《文化与文明比较研究》,山东大学出版社 2009 年版,第 20 页。

第六章 "大旅行"与民族认同

近代时期，在英国民族认同的形成过程中，来自法国等的外部压力和威胁发挥了重要作用。不过，作为英国人旅行的主要目的地之一，法国对英国提出的挑战不同于意大利，英国评论家对这些不同挑战的政治、文化反应也存在明显的差异。在当时的英国人看来，法国似乎是一个强大而不断发展的社会，一个可能构成威胁和挑战的国家；同时，它至少在某些具体方面为英国提供了一个可供学习的榜样。

第一节 作为"他者"的法国

近代时期，法国一直是英国的竞争者和对立面。因此，在英国民族认同形成的过程中，法国始终是以"他者"身份出现的。在旅行者的描述中，法国常常也是以"对立面"的形象出现。

17世纪，英国人对法国的看法在很多方面受宗教改革的影响。宗教改革为认同和各种看法增添了强烈的偏执因素。反天主教的情绪因主要的天主教国家（首先是西班牙，接着是法国）实力强大而变得更为强烈。这种状况一直持续到18世纪上半叶。在英国人看来，法国是一个专制的天主教国家，是英国的对立物。对英国人来说，英、法之间形成的对比同样构成了一种挑战，因为法国依然是一个欣欣向荣的大国，它无论是人口总数还是军队的数量都比英国多，而且，它在路易十四治下得到了极大的扩张。低地国家对英国具有十分重要的战略意义，当法国在这一地区有所斩获时，在英国看来，就是一种威胁。同时，法国还借助支持觊觎王位的王党复辟分子来干预英国内政。无论从政治还是意识形态的角度看，法国构成的挑战始终都是一种威胁。

在18世纪，英国游客对法国的态度与整个时代文化战争的背景相联系。同时，它也受英国国际地位的变化、民族自信的变迁等因素的影响。

18 世纪，英国的国际地位发生了巨大的变化并屡有起伏，英国民族自信的变迁则与此密切相关。

18 世纪初，英法两国间的关系发生了质的变化。1704—1709 年马尔伯勒公爵在战场上所取得的胜利，1714 年汉诺威王朝和平继位，1715 年詹姆士二世拥护者起义的平服，18 世纪第二个十年及第三个十年初法国的虚弱，1716—1731 年英法结盟，所有的这一切不仅助长了英国自信的增强，同时也反映了法国威胁的减弱。18 世纪三四十年代，形势再次发生变化。1731 年英—法同盟的破裂，1733—1735 年波兰王位继承战争中法国击败奥地利，18 世纪 30 年代法国海军和殖民地实力的增长，再次唤起英国人对法国的恐惧。实际上，即便在两国结盟的那段时间里，英国人对法国的恐惧也没有消失。在 18 世纪 30 年代后期，新闻界的仇外情绪明显增强。

1743—1748 年，英国卷入奥地利王位继承战争，并向法国开战。从政治的角度来讲，奥地利王位继承战争并不具有决定性意义，但它却打击了英国的自信。在这场战争中，英国军队没有能够重复马尔伯勒公爵所取得的成功。战争的结局影响到战后英国旅行者的心情。例如，1749年，理查德·霍普金斯便为他所见到的法国力量而感到担忧。在南特时，霍普金斯对（该地的）富足和商业的繁荣感到吃惊，实际上十分难受。他描述说：

> 当我从许多渠道得知，在战争中，该镇几乎所有的商人都失去了他们全部的船只……但他们却并没有因此而遭受任何损失，因为他们都在伦敦参加了保险……在每一条河流中，在每一个海港城镇中，甚至是在每一条沟渠中，他们都在重建以期得到恢复……①

在七年战争（1756—1763）中，英国直到 1759 年才开始击败法国；在 1760—1762 年间，英国在加拿大、印度和西印度群岛决定性地击败了法国；1762 年英国又击败了西班牙，并取得殖民霸权。英国在战争中取得胜利，经济力量也不断增长，这极大地鼓舞了英国人的士气，并增强了他们的民族自豪感；不过，英国人的这种民族自豪感很快便因他们对国内及欧陆形势的担忧而有所减弱。在美国独立战争中，英国遭受的失败及民族孤立再次引起了英国人的不安，并导致了悲观主义的滋生。此

---

① Jeremy Black, *France and the Grand Tour*, Basingstoke, Hampshire and New York：Palgrave MacMillan, 2003, p. 141.

种状况一直持续到 1787 年。在这一年中，法国国内危机的迹象不断增多，英国在荷兰危机中对抗法国取得成功，这一切都有助于英国人乐观主义情绪的再次出现。不过，英国人的乐观主义情绪并没有持续多长时间，它很快又为悲观主义所取代。在 18 世纪 80 年代，无论哪位评论家在被问及哪个欧洲国家将在 10 年内发生革命时，他们都会说是英国，而不说是法国。

在英、法敌对的背景下，许多游客常常将法国作为英国和英国特性的对立面。在 18 世纪初，为了给英国国内值得称道的事物提供一个对照，英、法之间的对比得到了更为广泛的应用。例如，在 1726 年，查尔斯·斯宾塞的导游汉弗莱·费希上尉从信奉新教的瑞士伯尔尼写信给斯宾塞的祖母——辉格党价值观念的表率、寡居的莫尔伯勒公爵夫人撒拉：

> 这里的人们似乎生活富足而幸福，这完全是当地政府的功绩，因为，如果人们为捐税所困扰的话，他们就得忍饥挨饿。他们似乎非常理解自由的价值。确实，当人们走在法国富饶的乡村，走在这些本可以让人们丰衣足食的地区而看到的却是人们的生活处于极度可悲的境况中时，他们便会情不自禁地意识到自由无与伦比的价值。①

不过，法国的许多方面对游客仍颇有吸引力。从某种程度上讲，这或许便是"禁果"的诱惑力。当然，这也无法取代当时的人们对英国、法国彼此间敌视和竞争的意识。两国即便在结盟的情况下依然彼此竞争，他们在航海、商业和殖民地等领域的竞争成为他们关系中的一个永恒特征。直至 18 世纪 60 年代，法国依然积极支持詹姆士二世拥护者的复辟事业。那些通过描述传统训导而表达对专制主义、天主教和法国的反对，并借此来对威胁感进行回应的游客往往借助防御性的机制。在 18 世纪上半叶，英国旅行者对本国实力尚缺乏足够的自信，因此，前往法国旅行既让人向往，同时也是一种挑战。

尽管英国旅行者认为将法国作为其竞争对手一点都不荒谬，但他们也能从更为广泛的角度来理解这个国家。他们部分地从文化的角度来理解法国的魅力，而法国文化的魅力是那个时代法国强大的一个重要表征。对英国旅行者来说，意大利远逊于法国，而且情况越来越是如此。在他

---

① Jeremy Black, *France and the Grand Tour*, Basingstoke, Hampshire and New York: Palgrave MacMillan, 2003, p. 5.

们看来，意大利已日益明显地成为一个历史主题公园。在英国，人们对进步的崇拜、对宽容的支持，社会发展变化的加速都日益明显，这导致的结果便是：人们日益把意大利看作是迷信和反动"温床"的代名词。在意大利日渐被看作远逝的历史之际，英国旅行者对法国的看法则是不同的。前往意大利旅行的游客主要为意大利的历史所吸引并为之而肃然起敬；而在法国旅行的英国人感兴趣的则是它的当代世界。因此，英国人对天主教和欧洲大陆社会许多方面的普遍反感可以有完全不同的分析。

第二节　旅行者的观察和反思

一　旅行者对法国政治的观察与反思

前往法国旅行，让英国游客有了许多机会去评估它的政治发展状况。一些英国游客确实对当地的政治进行了讨论。这些讨论通常致使旅行受到批评。在英国，人们担心旅行者会同情法国的政治实践；不过，到18世纪下半期，这种担心随着英国自信的增强而逐渐减弱。当然，也有一些英国人存在不同的看法。他们认为，在国外获得的政治知识有助于旅行者为将来所从事的职业做准备。

约瑟夫·思朋斯是牛津大学的指导教师，他曾在欧洲大陆做过导游。1738年，思朋斯写信给正在巴黎的威廉·布瑞尔·马森伯德：

> 我需要告诉你的是：在国外任何地方，一位绅士应该注意的首要事务是所在地的法律和宪法，政策和该国人的性情，当地好的制度以及不好的制度，它的力量及弱点之所在。在英国，特别是当前，一名绅士的主要动力便来源于他将有可能跻身于议会的这一前景，所有这一切都会对他在议会中的活动有所助益。从与有学问的人谈话中获得的所有这类知识要比从书本上获得的这类知识有用得多。①

英国游客通常会对他们在法国看到的事物提出批评，不过，这种批评常常表现得十分克制；有时，他们也会给予积极的评价。珀西瓦尔1718年参观法国时对它的描述仅仅是"一个臣民生来便仅仅是为统治者

---

① Jeremy Black, *France and the Grand Tour*, p. 146.

服务而不是为他们自己的生存的国度"。1732 年，沃尔德格雷夫在巴黎写道：

> 一天，昂斯诺勋爵前来造访，我感到十分惊奇；如果我告诉你勋爵本人已经是半个法国人，你会更加惊奇……他说，在他的一生中，他从来没有看到过这样的国家，他在赞美它的同时就不禁想起了自己的国家……他对一切都进行赞美；胜利广场上的一些碑铭则例外，他希望它们的内容得到改变。①

很少有英国游客能在凡尔赛的宫廷圈子中度过较长的时间，但确实有许多游客参观过凡尔赛。凡尔赛的宫廷让他们对法国社会有了一个印象。1764 年，后来成为大法官的阿奇博尔德·麦克唐纳在枫丹白露写道："一位英国臣民应该最急于看到不同于我国的宫廷；（在这里），国王一天二十四小时都在以新的花样进行宴饮，以期分散他对那些仅他有决断权并应由他一人处理的事务的注意力。"②

在许多英国旅行者来说，法国王室的力量过于强大，这种状况是不符合人民的利益的。在 1720—1721 年，英国和法国还是盟友，一位匿名的旅行者却发表了如下的评论：

> 自由迟迟没有降临法国，对英国国内吵闹着要支持这个名声扫地的政权的人们来说，前往法国待上一小段时间是有益的。这样，他们就可以切身体会到如下一些原则——无论是生命还是财富抑或是宗教事务，一个人都不能认为那是自己的所产生的令人沮丧的后果。③

许多游客都清楚法国政府不受人欢迎。1714 年休谟称法国农民因受到地方行政长官与税农的压迫而处境悲惨，"最微不足道的人有时要将他们收入的一半缴纳给国王"。在鲁昂，休谟遇到了一位名叫德·托希略的法官：

---

① Jeremy Black, *France and the Grand Tour*, p. 146.

② Ibid. , p. 141.

③ Anon. , *Journal de la Cour et de Paris* 1732 – 3, Paris, 1836, Vol. 5, p. 385; H. Duranton ed. , *Journal de la Cour et de Paris*, St. Etienne, 1981, p. 17.

　　就他对我们宪法所提出的几个问题，我施展浑身解术，以期能
给他一个满意的答复，他则投桃报李，给我们描述了法国当前的形
势。这也因为他可以借此向陌生人吐露自己的心声而无后顾之忧，
陌生人是不会在审判中出面指控他的。他直率而充满感情地悲叹他
们当前所处的受奴役状况，以及他们在最近的战争中所遭受的深重
灾难……他似乎美慕我们宪法的开明，美慕我们享有的自由；（他美
慕）在我们的国度里，人人可以将他所拥有的东西称为自己的，也
不受制于君主的恣意妄为和横征暴敛。但他同样也表达了自己对国
王应尽的职责和应有的尊重。他表示，他对信奉英国女王宗教的任
何诚实的人都不会产生厌恶之情。①

　　1716 年，乔治·伯克利注意到奥尔良大公——年幼的路易十五世的
摄政王的政府不受欢迎，并认为这是它与英国结盟的原因。1717 年，卡
宾特为他在佩罗讷、霍耶、古尔内、圣利斯等地见到的贫困景象所震动。
1720 年，另外一位旅行者认为摄政王不受欢迎的原因在于他反对法国人
自由的举动。五年之后，珀西瓦尔仍然深信法国即将面临极大的麻烦。
在从鲁昂逆塞纳河而上旅行的途中，他这样描述弗农：

　　所有的建筑……摇摇欲坠，甚至整个街区都是如此；在此次旅
行和前次的旅行中，我所见到的法国其他内地城镇的情况也是如此；
我不知道此种境况是源于内战所造成的混乱局面呢，还是由于（当
地）居民长期遭受压迫的缘故，但我却更愿意相信是后者，因
为……少数有钱人害怕露富，而大多数人却是真正的贫穷。②

　　这和众多有关法国的报告一样，它们常常都是对窘迫和阴谋互相交
织的状况进行强调。而珀西瓦尔在他的观察中则继续写道：

　　纵容官员压迫他的臣民符合（法国）国王的利益。这些官员成
为利益的分享者，因此他们也就加入了最高统治者的行列，对人们
进行敲骨吸髓般的盘剥；由于（法国社会）存在普遍的不满，我相
信，如果有一位希望重新征服其古代领地的英国国王崛起且派遣足
够多的军队在此登陆的话，那他则一定可以建立一个诺曼人和不列

---

① Jeremy Black, *France and the Grand Tour*, pp. 149 – 150.
② Ibid. , p. 150.

颠人的议会，正如我们在爱尔兰所做的那样；所有的省份都将随之起而反对本国政府，因为，凡是和我交谈过的人，没有哪个不直率地畅谈他们对政府的反对，这正如英国国内对英王詹姆士二世拥护者的态度一样，他们美慕我们因宪法解除了自身受到的束缚而享有的幸福；此外，他们还告诉我，三分之二的诺曼底居民都已经是新教徒。①

尽管珀西瓦尔描述的最后一点并不正确，但它却反映了这样一种信念，即新教徒无疑是心系英国的。

1731 年，安德鲁·米切尔对法国复杂的政治局势进行了更加准确的描述。他注意到了（法国）君主专制的某些局限，并提及 1730—1732 年巴黎议会和国王之间爆发的激烈争吵：

确实，有关私有财产的法律指导着人们间的继承和契约关系，它们至今仍然保存完整……议会似乎成为王国内唯一坚持维护自己的自由和权益的团体，国王将他们视为公义之庭，但却不太愿意他们干预国家事务。②

当一座本笃会修道院的全部文件受到查封并发展为试图掠夺的前兆时，米切尔对此进行评论说："即便在财产没有得到充分保护的法国，这样的行动也会遭到坚决的拒绝。"③

在 18 世纪下半叶，对法国的批评之声仍然持续不断。斯莫利特就法国体制发表评论说："在专断的政府中，因大人物的干预而造成司法活动的中断，往往会对普通民众的道德风貌造成恶劣的影响。农民常常因遭受地主的压迫和专制而处于绝望和蒙昧的境地。"④ 霍罗伊德则将（法国）的贫困归咎于它与英国间的经济竞争。1763 年，霍罗伊德在参观圣昆廷之际，对当地生产细麻布感到非常好奇，因为它导致了与爱尔兰之间的竞争。他很遗憾地发现（当地的）劳动力价格十分低廉。一名生产精美花饰细麻布的工人工作三个星期，挣钱却不超过半个基尼（英国的

①　Jeremy Black, *France and the Grand Tour*, p. 150.

②　Ibid., p. 151.

③　Ibid..

④　Tobias Smollet, *Travels through France and Italy*, London, New York and Toronto: Oxford University Press, 1907, p. 25.

旧金币，值一英镑一先令）。一个劳动力（一天）能挣四便士，一名妇女要付出艰辛的劳动才能挣到两便士半。按照这种工资水平，大不列颠与爱尔兰在价格上都无法胜过法国。与此同时，纺织工人的工作环境也十分恶劣，它们必须在地下室里工作，因为，如果不在潮湿的地方，纱线会突然折断。在约翰·莫尔看来，这些安排都是迁就富人和有地位的人而导致的结果，在这个过程中，下层市民的福祉很少甚至根本就没有得到考虑。①

此外，法国人的其他一些习惯也会受到批评。英国游客对法国人在公众场合小便的行为评价不高。他们对妇女也在公众场合小便感到十分惊奇。说话坦率也受到了评论。沃顿从第戎发出的信中写道："人们讲话毫无顾忌……我就这些事情的微妙之处与一位修道院院长进行了长时间的争论，而他则认为这些事情十分荒谬。'每个人，'他说，'都知道这些事情是自然而必不可少的，因此想要对它们进行遮遮掩掩是荒唐的。'"②对法国社会持续的批评一直是英国旅行者的主要话题。不过，当时也存在比较温和的观点。1786年，当加登斯通在布图耶一次晚餐上喝到勃艮第葡萄酒后，他改变了自己对法国的看法。无论是加登斯通，还是约翰·莫尔和赫丝特·皮奥齐都对法国人的幸福进行了评论。③

一些游客对法国政制的某些特定方面也进行了肯定。1764年，一名游客从巴黎报道说，法国议会声称拥有的自由程度是不受人欢迎的，"在这里，我发现，从总体上来讲，该国自由而独立的人们对议会所觊觎的异常广泛的权力开始感到厌倦。他们对接种、谷物出口自由等长期而让人伤神的反对，向大众表明，就处理符合一个大国经济利益的事务而言，他们根本就不胜任。"④五年之后，威廉·温德姆注意到，与英国不同的是，在法国，政府向类似于（英国）沃克斯豪尔游乐园这样的设施征税，以资助慈善活动。1775年，沃顿对巴黎的剧院发表评论说："没有人在剧院聚众滋事，人们不敢在剧院大声喧闹，因为剧院有士兵把守，他们随时可以逮捕制造麻烦的人。所有这些看来或许是专制主义的标志，但却

---

① John Moore, *A View of Society and Manners in France, Switzerland and Germany*, London: 1770, Vol. 1, p. 32.

② Jeremy Black, *France and the Grand Tour*, p. 155.

③ Gardenstone, *Travelling Memorandums Made in a Tour upon the Continent of Europe in the Years of* 1786, 1787 and 1788, London: 1791, Vol. 1, pp. 1 – 15; R. Anderson, ed., *The Works of John Moore*, Edinburg: 1820, vol. 3, p. 1; H. Piozzi, *Observations and Reflections made in a Journey through France, Italy, and Germany*, 1789, pp. 9, 56.

④ L. Cust, *Records of the Cust Family*, 1927, Vol. 3, p. 242.

为和平的观众营造了一个舒适的环境。"①

贝内特显然对法国的能量和实力留下了深刻印象："在法国占领斯特拉斯堡之际（1681），它和德意志其他大多数城市一样，面貌陈旧、建筑粗鄙、城防拙劣；然而一旦它落入这个充满活力而睿智的民族手中，它便呈现出了十分不同的面貌。"② 约翰·理查德称赞巴黎法典简洁；相反，他认为英国的法律条文过于繁冗。加登斯通称赞法国的道路法："在这个国度，国王的敕令规定所有在马路上行驶的车辆都必须给邮车让路，该敕令往往能够为人们所遵守。我们的老百姓往往对这些如此有用的规章嗤之以鼻。如果他们真正理解自由的含义，他们至少应该愿意遵守我们的立法条文，正如法国人尊重他们的王室敕令那样。"③ 事实上，法令不断地被重新颁布，这恰好表明这些条令不怎么为人们所遵守。法律的严苛也并非总是不为人们所接受。1787 年，索伯恩观察到：

> 整个法国的警察机构是建立在最为审慎的政治规划基础上的，它极其严酷地执行着自己的使命；一个仆人会因为（主人的）一点不信任而被吊死……马路上的抢匪和谋财害命者会得到同样的命运……因私通而流产的妇女（未经事先宣布怀孕）会被活活烧死：这条严酷的法律每年都会挽救数千名不幸婴儿的生命。④

布兰德对法国为维持秩序而采取的行动持同情态度。就马赛附近的伊夫堡（Chateau d'If），他写道：

> （它）类似巴士底狱，这里关着一些政治犯以及因放纵而为父亲遣送到此的年轻人。对英国人来说，这种对自由的侵犯是令人厌恶的，但我却倾向于认为，在成熟一些后，许多受害者会为他们的父亲曾经拥有这些权力而感到高兴。⑤

英国旅行者对法国政治形势的评论，常常与他们对法国的社会制度

① Jeremy Black, *France and the Grand Tour*, p. 153.

② Ibid. .

③ John Richard, *A Tour from London to Petersburg*, London: 1780, pp. 152 – 3; Gardenstone, *Travelling Memorandums Made in a tour upon the Continent of Europe in the Years of* 1786, 1787 and 1788, Vol. 1, p. 18.

④ Jeremy Black, *France and the Grand Tour*, pp. 153 – 154.

⑤ Ibid. , p. 154.

和习俗的反思密切联系在一起。就对政府的评价而言，大家普遍认为英国的社会秩序更好，但他们同时也对法国的某些社会习俗表示了支持。在1764年参观里尔的救济院后，托马斯·格林就建议英国人采纳那里的规章，让监管者分配每天的劳动，并奖励活干得多的人们。

巴黎的大救济院则让米奥德梅留下了印象。在对它进行描述之后，他便对法国与英国之间形成的对比进行了思考：

> 我感到惊奇的是，伦敦城在其他方面得到了如此好的调控，它应该需要有这种大救济院所带来的便利。将穷人从一个教区驱赶到另外一个教区，将麻烦从一个教区转移到另外一个教区，总的来说对国家并没有好处。然而，通过公共税收抑或是捐献来建立这种公共机构，委派适当的官员和监管者指导他们进行工作，那将不仅能够消除来自王国各地的穷人给这个城市带来的巨大负担，还会给国家的贸易带来巨大的好处：不仅我们的产品会因此而价格低廉，而且，因为进口外国产品而导致我们受到损失的状况也会因此而得到改善。我被告知，巴黎确实从这一收容所中大获好处。①

沃顿在第戎时阅读了孟德斯鸠的《论法的精神》，但他却对法国的许多习俗态度友善。在沃顿看来，某些法国习俗仅仅是好笑而已，它们并不会造成什么威胁。在巴黎，当他和一名熟识的法国人离别时，"我很荣幸地吻了他的双颊，在英国，此种举动会被认为十分好笑；但我在前面提过，在这里，人们就是这样做的"。在此前一天，沃顿参加了一场精彩的音乐会。和许多在巴黎的游客一样，他注意到："观众的专注和悄然无声让人感到吃惊……我想到了英国观众，并为我们的国人感到羞愧。"从第戎，他报道说：当一个绅士走出满是客人的房间时，他不向任何人说一句话，而是尽可能安静地离开，这似乎是一种好的习惯，因为这就不会使所有的客人喧闹起来，而这种情形在我们周围则经常发生。在里昂之际，沃顿发现有妇女在索恩河中洗澡。对此，他也感到吃惊；但在写回家的信中，沃顿却建议英国妇女养成夏天洗澡的习惯，同时还建议英国人采纳法国人吃饭时一人用一个杯子的做法。弗郎西丝·克鲁在巴黎注意到："在此处，年长的人会比在伦敦受到更多的注意，并得到更多的尊重"，在晚餐时，年纪轻一些的人往往愉快而幽默地对待老年妇女。②

---

① Jeremy Black, *France and the Grand Tour*, pp. 154.

② Ibid. , p. 155.

尽管英国旅行者对法国某些特定的方面进行称赞，但就总体而论，英国旅行者的看法基本是英国社会更为自由，它较少受到社会差异和等级特权的制约。乔治·利顿在里昂发出的信中提及了法国的种种社会约束，特别是"绅士和商人间大得不能再大的差异"。1787 年，当米特福德回到多佛时，和大多数游客一样，他深信英国是最好的：

> 旅行者向他经受的所有苦难：晕船时的可怜相、旅途中的颠簸、污秽的法国告别了。无论他往哪个方向行进，在他前面，他见到的都是一个清洁的国度。一想到又将回到英国，他便洋洋自得，如果与法国进行对比，（好处便是）在国内不用遭罪……人们习惯于英国，习惯于它的舒适，一想到它们近在咫尺，人们便喜不自禁，对于那些被抛之脑后的壮观景象，他们则漠然置之。对于那些他用不着再受罪的尘土而言，他则不能同样地无动于衷。当独处静思时，它会激起心中的厌恶，（将英国的状况）与之比照时，则会获得乐趣……马路当中隆起的人行道从多佛一直通往伦敦，以供最卑微的旅行者行走。人们立即会想到的便是，巴黎新修的街道也没有此种便利，不仅如此，当人们对法国贵族的这种疏忽表示吃惊时，得到的答复是"人民不应该过得太容易"，因此，巴黎的新街道没有人行道，许多街道过于狭窄，不容许提供此种便利。人们又不禁回忆起，法国贵族为弗朗索瓦剧院向民众提供剧场后排座位而愤愤不平，他们几乎因此而放弃了该项娱乐。当离开法国的英国旅行者回忆起种种这样的情形，他们便情不自禁地像布鲁塞尔的爱国者那样大声呼喊："自由万岁！"①

二 观感中的两国国民情感

近代时期，有人缘的英国游客在法国宫廷往往受到优待，最有资历的人士还能从内阁大臣那里得到介绍信。例如，在 1722 年，卡特雷特勋爵这位内阁大臣就为克林顿勋爵写了一封介绍信。不仅法国的王廷会给某些游客以优待，就是位于尚蒂伊和洛林等地的王子宫廷也会给某些游客以优待。1720 年，一名游客记录了他抵达卢内维耶的情况："（我们）将介绍信拿给了索特男爵，他非常客气地接待了我们，带我们去看了戏，

---

① Jeremy Black, *France and the Grand Tour*, p. 158.

并向我们介绍他们的王子和王妃。那位大公非常客气地用德语和我们说话。"① 要在宫廷社会中受到优待,介绍信十分重要。这既反映了社会精英阶层在旅游社交网络中的支配地位,也在一定程度上有助于确保他们在这一领域中的支配地位。

尽管法国社会中的一部分人对英国旅行者态度友好,一些游客还是很清楚法国人对英国的敌视情绪。一名寓居巴黎的苏格兰长者告诉一位来巴黎参观的游客:他们对英国人异常礼貌,这源于他们对英国人的畏惧;但你一定要相信,从他们内心深处来说,他们则希望我们所有的人都下地狱。1730 年的某一天,诺福克公爵在英国驻巴黎特使下榻之处进餐时,就"法国人对我们的憎恨"进行了评论。1731 年,刚与法国首席大臣、枢机主教弗勒里共进晚餐的英国下院议员托马斯·罗宾逊也就法国人对英国的敌视进行了评论。

1730 年,因法国违反《乌特勒支和约》有关规定而导致英、法危机。危机促使罗宾逊和威廉·米奥德梅这样的游客将敦克尔克港包括在他们的参观日程之中。当时,英国议会正在讨论法国修缮敦克尔克港的问题,而该问题也成为人们普遍谈论的话题。出于军事方面的考虑,米奥德梅和同伴在前往巴黎和意大利之前,希望在游历佛兰德斯主要城镇的过程中参观敦克尔克。在这次旅行中,米奥德梅一行人首先通过了格拉夫林巨大而坚固的要塞,它们则为一行人提供了不少乐趣,因为,他们在国内已经不常见到这些东西。参观敦克尔克为米奥德梅提供了法国方面在进行欺诈的明确证据。几年前,他曾到过敦克尔克,那时,它:

> 似乎尚处于符合乌特勒支和约规定的状况中。但眼下,它不再是被淤泥和垃圾堵塞的沟渠,我们看到的是一条挖掘整齐、状况良好、吃水量很深的运河。除了各种渔船之外,还有五十来艘船只在其中航行。除此之外,我们还注意到(当地的)法国人正在铺建一条直通大海的堤道。在堤道的高处和低处,堆放着许多大块木料。在我们想来,这些整齐堆放在运河两岸的木料除了用来修造一艘吃水量为 80 吨的船只外,别无用处。当地居民不无得意地向陌生人辩解说,这一切都是大海的功劳,因为海水每次退潮的时候都带走了大量的泥沙。然而,我们在浅水处看到了铁锹挖掘的痕迹,这种痕迹太过明显,它排除了当地人所说的那种可能……向我们表明一个

---

① Jeremy Black, *France and the Grand Tour*, p. 142.

国家所做承诺的不足信。拆毁敦克尔克曾是英国坚持的确保友谊的附加条款，然而它现在导致的结果却是，法国在这一友谊的庇护下大胆地对敦克尔克进行修复。①

在1763年，霍罗伊德描述了他在盆地见到的入侵船只，但他同时写道：法国人正在十分严肃地拆除那里的工事。到1787年，亚当·沃克对格拉夫林和敦克尔克间正在修建的道路发表评论说："这条道路一旦完工，它对英国所造成的不利将有如该盆地本身对英国所造成的不利。"②

经常参观最近战争冲突发生的地点也对英国人的看法产生影响。例如，在1734年，昆斯伯里公爵携夫人及威廉·巴纳德博士和其他一些游客前往里尔参观。里尔是1709年马尔伯勒公爵进行围城壮举的地方。巴纳德和这一行人的邂逅促使他选择了从加莱前往巴黎的路线，因为观看各处要塞为他们提供了主要的乐趣。在许多地方，一行人遇到了一些还记得那场战争的人们，他们为一行人讲述了当时城镇失守的情景。巴纳德注意到，当地人将这场战争爆发的原因归咎于某种疏忽，或是某种阴谋。在贝休恩的城墙上，巴纳德还遇到了一位绅士，这位绅士说，他的母亲曾用马尔伯勒公爵的名字来吓唬他。战争显然是军官或者人们与军官间谈论的话题。1772年，休·弗德斯鸠在参观里尔这一重要军事基地时，就曾和四名军官及一位绅士一起进餐。其间，他们谈论的话题大多围绕上次战争，那些法国人对沃尔夫将军及英国的其他一些军官赞誉有加。③

18世纪后期，由于英法之间的冲突，法国人的态度发生了变化。对此，米特福德（Mitford）评论说：

> 自巴黎和约（1763）签署以来，法国人的态度发生了巨大的变化。在和约缔结前的战争中，法国人在一定程度上因为自身的自负而受到打击，在此后闲散的时间里，他们对英国表现出了极大的热情。然而，他们试图对自身遭受的打击进行复仇，这致使他们对美国的叛乱进行煽动，并最终向美国人提供军队进行支持。鼓励承认自由的理想、允许人们讲英国和美国人的语言成为必要的政策，而这些举动在以前如果涉及法国政府及其臣民时则是犯罪。然而，这

---

① Jeremy Black, *France and the Grand Tour*, pp. 144 – 145.

② Ibid. , p. 145.

③ Ibid. .

些政策的推行……却导致了不利于专制主义权威的思考。许多仪态
缺乏优雅、礼仪粗鄙欠佳的美国人出现在法国，他们的举止被法国
人错误地当作是自由倡导者的特征而受到崇拜和模仿。最后，他们
在没有完全抛弃法国人礼节的同时又几乎普遍地接受了美国人的举
止。二者的混合造成了一种怪异的后果。①

第三节　旅行者对法国文化艺术的认知

一　旅行者对法国视觉艺术的认知

在国外旅行的过程中，英国游客最感兴趣的艺术形式有绘画、雕刻、
音乐。在这些方面，意大利较法国更为重要。不过，法国往往也能满足
英国游客在绘画、雕刻和音乐等方面的需求，虽然它们经常受到批评。

1781 年，亨利·埃利森评述到，尽管在意大利看到的一切让他对绘
画几乎已经感到厌腻，但皇宫中的绘画、卢森堡画廊及许多私人藏品还
是让他流连忘返。但从总体上说，他并不是法国绘画和雕像的仰慕者。
1720 年，安特卫普画家普尔布斯 16 世纪在敦克尔克所做的《圣乔治之
死》受到了称赞，但巴黎之外的绘画却很少为人们所提及。1714 年，詹
姆士·休谟对悬挂在南特祈祷室中的一幅玛丽亚画像表现上帝的手法提
出了批评：这是一幅亵渎神明的、不敬的画像，它将"永生的父"描绘
成一个满脸皱纹、头发花白的老头。1726 年，威廉·弗里曼在里尔圣凯
瑟琳礼拜堂看到了一幅鲁本斯的画作《圣凯瑟琳殉道》，在另一所礼拜
堂，他则看到了鲁本斯的《耶稣受刑》（见图18）。②

里尔是许多游客在法国参观的第一个城市，那里的许多绘画也受到
了游客的关注。在 18 世纪上半叶，鲁本斯给游客留下了尤为深刻的印
象。巴黎也有许多绘画可看：大量的绘画收藏在教堂之中；对于衣冠楚
楚的游客而言，他们常常不需要任何介绍信便可以进入私人寓所，从而
看到更多的绘画。卢森堡宫一周两次向游人开放。18 世纪 80 年代早期，
安德鲁斯记述道：

没有人能比法国人更愿意展示他们储藏的绘画作品，尤其是向

① Jeremy Black, *France and the Grand Tour*, pp. 157 – 158.

② Ibid. .

外国人展示这些作品。他们以特定的方式表明，他们有义务满足前来法国参观的人们的好奇，他们将这些本国作家的展品看作是国人创造力高人一等的证据，他们希望观看者在视觉上获得一种信念，即与其他民族相比，他们是多么的优秀。①

其他人也进行过类似的评价。1726 年，珀西瓦尔受到加尔默罗教堂中勒·布朗《从良的玛丽》的感染：无与伦比的情感表达……想象一下绘画所有的部分都是为了表现一个泪流满面的丽人，就无须花费时间去评论人物的性格、表情、色调、画技或其他一些艺术家作画时需要分别考虑的部分。1728 年，罗伯特·特雷弗参观了法国王宫，并对奥尔良公爵收藏的画作留下了深刻的印象，那里满屋子的绘画在他看来都是精美绝伦的。1742 年，在安德鲁·海这位无比了解奥尔良公爵画藏的著名艺术交易商的陪同下，比奇姆和斯图洛克参观了同一画藏。1750 年，尼克松发现王宫的收藏是最有价值的绘画的缩影，至少在阿尔卑斯山脉北麓的情况是那样。在尼克松看来，它们与其说是一批藏品，还不如说是一个巨大的货仓或者说仓库，因为一个巨大宫殿的大多数房间里都挂着欧洲最杰出大师的最佳画作。1751 年，加利克在参观时却没有表现出多大的热情，"没有哪座宫殿的画藏能够比位于奇斯维克的伯灵顿伯爵的画藏更好。总体上它们都是垃圾"②。

1768 年，威廉·德雷克对吉多·雷尼《敬礼》及勒·布朗的《从良的玛丽》留下了深刻的印象，而威廉的父亲告诉他两幅画都是他非常喜欢的。德雷克同样对在巴黎圣母院看到的查尔斯·凡·卢的画作《圣查尔斯·博洛米欧向害瘟病的人施圣礼》大加称赞："大善人的热诚和同情，病入膏肓的病人被扶起坐在床上以接受圣礼，为这一灾难缠身的其他几人的憔悴模样，都得到了非常自然而绝妙地表现。"③ 德雷克的反应体现了游客对现实主义绘画的渴求。1775 年，当有人告诉罗伯特·沃顿留心王宫画藏中《以西结的幻象》时，他对宗教主题的盛行大为感慨。六年之后，布兰德更是对法国绘画的学究气大加批评。

有些游客购买了一定数量的绘画或版画，还有一些人，像 1742 年比

① J. Andrews, *Letters to a Young Gentleman on His Setting out for France*, London：1784, pp. 204 – 205.

② David Garrick, in R. C. Alexander, ed., *The Diary of David Garrick Being a Record of His Memorable Trip to Paris in 1751*, New York：1928, p. 33.

③ Jeremy Black, *France and the Grand Tour*, p. 171.

奇普所做的那样,则坐下来让人给自己画了一些肖像画,尽管大多数参观了意大利的游客在那里也会让人给自己画肖像画。1728 年,罗伯特·特雷弗在巴黎购买了一些印刷品,在那年八月前往洛林的旅程中,他雄心勃勃地打算:

> 在路过南锡(Nancy)之际……我煞费苦心地搜寻卡洛所做的版画,我以为在一个这位大师曾经长期生活过的城市中找到他的一些真迹是可能的……但我却仅仅找到了寥寥几幅,它们碰巧落入了一些知道自己同胞作品价值的人士手中,它们的价格十分昂贵。其中包括他的三幅围城全图,但它们被裱糊在布上,并进行了装帧。旅行者带着他们行走太过麻烦;对我来说,将它们弃而不顾无疑是一个巨大的耻辱。[①]

许多英国画家会途经法国前往意大利,他们却很少在法国学习。不过,也有一些画家至少在巴黎接受过部分的训练。克里斯托夫·斯蒂尔是坎伯兰的一名肖像画家,大约出生于 1730 年。在 1750 年前后,斯蒂尔到巴黎待了一年的时间,在那里,他受到了查理·凡·卢的训练。之后,斯蒂尔回到了英国北方,在那里,他因为举止优雅而被称为"斯蒂尔伯爵"。1755—1757 年,乔治·罗姆尼在斯蒂尔家做学徒。其间,斯蒂尔在乔治·罗姆尼肖像画风格的形成过程中发挥了重要作用。罗姆尼早年风格中丰富的色彩、他对服饰的熟练处理都应归功于他曾是斯蒂尔学徒的这一背景。在法国,游客也会前往画家的画室参观,不过,其频率确实赶不上在意大利的那种情形。1725 年,珀西瓦尔造访了拉热列赫,珀西瓦尔发现拉热列赫英语说得很好,"他给我们展示了一幅救主受难断气的画。画中,一切自然的痉挛被描绘为太阳光辉奇迹般地遭到侵蚀,闪电及旁观者的惊讶神情得到了如此好的表现,我们所有的人都为他的艺术而倾倒"。[②]

前往法国旅行的英国游客对法国宫殿和其他建筑也表现出了浓厚的兴趣。17 世纪,英国国内的古典文化教育推动了人们对古典建筑风格的接受。贵族和乡绅等精英阶层对建筑表现出了浓厚的兴趣,他们的许多成员都具有丰富的建筑知识。前往法国参观的游客往往对参观的建筑大发感叹。不过,他们的品位有时也会受到批评。1725 年 9 月 18 日,《米

---

① Jeremy Black, *France and the Grand Tour*, pp. 171 – 172.

② Ibid. , p. 172.

斯特周刊》对参观巴黎的英国游客的无知和不加批判的态度进行了谴责：

> 他们普遍改道前往凡尔赛、洛林等地，观看那里精美的建筑和雕像，他们抒发的感慨之情与他们看到某个奇异景象时所抒发的感情没有多大差别，对于建筑师的设计、雕刻作品的技巧，他们根本不放在心中，也不愿学习。①

事实上，这一评论并不完全准确。一些游客对他们所见到的建筑物并非不加批判，相反，他们常常对其进行责难。1726 年，在根特，珀西瓦尔注意到"所有漂亮的房子都按照英国的样式分隔成一间间的小屋，它们不像巴黎的房子那样讨厌。在那里，他们不用灰泥，而用纸张糊窗格子；在那里，苍蝇乱飞，街道上尘土飞扬。这一切减弱了他们已经竣工的宫殿的美丽，映衬出了一幅积贫积弱的景象"。② 参观里尔时，彼得·沃鹊普认为，污秽而窄小的窗户让所有的房屋显得丑陋不堪。贝内特则认为法国的建筑过于厚重，他们的大教堂和修道院比英国的还要糟糕。他记述说，在英国的任何一个主要市集城市，维维埃、瓦朗斯、阿维侬、利蒙治、卡奥尔、维埃纳、图卢兹等地的大教堂，甚至于里昂大教堂，都不会被看作是当地的一种点缀。奥尔良等地在哥特式教堂里添加古典式建筑的行为，致使法国建筑丧失其完美性的笨拙而难看的拱顶，让许多游客大为反感。其他许多游客则不喜欢典型的法式复斜屋顶。其中一位游客写到，法国北部房屋屋顶多形状极度扭曲的突起，凡是受雇进行修建，法国的一些最为出名的建筑家都使用这种建筑风格。1750 年，爱德华·托马斯在里昂发现，市政大厦是一群房顶有着厚重装饰的拙劣建筑。1776 年，汉斯·斯坦利在法国西南部和南部旅行，回国之后，他写道：

> 在这次旅行中，我看到了从来未曾见过的东西——法国主要的城堡，而且还看到了许多。只有今天我才会说，尽管这些城堡局部很堂皇，但它们都存在奇怪的缺陷，我们既不能接受它的屋顶、烟囱，也不能接受全部加以装修的房间。③

---

① Jeremy Black, *France and the Grand Tour*, p. 172.

② Ibid. .

③ Ibid. , p. 173.

　　尽管游客的品位各异，不过，喜好古典风格的人显然要比喜欢哥特式风格的人要多。1734 年珀科克描述阿拉斯时就认为那里的大教堂虽然漂亮但却显陈旧；不过，珀科克对拉恩却显得情有独钟，认为自己在那里见到了最漂亮的哥特式建筑。1726 年弗里曼在里尔时描述道：几排漂亮的建筑和一些可怜的木屋；皇家大道是一条非常堂皇的长街，它宽大、笔直；街道两边的几幢大厦都像皮卡迪利大街伯灵顿勋爵的寓所那样背街而立。奎伦顿则这样描述艾克斯：整个城市整齐而美观，值得大家认可。①

　　许多游客并不喜欢法国古老的城镇。相反，他们喜欢的是宽大、笔直的街道，如马赛新城区的那些街道。狭窄而弯曲的街道往往与尘土、疾病和贫穷相联系。因为这个原因，马科洛林不喜欢森斯，奎伦顿不喜欢阿维侬和蒙彼利埃，沃顿则不喜欢梅肯。1779 年，查尔斯·德雷克·加拉德对蒙托班和图卢兹进行了这样的描述："它们由一些古老的建筑构成，没有什么特别美丽的地方。"② 亚瑟·杨也抱有同样的偏见。考虑到18 世纪城镇的清洁及火灾问题，这些偏见部分是可以理解的。当然，风格问题也是形成这些偏见的重要原因。亚瑟·杨是这样描述阿布维尔的：它古老而建筑丑陋，许多房屋都用木料修成，比我有记忆以来曾见过的任何建筑都更有古代气息，在英国，与它们同时代的建筑物早就被拆除了。在多尔多涅，亚瑟·杨记述道：从山上看，布西弗的景色如此美丽，这让人们期望见到一个美丽的小镇，美丽的镇外环境助长了人们的这一想法；然而，一旦进入镇中，反差是如此之大，人们甚至对它感到恶心：它的街道修筑拙劣，它们狭窄、弯曲而肮脏，时时散发出恶臭；所有的住所都显得阴暗而空气不通。只有步行街上有几间房舍让人可以容忍。卡奥尔则"很糟糕"：街道既不宽阔，也不笔直。洛德夫则是一个肮脏、丑陋、建筑拙劣的城镇，街道弯曲而狭窄。此外，帕米耶和普瓦提埃也受到了杨的批评。③ 得到游客赞美的建筑多是相对现代的，例如巴黎和凡尔赛的荣军院。游客对更为古老的建筑普遍评价都不高，不过，如果它们源自于古典时期，情况则另当别论。到 18 世纪下半叶，哥特式风格的建筑开始受到游客的欣赏。

　　在意大利之外，游客经常参观的古典遗存主要位于法国南部的亚耳、

　① Jeremy Black, *France and the Grand Tour*, p. 173.

　② Ibid. .

　③ Arthur Young, *Travels during the Years* 1787, 1788 *and* 1789, London：1794, Vol. 1, pp. 5, 17, 19, 51, 53, 63.

尼姆、奥伦治和嘉德水道桥。对于这些古典遗迹，英国人进行了大量的描述。例如，在第六代索尔兹伯里伯爵参观贝桑松附近及萨伏伊的罗马遗址时，圣约翰参观了法国东部的罗马军营。在艾克斯莱班，圣约翰发现了一座罗马女神黛安娜神庙的遗迹，而在阿瓦锡，他则看到了一根非常高大的大理石石柱，在他看来，那可能是某座精美神庙的门柱。1750年，爱德华·托马斯为在里昂参观罗马时代的古迹而度过了很长一段时间。对罗马时代古迹的兴趣往往促使游客寻找古典著作中提及的场所，尽管安德鲁·米切尔在1734年发现很难追寻到恺撒笔下马赛的情形。①

仿古主题同样引人入胜。詹姆士·休谟对凡尔赛花园中古典主题雕像留下了深刻的印象，他认为，向一名年轻人介绍奥维德《变形记》的最好方式就是将他带到那里。英国游客对古典主题的偏好在他们对法国教堂及其内容的评价中明显体现出来。1750年，爱德华·托马斯在参观里昂时就明确地表达了自己的喜好：圣彼得教堂是一幢轻灵典雅的建筑，这座耶稣会教堂是一个爱奥尼亚式的建筑，由五颜六色的大理石建成，房顶被绘成一块一块的，体现的品位举世无双；而那所卡尔特教派的教堂是他所见过的最典雅的建筑……罗马式的建筑，它没有多数其他教堂累赘的装饰，中央的大祭坛位于穹顶之下，由五颜六色的大理石建成，四根科林斯式台柱支撑着一个精美的华盖……它比荣军院的大祭坛还要典雅、空旷。面临此情此景，托马斯禁不住对"在极佳的建筑品位中……新的交流"进行了思考。② 布兰德先是对巴黎的圣吉纳维芙新教堂留下了深刻的印象，随后又对先贤祠留下了极佳的印象：它非常漂亮，科林斯式的建筑风格因其纯美和协调的比例而光彩照人。它的周围没有任何建筑，这具有极大的好处，为建筑品位增添了无限的荣誉。1788年4月，布勒在参观这座教堂后，同样也认为它是他曾见的建筑中最像古代神庙的，因为它的入口由22根科林斯式台柱支撑着。

对大多数英国游客来说，他们喜爱英国的风景式园林胜过喜爱正式而整齐的法国园林。1763年，斯宾塞伯爵夫人在参观吕内维尔的宫殿时记述道：花园中有两条不错的林荫小路，除此之外，园中的一切都是真正的法国式和荷兰式风格，修剪整齐的树木、花圃、喷泉、瀑布以及呆板地伫立在假山上的纸剪或木刻人物造型。对英国游客来说，法国的技艺没有英国技艺那么容易让人接受。不过，也不乏有英国游客对法国一流的花园交口称赞的。在18世纪初，情况更是如此。例如，珀西瓦尔在

---

① Jeremy Black, *France and the Grand Tour*, p. 174.

② Ibid. .

1726 年参观了巴黎附近缅因公爵驻地索镇，并对庭院中大量的雕像进行评论：仅仅这些物品便是难以用语言描绘的无价之宝，园中视野开阔，大量的小径、花圃，供宾主荡舟游乐的美丽运河和水池，游艇随时停泊在那里，庭院整体的处理、园中各部分整齐有序，这足见（主人）品位不凡，也让它成为一个我喜爱的花园，我对它的喜爱胜过我在法国所见过的任何一个花园。

二　旅行者对法国表演艺术的认知

英国游客最喜欢的音乐形式是意大利的歌剧。在巴黎，游客也可以欣赏到歌剧，尽管法国歌剧的某些方面是与众不同的。18 世纪初，约瑟夫·肖在巴黎观看了几出歌剧，不过，在他看来，它们的音乐一点也不动听，远不如英国歌剧和意大利歌剧，但它们的舞蹈则好看得多。[1] 法国歌剧中的舞蹈确实吸引了不少游客。1720 年，一位没有具名的游客对瓦朗谢讷上演的一出歌剧中的"女主演"及一位优秀的舞蹈家留下了极为深刻的印象；1769 年，威廉·温德罕对巴黎歌剧院的装饰与舞蹈质量感到满意。同样，沃尔顿也感受到了法国歌剧中音乐和舞蹈之间存在的反差。1775 年参观巴黎时，他写道："歌剧中的音乐确实是真正的法国音乐，它们难听之极，歌剧中的舞蹈则妙极了。"[2]

对于法国歌剧中的音乐，比齐普评价说："歌剧……音乐的荒唐前无古人，后无来者；但它却十分引人注目"，"我认为法国歌剧是由人们所能想到的全部噪声组成的，它最不像音乐，因为它是一场没完没了的尖叫，它音律不齐，没有时间观念，没有开始，也没有结束。我曾经观看过一场歌剧，我敢保证你看过后绝不会再去看第二次；至于其中的舞蹈，它们非常不错，我认为没有什么能比它们更好的了"。当比齐普继续旅行到里昂时，他再次发表评论说："昨晚我观看了歌剧……一出名叫《希波吕忒与阿西斯》的新歌剧，它和所有其他歌剧一样吵闹，因此也同样不被人喜欢，它除了尚能供人们打发一两个小时——因为那里有许多人——之外，别无其他出色的地方"。[3] 一名没有具名的游客也体会到了巴黎歌剧的魅力在于它的视觉效果而不在于音乐，他这样写道：

---

① Jesoph Shaw, *Letters to a Nobleman from a Gentleman Travelling through Holland*, *Flanders and Franc*, *& C.*, London, 1709, p. 105.

② Ibid., p. 176.

③ Jeremy Black, *France and the Grand Tour*, p. 176.

如果我能将双耳留在家中，并希望给双眼以整个世界所能提供的一流享受的话，那我当然会前去观看法国歌剧。法国剧院确实华丽，我认为其舞台和装饰都是艺人所能创造出的最美的；其舞蹈在某种程度上超出了人力之所能及，它和雕刻艺术、绘画艺术融合在一起，以最为鲜活的方式，向你呈现各种不同的激情以及灵魂深处的各种感情在人类载体上所产生出的效果：爱和恨、怜悯和憎恶、希望与绝望；它们通过法国舞蹈演员的各种人物造型、姿势及优美的动作而得到精彩的描绘和刻画。它们可以灌输德性，也可以教人学坏。①

在英国旅行者看来，用法语吟唱的歌剧往往质量不高。1751 年，因最早出演莎士比亚戏剧而闻名的英国演员、剧场经理大卫·加利克就认为巴黎的戏唱得差极了，而布兰德对自己 1781 年和 1783 年在那里听到的歌剧也提出了批评。1793 年，布兰德这样描写一位意大利演员：他的表演方式太法国化，他从甜美的这个极端过渡到沙哑的干嚎，还将其称为是表现和力量。在布鲁塞尔，罗伯特·阿巴斯诺特也对法国剧唱家让人讨厌的尖叫有过抱怨。亨利·埃利森则认为巴黎歌剧的布景比音乐要好。游客经常将法国歌剧与伦敦歌剧进行对比。1779 年，查尔斯·德雷克·加拉德得出结论认为，伦敦的歌剧比法国的还要好些。汉斯·斯坦利经常参观巴黎。1773 年，斯坦利记述道："法国宏大的歌剧……不足以吸引我前去观看。意大利人的小型歌剧是生动而逗人的演出，而法国戏剧只不过是更加奢华而已。"②

尽管法国歌剧在英国人心目中有着这样那样的不足，但它们还是为他们提供了某种盛大场面的感官享受。1726 年，里尔的歌剧没有上演让珀西瓦尔感到心绪不佳，"如果我稳坐在家里，根本就不会介意这些消遣活动；对陌生人来说，它们的价值在于可以让旅途劳顿的他们缓过气来"。1731 年，安德鲁·米切尔记述说，巴黎歌剧是"人们最常去看的演出"，尽管"音乐鉴赏家受不了它，舞蹈爱好者赞美它……舞台布景和装饰漂亮之极，演员的服饰富丽堂皇。剧院宽大，设计巧妙……法国人对自己的音乐十分固执，我曾见到过音乐家因演奏意大利曲调的音乐而嘘声不断的场景"。③

---

① Jeremy Black, *France and the Grand Tour*, p. 176.
② Ibid. , p. 177.
③ Ibid. , pp. 177 – 178.

像在意大利一样，游客对观众的喧闹感到苦恼，不过，那里也存在其他补偿之道。1752 年，塞缪尔·史密斯曾和四位英国朋友共用巴黎歌剧院的一个包厢。他们认为其表演和剧院都比伦敦的要差，但却让他们"非常愉快……一名妓女进入了我们的包厢，我和她谈了会话，之后便邀她到我们入住的旅店"。事实上，性是一个重要的主题。理查德·加默斯通对演员跳跃、展示双腿进行谴责，但很少有人赞同他的看法。游客们如狂蜂浪蝶般追逐歌手和舞蹈演员。1785 年，贝内特在巴黎记述道："德加松夫人是一名身材矮小但却十分活泼的歌剧演唱家，在那些曾承受过她雨露滋润的英国青年人中十分知名。正如加松一词意指草皮一样，她也（像草皮任人践踏一样）人尽可夫。目前，一名三一学院的大学生，达拉谟一流财富的继承人 L 先生是她最为宠信的人。"①

游客常常对歌剧进行较为详细的描述。18 世纪 70 年代中期，在有关法国和外国歌剧优点的长期争论中，外国作品取得胜利。弗朗西斯·克鲁就此发表评论说：

> 现在，格卢克和皮切尼是这里最受人喜爱的剧作家。我认为，在这十到十二年的时间里，他们对音乐的品位提高了很多，因此，他们的戏剧值得前去一看。不过，我仍然认为，人们可以从作品中看出许多糟糕的法国风格的痕迹：或许，其表现方式要比创作本身还要糟糕。舞蹈非常优美……昨晚看了一出大戏——一出非常引人入胜的娱乐节目。总体而言，它是我从来没有看到过的。确实，我们的戏剧舞台每年都会出现那么一到两位（歌剧）演唱家，他们的出现足以弥补（我国歌剧）单调的吟唱和平淡的舞蹈、舞台造型及布景。但实际上，当萨切尼和格卢克成为此地的歌剧作家，当表演者抛弃了奇怪而令人作呕的法国唱腔后，不为巴黎大剧所动已经是不可能的事了。昨晚我观看的歌剧叫作 Dordanus，这出戏写得并不非常出色，却饶有趣味。在这里，我必须斗胆地说，在我看来，希腊原型曾讲过许多赞同和反对它的看法，对一出歌剧来说，希腊原型似乎太过做作——昨晚戏剧的第一节和第二节感染了所有的观众——没有哪出歌剧曾产生过那种共鸣，它调控着悲剧和其他戏剧性的表现形式，它们比现实都更真实，经过安排，它们被用来打动观众。歌剧为各种和谐的声音主导着，并受到一个体系的影响，这个体系由一

①　Jeremy Black, *France and the Grand Tour*, p. 178.

些用以振奋观众、让他们感到惊奇的事物组织在一起。能达到如此境界，还有什么其他东西值得人们为之而努力呢？在这里，他们有一个完整的管弦乐队，并吹奏一种新的乐器，我想，它叫作小号。它能够吹奏出鼓声和喇叭声相混合的声音，能够产生非常好的效果。这出戏的舞台布景非常富丽堂皇，机械控制极其灵巧。至于舞蹈，它一直是这里最为完美的。正如我们一样，人们不会为主角和配角间的巨大距离而感到震惊。我一谈及这个话题，便情不自禁地希望这类歌剧能够以我们的语言进行演唱……无疑，用人们能够听懂的语言来传达剧中人物遭受的各种不幸，这将比仅仅通过各种声音来实现这种效果要感人得多。这一切都是我们所有好的歌剧必须给予全体观众的。事实上，在这里，观众，甚至是最卑微的观众，通过他们时时发出的叫声，以及他们不顾在拥挤的夜晚会遭受的诸多不便，这便足以证明他们对这种娱乐形式的鉴赏力有多高。①

显然像克鲁这样的游客是一些带着批判眼光且具有欣赏力的观众，他们都期望看到高水平的表演。他们既不是一群眼光狭隘的人，也不是一群对所见到的一切都进行赞扬的人。这既源于伦敦音乐文化的高水平，同时也源于英国人对戏剧艺术的深刻了解。就戏剧和其他许多东西而言，英国游客都是国际社会的一部分，在这个国际社会中，即便在宗教主题等其他一些方面存在差异，他们也有着共同的文化形式。②

在法国，游客也参加音乐会，并在那里听音乐课。1771 年，查尔斯·伯尼《法国和意大利音乐现状》一书的出版增强了英国游客对法国音乐生活的兴趣。③ 巴黎是当时主要的音乐之都，许多游客都在那里参加音乐会。1725—1726 年，珀西瓦尔和妻子常常出席音乐会，并从中获得了享受。夫妻二人还为儿子雇了一位音乐老师。1787 年，沃克在卢浮宫欣赏了一场音乐会："我刚从全神贯注中回过神来。我想，恐怕法国人在音乐方面已经超过了我们。"不过，作为游客反应多样性的体现，罗伯特·埃利森 1781 年在罗浮宫发现："一片喧闹，几乎算不上是音乐。"米切尔对宗教音乐会留下了深刻的印象，而弗郎西丝·克鲁则没有对她在

① Jeremy Black, *France and the Grand Tour*, pp. 178 – 179.

② Ibid., p. 179.

③ Charles Burney, *The Present State of Music in France and Italy, or the Journal of a Tour through Those Countries, Undertaken to Collect Materials for a General History of Music*, London, 1771.

1787 年听到的宗教音乐留下深刻的印象："昨天早晨，我前往国王的私人教堂听弥撒曲，音乐还不错，但在我看来，鼓声和小提琴声破坏了一个优秀唱诗班本应该取得的效果——实际上，它远没有'驱散狂喜中的灵魂'或'将天堂展现在我们的眼前'。不过，尽管如此，它还是以其哥特式的方式展示了音乐的和谐与优美。"爱德华·托马斯认为他 1750 年在里昂听到的宗教音乐非常优美。在主要的省级城镇，游客发现音乐会是向公众开放的。1728 年，一位没有具名的游客在奥尔良发现"一周两次地举办非常优美的法国音乐的音乐会"。游客也有可能观看私人聚会中的表演。1776 年，当汉斯·斯坦利在尚特鲁逗留时观看了"许多娱乐节目"，其中包括在伯爵夫人的寓所里欣赏了一场优美的小型音乐会。①

英国游客对法国戏剧的批评往往要比对歌剧的批评多。他们认为加利克流派的表演更为精彩。这一观点往往得到参观伦敦的外国人的回应，这些参观伦敦的外国游客对英国喜剧留下了尤为深刻的印象。1772 年，菲利普·弗朗西斯观看了高乃依的剧作《熙德》。在他看来，剧中的动作太过暴力，朗诵也不自然，且内容虚假。而那位法国人最喜爱的五度音演员嘴巴张得如此难看，简直就听不明白他唱了些什么……他似乎正确地理解了人物的思想，却把握不住人物的感情，因而无法实现作者的意图。在 1868 年，克莱夫一行人多数晚上都前去观看歌剧，或者是意大利和法国的喜剧。他们普遍认为意大利和法国喜剧比加利克之外的英国演员演得要好。②

同样，游客在欣赏法国戏剧时往往会遇到语言问题。1742 年，在到达巴黎后的一天，比奇普"去看戏，剧名叫作《英尼斯·德·卡斯特罗》，就我所能理解的来看，它是一出悲情味很浓的戏剧，不过，它使用的是真正的法语台词，法国的表演方式一开始让我不知所云，但我现在对它却已经习惯了"。当然，也有对法国戏剧进行赞扬的。1788 年，布勒前去"看法国喜剧，那是一出非常精彩的戏剧，它比伦敦的任何一个都要出色"。③

在回到英国相当长一段时间后，亨利·埃利森（1734—1795）在给正在巴黎的弟弟罗伯特回信时总结了自己的看法，并对游客的反应和巴黎人的反应进行了区分：

---

① Jeremy Black, *France and the Grand Tour*, p. 180.
② Ibid., pp. 180 - 181.
③ Ibid., p. 181.

我一点也不奇怪你听到的那一丁点法国歌剧音乐不入耳，要是那一事故——正是它让你无法从观看富丽堂皇的法国歌剧中获得快乐——没有发生的话，你定会大饱眼福，因为很少有场面能够像它那样富丽堂皇。在巴黎，你会不由自主地从喜剧中获得乐趣。我一直都很喜欢法国喜剧。戏剧非常精彩，戏剧演员那种搞笑的步伐在夸张程度上远远超过我们国内的喜剧。我常常想，我从那些场景中获得了乐趣，而一个法国人则不会如此，因为，对一名法国人来说，那些以其新颖而打动我并让我获得乐趣的举止、表演风格和表达方式则未必具有如此的魅力，他会认为其情感和语言陈腐而熟悉，而我则没有如此的印象。尽管如此，法国人是所有民族中最应该获得舞台享受的，因为他们是世界上最为专注的观众，人们往往衷心地对其进行赞叹。①

尽管有一些英国游客对法国文化持批评态度，但旅行确实有助于丰富英国精英阶层的文化。当然，英国精英阶层对法国文化的兴趣也引起了极大的争论。另外，英国游客对法国文化的追捧程度不仅取决于他们对法国文化的兴趣有多浓厚，取决于社会对他们行为的期望，还取决于他们希望在多大程度上无所事事。例如，比奇普在1743年从马赛发出的信中就写道：

> 我们在这里看了一场喜剧，对一个巡游各地的戏团来说，其表演已算是不错的了，事实上，它是我在此处有过的主要消遣。尽管看戏花掉的时间十分不值，但我须得留下来结识朋友，何况晚上总散步也太无聊。他们上演了一些非常精彩的戏剧……我们还听了一场音乐会，该地的人认为这场音乐会非常精彩，我却一点也不觉得它有何精彩之处，这正如我在里昂时的情景一样，在那里，我仅仅是为了同伴的缘故才去看歌剧，而且也仅看其中的舞蹈。②

米奥德梅将法国文化与普遍偏爱炫耀联系在一起，并将其视为法国社会和政治普遍存在的缺点。像其他英国游客一样，他将内在的真相和表面的浮华区别开来，认为法国人的特征便是表面浮华：

---

① Jeremy Black, *France and the Grand Tour*, p. 182.

② Ibid., p. 183.

他们公开的娱乐主要在于炫耀和哗众取宠，而不体现真正的才智和具体的内涵。如果其间穿插着唱歌和跳舞，布景漂亮而眩目，无论其歌词或台词是什么，它们都像演员的服饰那样华而不实，他们的服饰上有许多花边和闪亮的装饰，无论其布料多么粗糙，它们都没有任何意义。我曾在巴黎看过一出歌剧，在一个象征风暴的布景中，波浪顶端被饰以银粉，以象征海中的泡沫。坐在我旁边的绅士郑重其事地告诉我说这是世界上最漂亮的布景，为了便于观看，他说，暴风雨都被镀成了金色。①

像其他英国游客一样，米奥德梅在法国的收获及他的评论都反映了世界主义的爱好与仇外的情绪是密切交织在一起的。他强调的法国人的浮华也引起了其他一些游客的注意。例如，米切尔 1731 年参观巴黎时写道："富家大宅的家具和装饰，品位都大同小异，那即非常的富丽堂皇，但却华而不实。或许，他们在这个方面模仿的是国王的宫殿。"② 那些被认为缺乏品位的东西所缺的并非仅仅是艺术方面的价值。

第四节　英国人对法国文化影响的态度

一　概况

近代时期，英国国内对旅行者所受的外国文化特别是法国文化的影响大致存在两种倾向：一种是敌视外国文化影响的仇外情节；另一种则是以开放态度对待外国文化影响的世界主义。对批评家来说，旅游的危险在于它让人们时时面临种种诱惑：在经历旅行之后，精英阶层会对外国的思想、政治道德观念和信条持支持态度。而各种文化偏好可以说具有更为广泛的象征意义，特别是在揭示政治和意识形态倾向方面尤其如此。例如，18 世纪 20 年代对资助意大利歌剧的赞助人的批评，18 世纪 30 年代对资助法国戏剧的赞助人的批评，针对的都是他们可能发挥了传播外国价值观念的功能。对支持者来说，他们则主张在与法国频繁的接触中吸收法国文化、社会和政治的观念及习语的合理成分，同时充分利用接触所提供的机会，包括旅游为社会灵活性所提供的机会。

---

① Jeremy Black, *France and the Grand Tour*, p. 182.
② Ibid. , p. 184.

英国国内对旅行者所受法国文化影响的这两种截然相反的态度一直存在。早在 1716 年 3 月 15 日，约瑟夫·艾迪生在《自由的拥护者》中讽刺过的托利派猎狐者便忠告说："他不知道旅行除了教人骑大马、叽里咕噜地说法语、高谈阔论地反对消极顺从外有何益处……他一生所认识的旅行者都抛弃了自己的原则，而且丧失了他们在打猎活动中的位置。"1729 年 3 月 15 日的《工匠》则提供了关于旅行价值的另外一种看法。该杂志在通告摩西·古德伊尔先生去世时，称"摩西·古德伊尔先生，以前是一名土耳其商人，通过在荷兰、德意志、法国、意大利和土耳其的长期旅行，他获得了一名优秀绅士所具备的品格，他睿智而谦虚、举止得体、谈吐幽默"①。

1775 年，塞缪尔·福特的讽刺剧《一次前往加莱的旅行》更是很好地体现了当时英国国内这两种倾向的紧张关系。在剧中，克拉克夫人大声称赞法国人说："没有他们的帮助，我们将没有衣穿，没有东西吃。"克拉克夫人的这一看法捕捉到了旅游讨论中的一个主要特征，而且也把握住了旅行与世界主义和仇外情节这对更为紧张关系间的关系。在福特的戏剧中，世界主义和仇外情节间的紧张关系被拟人化，该剧对以亲法的吕克·拉佩尔为化身的法国化旅行者进行了嘲弄。在剧中，吕克·拉佩尔抱怨说："法国对我们这些'野蛮人'的看法粗浅而具有资产阶级意味，完全不符合我的口味。"更为直率的格雷戈里·金厄姆则惊呼："饭食，吃起来像醋卤的破布，汤喝起来像从抹布中挤出的泔水，这些便是我曾见到过的食物。"主角拉佩尔则回答说："啊！可怜的金厄姆有一副真正的英国肠胃。简直是山猪吃不来细糠！他竟然吃不来蔬菜炖肉、烧牛排和烤肉。"②

二 敌视态度

随着宗教方面紧张关系的逐渐缓和，英国人逐渐认识到文化认同容易遭到多方面的侵蚀，英国也会因为更加开放而受到外国的影响。在这个过程中，旅游被看作是传播法国影响并让它们更为流行的手段。从社会政治学的角度来讲，旅行常常被看作是精英阶层对本民族的背叛。开一家法式理发店可能会成为在海德公园建立巴士底狱的先兆，而吃（法式）蔬菜炖肉则可能被看成是皈依天主教的征兆。1735 年的一本小册子称："我们的上流社会、显贵名流对法国之外的事物一点也不喜欢，这最

① Jeremy Black, *France and the Grand Tour*, pp. 185 – 186.

② Samuel Foote, *A Trip to Calais*, London, 1775.

终将造成致命的后果，因为通过模仿他们的习惯和风尚，我们最终将不知不觉地养成与他们一样的陋习。"① 法国风尚对英国大都市之外地区的影响主要是通过贵族阶层，贵族阶层经常访问伦敦并前往国外玩乐旅行。对外国风俗的反动源于对大都市实践持续而强烈的兴趣以及对它们的敌视。

此外，外国风俗与时尚不仅被视为是不健康的，而且还被认为是危险的。尽管前往意大利旅行、观看意大利歌剧以及购买意大利绘画等行为同样也会受到非议，但批评主要围绕法国而展开。法国文化的威胁呈现出许多形式。时尚主要因其花费而受到批评，它致使货币由英国外流。在英国人看来，法国食物的特点在于没有具体内容，它没有大块的肉，还浇淋着让人倒胃的沙司，吃后不能让人产生足够的力量和活力。在法国旅行或者与法国情人交往，还可能面临患性病的威胁。雇用法国理发师、贴身男仆和家庭教师则可能导致妇女被勾引。更为普遍的情况则是，像厨师之类的法国仆人往往既不诚实又不忠心，随时准备与詹姆士二世的拥护者勾结并兜售违禁的法国货物。

同商业一样，文化也是一个彼此竞争的领域。在文化领域中，资助行为非常重要。伦敦的工匠严重依赖于国内的奢侈品市场。相关记录表明，1722 年生活在威斯敏斯特的 36 名法裔天主教徒有 10 名裁缝、3 名镀金匠、3 名刺绣匠和 1 名舞台大师。于是，1745 年成立的"反高卢协会"便"旨在反对法国人不够光明正大的技艺"并"促进英国各种制造业的发展……以阻止法国时尚的引入并反对法国商品的进口"。②

就法国时尚可能的含义而言，对它的偏好同样让人担心。在亨利·菲尔丁主办的报纸《真正的爱国者》上，他虚构了一次晚宴的情景，其中一名青年人认为，如果让人剥夺了饮法国葡萄酒的机会，还不如生活在法国政府统治之下。1771 年，另外一份报纸报道说，几套属于查尔斯·詹姆士·福克斯的华贵法式服装……在海关被焚毁，而这位叫作福克斯的青年人非同寻常，他蔑视并憎恶所有的英国产品，却被国王陛下任命为海军大臣。1769 年 4 月 29 日《圣詹姆士年鉴》中的一份报道捕捉到了那种被遗弃的感觉："目前，在英国，不想重新造访法国的贵族不会超过 17 位。"③

---

① Anon. , *Considerations upon the Mischiefs That May Arise From Granting Too Much Indulgence to Foreigners*, London, 1735, p. 12.

② Jeremy Black, *France and the Grand Tour*, pp. 186 – 187.

③ Ibid. , p. 187.

阅读法国文学作品也会遭到批判,因为它可能鼓励这个国家在日常礼仪方面与法国趋同。在新闻媒体的报道中,采用法国礼仪无疑是危险的。人们担心,轻浮而时尚的法国习俗会让英国习俗招架不住,从而不战而败。与此同时,他们对法国人采用英国习俗则一点不感兴趣。

当上层社会因偏好光鲜、空洞的法国产品和习惯而受到批评时,英国社会则呈现出一定程度的紧张局面。在部分英国人看来,法国的产品和习惯毫无价值是毋庸置疑的,无论它们是法国的假发还是色彩斑驳的纸张。尽管如此,英国社会精英阶层的一些成员还是与法国精英阶层保持着密切的关系。例如,第二代里士满公爵(1701—1750)查尔斯在1734年继承了祖母传下来的奥比涅公爵的头衔,而次年8月16日《每日公报》上刊登的一则来自巴黎消息则报道说,里士满在巴黎滞留期间受到了高规格的接待,与国王一起打了几次猎,并得到了国王馈赠的几匹北非好马。[1]

英国政治文化的一个传统特色便是对大都市影响进行谴责。1714年,英国开始由一个外来王室进行统治,有关伦敦是传播外国影响的通道的观点在政治上更加具有煽动性。抨击法国时尚就等于明确指责汉诺威王朝为了外国的目标而滥用英国资源,而这种抨击常常是为人们所理解的;在英法同盟(1716—1731)时期,情况更是如此。尽管除音乐之外,很少有迹象表明英国社会受到了德意志的影响,但对法国影响进行谴责则有助于表达时人的强烈感受,即英国的传统和利益正在遭到背叛。

有关旅行所带来的威胁在詹姆士·史密斯的喜剧《不相上下的时尚》中得到了表现。该喜剧在1727年首次上演和发表后便出现了三个版本。在剧中,雷特-艾尔斯伯爵之子涂佩勋爵"总是远离任何资产阶级性质的事物",并声称:"在一个人旅行之后,有可能认为……无论是光鲜的鞋、上唇边的装饰贴布还是服饰,处处都应显示出英国的特性。"[2] 在英国人的想象中,法国男人或法国化的男人过于女人气,而与此相对应的则是法国女人或法国化女人的肆无忌惮。法国男人互相轻吻的习俗也因此而受到鄙视。在现实生活中,游客回国后很少有像涂佩勋爵那样的。事实上,他们最后的记忆即便不是有关返程途中所经历的种种困难甚至损失,也是有关途中所发生的不愉快的事。例如,1772年12月,菲利普·弗朗西斯在抵达英格兰之前,便不得不在加莱与两名军官在码头酒

---

[1] Jeremy Black, *France and the Grand Tour*, p. 187.

[2] James Smythe, *The Rival Modes*, London, 1727, pp. 26 – 30.

店度过整个晚上，以等候海水涨潮，其后又经历了 13 个小时渡船的颠簸。①

英国人还对法国其他一些方面提出了批评。约翰·卫斯理是卫理公会的领袖，当他建议一位通信者前往国外躲债时便忠告说："如果你去国外，我绝不会建议你去法国。那不是一个可以节省开支的地方，而是一个可能让你的儿子成为花花公子、女儿成为荡妇淫娃的绝佳之地……除了荷兰之外，欧洲没有哪个地方能够满足你的需求。"② 在批判者看来，旅游所引发的主要问题之一，便在于它让英国时时面临法国（乃至整个欧洲大陆）文化渗透的挑战，法国文化、社会和政治的观念及习语在频繁的接触中得到了吸收。

三 开放性态度

对支持者来说，旅行所导致的外国文化的渗透和影响根本不是问题；相反，旅行的好处在于它为与大陆接触提供了许多机会，其中也包括为社会灵活性所提供的机会。萨福克布兰德斯顿教区长诺顿·尼科尔斯写给家人的信便明白地说明了这一切。诺顿·尼科尔斯是剑桥大学一名刚毕业的学生，他睿智而观察力敏锐。1773 年，尼科尔斯在艾克斯遇到了许多英国游客，他在那里发出的信对旅行为社会适应性所提供的机会进行了反思：

> 我发现，只有在外国，一个人才有机会和志同道合的人联系在一起——我希望这种联系在今后能够得到继续和改善，这是我的想法和希望。我认为，从此以后，在我整个的余生中，我都将感受到旅行给我带来的许多方面的影响和成果。确实，没有比能在外国人和本国人中享有名声更幸运的事了。③

随后，在前往蒙彼利埃的途中，尼科尔斯从与法国社会不同阶层交往的机会中获益匪浅：

> 我好运不断——在我就餐的这家小客栈……布兰卡斯伯爵夫人也在此歇脚，她来自于法国最有名望的家族，是英勇的科西隆的后

---

① Jeremy Black, *France and the Grand Tour*, p. 188.

② Ibid. , p. 189.

③ Ibid. .

裔，科西隆曾装饰过亨利四世的宫廷和营帐。她听说一名英国绅士到达了这家客栈，在听了下人的描述后，她以为我是她在尼姆的一次集会中遇到的那位，便派人来邀我和她一道进餐；我进去的那一刻，她知道自己弄错了，但改变主意已经来不及了，于是，我们在一起进了餐。她发现我认识很多她的熟人，我也和她聊得很开心。她60岁或快60岁了，她读过书，会写字，属于那种非常有修养的妇女。简言之，从蒙彼利埃开始，我们让我的随从，一名至少70岁开外的意大利老汉和她那名当有50岁的女仆，坐到我的轻便马车中，而我们则坐在她的轻便四轮马车中向前路行去……当晚，我在她弟弟家中用了晚餐……第二天，我和她一起用餐，晚上，她带我参加了一个聚会。①

尼科尔斯继续前行到了里昂，在里昂，伯爵夫人的推荐发挥了非常大的作用，正如在凡尔赛的情形一样。对尼科尔斯来说，尽管付出了一些代价，但旅行是他的一种成长经历，是他在自己的社会和职业轨道之外更为广阔的世界崭露头角的机会。

从18世纪40年代开始，英国的文化自信开始不断增强，而英国游客同样也受到了英国文化自信不断加强的影响。到18世纪60年代，在英国民族自信心进一步增强、英国人对国内和帝国政治事务的专注、洛可可艺术潮流的衰落、雷诺时代法国文化影响的下降等因素的作用下，有组织的反高卢主义思潮似乎已经减弱了。尽管如此，报纸对法国影响的抨击依然强烈。1769年5月13日《圣詹姆士年鉴》上刊登了一封来自"一名守旧的英国人"的信，这封信这样写道：

> 我们是这样一个民族，她应该常常得到提醒，以便能意识到其所得到的福佑以及其获得这些福佑的手段。法国服饰、法国烹饪、法国文学、法国戏剧、法国鞋、法国帽，这些法国事物主宰着我们的生活，如果我们不抵制这些精美事物的不断侵蚀，我们会让不朽的莎士比亚因法国批评家的批评而丧失其显赫的声名，并降级为小丑和醉鬼之流，而嫉妒和无知的人们乐于用伏尔泰先生笔下的这些头衔来称呼他……当我们尚能像英国人一样进行思考和感觉，我们就应该为这位前无古人后无来者、举世无双的伟大诗人所创造的不

---

① Jeremy Black, *France and the Grand Tour*, pp. 189–190.

朽之作而感到自豪。①

1785 年 2 月 16 日的《天下记事日报》对"博马舍新喜剧中那些语无伦次、装腔作势的句子竟然成为时尚"表现出了遗憾。②

不过，这些抨击不像 18 世纪初的攻讦那样充满敌意。法国文化影响的问题不再那么具有紧迫性。这与旅行文学的变化有关系。在 18 世纪早期的几十年中，英国旅行文学洋溢着反对法国专制主义的政治热情，其后，在 18 世纪 60 年代，随着人们的思想从传统的辉格派观念中初步解放出来，并开始面向外部世界，随着"以前意识形态偏见"的逐渐消除，英国旅行文学中的这种热情不再那么高涨了。③ 当然，我们不应该将旅行文学中这种变化的动力估计得过高，况且，旅行者留下来的描述与它也并不完全相符。在这些记述中，他们仍然相信英国天下无双。

法国对游客的影响并非建立在寻求堪与意大利相匹敌的文化经历和古典共鸣的基础之上的。相反，游客接触的是现代法国，在他们看来，法国是一个参照结构，在这个结构中，无论挑战还是敌意，都能明显地昭示出来。因此，旅游是置身于一个与仇外情绪相一致的更为广阔的背景之中的。很少有人像爱德华·吉本在 1787 年时声称的那样将人看作是世界公民的。④ 相反，正如 1729 年 4 月 12 日的《佛格周刊》所指出的那样，"在将近 40 年的时间里，在歌曲、小册子、戏剧、议会的演说抑或是布道中，没有任何的主题能像法国强大的实力、法国政府的专制、法国人民受奴役等问题那样得到广泛而强烈的关注"⑤。这正是不安全感与傲慢情绪相结合的产物，而这些不安全感和傲慢情绪在游客身上也有所表现。报纸对法国文化和社会的许多方面——例如纸牌游戏和音乐提出了批评——正是这种不安全感的反应，这也证实了当时争辩和讽刺方法具有戏剧性、浮夸性和野蛮性，同时也证实了当时阴谋理论的流行。1792 年，当时的荷兰使节称英国人相信他们体格的优秀归因于他们所吃

---

① Jeremy Black, *France and the Grand Tour*, p. 190.

② Ibid. .

③ H. J. Mullenbrock, "The Political Implications of the Grand Tour: Aspects of a Specifically English Contribution to the European Travel Literature of the Age of Enlightenment", *Trema*, No. 9, 1984, pp. 7 – 21.

④ Jane Elizabeth Norton, ed. , *Letters of Edward Gibbon*, 1956, Vol. 3, p. 61.

⑤ Jeremy Black, *France and the Grand Tour*, p. 191.

的母乳。①

游客可能会对他们所见到的某些方法进行称赞，尽管这在个人层面不会引起什么问题，但作为一种趋势，它在英国却受到了极大的怀疑。1775 年，当沃顿在巴黎看到男人们打伞时，他并没有表示反感，但他却记述到，男人打伞是一种会引发群氓怒吼的景象。约翰·麦克唐纳是一名仆人，他声称是他在 1778 年将男式雨伞引进伦敦的。约翰·麦克唐纳在当时受到了人们的讥讽，这些讥讽正好体现了当时大众的感受：

> 我常常认为，在我们居住的岛上，人们很少注意具有远见卓识的慷慨和仁慈之举所带来的后果，人们也很少关注其他国家的事务。那些老是待在同一个地方的人远不如那些参观过欧洲不同国家并和当地社会进行交往的旅行者那样了解这种状况。

从个人的层面上来说，1789 年安德鲁·斯图尔特这一有关旅行助长了人们对外国人的同情的看法无疑是正确的，但这种看法却没有能给予不列颠天下无双的信念以足够的评价。1790 年，当查尔斯·卡多根在巴黎参观了国民大会之际，他深信永远再没有一个国家像古老的英国了。法国大革命导致英国人对法国态度的明显变化，人们对法国的恐惧和敌意迅速增长；当 1793 年两国间的战争爆发时，英国人对法国的恐惧和敌意更是迅速增长。第十代彭布鲁克伯爵亨利曾多次访问法国，他在 1791 年时写道：我为法国革命感到遗憾，因为我怕被人吊死。我从来没有喜爱过伦敦，我也不认为我将会喜爱它。巴黎曾经是一个让人感到惬意的都城，但据我看来，它将再也不能像今天这样了。②

在法国大革命之前，即便不考虑政治事态的发展，人们也已经普遍意识到两国之间存在着内在的差异。1788 年，后来成第三代克拉伦登伯爵的约翰·维利尔斯从瑟堡旅行到卡昂的途中穿过了瓦隆涅附近的果园，他记述道：（这里）树木所构成的风景没有英国果园中树木所构成的风景那样美丽；在英国，树木枝高叶密，它们在富饶的大自然中随意飘舞摇曳；在法国，笨拙的工匠犹如理发师般地将树木剪枝去叶，让它们整齐而匀称。将技巧和约束看作是法国文化典型和具有象征意义的特征在当时很普遍。同许多游客和评论家一样，维利尔斯部分地看到了他期望和

---

① S. J. Pratt, *Gleanings through Wales, Holland and Westphalia*, London, 1795, Vol. 2, pp. 409 – 411.

② Jeremy Black, *France and the Grand Tour*, p. 196.

希望看到的事物。克莱夫贵妇和她的女伴参观了洛德夫的一座女修道院，她的女伴记述道：

> 她们对自己的命运似乎非常满意，这是她们感染的狂热信念所造成的后果，根据这种信念，在这里享受自由和社会生活是与追求未来的幸福不一致的。如果她们侍奉主是出于自愿的，我会因此而给予她们更多的赞赏，但她们皈依宗教通常是为生活所迫。话虽如此，穷苦的妇女当然值得同情。

克莱夫贵妇的那位女伴从索耶拉前往乌哲谢的途中，捕捉住了法国自然的丰饶与社会的穷苦面貌所形成的反差，她对这种反差的描述常常为许多游客所引用：

> 我从来没有看到过如此富饶而美丽的国家，无论是耕地、山川还是树林，都风景宜人，一片青葱。让我吃惊的是，除了因战略位置而出名的布瑞福还算得上一个差强人意的城镇外，这一"法国花园"却人烟稀少。在该省的这一地区，城镇和乡村都生活在痛苦之中，人们处处呈现出贫穷和悲惨的状况。

其他一些游客则更愿意质疑既定的解释，一位游客在巴黎写道：

> 我们随心所欲地发表对他们的看法，总的来说，他们是一个高大、匀称、英俊的民族；在我的一生中，我都不能想象那些没有见过世面的英国人何以会称他们为贫穷、矮小的……法国躯体。我从来没有看到过谁的身材比法国人的还好，至少在这里，你看不到贫穷的迹象。

然而，即便有能力接近法国人，那也未必能形成对法国人的正面看法。1725 年访问鲁昂时，约翰和凯瑟琳·珀西瓦尔遇到了凯瑟琳·珀西瓦尔的一些亲戚。其中一位亲戚是一名新教徒，他十分痛苦，因为他被迫将女儿当成天主教徒来抚养。查尔斯·德雷克·加拉德和维利尔斯及其他一些游客都以植物来作为自己描写的主题。1779 年访问凡尔赛和洛林大区时，加拉德便提到了"喜好各种虚幻形式的沙土人行道这一最醒醒的法国品位"，并对它的不自然提出了批评。加拉德还得出结论说：

"在大陆见到的一切没有让我从对自己国家的自负中脱身出来,我最终还是悻悻而归。"①

英国批评家,无论他们是否是游客,他们对法国的某些方面进行了谴责,他们察觉到了英国人对法国的敌视,并对其进行了界定,他们对形势做出了更加符合实际的评估,并对两国在未来将发生的冲突做出了更为准确的预测。

---

① Jeremy Black, *France and the Grand Tour*, p. 197.

第七章　旅行者视域中的欧洲

在 17、18 世纪，英国旅行者对欧洲大陆的理解和认知颇为复杂，宗教信仰在他们与欧洲大陆的认同中扮演着重要的角色。前往欧洲大陆旅行的英国人往往对欧洲大陆在宗教上的分裂、敌对颇为敏感。在众多旅行者的视域中，欧洲在很大程度上仍以宗教信仰为分野，分为不同的阵营。对这些不同的阵营，他们的看法也存在很大的差异。有的旅行作家将信奉天主教的地区看作邪恶的帝国；有的作家则采取了更为温和的态度，他们试图如实描述和理解天主教的生活方式；同样，尽管许多作家对新教国家充满同情，但也有许多人对推行宗教改革的地区存在的贪婪、政治独裁、狂热的偶像破坏运动及仇视英国的现象提出了批评。

第一节　旅行者笔下"分裂"的欧洲

一　分裂的欧洲

近代早期，在许多英国人特别是前往欧洲大陆旅行的英国人看来，欧洲在很大程度上仍以宗教信仰为分界限，划分为不同的阵营。虽然并非所有旅行者对天主教国家都态度不友好，许多人甚至公开欢迎欧洲在 1648 年后出现的宗教和解，但几乎所有旅行者都敏锐地观察到不同宗教信仰间存在的差别。在这些英国旅行者的著述中，他们勾勒了一个七零八落的新教欧洲——它们有时又进一步分为信奉路德宗的地区和信奉加尔文派的地区——以及一个迥异于新教欧洲、自成一体的天主教欧洲。[1]旅行作家对欧洲分裂局面的意识明显地体现在他们用精心构思的言辞勾勒出两个欧洲大陆并存的局面。当时，虽然没有哪幅地图真的描绘过欧

---

① Tony Claydon, *Europe and the Making of England*, 1660 – 1760, Cambridge, New York, etc.: Cambridge University Press, 2007, p. 23.

洲分裂的局面，但在旅行作家的文章中，他们却将每一块土地都划归到某个宗派的名下。每个国家、每个行政区、每座城市，甚至每条街道、每块土地和每栋建筑，要么被划归到新教集团名下，要么被划归到敌对的天主教集团名下。他们为准确描绘两大信仰集团各自的区域而费尽心思。

纽金特的《大旅行》是最有说服力的例子。在总结许多其他作家发现的基础上，纽金特以具体的事例说明所有作家都对勾画当时的宗教分野情有独钟。尽管作者对两大宗派中的任何一方都没有表现出明显的好感，但他却认为，读者是希望准确理解敌对的宗教是如何将欧洲大陆弄得支离破碎的，他们希望最全面、最详细地了解这种状况。通过鸟瞰的视角，纽金特利用宗教来对欧洲宽泛的结构进行解释。例如，在描述德意志的情况时，《大旅行》开篇便描绘德意志的分裂状况。它写到，该地区分裂为神圣罗马帝国的不同政治势力范围，这是大家最为认可的一种解释，而描述该地区的另外一种非常自然的方法便是按照其所属的教会政府来对其加以描绘。① 稍后，纽金特十分审慎地驳斥了德意志应该划归新教区域的观点。尽管宗教改革肇始于该地区，但它的相当大部分地区并没有改宗，而且它作为新教中流砥柱的地位也正在遭到削弱。该地区的绝大部分地方仍然拥护罗马教会，"由于纽奥堡大公、萨克森选侯、符腾堡大公等一些伟大的新教亲王改变了他们的宗教信仰，（天主）教会正在该国获得更大的发展"。②

通过如此记述，纽金特对欧洲宗教分裂的状况进行了整体描绘，但他却没有就此停笔，而是开始对各个地区逐一进行描述。和许多其他作家一样，他使用了大量的笔墨来描述所有重要城镇居民点的宗教信仰问题，借此确保每个城镇都可以和两大宗教集团之一联系起来。于是，汉堡、纽伦堡和法兰克福等城市被纳入路德教城市的范畴，海德堡则被归入加尔文教城市的范畴，而梅斯和爱尔福特则被纳入天主教城市的范畴之中。即便是那些宗教特征不明显的地方，纽金特就其政治归宿所提供的信息，例如，他对女修道院这样一些机构给予特别的关注，都明确无误地将它们划入了其中的一个宗教集团名下。

对于那些多宗派共处的城市以及面临敌对宗派包围的城市，纽金特则力图将特定的城区甚至是街道和建筑物分别划归到彼此敌对的几大宗

---

① Thomas Nugent, *The Grand Tour, or a Journey through Netherlands, Germany, Italy and France*, Vol. 2, p. 11.

② Ibid. , p. 53.

派名下。同时,他对不同寻常的宗教飞地或是不同信仰间唇齿相依的状况都进行了仔细的标注。例如,在描述克里夫时,《大旅行》记述了占主导的宗教把持的地盘与敌对宗派的领地纵横交错的状况:"该镇臣属于普鲁士国王,官方信奉的是新教,但由于它曾与巴拉丁选侯签署过一个协议,如同该公国的其余地区,罗马天主教在这里占主导地位。"①

纽金特遵循的是一个世纪以来审慎的宗教归类传统。在纽金特之前,许多其他作家便将各行政管辖区域、城镇和建筑物置于某个宗教派别的名下。拉塞尔斯对瑞士某个地区各宗派杂处状况的描述便足以看出当时旅行者对分裂的具体状况有多敏感:

> 有时,在一天的行程中,我先是进入天主教地区,走着走着,便又进入了新教地区。在这里,天主教的村庄和新教村庄混杂在一起,这使该国犹如一张桌子黑白相间的背面一样。在这个村庄,你会看到十字架高高竖立,表明它是信奉天主教的;走着走着,当你进入另一个村庄,你又看到绘有熊的图画悬挂在那里,表明它是信奉新教的。②

旅行作家密切关注不同宗派有不同居住区域的状况。这表明,直到18世纪,英国人对欧洲宗教分裂的局面仍极度敏感。当然,在一些旅行记述中,昔日的仇怨已逐渐消退。虽然仍有旅行作家对信奉天主教的地区进行谴责,其他的旅行作家却仅仅是将这些地区描绘出来,还有一些作家则对不同宗教和平共处的实例进行赞扬。尽管如此,旅行作家们还是继续描绘欧洲宗教分裂的图景。当时,确实有一些人也注意到,由于宗教宽容局面的出现,再按照宗派归属对人们杂居共处的区域进行区分必须十分审慎,但他们仍然相信有必要阐明新教欧洲和天主教欧洲各自所属区域的分野所在。尽管当时确实有不少地区既有新教徒也有天主教徒,但他们的杂居共处是以复杂的区域划分为前提的。

马克西米利安·米松对这一现象进行了特别细致的观察。在1695年的游记中,米松解释说,(不同宗教信仰的)人们杂居共处之所以可能,原因就在于当地人对崇拜活动进行了严格的空间划分。几乎所有的城镇都有自己的官方信仰,它们对自己所属的宗教阵营忠贞不渝。如果宗教

---

① Thomas Nugent, *The Grand Tour*, *or a Journey through Netherlands*, *Germany*, *Italy and France*, Vol. 2, p. 301.

② Richard Lassels, *The Voyage of Italy or a Compleat Journey through Italy*, Vol. 1, p. 51.

上的少数派能够避开城镇通常的宗教活动区域，退避到一些极其明确的地点进行宗教活动，那么他们也能为有关城镇所接受。于是，在纽伦堡，罗马天主教徒可以在路德派的城镇中生活。不过，他们的人数不多，仅有"半个教堂"供他们进行崇拜活动。在沃尔姆斯，天主教徒处于支配地位，但路德派教徒也可以使用该城多明我会修道院的一个教堂和布道坛，而加尔文教徒则可以使用位于纽霍瑟尔的一座教堂进行宗教活动，纽霍瑟尔坐落在巴拉丁领地，距离沃尔姆斯仅半里格。① 科隆和梅斯虽然是虔诚的天主教徒把持的城市，但新教徒在这里却没有生命之虞，不过，他们像沃尔姆斯的加尔文教徒一样，必须到城外进行宗教活动。②

其他一些作家虽然不像米松那样对宗教和解感兴趣，但他们也详细描述了不同宗派在周日里是如何进行空间分隔的。德·布伦维尔对米松所描绘的某些细节进行了纠正，他同样注意到了各宗派分离的状况。米松认为科隆的路德派教徒仅能在该城附近的纽伯格大公的领地上进行宗教活动，而德·布兰德维尔虽然也认为有一些路德派教徒确实是在那里进行宗教活动，但他同时也指出，路德教徒在该城内也拥有一个指定的教堂。③

旅行作家同时也注意到不同宗派使用同一个空间的情况。不过，当他们对这种情况进行描述时，他们敏锐地意识到欧洲各地区因信仰不同而造成的内部分裂和差异。他们常常对不同宗派使用共享空间时应该严格遵守的那些规章加以记录。在不同宗派使用共享空间时，他们往往将各自进行活动的时间错开，以取代以前不同宗派进行宗教活动时所遵循的严格的空间限制。在有些地方，尽管不同宗派的活动在空间上的隔离仍然清晰可见，但它在特定的时刻也会因为不同的社群占据了特定的空间而发生变化，新教欧洲和天主教欧洲间的界限也因此而临时发生变化。于是，天主教徒虽然可以在纽伦堡的半个教堂进行宗教活动，但只有在路德派教徒在同一建筑物内其余地区的宗教活动完成之后，他们才能进行自己的活动。同样，沃尔姆斯的新教布道坛实际上也只有在间隔一周的星期六才可以为新教徒所使用，因为多明我会的托钵修士每隔一周便要在那里举行布道活动。在斯拜尔，天主教徒、路德派教徒和加尔文教

---

① 里格，长度单位，相当于 3.0 法定英里，即 4.8 公里的距离。

② Maximilian Misson, *A New Voyage to Italy with a Description of the Chief Towns*, *Churches*, *Tombs*, *Libraries*, *Palaces*, *Statues*, *and Antiquities of That Country*：*Together with Useful Instructions for Those Who Shall Travel Thither*, London, 1695, Vol. 1, pp. 35 – 76.

③ Tony Claydon, *Europe and the Making of England*, 1660 – 1760, p. 26.

徒在当地同一座漂亮的主教座堂内进行数小时的布道活动。① 在这一时期旅行者的游记中,他们记录了许多地方容许不同宗派信徒错开时间使用同一教堂建筑的情况。在伯内特的游记中,他注意到在不同宗派杂居的瑞士阿彭泽尔和格雷瑞斯,天主教徒和新教徒轮换时间在同一座教堂内举行宗教活动,如果某个星期六弥撒先于布道,那么下个星期六则布道先于弥撒。②

旅行作家还对各宗派寻求共处之道的各种努力进行了描绘。一些旅行作家注意到,与那种在进行宗教活动时将各自的时间错开的实践相比,更为常见的情况是,当不同宗派的人们不得不使用彼此的空间时,他们的行为会发生变化。当人们再也没办法避免踏入另一宗教的地盘时,他们对自己闯入的地域表现出了明显的尊重;当人们置身异域时,他们相当节制,从而维持了不同信仰的人们之间的和平。约瑟夫·艾迪生详细地描述了瑞士圣郭尔宗教分裂的状况,并记述了天主教徒是如何通过在新教土地上表现出自我克制,从而避免骚乱局面的出现。圣郭尔州的管辖权分属于加尔文教派掌控下的市政府和该地的天主教修道院院长,但他们间却保持着和谐的关系。两大宗派都不使用凯旋式的炫耀,以免伤害对方的感情。他们在对方的地盘上进行宗教活动时都保持低调。在宗教游行的过程中,除了行进在修道院的地盘上之外,天主教的神甫都避免高举十字架。③ 伯内特对瑞士人的这种敏感感到特别高兴,他在自己的书中甚至暗示,是上帝的介入维系了这种状况。④

其他一些作家虽然不那么相信上帝会出面维持两大宗派间的微妙关系,但他们对该现象的描述也大同小异。例如,彼得·黑林看到,圣体通过鲁昂城区时响起的钟声对该镇不同宗派的居民具有不同的内涵。在信奉天主教的居民看来,钟声是进行祈祷的号子;而对信奉新教的居民

---

① Edward Brown, *A Brief Account of Some Travels in Hungaria, Servia, Bulgaria, Macedonia, Thessaly, Austria, Styria, Carinthia, Carniola, and Friuli as Also Some Observations on the Gold, Silver, Copper, Quick - silver mines, Baths and Mineral Waters in Those Parts : With the Figures of some Habits and Remarkable Places*, London, 1685, p. 122.

② Gilbert Burnet, *Some Letters Containing an Account of What Seemed Most Remarkable in Switzerland, Italy, &c*, Rotterdam, 1686, p. 122.

③ Joseph Addison, *Remarks on Several Parts of Italy in the Year of* 1701, 1702, 1703, London, 1705, pp. 491 - 493.

④ Gilbert Burnet, *Some Letters Containing an Account of What Seemed Most Remarkable in Switzerland, Italy, &c*, pp. 73 - 74.

来说，钟声则是提醒他们不要进入街道的警钟。① 米松也记录了德意志几个城市的人们避免发生冲突的情况。在杜伊斯堡，天主教徒拥有在公众场合携带圣体的权利，但他们却放弃了这种权利，因为他们不希望打乱"他们和新教徒共同享有的和平生活环境"。在法兰克福，天主教徒游行时往往避免行进到教堂以外的区域，并避免进入新教的街道。在曼海姆，加尔文教徒、路德派教徒和罗马天主教徒共同使用协和教堂。相互尊重和时间上的彼此错开，让三大宗派的信徒得以共同使用同一空间。星期天，三大宗派都在同一建筑内进行宗教崇拜活动，他们的信徒便使用转盘来决定哪一派首先进行活动。天主教徒知道看到祭坛是其他两个宗派所忌讳的，他们在进行完弥撒后便用帘子将祭坛遮盖起来。②

在所有这些事例的描述中，旅行作家们描述了各地各宗派杂居的情况，但他们对新教区域和天主教的地盘间分裂状况的描述也不含糊。实际上，当作家们在解释那些让杂居生活成为可能的具体安排时，他们对当时各宗派分裂状况的勾勒却更为精细。他们展示了当时沿着城墙、街道，甚至是某个具体的教堂而划界的不同宗派区域。他们也展示了为了让某个宗派团体得以使用某个布道坛或小教堂，这些疆界在特定时刻可能发生的些许移动；他们还对当地居民对不同宗派间区域划分的准确感知进行了描绘。对这些英国作家来说，经过 16 世纪的骚乱后而出现的宗教和平局面可能是受人欢迎的，但欧洲从根本上来讲还是分裂的。

二 天主教欧洲

近代时期，英国旅行者和旅行作家对宗教上敌对的欧洲两个部分的描述都是多样化的。不过，在这种多样性的背后，也存在着一些普遍的特征。其中，最为重要的一个普遍特征便与天主教地区有关。尽管并非所有的作家都公然敌视意大利、法国、西班牙和德意志大部分地区的生活形式，但几乎在所有作家的笔下，这些地区都是陌生而怪异的。与尼德兰、北德意志或斯堪的纳维亚相比，它们更加不同于英国，更为独特。

在敌视天主教的文章中，天主教欧洲的非凡特征体现得最为明显。

---

① Peter Heylyn, *The Voyage of France, or, A Compleat Journey through France with the Character of the People, and the Description of the Chief Towns, Fortresses, Churches, Monasteries, Universities, Pallaces and Antiquities: as Also of the Interest, Government, Riches, & c.*, London, 1673, p. 15.

② Maximilian Misson, *A New Voyage to Italy with a Description of the Chief Towns, Churches, Tombs, Libraries, Palaces, Statues, and Antiquities of That Country: Together with Useful Instructions for Those Who Shall Travel Thither*, Vol. 1, pp. 32, 50, 60 – 61.

这些文章对天主教进行剖析，并将天主教控制的区域贬斥为反常的幻象。值得注意的是，这些剖析往往建立在宗教改革时代对罗马天主教抨击的基础上。英国第一代新教徒通过描述被他们称作是天主教的破坏性进步来捍卫自己的信仰，这些描述逐渐固化为有关天主教腐败状况的权威模式，并对以后的旅行指南产生了强大影响。[1]

新教对天主教的批判，要害在于它坚持认为天主教是反宗教的。天主教不专注于上帝；相反，它为神甫的贪婪所左右。这些神甫所需要的是一种能够将全部信众的财富和权力集中到自己手中的信仰，因此，他们着手颠覆福音书。他们首先颠覆的是圣经经文。神甫们知道耶稣关于谦卑和节制的启示有碍于他们野心的实现，因此他们宣称普通信众不能得到基督的启示。这些神甫将圣经藏匿于少有人能理解的拉丁文中，用自己发明的大量教条来模糊上帝的言词。在消除圣经经文的效用后，教士们对基督教进行了重新设计，以使其适应自身的需求。他们坚持教士高于世俗权威，运用这一主张所带来的临时权力以迫害批评者，鼓励能够给自身带来财富的信念和活动。最为恶毒的是，他们告诉基督徒，馈赠教士会获得精神上的收益。如果信徒资助弥撒、修建修道院、在圣地进行布施，那么他们将获得荣耀，这种荣耀可以缩短身后在炼狱中遭受的痛苦。

为了防止有人揭穿这种欺骗，教士们设计出五花八门的活动来分散人们的注意力。礼拜活动被设计得光彩夺目，信众因此而丧失了判断能力；精心设计的仪式、宗教建筑的金碧辉煌以及强烈情感的运用，致使所有的人最终都为神甫的谎言所蛊惑。同时，他们将信众对唯一真实上帝的关注转移到一系列不真实的次神身上。神甫们宣称，经过弥撒祝圣的酒和面饼具有神圣的要素；圣徒、圣徒遗物和偶像具有超自然和半自主的力量。[2]

吉尔伯特·伯内特深受16世纪新教徒对天主教徒看法的影响。作为一名信奉新教的苏格兰人，在向伦敦升迁的过程中，吉尔伯特·伯内特成为英国国教的一名教士，并在王宫开始自己的事业。他曾与查理二世身边具有天主教倾向的团伙作斗争，在信奉天主教的詹姆士二世统治时，他被迫流亡欧洲大陆。在《书信集》中，他开列出了天主教的典型罪恶，

① Tony Claydon, *Europe and the Making of England*, 1660 – 1760, p. 29.

② 关于这一时期新教徒对天主教信仰的驳斥，参见 Peter Lake, "Anti – Popery: the Structure of a Prejudice", in Richard Cust and Anne Hughes, eds, *Conflict in Early Stuart England*, Harlow, 1898, pp. 72 – 106。

而这些罪恶也正是宗教改革作家数落天主教所犯下的罪恶。在大陆流亡期间，他对于天主教会的富有及大众的相对贫困始终耿耿于怀。在《书信集》中，吉尔伯特·伯内特这样写道：

> 自巴黎向里昂一路走来，我震惊于沿途所见到的苦难，这些苦难不仅发生在乡村，它们也发生在大的城镇，这些苦难从沿途居民的住所、服饰和他们的面容中展示出来。所有的城镇都人烟稀少，这明显地说明了他们遭受的苦难有多么深重。①

在对瑞士进行描述的过程中，伯内特更是清楚地描绘了天主教的恐怖。瑞士邦联在当时由信奉天主教的各个州与信奉新教的各个州联盟而组成，它让人们有足够多的机会对天主教各州的世风日下及新教各州的稳健发展进行对照。于是，日内瓦和苏黎世因其公正的政府和诚实的慈善机构而受到称赞，而天主教各州则被斥为是极端顽固不化的所在。在信奉天主教的区域，皈依新教就犯了杀头之罪，而在进行了宗教改革后的各国，由新教而皈依天主教派则至多不过是丧失财产而已。两大宗派的宗教仪式也差别巨大。新教徒倾听布道时神情严肃，而天主教徒在进行崇拜活动时则激情澎湃、迷信味十足。在弗莱堡和索洛托恩，天主教的这种毫无节制特别突出。在这两个城镇中，宗教偶像"极其粗卑"，还在它们进入教堂之前的很长一段时间里，当地人便"跪倒在街道上，口中唱着弥撒曲"。②

吉尔伯特·伯内特可以说是一个具有反天主教热诚的极端例子，但并非只有他一人才具有这种反天主教的热诚。在这一时期，有许多旅行作家重复着新教徒对天主教的典型控诉，当然，他们并没有伯内特做得那么系统。例如，许多旅行作家从经济的角度对罗马天主教会提出了指控。按照他们在著作中的描述，教士的贪婪决定了南部欧洲的面貌，造成南欧的面貌和特性与英国迥然不同。其中，最为明显的差异便是天主教社会处于极度贫穷之中。对曾经游历过法国的一些人、参观过意大利的多数人以及到过西班牙的几乎所有人来说，他们无不为当地普通人的命运感到震惊。他们的旅行指南对当地居民食物贫乏、房舍鄙陋、衣衫褴褛进行了评述；而对在途中所遇见的成群结队的乞丐，他们尤其感到

---

① Gilbert Burnet, *Some Letters Containing an Account of What Seemed Most Remarkable in Switzerland, Italy, & c*, p. 4.

② Ibid., pp. 43 – 44.

反感。①

其他一些作家则注意到天主教城市贸易持续衰退的状况。许多人因失业而无所事事并因此而虚度一生，对于这种状况，这些作家无不感到遗憾。威廉·布罗姆利（1664—1732）对伊比利亚半岛进行的评论或许是最让人感到毛骨悚然的。对在法国境内见到的"由人们的面貌、习性以及他们鄙陋的房舍所昭示出来的重大贫困迹象"②，他本已感到吃惊，但他没想到在翻越比利牛斯山脉后见到的景象却更为糟糕。那里的穷人"理所当然地和其他地方的穷人一样不幸"，"成百上千的家庭在一生之中从来不知肉味"，那里"既没有良好的家禽饲养业，也不鼓励工业的发展"。③ 事实上，西班牙的情况非常糟糕，那里货物贫乏，游客到那后甚至可能缺少食物，住宿条件也差得要命。因此，威廉·布罗姆利根本就不建议游客前往西班牙。

对饥馑加以描述的作家主要将南欧的贫困归咎于有关地区信仰的堕落。他们认为，天主教的贪婪导致了普遍的贫困，有关地区出现的经济困难并非气候或地理原因造成的。旅行作家不仅记录了当时普通天主教信徒所遭受的苦难，他们甚至更热衷于揭示普通天主教徒钱财的去向，即它们都流入了神甫的钱柜。他们将俗人简陋的生活与教士阶层奢华的生活进行对照，从而揭示出普通天主教徒钱财的去向。在许多记述中，教会与民众在经济上的不平等是南部欧洲的显著特征。教士的贪婪是天主教欧洲大陆的一个特征。除此之外，迷信十足、偶像崇拜和歇斯底里也是天主教欧洲大陆的特征。④

总之，在诸多旅行者的笔下，天主教欧洲依然是一个异类。从前新教徒对天主教分析的影响营造了一个即便说不上邪恶但也是显著不同的世界。在天主教的欧洲，教堂举目可见，各处风景都有宗教的性质，土壤具有产生信仰新丰碑的神奇能力，无论是在城镇，还是在乡村，宗教庆典随处可见。当然，这种壮观景象往往成为对教士的堕落进行辛辣批评的导火线。

三　新教欧洲

如果说旅行者对天主教欧洲的描绘仍然受昔日观念左右的话，那他

---

① Tony Claydon, *Europe and the Making of England*, 1660 – 1760, p. 32.

② William Bromley, *Remarks in the Grande Tour of France & Italy*, London, 1692, p. 12.

③ William Bromley, *Several Years Travels through Portugal*, Spain, 1702, p. 30.

④ Tony Claydon, *Europe and the Making of England*, 1660 – 1760, pp. 33 – 34.

们对新教欧洲的认知则更加难以进行全面概括。由于缺少影响前者的那种支配性描述，旅行者对北欧地区的描述差异极大。而且，由于内部的教义分歧，新教欧洲比天主教更为支离破碎，新教欧洲的这种分裂局面直接影响到旅行者对它们的评论。尽管如此，我们还是可以从旅行作家的描述中归纳出一些共同的特点。

近代旅行作家对新教内部的分裂有着相当的认识。当旅行者将欧洲大陆划分为天主教或新教区域时，他们常常进一步将后者划分为加尔文教地区和路德教地区。各个城市要么被归入"实行了改革的"城市，要么则被归入"信奉福音主义的"城市，它们很少被简单地称为新教城市。旅行者对居住在其他教派中的加尔文教派或路德教派少数民族的记述，与他们对天主教与非天主教欧洲间复杂分界线的描述一样多。例如，在纽伦堡，一些作家便记录了信奉路德教的傲慢地方行政长官是如何让其他新教信徒的生活甚至比天主教徒的生活都更加困难的。他们拒绝和解的企图；尽管他们允许天主教徒在城中的一个教会集会，他们却迫使加尔文教徒在星期天步行半里格（4.8 公里）多；后来，迫于"实行宗教改革"的君主的压力，他们被迫允许加尔文教徒在城墙根外建立一个小礼拜堂。①

即便没有路德教派和加尔文教派间的分歧，旅行者对新教欧洲的描述也各不相同。尽管天主教欧洲也有着内部的差异，但昔日新教对天主教之邪恶的分析影响到了大多数的描述，这有助于消除各种描述之间的差异。无论在哪里，神甫都被认为是靠欺骗和感观刺激来独占财富和权力的，而且，注意力也常常被放到它们产生的影响之上。对于获得解放的北方而言，那里没有这种经典描述，因此，旅行者描述所涉及的内容就更为广泛。作家们从描述教士的权谋中解放出来，将注意力集中在"不同的"气候、土壤、经济、习俗、建筑风格、宗教宽容的程度以及政治体系中的突发事件之上。这也为旅行者围绕各个特定社会的显著特征而产生的分歧留下更多的空间。没有了堕落的教会作为人们互动的主要推动力，人们对"究竟是什么东西让一个社会得以运转"以及"它们是否值得模仿"等问题可以采取不同的立场。事实上，新教地区成为作家们各种可以变通的观点的投射。他们将自己的描述加以滥用，以支撑有关理想中的文化、社会或政治主张。

在这一时期英国旅行作家对荷兰和西班牙的描述中，上述情况便十

---

① Tony Claydon, *Europe and the Making of England*, 1660 – 1760, p. 40.

分明显。尽管荷兰和西班牙都曾以对手、贸易伙伴和盟国的身份与英国交往，但旅行者对两国的描述却不一样。旅行者对信奉新教的荷兰进行了丰富而细致的描述；而前往西班牙的旅行者对该国的看法常让人沮丧。英国人对哈布斯堡的统治区域的叙述也颇为复杂，但这些描述中几乎不会出现模棱两可的地方。几乎所有的人都对该国的极度贫困进行报道，并将此归咎于人们的迷信与顽固。而且，旅行者总是尽可能迅速地离开该国。相反，在荷兰，可以谴责他们榨取了文化活力的神甫并不存在，因此，各种旅行指南给出的看法差别巨大。旅行者们记录下了荷兰各种不同的特征，他们对荷兰的看法随着英国与荷兰间关系的变化而发生变化。在整个17世纪，国际同盟间关系的逆转，导致英国政治话语中出现了有关荷兰的两种极为不同的观点；而这一时期的旅行著述也体现了这种变化。

第一种看法对荷兰是加以肯定的。它对英国与荷兰间存在的共同利益及两国间的天然同情进行强调，荷兰被塑造为了值得模仿和支持的国家。这一观点是以两国共有的新建信仰为基础的，当英国与荷兰在反对西班牙以及后来的法国而团结起来之时，这种看法更是大有市场。威廉·邓普是荷兰正面形象的积极倡导者。作为查理二世派往荷兰的特使和英国驻荷兰大使，邓普一直致力于促进英、荷间的同盟关系。1672年，邓普出版了《关于尼德兰联合省之观察》一书。在这一著作中，邓普试图从积极的角度来解释荷兰获得权势与财富的原因。他认为，荷兰力量的重要基础在于人民的德行。他不认为该国获得了特别的恩宠：它的气候不好、土壤贫瘠、矿藏资源相对缺乏。在邓普看来，荷兰之所以强大，原因在于大量的移民充实了它的人力资源，而人口的注入则源于其政治制度与支撑这一制度的大众态度。实际上，荷兰人建立了一个良性的循环，其中，自由、勤劳、繁荣和权势彼此相互促进。①

邓普关于荷兰伟大的原因分析影响巨大。《观察》描绘的联合省有着令人羡慕的公共机构，它繁荣、自由、节俭，城市整洁、便利。邓普的描述因后来各种版本的出版而得到流传。当其他作家起草自己对低地国家的描述时，他们经常对这些描述加以引用。结果，像威廉·卡尔、约瑟夫·肖、托玛斯·纽金特和爱德华·布朗这样一些旅行作家便将荷兰描绘成了一个富有而充满德行的国家。读者们被要求去赞美荷兰商业事业的丰碑，银行、船坞、公司总部、漂亮的商铺成为尼德兰城市景观的

---

① William Temple, *Observations upon the United Provinces of the Netherlands*, 1705.

标志。对于荷兰人的勤劳、精明的商业头脑和公共精神的赞誉则比比皆是。当然，人都有缺点，荷兰人的缺点则都是舶来品。与法国人的长期商业交往带来了奢华，并逐渐侵蚀社会的原有力量，因此人们现在不那么情愿为了长远的报偿而放弃眼前的利益。尽管有这样一些最近才获得的瑕疵，邓普将荷兰人树立为最让人钦佩的民族。而他的追随者则承认，荷兰人以其极度的勤劳和对自由的热爱而建立了一个伟大的国家。①

与所有这些称赞形成对照的是关于荷兰的一个完全相反的形象。一些英国人（某些时候甚至是他们中的大多数）关注的并非两国间共有的信仰和自由，而是两国间的对立。在 17 世纪，英、荷都成为主要的贸易大国，这导致了他们间的一系列冲突，并最终以 1652 年至 1674 年间的三次全面战争而达到高潮。争端导致英国政治论战中荷兰人极度不佳形象的出现，并进而蔓延到旅行者的描述中。荷兰负面形象的主要内容便是荷兰人的极度贪婪和野心。根据这一分析，联省之所以变得伟大，并非是依靠德行和勤劳，而是借助于该国与生俱来的对权力、财富的贪得无厌。如果说西班牙进行专制统治是错误的话，那荷兰人在反击马德里时却建立了共和国，则走得太远。他们对君主政体这一自然制度的拒绝表明，他们决心按照自身利益行事并为民族自豪感与贪婪松绑，这就加剧了他们垄断全球贸易的努力。因此，为了击败潜在的对手，荷兰人将其资源倾注于海军之上，并教导自身学会商业欺骗的歪门邪道。在国内，这样一些政策腐蚀了道德。将个人利益置于所有其他考虑之上，他们变得残酷而不诚实。他们不允许自身行为受到任何约束，于是，他们变得任性、目无尊长，饮酒无度。

作为对荷兰人的一种描述，这种负面的分析和正面的看法一样产生了持久的影响。甚至邓普偶尔也受到这种观点的影响。例如，他承认荷兰商业阶层满脑子想的都是赚钱，而且还对他们缺乏政治纪律进行了批评；一些相当负面的形象在他的散文中投下了阴影，并对其他的描述产生了更加负面的影响。② 埃利斯·弗雅德对荷兰进行外在描绘时虽然描述了一些通常的优点，但当他提及荷兰人民的特征时，就远没有那么恭维；对他来说，数十年醉心于致富，摧毁了人们的优良品质，因此，尽管他

---

① Edward Brown, *A Brief Account of Some Travels in Hungaria, Servia, Bulgaria, Macedonia, Thessaly, Austria, Styria, Carinthia, Carniola, and Friuli as Also Some Observations on the Gold, Silver, Copper, Quick - silver Mines, Baths and Mineral Waters in those Parts : With the Figures of some Habits and Remarkable Places*, London, 1673, pp. 92 - 105.

② William Temple, *Observations upon the United Provinces of the Netherlands*, pp. 140, 238 - 240.

们"勤劳而节俭",但他们却变得"粗鲁无礼","狡诈多于智计"。在宗教方面,他们无疑允许信奉多种宗派,不过,弗雅德怀疑这源于他们对基督教的冷漠,而非真正致力于宽容。①《走进大赦年》一书的观点更加负面。例如,该书作者提醒游客,如果囊中羞涩的话,就不要进入联合省。荷兰典型的贪婪恶习确保了他们对任何不幸的人都不会有丝毫同情,他们只会担心这些人成为自身的负担。如果穷困潦倒,这位讽刺作家称,"我宁可选择乘船前往蛮族之地,我相信,如果从一个将自身的福祉建立在对邻国的掳掠与邻国的不幸之上的民族能够得到的施舍,在蛮族之中同样也能得到"。②

总之,英国人对荷兰这个新教国家的看法差异很大。对荷兰的各种描述从外表到实质方面都彼此抵触。荷兰奇迹的取得要么是借助于自由和勤劳,要么是通过贪婪、目无法纪与残忍。经典宗教叙述的缺乏让作者们得以提出有关主题的不同形象,并为参观者指出非常不同的各种教训。实际上,在所有这些不同意见之中,真正的荷兰似乎消失了。荷兰人没有得到客观的描述,而是被当作英国国内有关共和主义、宗教宽容或商业的益处的各种辩论的弹药。

尽管介绍新教欧洲的各种旅行指南存在诸多分歧,但旅行作家却有一种强烈的感受,那便是:新教欧洲在本质上是团结的,脱离罗马控制的各个地区拥有某些共同的特征,各种纽带将它们与英格兰维系在一起。用20世纪历史学家的话来说,这些地区之间存在一种强烈的"新教国际"意识。虽然旅行作家在如何描述北部大陆的问题上意见不统一,但他们多数相信非天主教的基督徒有着一种共享的认同,这体现在他们对其他地区的人们的同情和支持之上。

世俗城镇景观是旅行作家们着力描述的新教欧洲的共同特征之一。信奉新教的各地区之间最明显的相似之处便是,它们缺少南欧地区那种振聋发聩的宗教存在。在实行宗教改革的地区,并不总是有神圣化的景观来提醒人们留心他们的宗教义务,其中,城市地区尤其如此。旅行作家对北部欧洲的描绘主要从世俗的角度进行。当然,他们也会提及新教城市中的主要教堂,但却很少进一步提及其他宗教机构或宗教装饰与仪

---

① Ellis Veryard, *An Account of Divers Choice Remarks as well as Geographical*, *Historical*, *Policitacal*, *Mathematical*, *Physical and Moral Taken in a Journey through the Low Countries*, *France*, *Italy*, *and Part of Spain*, *with the Isles of Sicily and Malta*, *as also a Voyage to the Levant*, London, 1701, p. 23.

② George Farquhar, *The Constant Couple*, *or A Trip to the Jubilee*, London, 1700, p. 9.

式。相反，教堂不得不与市政厅、要塞、图书馆、医院以致各种工程奇迹簇拥在一起。

约瑟夫·肖的描述便是一个典型。在介绍鹿特丹的段落中，仅仅是因为一座教堂为英国人提供了共同的祈祷服务，宗教建筑才被提及，该地真正的天赋在于当地人们的爱国与勤劳，这造就了他们的海军部、东印度公司、船坞与码头、大沟渠或运河，桥梁与其他公共装饰的伟大与辉煌。同样，在莱顿时，肖对市场、中央广场、市政厅、医院、疯人院、救济院和军火库进行了描述。在匆忙地对那里的两座教堂进行介绍后，他便转而称赞当地的图书馆和大学。在阿姆斯特丹，有两座教堂被提及，但该城市真正引以为豪的东西是海军大厦、交易所、拉丁学校以及运河沿岸的漂亮房舍。① 其他一些作家采用了类似的描述方式。例如，托玛斯·弗兰克斯在描绘信奉新教的德意志时便主要将笔力集中在那里的街道和房舍；爱德华·布朗尽管曾因科隆的教会建筑而将其称为德意志的罗马，但他却以完全世俗的笔调来介绍信奉新教的荷兰。对布朗来说，阿姆斯特丹之所以闻名正是因为它的贸易、船运、医院、感化院，以及"干净的街道和舒适的生活环境"；而整个国家之所以为人们景仰则是因它的客栈、博学之人、勤劳、公正以及"他们各种建筑和房舍的异常整洁"。②

与公共的世俗城镇景观相比，让新教欧洲更加紧密地联系在一起的则是支撑它的历史。一些旅行作家认为，16世纪的宗教变化发生在荷兰、德意志和瑞士世俗化之际，因此，他们将这些地区与众不同的面貌和它们对宗教改革的共同参与联系起来。于是，德·布伦维尔解释说，新教苏黎世的第一个行动便是从教堂中清除各种图像。在日内瓦，布罗姆利报道说，该城市依然对最有违常规的教会艺术形式加以展示，目的是为了显示他们所拒绝的信仰的"荒唐"。对弗雅德来说，完全清除宗教的奢华——以1572年哈勒姆拆除张贴于城中墙壁上的偶像为代表——标志着荷兰宗教改革所取得的进步。在那一年，该城中刚皈依的新教徒非但没有投降，反而是以"当着敌人的面烧毁无数的十字架、图像和绘画"来

---

① Tony Claydon, *Europe and the Making of England*, 1660 – 1760, pp. 52 – 53.

② Edward Brown, *A Brief Account of Some Travels in Hungaria, Servia, Bulgaria, Macedonia, Thessaly, Austria, Styria, Carinthia, Carniola, and Friuli as Also Some Observations on the Gold, Silver, Copper, quick – silver Mines, Baths and Mineral Waters in those Parts : With the Figures of some Habits and Remarkable Places*, London, 1673, pp. 97 – 102.

表达他们的蔑视。①

在旅行作家描述宗教改革后期斗争的纪念碑之时，历史感将新教欧洲各地区更为密切地联系起来。在他们的旅行指南中，非天主教的欧洲地区并非仅仅受到最初对罗马拒斥的影响。对罗马的拒斥开启了为争取改革后之宗教的生存而斗争的漫长道路，因为天主教的军队试图重新控制丢失的领土；这反过来又创造出了提醒读者新教徒间互相依存的各种里程碑。事实上，旅行文学可能较历史或其他种类的事件描述更为有效地促进了此种团结感，因为，通过集中描绘天主教徒对特定场所的攻击，旅行文学通常可以忽略这些战斗发生的复杂背景。明显的例子是对主要边缘地带的描述。尽管宗教改革及其反对者间的竞争发生在欧洲各地，但它们主要集中在拉丁和日耳曼世界的古代分界线沿线。从南方的阿尔卑斯到北方的弗兰德斯，是信奉天主教的法国人、意大利人和西班牙人与信奉新教的瑞士人、德意志人和荷兰人对峙、冲突的地区。在这一边界线的沿线，竞争使得整个地理景观陷入黩武的氛围之中。到处都是可供参观的战场，让人仰慕的要塞，作为谈资的英雄事迹，因此，边境不仅仅意味着描述语调将发生变化，它本身便是一个具有显著特征的事物，是新教存活的活证据。

对边界线上抗争的描述显然强化了"欧洲分裂感"。同样重要的是，当旅行指南提及这里发生的斗争并非只有当地新教徒才关心的时候，它便加强了改革后的欧洲大陆各地区间的联系。不仅仅是位于边境线上的那些人才捍卫过新教腹地，他们也得到了来自整个新教世界的帮助。军队、金钱与支持的信息都从遥远的地方涌入了冲突发生之地，旅行指南记录下了这些鼓励是多么的重要。至关重要的是，这种合作将英国融入统一的新教团体之中。在为英国读者写作之际，旅行作家们对自己的国家作为宗教改革的主要支持者而发挥的作用特别引以为傲，他们不断地将英国所提供的援助挑选出来加以评论。于是，艾迪生和伯内特都声称，日内瓦人将英国与荷兰视为自己最伟大的盟友。尽管事实上英国和荷兰几乎没有提供过任何物质帮助，这些旅行作家们却报道说，日内瓦相信这两个北方之国是新教最坚强的柱梁，它相信自己的事业不可避免地与它们联系在一起。这些旅行作家还记录下了伊丽莎白的军队曾经挽救过

---

① William Bromley, *Remarks in the Grande Tour of France & Italy*, p. 363；Ellis Veryard, *An Account of Divers Choice Remarks as Well as Geographical, Historical, Policitacal, Mathematical, Physical and Moral Taken in a Journey through the Low Countries, France, Italy, and Part of Spain, with the Isles of Sicily and Malta, as Also a Voyage to the Levant*, pp. 6 – 7.

的自由城市，他们对在 1689 年以后的战争中保卫过荷兰的英国军团进行描述。其策略倾向于那一方向的人们将这种合作构筑成为了新教徒间进行协作的宣言。他们将整个欧洲的自由归功于英国与荷兰之间的联盟，并特别强调荷兰人对英国旅行者的友谊。[①]

此外，对新教地区间团结的描绘加强了新教欧洲间的相互认同。当特定地区的新教徒处于危险之际，它们常常得到其他新教徒的帮助。这一事实被视作是对他们之间潜在的团结一致的证实。在描述天主教徒实施的迫害时，旅行指南对这种团结甚至更加了然于胸。旅行作家暗示，从 17 世纪初期开始，天主教的欧洲曾在法律和肉体方面对实施了宗教改革的区域发动一波又一波的攻击，然而，虽然这消灭了许多异教聚集地，但也促使推行宗教改革的各个地区团结起来。最明显的就是通过流亡而体现出来。当人们受到迫害时，他们常常逃离到其他新教地区，尽管这带来了创伤，但它却强化了这样一种认识，即推行了宗教各国的各个地区是一个共同体，它将来自不同地区的人们融合在一起。

于是，旅行作家们便热心于记录各个城镇中曾经接纳的流亡者的数量、流亡者的居所及其扮演的社会角色。例如，布罗姆利便估计日内瓦的四万名居民中有六千人是背井离乡的胡格诺派教徒。[②] 荷兰同样也被记录为欧洲大陆各地流亡者的目的地；一些德意志城市也对苦难采取了同情。例如，在黑森的马尔堡，萨谢弗雷尔·斯蒂芬斯报道说，当地的统治者修建了整座城市，以容纳逃亡中的法国新教徒。其他一些人则讲述了斯特拉斯堡的部分人口在该城市被法国人占领之后是如何迁徙到汉堡的，多数来自科隆的新教徒何以去了同样的地方，法兰克福、哈瑙、伯尔尼是如何向绝望的人们敞开大门的。在这样的著述中，对宗教改革的外在驱赶破产了。当纽金特描述阿姆斯特丹为法国和德意志新教徒所修建的教堂，米松言及日内瓦的德裔、法裔乃至意大利裔新教居民时，他们为整个宗教改革运动创造了一个世界主义的缩影。[③]

除了重申天主教的残忍并强调流亡促成的新教徒间的亲近外，对新教徒彼此间互助的强调也进一步将推行了宗教改革的各国团结起来。旅行作家对处于悲惨境遇下的人们的流动进行描绘时，常常会对流亡者受到的欢迎加以强调，并记录下当地人的看法：在他们看来，帮助处于困境中的宗教兄弟是他们的责任。米松记录说，萨瓦河谷的里昂穷人派遭

---

①　Tony Claydon, *Europe and the Making of England*, 1660 - 1760, pp. 57 - 58.

②　William Bromley, *Remarks in the Grande Tour of France & Italy*, p. 365.

③　Tony Claydon, *Europe and the Making of England*, 1660 - 1760, p. 58.

到了天主教大公的折磨，来到日内瓦时几乎半死，但他们却得到了当地居民极大的同情与慷慨的救助。法国流亡者同样受到善待。① 同样，威廉·卡尔也报道了阿姆斯特丹人对一拨拨移民表现出的慷慨。他陈述说，"我不应向你省略他们对陷于痛苦中的法国新教徒所给予的大量救助"，接着，他通过揭示"这也正是他们以前对爱尔兰和皮埃蒙特贫穷而不幸的新教徒所做的"而将其与整个背景联系了起来。总之，对流亡者的同情创造出了超越本土特性的忠诚与认同。旅行作家们暗示，信仰构成的各种联系使得陌生人受到了同胞一样的待遇。当博内特就瑞士而报道说，"它因慈善和同情的精神而获得活力，所有人的房舍和口袋都向流亡者敞开"，他力图证实瑞士人感觉到自己是更为广阔的新教欧洲的一部分。②

流亡者创建出了一个共同的新教世界的感受将英国包括在内。正如英国对战争的参与将它与欧洲的宗教改革联系起来一样，它接受流亡者以及它自身的新教徒也需要避难所的历史将它与这个统一的实体联系起来。在这一时期，多数作家谈及法国境内的迫害时至少会提到胡格诺派教徒在英国找到了庇护所，而约翰·诺斯利和托玛斯·纽斯特则注意到，随着不宽容的加剧，来自哈布斯堡的佛兰德斯织工为伦敦的经济注入了活力。更为重要的是，旅行作家同样也对英国居民在欧洲大陆逃亡的地方进行了评论。毕竟，英国并没有逃脱天主教的迫害。在 16 世纪 50 年代，玛丽一世对实施了改革的教会发动血腥的讨伐；亨利八世和查理一世则强制实行过虔诚的新教徒认为是天主教性质的崇拜。1685 年至 1688 年间，英国曾一度受到信奉天主教的国王的统治。这些事件导致许多人的流亡，尽管在历史学家和小册子作者看来，这些事件是存在争议的，但旅行著述中的主要态度都是对欧洲新教徒所提供的避难所表示感激。

许多作家对为躲避国内困境而生活在荷兰的英国社群进行了评论。例如，约瑟夫·肖便暗示说，差不多存在着一个横跨北海的连续不断的人潮。他评论说，荷兰与英国同属一个宗教，荷兰的各个省份对伟大而优秀的英国人来说都一直是安全而友好的避难所。同样，许多旅行指南还提及了玛丽·都铎统治时期德意志和瑞士城市所发挥的作用。其中，具有强烈的泛新教主义意识的博内特就暗示说，16 世纪 50 年代英国宗教

---

① Maximilian Misson, *A New Voyage to Italy with a Description of the Chief Towns*, *Churches*, *Tombs*, *Libraries*, *Palaces*, *Statues*, *and Antiquities of That Country*: *Together with Useful Instructions for Those Who Shall Travel Thither*, Vol. 2, p. 261.

② Gilbert Burnet, *Some Letters Containing an Account of What Seemed Most Remarkable in Switzerland*, *Italy*, *&c*, p. 58.

改革家旅居日内瓦，在瑞士人和那些受到收留的英国人之间构筑起持续的联系。博内特曾经在日内瓦流亡过一段时间，并欢迎日内瓦向英国表现出的持续同情。博内特报道说，那里的地方官员为他提供了一座教堂，以便在那里用英语举行仪式；而且，他们还告诉他他们乐意这样做，因为市政当局曾向玛丽时期的难民提供过同样的设施。①

　　战争与迫害的结合造就了一个包括英国在内的新教国际。当英国被包括进剥去神圣外衣的北欧景观中后，这便使它看起来似乎不如南欧那么堕落和陌生，于是便出现了这样的情形，即强烈的宗教区域意识对旅行作家的英国特性意识提出了挑战。在置身于大陆新教地区之际，许多作家感受到新教认同的牵引力。这让他们拥有了对当地居民的亲近感，并模糊了任何一种单一或狭隘的民族特性。事实上，他们有时几乎感觉不到自己已经置身国外。对一些人来说，英国人作为新教兄弟而受到的热情欢迎是可以消除更多的民族隔阂的。安妮女王统治时期前往荷兰旅行的约瑟夫·肖是一位高度爱国的作家。他承认自己想家，对不能讲荷兰语以及不能理解当地文化等各种问题进行了报道，还经常表达自己对荷兰比祖国更繁荣的嫉妒。然而，在当地人对他表现出如此欢迎的时候，他很快便克服了这些民族主义态度，并发现荷兰人对陌生人礼貌、和蔼且乐于助人，当他们遇到英国人时，尤其如此。

　　在最为极端的情况下，"英国是一个更为广泛的新教整体之一部分"的意识甚至导致旅行风格受到歪曲。当时，许多旅行著述声称要向英国人介绍他们所不熟悉的欧洲，但实际上，英国人与新教欧洲某些地区的接触十分密切，以致许多作家认为它们并不陌生，因而将它们从旅行指南中删节了出去。例如，艾迪生就认为日内瓦太为英国人所熟悉，以致不值得再给予注意；其他一些作家也拒绝在荷兰身上花费笔墨。尽管威廉·卡尔因如此多的人正在前往联省而认为提供有关它的信息是有用的，但德拉蒙德、莱特、布罗姆利和布雷瓦尔都采取了相反的看法，他们都认为再对人们耳熟能详的地方进行探讨没有什么意思。② 正如米松所说，英国人有众多的机会前往新教友邦，因此他将长话短说；或者如诺斯利暗示的那样，英国卷入荷兰的历次战争意味着实际的旅行已经取代了旅行文学。在这样一些事例中，英国和欧洲大陆间的隔阂不复存在。荷兰虽然身悬海外，但它却如此紧密地和读者的经历融为一体，以致一本真

---

① Gilbert Burnet, *Some Letters Containing an Account of What Seemed Most Remarkable in Switzerland, Italy, &c,* p. 258.

② Tony Claydon, *Europe and the Making of England*, 1660 – 1760, p. 61.

正的旅行指南会将这块土地排除在外。总之,在这一时期的旅行文献中,实施了宗教改革的欧洲大陆作为一个统一的整体而屹立,英国的边界因其对这一跨国团体的参与而变得模糊起来。

第二节　旅行者对宗派和解的期盼

在英国内战后的一个世纪中,从信仰的角度划分欧洲的思想在英国依然很有市场。这一时期旅行作家的描述便说明这一问题。作家们继续对在宗教上分裂的大陆进行描述,他们对天主教地区的描述仍受早期改革辩论家的影响。他们不是明说就是暗示:南欧带有引人入胜的教士的标志,他们使用引人注目的景象、创意曲和胁迫来让所有人受到奴役。与此相反,这种潜在的神职人员谋略的缺乏使得各种关于新教地区的描述差异甚大,也让它们之间有了某些相似之处,而实施了宗教改革的欧洲大陆各地区对为生存而长期斗争的记忆则让它们进一步团结起来,结果便形成了一种强烈的"新教国际"意识。

对于英国来说,它并非独自挣扎,而是参与了一个范围广阔得多的宗教改革,宗教改革的追随者对英国人充满善意,并为他们承担着紧迫的任务。英国人作为新教徒的这种意识在斯图亚特王朝晚期和汉诺威王朝早期是最重要、最为强烈的一种情感,它阻止了任何一种狭隘的民族认同的产生。当然,在这一时期,并非所有的旅行指南都公开敌视天主教。他们可能会对各种分歧进行勾勒,并对各天主教地区进行不同的描绘,但他们却一如既往地对南方的谦恭有礼、美丽和精致进行称赞,而且,对许多人来说,教士的堕落必须从行文中剔除。

宽容的动力来自于对宗教改革进一步传播的期望。尽管一些关于天主教的赞赏性评论源于对宗教的漠视,而许多则出自于新教情感本身。在许多旅行指南中,天主教地区因已经开始改革而受到称赞。作家们断定,教皇制的信奉者受到了新教榜样的鼓舞,并开始清除他们迷信中最糟糕的部分。或许,约瑟夫·艾迪生便是最好的例子。在艾迪生论述那不勒斯的摘录中,他解释说,天主教的堕落在一定程度上是存在的,但大陆的大部分地区已经开始着手拯救自身免受走极端之害。他告诉读者说,"我必须承认,尽管我在罗马天主教国家生活了一年多,当我在那不勒斯看到如此多的仪式和迷信时也很惊奇,但如果想到法国,这就并不算太多。当然,尽管罗马天主教会并没有公开承认,但自新教开始传播以来，这里已经暗中进行了某些改革。因此，我们发现，随着一些国家或多或少地与改革教会进行沟通，它们已经开始从无知中苏醒过来"①。

艾迪生接着继续解释说，这便是为什么曾与国内新教徒角力的法国要比西班牙和意大利开明得多的原因。其他一些作家虽然没有设计出这样一个丰富的理论，但他们无疑受到了这一理论的影响。查尔斯·汤普逊在罗马时宣称，一旦天主教会聆听到路德的训谕，它便得到改进：教士不如以前那么放荡和傲慢，而且也更有学问。约翰·诺斯利发现巴黎对未实施改革的教会日渐增加的不满，并将这种情形与亨利八世时期的英国公众情绪相提并论。在其他地方，一些作家因威尼斯控制宗教裁判所和限制其他一些更加荒唐的迷信而对其进行称赞，他们普遍意识到，法国因与新教邻国的接触以及国王要求规避教皇的绝对权威而变得温和起来。他们当中存在一种强烈的信念，那即是：宗教改革最终可能会和整个欧洲休戚相关。随着时间的流逝，它可能会席卷南方，消除两个大陆之间的分歧，并将英国融入更为宽广的欧洲世界之中。②

即使没有这种理想的完美境界，英国人与天主教徒之间也有着密切关系。与世界其余地区相比，英国对西班牙、意大利、法国和奥地利相对更加熟悉。尽管天主教国家在英国的旅行者看来是怪异的，但他们却不如西欧之外的地区那么怪异。英国人对亚洲、非洲和美洲并非一无所知。前往这些遥远的地方的旅行者也出版了他们的故事：事实上，早在17世纪50年代，彼得·黑林就出版了《宇宙志》一书，为远方各地提供了一个不错的概览，该书在数十年中都依然是有关这些地方的权威描述。③后来的探险家则添加了更多的细节。1668年，保罗·莱克特对奥斯曼帝国进行了生动的描绘；1686年，吉恩·夏尔丹对波斯进行了描述；1697年，威廉·丹皮尔讲述了他在远东和太平洋的历次航行。④这些指南的重要性在于它们对异国情调的强调。对天主教地区的描述可能会对其信仰的异己特性进行强调，但它们却从来没有呈现出在关于欧洲之外的那些地区的指南中十分明显的那种巨大的文化裂痕。

① Tony Claydon, *Europe and the Making of England*, 1660 – 1760, p. 62.

② Ibid., p. 63.

③ Peter Heylyn, *Cosmographie in Four Bookes: Containing the Chorographie and Historie of the Whole World, and all the Principall Kingdomes, Provinces, Seas and Isles Thereof*, London, 1652.

④ Paul Rycaut, *The Present State of the Ottoman Empire*, London, 1668; Jean Chardin, *The Travels of Sir John Chardin into Persia*, London, 1686; William Dampier, *A New Voyage Round the World*, London, 1697.

　　必须承认,黑林是一个特殊的例子。他在英国基督教政治中的地位要求他对天主教会与新教教会之间的相似性进行强调。但是,他描绘了一个为同时代的许多人严肃对待的统一体,他们仍然将其称为"基督教世界"。尽管他们知道,基督教世界在宗教改革时便已经发生分裂,而且他们对基督教世界的界限也弄不太清楚,但它们感到自己与一个无所不包的基督教联系在一起。在旅行文献中,西欧之于其他地区间的差别是明显的。尽管在东部的边界模糊不清,俄国大众的原始信仰、仪式与其官方的基督教形成鲜明的对照;除此之外,人们所熟悉的地区与充满异国情调的地区之间的边界,精密地勾绘出基督教与非基督教之间的分界线。除了这一混乱局面之外,各种差别都一目了然。意大利、西班牙、法国和奥地利因其宗教而更为英国人熟悉。这可能会因丧失纯洁性而受到攻讦;但作家们对各种形式的基督教文化都加以承认;他们赞扬减缓宗教争斗的各种努力,因为基督徒应当和平地生活在一起;即使最敌视天主教会的那些人也采用了一套共同的标准:批评天主教徒没有达到信仰目标的要求。

　　相比之下,非洲、东方和土著美洲则是古怪的。这里没有熟悉的仪式或宗教建筑;同时,怪异的信仰产生了让人无法理解而可怕的生活方式。于是,莱克特花费大量的篇幅来对伊斯兰教进行详细描绘,因为奥斯曼这个独特的社会受到它如此深刻的影响;丹皮尔则没有花那么多心思来理解其他信条,但他却强调,东印度异常的贫穷、堕落和野蛮是与他们缺乏宗教信仰的特征相联系的。夏尔丹从出生来讲是一位法裔新教徒,他对在波斯时的天主教旅行者心存感激。在东方,基督徒是孤立的少数派,为此他们必须"彼此间经常通信,尽管他们间意见不和"①。

　　总之,旅行者证实了英国的国际新教认同,但同时也混淆了这种认同。旅行著述证明了英国是宗教改革的一个地区,同时也促使一种更加宽广的统一基督教社会意识的出现,并成为它的基础。宽广而统一的基督教社会意识之所以出现,是因为新教向导希望天主教徒将很快皈依,而这种意识之所以成为英国的基础,其原因则在于,在欧洲旅行者,特别是英国旅行者看来,即使天主教徒从来没有受到启蒙,他们所在的社会也已经比穆斯林、佛教、印度教甚至是东正教社会更为人们所熟悉。

---

　　① 　William Dampier, *A New Voyage Round the World*, pp. 464 – 466.

第八章　旅行与构建理论的尝试

中世纪晚期以来，曾经被宗教迷雾笼罩的欧洲开始发生明显变化，欧洲人求知的欲望不断增长，他们对外部世界的兴趣也日益浓厚。欧洲内部的经济需求和政治压力迫使欧洲人将视线投向外部世界。从 15 世纪起，欧洲的航海家开始了远洋探险，他们相继发现了许多欧洲人尚不知道的国家与地区，并将整个世界密切联系起来。欧洲人在进行远洋航行和殖民开拓的同时，也加强了对欧洲内部的探索，他们纷纷前往各文化中心游历、考察。旅行者在思想文化和地理方面的探索，极大地推动了经验知识的积累，为整个时代做出了重要的贡献。与此同时，人文主义者对旅行的方法论反思，则让旅行者得以从容应对未知世界，并懂得如何处理新获得的知识。

第一节　旅行与旅行纪实

一　旅行的日益重要

在中世纪，基督教盛行。朝圣是非功利性旅行的主要形式之一（参见第一章），包含五花八门的内容。其中，有的是出于纯粹的宗教考虑，有的则是出于动机不那么单纯的世俗考虑，如好奇、无聊、热爱旅行等。到中世纪末期，朝圣活动中世俗的成分显然超过了宗教方面的考虑，朝圣成为从事其他事情的借口。人们逐渐不再关注宗教活动或宗教情感，相反，走过的里程变得更为重要。同时代的人也常常抱怨说，虔诚对众多朝圣者而言不如好奇心重要。朝圣日渐丧失其合法性。人文主义者对它不无讥讽，宗教改革家则公然对它进行批评，而反宗教改革的人们对它的捍卫则是半心半意的。大约在 1550 年前后，朝圣已无法作为旅行可行的借口。①

在这样的背景下，教育逐渐成为旅行的幌子。伊拉斯谟在《对话集》中赞美自我提高的虔诚努力，反对无用、浪费且会腐蚀道德的朝圣。② 伊拉斯谟的学生乔西姆·弗提乌斯·伦杰尔伯吉乌斯则以宗教般的热情歌颂流浪的生活：只有不断地变换自己的住所，一个人才能避免为日常生活所欺骗并因此而沦为平庸之人；只有这样，他才能让自己受到教育。③ 人文主义者便利用这样的主张来为教育之旅进行辩护。

在中世纪，教育是以流动性为先决条件的。接受骑士训练的侍者、为师傅效劳的学徒、进入教育机构的学生，都需要经常改变住所，并不时地踏上旅途。游学特别类似于朝圣。这些社会承认的模式成为人文主义者的出发点。不过，人文主义者不再对大学另眼相看。对他们来说，整个地球都是人们可以学到知识并进行自我提高的场所。甚至昔日基督教的概念，如"人生之旅"，也可以用来对旅行进行重新评估：如果人生本身便是一次朝圣之旅，一个人何以必须前往某个特定的地方？何以必须在没有内在效益的情况下进行外在的活动？何以要聚敛没有意义的赎罪券而不积累有意义的知识和有用的技艺？于是，因心智之故而进行的旅行开始被看作教育的一种重要方式。于是，（植物）产地和人类令人惊叹的多样性以及有用商品和知识在地球表面分布的不均匀性，成为人文主义者经常探讨的主题。如果情况果真如此，那么，它们就必须借助旅行相互关联起来，从而变得更为有用。人文主义者唯一另眼相看的是古人曾经居住过的地方。在这些地方，古典遗迹可以培育出品位，而对更高级文明的记忆则历久犹存。古人居住的地方比朝圣之地更为重要。教皇治下的罗马，其光环也逊色于古罗马。即便是来自北欧的半野蛮人也可以通过进入这一古典区域而进行自我教育。这比无数次朝圣都更为有用。

重视流动性的新倾向与思想文化领域好奇心受到重新评价是相联系的。流动性与求知欲总是被放在一起进行审视的。对中世纪的道德家来说，好奇心是"大脑恍惚而不稳定的状态"，各种有关运动的比喻及旅行活动便是例证。因此，好奇心与恒心是对立的。它被看作一种罪恶，因

---

① Justin Stagl, *A History of Curiosity: The Theory of Travel* 1550 - 1880, Chur, Switzerland: Harwood Academic Publishers, 1995, p. 47.

② N. Bailey, trans., *The Colloquies of Erasmus*, Edited, with Notes, by the Rev. E. Johnson, M. A., London: Reeves & Turner, 1878, Vol. 2, pp. 1 - 37.

③ Justin Stagl, *A History of Curiosity: The Theory of Travel* 1550 - 1880, p. 48.

为它引导人类远离上帝，是一种对事物和人抱有的苛刻、过分且导致道德堕落的兴趣。① 从 14 世纪开始，好奇心逐渐获得了积极的含义。这种思想变化为"发现时代"做好了准备，而其附带产生的现象便是人文主义者对外部世界的兴趣及对旅行的热情。整个人类知识开始被看作一种可以扩展和改进的东西。马格利特·阿斯顿对这种一直持续到 15 世纪末的发展进行总结时指出：虽然大量的旅行同大量的阅读一样，不能再造就哲学家，但对各个地方的调查，如同对书籍的钻研，对具有哲学倾向的人们而言，能够成为一种强大的刺激。在 15 世纪，旅行及阅读的增多，导致了新问题的提出。正如当时的一篇旅行论文指出的那样，"你走得越远，你见到的就越多，懂的也就越多"。好奇心滋生批评，旅行有助于推动经验考察……要很好地旅行就需要提出很好的问题，正如游记和其他一些书籍的写作和阅读所表明的那样，在 15 世纪，优秀旅行者的各种优点逐渐得到更多的赏识。越来越多的人在进行越来越多的各种类型的旅行，他们的探究，无论是知识的还是地理的，为整个时代做出了重要的贡献。②

思想文化气候的变化促使人文主义者重视流动而非稳定，并推动他们将朝圣重新界定为一种游学。对许多像伊拉斯谟和伦杰尔伯吉乌斯的人文主义者来说，他们的流浪生活是一种有意识的规划。大约在 1550 年前后，北欧的人文主义者开始在自己的著作中对这种规划重新进行界定。其中，英格兰人安德鲁·博德的《知识入门第一卷》和托马斯·威尔逊的《修辞艺术》便是其中的代表。③ 在此后一段时间里，北方"半野蛮"国家的学者开始为旅行提供方法指导。

二　旅行纪实的兴起

16、17 世纪，流动性的升级导致旅行纪实这一新事物的出现。中世纪的旅行纪实是以风格特殊的标准来组织材料的。世俗旅行被纳入航行术之列，而航行术还包含地志和贸易；宗教旅行则在朝圣纪实中得到描述，朝圣纪实是神学文献的一个分支，它试图以同时代朝圣者的经历来证实救赎历史的真实性。第三种风格是寓言性质的旅行纪实，主要目的

① Christian K. Zacher, *Curiosity and Pilgrimage*: *The Literature of Discovery in Fourteenth - century England*, Baltimore, London, 1976, pp. 20 – 21.

② Margaret Aston, *The Fifteenth Century*: *The Prospect of Europe*, New York: Thames & Hudson Limited, 1968, p. 85.

③ Andrew Boorde, *The First Book of the Introduction of Knowledge*, London, 1542; Thomas Wilson, *The Arte of Rhetoric*, *For the Use of All Such as Studious of Eloquence*, London, 1553.

在于娱乐。当时,几乎没人试图将所有这些整合成为一种连贯的知识体系。

随着"整个地球随处都可以获取知识"这一人文主义观念的出现,情况发生了变化。新的风格即多重目的的旅行纪实开始出现,并成为各种各样经验知识的接收器。在近代初期,旅行纪实被归入记事类。除历史编撰学本身之外,记事类还包括各种类型经验事实的描述。记事是一些联系松散的知识,它与系统演绎而出的专业知识相对立,且不如后者可靠。记事由修辞学进行应对,而专门知识则由哲学进行应对。①

呈现历史知识的典型方式是将一条条信息串起来,这通常被称为"自然排序"。就旅行纪实来说,一系列的观察和评论被按年代顺序加以排列,并注明相应的地名。这样,非凡的事实便被放置到时空的坐标体系中。在许多情况下,年代顺序来自日记。在中世纪晚期,旅行日记已经为人们所知。它们源于朝圣者保存的以年代顺序排列的开支目录。此种与旅行联系在一起的簿记习惯,为伦杰尔伯吉乌斯这样的人文主义者搬用到心理学领域。伦杰尔伯吉乌斯建议旅行者每天进行自我观察,并在日记中记录自己的精神状况。当然,在日记中,旅行者对外部世界的观察也当占有一席之地。② 就需要观察或记录之事实的选择而言,当时还没有或很少有方法论方面的反思。如何观察,记录什么,取决于旅行者自己的判断。一般看来,旅行者应该将注意力集中在所有特别的事实之上,特别的事实则凭借它们的特色而在旅行者的共同经历中脱颖而出。如下一些事实或事件,即难忘的、引人注目的、稀奇的以及值得一看和了解的事物,引起了修辞学的特别关注。

知识的修辞理论将这样一些特性赋予事物本身,而不是将它们赋予作为参照体系的观察者,而且,它还将需要记录之事的选择完全交给旅行者进行判断,从而几乎完全赋予旅行者自主处理其资料的权力。居家之时,曾经的旅行者可以叙述他认为合适的内容。然而,那些被留在家中的人们也拥有一种制衡手段:他们可以拒绝相信旅行者。旅行纪实一直处于没有少付出劳动却难以取信于人的状态。不过,在近代初期,随着人们对外部世界兴趣的日益浓厚,旅行纪实的鉴别成为一个基本问题。当时存在着各种鉴别策略。旅行者可能试图通过资助人、献辞接受者或其自身人格的分量来打动公众。他也可能引用权威,特别是古典权威。不过,主要的策略在于采取蓄意为之的平实而枯燥的风格。这被看作尤

---

① Justin Stagl, *A History of Curiosity: The Theory of Travel* 1550 – 1880, p. 50.
② Ibid. .

其值得信赖的。因此，蒙田在其小品文《论同类相食》中告诉读者，爆料人"率直而粗鄙"，因此不会捏造谎言。他试图以此来证实他提供的民族学信息的真实性。①

在 16 世纪，尽管旅行纪实自行选择了平实的风格，但它们却越来越受人欢迎。所有与旅行有关的事物都引起了人们极大的兴趣。人文主义者对古代地理学者、民族志学者及旅行作家的作品进行编辑，并将它们作为典型而提供给同时代人。康拉德·塞尔提斯在《欧洲之旅》中，复兴了古代旅行诗歌。该作品为许多人所模仿，其优美的拉丁文为旅行纪实这一风格增色不少。此外，人文主义者的著述还包含有许多旅行反思，它们则分别以书信、演说、警句、格言、谚语和徽章等形式呈现出来。②

第二节 改进旅行的各种规划

有关旅行的反思都具有规划性意图，其用意在于让旅行者从容应对未知世界，将他们的注意力从琐事转移到值得一看和了解的事物之上，懂得如何处理新获得的知识。因此，旅行反思可以看作整理该时期旅行文化模式的尝试。它们所包含的内容并非全都新颖，其主要的创新之处在于系统性及出版面世。

一 忠告性著述

人们可能从来就没有在全无忠告的情况下进行旅行。在中世纪，旅行危险、费劲且花费甚多，因此，与它联系在一起的是焦虑。好的忠告可以将消极因素降至最低程度，并减轻焦虑。然而，在大多数情况下，给旅行者的忠告必然是私下以口头方式进行的。因此，它们不宜于积累。当然，给旅行者的书面训诫也同样存在，且有部分手稿留存下来。具有方法思维的人们，如康拉德·冯·格卢农伯格，能够利用口头建议和朝圣者书面指南，来预先设计前往圣地的旅程。贵族们则可以委托有经验的教士为他们做同样的工作。于是，在 1333 年，出身于塔列朗家族的利摩日主教便雇用明登逃亡的多明我会修士威廉·冯·博邓塞尔来完成这一任务；1484 年，路德维希·冯·哈瑙－利希滕贝格伯爵将同样的任务交给伯恩哈德·冯·布来登巴赫。然而，最著名和最重要的旅行训示是

---

① Justin Stagl, *A History of Curiosity*: *The Theory of Travel* 1550－1880, pp. 50－51.

② Ibid. , p. 51.

为大使们设计的。受新的人文主义精神影响的文秘署，如教皇宫廷中的文秘署及威尼斯共和国的文秘署，为他们的大使设计出了正规化而又详细的训令。大使在如何进行观察和汇报方面接受过更多的训练。威尼斯大使的报告是中世纪晚期和近代初期最优秀的描述文学范例之一。虽然它们在一定程度上统一了标准，并互为基础，但是，它们所包含的知识却无法普遍适用，因此也难以积累。①

近代之初，为了增进同时代旅行热情所带来的文化好处，人文主义者试图对旅行建议进行归纳并将其系统化。人文主义者的尝试与他们教育改革的努力及文艺复兴时期的经验主义是一致的。更有规则的旅行模式于整个文化界有两个方面的好处：其一，它将有助于旅行者成为更有修养和才艺的人物；其二，借助于更有修养和才艺之人所写的更为优秀的旅行纪实，它会促进人类知识的增长。如果说中世纪的旅行建议是私下以口头的方式进行的，那么，人文主义者的旅行忠告则是以公开和书面的形式进行的。因此，在某种程度上讲，它们是从个别旅行者及其个人需要中抽象出来的。它们试图将旅行实践及其可能积累的成果标准化。规范旅行的尝试是与如下一种倾向相一致的，即让生活的各个方面尽可能地得到人为的控制。在人文主义思潮中，这种倾向一直存在，但直到16世纪才受到人们的重视。② 自16世纪上半叶以来，文艺复兴时期人文主义最初的普适主义开始瓦解，并为有着严格规定的各种制度所取代。其中，这些规定试图在通常受到严密限制的规划框架中从事研究。旅行的规范是同时代理性规划倾向的组成部分。这促使"方法"成为哲学和教育改革的中心问题。在16世纪下半叶和17世纪初，数量惊人的小册子出版问世，它们试图为不同的活动和生活领域，甚至是死亡的正确方式，提供方法指导。旅行也不例外。起初，旅行的理性规划在两种文学风格中呈现出来，即忠告性著作以及关于外部世界的经验知识汇编。

忠告性著作延续了中世纪早已存在的传统。本着文艺复兴时期经验主义的精神，利纽斯·格里戈立厄斯·杰拉尔都斯和威廉·伯恩在各自的小册子《论航海》（1533）及《旅行宝典》中，对航海技术问题进行了阐述，并将其系统化。③ 中世纪的朝圣指南，主要就朝圣者在圣地应当做什么及如何抵达圣地提供指导。现在，朝圣指南被发展成两种形式：一是天主教人文主义者为朝圣及其精神价值辩护的小册子，如 E. 梅南的

---

① Justin Stagl, *A History of Curiosity*: *The Theory of Travel* 1550 – 1880, p. 52.

② Gilbert W. Neal, *Renaissance Concept of Method*, New York, 1960, p. 66.

③ William Bourne, *A Booke Called the Treasure for the Trauailers*, 1578.

《略论朝圣之旅的益处》，或约翰内斯·匹特修斯的《论朝圣》①；二是路况指南，它们是从事邮政服务或运送行业的人所写的实用型作品，如容格·盖尔的《一本关于外国的有益的新书》（*Ein neuwes nutzliches Raiβ Buchlin der furnesmesten Land vnnd Stett*，1563）。这些著作是路线汇编，对道路及其位置进行描述。中世纪朝圣者、商人、水手和大使使用的手册便属于这种类型。② 此外，在16世纪，另外一种得到完善的风格是"旅行养生法"。它们是一些卫生和饮食忠告集成，旨在让陆路旅行或海上旅行的人们保持健康。具有人文主义思想的医生，如菲林根的格奥尔格·皮克托里乌斯（1557），或吉烈尔姆·格拉塔罗鲁斯（1561），对此类忠告进行了整理，并辅之以给旅行者的道德及实用性指导。

　　虽然此类论著是在前人书面成果的基础上写成的，但人文主义者对旅行的上述反思则试图将当时仍主要属于口述的传统标准化。论述旅行方法的信件，如1573年12月18日休伯特·朗格维特写给菲利普·西德尼勋爵的信，或1578年4月3日贾斯特斯·李普修斯写给菲利浦·德·兰诺伊的信，虽然都是写给某个特定的个人，但通过四处传阅，其用意实际上在于出版。最后，它们确实也得以出版刊印。前述两封书信分别以简洁的形式向对政治感兴趣的旅行者提出了经过深思熟虑的建议。赞扬旅行的学术演说与它们不相上下。1566年，劳伦蒂乌斯·格里鲁斯发表了一份称赞内科医生游学的颂词；1575年，内森·奇特雷厄斯出版了一份称赞人文主义者旅行的颂词。格奥尔格·费布里克斯（1516—1571）和约翰内斯·凯西留斯则特地为意大利之旅行进行指导。后面四位作者都是德意志人。的确，来自阿尔卑斯山脉以北的人文主义者更喜欢这种风格，而以这样的方法去游历的主要国家则是意大利。

　　除为专业旅行提供的建议外，其他一些一般性的建议同样也有出版。从16世纪下半叶开始，论述处世本领的著述往往包含有论述旅行的章节，如希罗尼姆斯·卡达努斯（1501—1576）的《捐客》。教育论著同样也对旅行加以讨论，如米歇尔·德·蒙田的《论集》。人文主义者对古典旅行作家论著的出版，对同时代的旅行实践同样产生了有益的影响。最后，在《人生舞台》这一重要的人文主义百科全书中，西奥多·兹温格

---

① E. Maignan, *Petit Discourse de l' Utilite Des Voyages ou Pelerinages*, Paris, 1578; Johannes Pitsius, *De peregrinatione*, Dusseldorf, 1602.

② E. S. Bates, *Touring in 1600: A Study in the Development of Travel as a Means of Education*, pp. 43–45.

则提供了利用及滥用旅行的经典范例。①

二 知识便览

旅行者收集的经验知识便览，是规范旅行倾向的另外一个例子。这种便览主要有三种形式：

1. 旅行纪实集。1502 年，德意志印刷商瓦伦汀·费尔南德斯在里斯本出版了第一部这样的集成。不过，直至 16 世纪下半叶，旅行纪实集才开始流行。在那时，伟大的发现之旅已经偃旗息鼓，学者们开始整理通过发现之旅获得的经验知识。实际上，这种案牍工作让"发现时代"更为完满。因为，"发现"的含义不只是第一次去见识，它同样也意味着在评估所见识到的东西的过程中，需要将新知识和旧知识整合在一起。② 于是，在此类集成中，老的和新的旅行纪实——主要是涉及欧洲之外的国家的情况——被编辑、排列在一起。这样的出版活动规模宏大，要求学者、航海专家和出版商进行合作。这些集成延续着中世纪的"航海术"的风格，在里斯本、威尼斯和伦敦等主要海港，它们应时而生。在新出版的集成中，最有影响的是威尼斯共和国高级官员乔瓦尼·巴蒂斯塔·拉姆西奥编写的《论航海与旅行》。在书中，拉姆西奥将地球视为"由相似的地区构成的单一世界"。另外，理查德·哈克卢特编写的《航海》（1589）则是最为著名的英文旅行纪实集。③

2. 宇宙志。在此类著作中，地理学、民族志学的知识在一种程度上得到了更为系统的安排。它们选自原初的语境，并以从大到小（洲、国家和城市）进行描述的形式进行重新组织，从而覆盖了整个地球。因此，它们被称为"宇宙志"。不过，它们实际上主要将注意力集中在人们最为熟悉的地区，即欧洲。在欧洲，注意力则主要放在德意志上。这些著作有点像德意志的特产，它们与巴塞尔、斯特拉斯堡等商业城镇紧密地联系在一起。此类著作中最为著名的是神学家和东方学学者塞巴斯蒂安·明斯特的《宇宙志》（1544）。明斯特除仔细阅读古典和近代地理、旅行文献外，还亲自出外旅行，并通过系统询问通信人来收集额外的信息。

3. "统计性"著作。1561 年，多才多艺的威尼斯作家和出版商弗朗

---

① Justin Stagl, *A History of Curiosity: The Theory of Travel* 1550 – 1880, p. 55.

② Frederic. Chapin. Lane, *Venice, A Marine Republic*, Baltimore: The John Hopkins University Press, 1973, p. 275.

③ Boies Penrose, *Travel and Discovery in the Renaissance* 1420 – 1620, Cambridge, Mass: Harvard University Press, 1952, chapter 17.

西斯科·桑索维诺（1521—1583）出版了他的《论古今王国及共和国的治理》。该著作试图继续亚里士多德对"政体"的探讨，大量利用成文资料和威尼斯商贸新闻，对18种古典、近代乃至未来的政治制度进行了描述，甚至还收录了一份托马斯·莫尔《乌托邦》的删节本。因此，它是依照政体（王国和共和国）来对整个世界加以描述的。《论古今王国及共和国的治理》成为一系列在17世纪称为"知识图表"（notitiae rerum publicarum）而在18世纪则称为"统计"（该概念源于拉丁语的政治家 statista 一词，最初指的是这样的人所必需的知识）的著作的滥觞。这些著作包含对各个国家和民族全面的描述，并按照其国体和官职层级进行组织。在近代初期，它们是政治、社会和文化信息的主要储藏地。①

第三节　早期的旅行方法论者

大约在1570年前后，随着有效组织旅行的各种规划及呈现旅行成果的新文学形式的出现，某种具有新品质的事物出现的时机已然成熟。在17世纪最后三分之一的时间里，一种称为"旅行艺术"的正规旅行方法出现了。从那时开始直至18世纪末，"旅行艺术"得到了众多以拉丁文和方言写成的论集的阐述。在1568—1569学术年，西奥多·兹温格、雨果·布洛蒂乌斯（1534—1608）与佩特鲁斯·拉姆斯相遇于巴塞尔大学城。三人在巴塞尔大学进行的讨论，为"旅行艺术"的出现奠定了基础。

近代初期，由于地理大发现及印刷术的传播，经验知识极大的增长。经验知识的快速积累，曾使胡安·路易斯·维韦斯大为惊慌。维韦斯是西班牙人，他到了尼德兰，成为务实的北方人文主义者的名义领袖。佩特鲁斯·拉姆斯与西奥多·兹温格、雨果·布洛蒂乌斯三人是维韦斯的信徒。和维韦斯一样，他们都关注教育及知识的组织。在16世纪，显然实用却无法从知性上把握的经验知识快速增长，传统的思维方式岌岌可危。维韦斯的应对之策是建立按特定主题分类的笔记集成。此种方法虽于单个的学者有用，却显然无益于整个文化界。在维韦斯去世30年之后，他采用的策略已经不能满足知识大量积累的需要。人们认为，必然存在某种方法，它能够借助共同的努力而做到去芜存菁，将真正有用的知识加以整理，并教会学者运用它的方式。

① Justin Stagl, *A History of Curiosity*: *The Theory of Travel* 1550 – 1880, pp. 56 – 57.

一 西奥多·兹温格

西奥多·兹温格是"将旅行这门艺术降格为一种形式,并赋予其一门学科之面貌"的第一人。[①] 兹温格出身于印刷商和教师之家。兹温格还是孩子的时候,便离开了学校,过着流浪学生的生活。有一段时间,兹温格在里昂给一位印刷商做学徒。之后,他去了巴黎,成为佩鲁斯·拉姆斯的学生。当时,拉姆斯试图改革亚里士多德的逻辑学,产生了巨大的影响。在巴黎,兹温格掌握了神学、东方语言以及犹太神秘哲学卡巴拉。随后,他又前往帕多瓦学习医学。1568 年,兹温格在本土大学的事业有了起色。兹温格的继父康拉德·里科斯尼斯去世时留下一部未完成的著作《人生舞台》。兹温格对继父的遗著进行校订和完善,从而在文学方面获得了诸多殊荣。《人生舞台》是一部节录古典文献和近代文献汇编而成的百科全书式的集成,试图为人生可能遇到的所有问题指点迷津。它是该时代文学领域一个成功的范例。[②]

1577 年,兹温格在巴塞尔出版了《旅行方法》。在序言中,兹温格以自己少年时代误入歧途及自己过于草率地获取不同类型知识的经历来现身说法。他希望通过教导后代学者更加有序地获取和消化知识,以使他们免遭自己的命运。兹温格以亚里士多德式的逻辑展开论述。在第一卷中,兹温格借助定义及以表格形式排列的各种典故,对不同种类或形式的旅行进行了概述。第二卷以同样的方式进行排列,它为意欲自我提高的旅行者提出了道德方面的忠告,并给出了实用性的建议。第三卷篇幅最多,由四份城市速写构成。这四座城市分别是巴塞尔、巴黎、帕多瓦和古典时期的雅典。该卷以讨论各个城市古代和现代名称为开端,相继论述了每个城市的版图、历史、政体、主要的景观及居民从事的职业。不过,其描述内容覆盖的范围并不均匀。兹温格常常因缺少材料而采用目录式的列举。第四卷包含有按照三种范畴——地点、移位(locatum)及行动——来描述具体的海外生活的各种计划。不过,这些计划没有完全得到实现,而仅仅是作为示范性草图而存在。作为描述移位及行为的模式,兹温格以表格的形式描述了威尼斯科尼奥尼骑马塑像及那里的印刷艺术。兹温格知道自己的计划过于宏大,而他给出的例子也存在缺陷。不过,他指导的对象是理想的旅行者,即游学者,他鼓励他们根据自己

---

① Clare Howard, *The English Travellers in Renaissance*, p. 26.
② Justin Stagl, *A History of Curiosity: The Theory of Travel* 1550 – 1880, pp. 57 – 58.

的喜好提出自己的建议。①

　　作为一位一丝不苟的工作者，兹温格还从事着其他许多事务。他花了八年时间草拟其主张。正如他在书的前言中提到的那样，这些主张是1568—1569 年他在与布洛蒂乌斯的讨论中想到的。与此同时，另外两部包含一般性指导的书籍也已经出现。在知识领域，某种崭新的东西出现的时机已然成熟，因此，它为几位彼此独立工作的人们同时发现。

　　尚在兹温格的《旅行方法》问世之前，另外一部论述旅行方法的著作，即希拉利乌斯·伯克梅尔的《旅行艺术摘要》（1577）已经刊印出版。伯克梅尔的生卒不详。他是一名医生和人文主义者，出生于巴伐利亚的兰茨胡特，参观过弗莱堡大学，曾到布拉格、罗马、威尼斯和帕多瓦游历，还曾为富格尔家族效力。为准备第二次意大利之旅，伯克梅尔写了《旅行艺术摘录》。《旅行艺术摘录》是一本 12 开的雅致的小书，便于旅行者携带，与兹温格的 4 开本形成鲜明对照。《旅行艺术摘要》的内容与兹温格和特勒的著作相似，却更为"啰嗦"。伯克梅尔同样给出了一份描述各个国家、城市及人民的图表，但却比另外两名作者产生了更广泛的影响。这份图表被某位不知名的作者压缩成为一份一览表，收录在内森·奇特雷厄斯的《游历欧洲的各种快乐经历》（1594）一书中。② 直至 17 世纪晚期，伯克梅尔描述性的图表以这种匿名和简化的形式出现在许多旅行指南的序言之中，并影响着它们的编排。

二　希罗尼姆斯·特勒

　　1574 年，萨克森法学家希罗尼姆斯·特勒在斯特拉斯堡出版了《论旅行》。特勒曾在莱比锡、卢万和帕多瓦等多所大学学习。在帕多瓦，特勒遇到了兹温格。特勒还曾在意大利、法国和英格兰旅行，后来，他成为刚创建的马尔堡大学的法学教授。同兹温格一样，特勒的旅行方法开辟了新的领域。作为第一部致力于探讨旅行规则的著作，《论旅行》对旅行的定义，哪些人适合旅行而哪些人不适合旅行，一个人应当如何旅行，旅行的益处，旅行中应当考虑的问题，旅行中应当如何选择学习、了解的对象，人们反对旅行的原因等，进行了描述和阐释。③

　　对特勒来说，旅行是一种了解、调查外国的艰辛劳动，它并非所有人都可以应付，也并非是可以草率应付的。相反，只有这样的人才适于

---

① Justin Stagl，*A History of Curiosity*：*The Theory of Travel* 1550 – 1880，p. 58.

② Ibid. , pp. 61 – 62.

③ Jerome Turler，*The Traveller of Jerome Turler*，London，1575，pp. 5 – 67.

旅行：他目标明确，希望学到知识并掌握各种技艺；他不辞辛劳地了解、学习并记录他国事物，以指导日常生活。这样，如果需要，他们就可以让自己、朋友及国家受益。相反，未成年人及年老体衰的人不宜于旅行，因为他们无法承受旅行的辛劳。女性也不宜于旅行，一是因为就礼仪而言两性间应有所不同，二是因为到处旅行的女性容易变得不诚实，并因此而受到人的怀疑。同样，疯狂和暴躁的人也不宜于旅行，因为他们心智失常，不能应付日常事务。青年和成人则不在应当禁止旅行之列。因为，这个年龄阶段的人不仅能够忍耐旅行的辛劳，而且能够迅速记住他们看到、听到及学到的东西。不过，但凡有时间和闲暇、希望去了解其他民族的生计和风俗的人，都不应当被禁止去旅行。因为，如果一个国家或城市不了解外国的长处或缺点之所在，那它也是不完美的。

人们旅行的原因多种多样：一些人天生喜好旅行，或像塞伦纽斯（Cilenius）一样在国外流浪；一些人因为习俗的缘故而旅行；一些人旅行是为了在物质上获益，如商人，而另外一些人旅行则是为了德性的缘故，如投身文艺研究的人。不管怎样，这些人在适当的时间里都会从旅行中得到收获。收获具有两面性：一个是诚实，它会增长德性带来荣誉，这是学生和教授需要获取的。满足于薪酬的士兵，或不希望以不正当手段致富的商人，同样如此。另一个则是不诚实，它有违天性和德性，正如那些称颂抢劫、掠夺自由的人们，以及那些不顾交战规则和士兵誓言的人们，他们对朋友的财物也会毫不手软。此种收获通常是人们所憎恨的，如高利贷者，或那些贪婪无度、不择手段攫取财富的人们。

就旅行应当确立的目标而言，它有适宜不适宜、合法非法之分，正确的目标有主次之分，次要的目标则有从属和非从属之分。主要的目标会带来更多的益处，因此也应当花费更多的劳动来实现它。获益更为重要，它要求更多地进入意大利旅行，并带回外科医学和法律知识，威尼斯人管理其公共财富的方式，或罗马在农神节都在做些什么。尽管一个人通过一次努力可以实现多种目标，例如，进入意大利旅行，他可以获得外科医学和法律知识，也可以了解到威尼斯城邦的治理情况及其日常所需的用品。旅行者必须确保旅行收获是有益的和正当的。但凡做一切事情，旅行者都必须考虑这样做有什么目的，会带来什么好处。旅行者在旅行期间尤其应当留心。否则，他们便会虚度时光，漫无目的地浪费资财、弄坏身体、置身于各种危险之中而让生命受到威胁，却于人于己都毫无益处。

在确定旅行目标并对旅行的益处满怀期待的同时，人们应当为旅行做好一切准备。首先，他必须考虑自己的健康状况，包括身心的健康，并保持身体健康无恙。其次，旅行者要有入乡随俗的准备，但也不忘自己的习俗。到国外旅行是为了获取知识，对外国的陋习则应心存警惕。在国外旅行之际，旅行者不应显露自身的猥琐，也不得在那里学会某些罪恶的勾当，并将其带回国内。旅行者应当始终追求德行、保持虔诚，并最终成为一个有德行而虔诚的人。再次，旅行者必须努力确保自己不缺少必需品。最后，旅行者必须尽一切努力以正确的方式和恰当的秩序达到目的实现目标，并因此而忽略所有不必要的情况。

旅行的好处蕴藏在世界上的所有事务之中，没有哪种人类举动和行当不能为旅行所改善或促进的。如果一个人希望学习，他最好是外出去旅行，而不是到那些本人都还没有完全弄懂的人家里去学习。旅行能给木匠带来多大的益处，维特鲁威已有教诲；旅行对士兵有多大的好处，韦格提乌斯已有说明；旅行对画匠或雕刻家有多大的好处，伫立于罗马罗穆洛教堂的两座马匹塑像便是例证。商业同样也得到旅行的推动，不过，它关注得更多的是利益和利润，而非诚实。而就人文研究而言，许多著作，只有亲临其境、亲眼观看才能领会其中的含义。正是通过旅行，许多学科，如宇宙志和地理学才得以发展，而人类对世界其他地区的了解才得以增多。旅行同样推动了人类对自然的探索。旅行也有助于法律研究。此外，了解他人的特性和礼仪，知道如何与所有的人相处，是具有智慧的重要体现。因此，凡是谨慎旅行的人，除前述几点之外，还会获得这样的收获。他不仅要能够辨别自己国家的长处和不足，还懂得如何纠正、改善陋习，以良好的习惯来装备自己和他人。他在款待陌生人方面更富有技巧，能够更深刻地理解他人的礼仪。他将懂得机会的难易，并在最佳的时间和最合适的地方说话行事。

如何判断一个人是否从旅行中获益，最简单的标准就是看他原本具有的知识是否得到增长，原有的技能是否得到提高。弄清楚一个人是否从旅行中获益的最确定的办法便是，根据他日常谈话中对曾经旅行过的地方的看法。因为，但凡轻率地贬低他国事物，拒绝承认其高贵和卓越的人，或毫无缘故地偏爱本国而拒斥其他地方的人，要么为感情所左右，要么本身便是蒙昧而愚蠢的，不能给予事物相应的判断。

出外旅行并希望有所收获的人应当观察些什么东西呢？旅行者每到一个国家，需要注意五个主要方面的问题，即该地的名称（包括其古今名称的变迁），外形（外部形状，是岛屿、半岛、地峡还是内陆），幅员（面积、长宽纵深，毗邻的海岸、民族和山川），政制（各地、各民族不同的治理规则和方式，整个地区的治理规则和方式），地貌（该地是丘陵还是平原，是海岸还是内陆，土地是肥沃还是贫瘠，山丘葱郁与否，河流、湖泊、池塘盛产鱼类与否，森林中的树木是否种类繁多）。观察城市需要付出更多的努力，因为那里既有公共景点又有私人景观。公共景点既有宗教的又有世俗的。宗教景观有大教堂、教堂、修道院及其他教堂；世俗的景点有宫殿、集市、开阔的场地、剧院、法庭、学校、收容所、病患收留所、城堡、堡垒、塔楼及各式军需品；私人景致中值得观看的有：绘画、花园、喷泉等。访问一个城市的时候，除了需要知道其名称、来历及创建者之外，接下来需要了解其治理的方式。此外，便是了解当地的风土人情。

旅行中应当如何选择观看和学习的内容？旅行的年轻人还必须被提醒一件事情，即当他们在考察、探寻和学习的同时，也不应忘记要返回自己的国家。其原因就在于，在世界各地，既存在着善良的人们，也不乏邪恶的人们。没有哪个国家能够做到彻底的虔诚和文明，在其种种美德之外，它总会有这样或那样的陋习、恶俗。有鉴于此，旅行者需要慎重，确保自己不要逐恶而弃善。为了防止自己在异国他乡乐而忘返，旅行者最好能够控制自己的欲望和情感，或如荷马所描述的尤利西斯一样，借助其他人的帮助。不愿采取前述两种办法的人，那是在自甘下流、自寻死路。如果他心中常有回乡之念，旅行者就会更愿意因而也更轻松地压制自己的情感。每个国家都有其特定的陋习，我们在外国人中生活时，必须确保返乡之际给自己国家带回来的是好的东西，而不要将恶习当作美德，将无知当作学问，将无礼当作仁慈，将个人看法当作确切的事实，将病态当作健康，或其他既浪费时间又耗费金钱的种种邪恶或恶劣的事情，并让自己在返乡之际丢尽脸面。

三 雨果·布洛蒂乌斯

兹温格的朋友雨果·布洛蒂乌斯虽然也曾写过自己的旅行方法指南，但它却没有得到出版。无疑，从学术造诣上讲，布洛蒂乌斯要比兹温格逊色一些，虽然他的事业同样成功。布洛蒂乌斯出生于代夫特，曾在卢万、托莱多、巴黎、奥尔良学习法律，并在奥尔良获得博士学位。布洛蒂乌斯一边游学，一边为有影响的家庭担任私人教师。他的习惯更像一位藏书家，而非研究者。在巴塞尔，他主要活动于人文主义者和印刷商的圈子中。他在那里建立的各种联系对他的事业帮助极大。这些联系首先让他在斯特拉斯堡得到了伦理学教授职位，接着让他获得前往意大利旅行的机会，并最终为他前往维也纳铺平道路。在维也纳，布洛蒂乌斯虽然没有著作出版并信奉加尔文教，却获得了有影响力的职位：1575 年，布洛蒂乌斯出任皇帝马克西米利安二世的宫廷图书管理员，1576 年，出任当地大学的修辞学教授，1578 年任皇家历史编修。

在布洛蒂乌斯的整个职业生涯中，他始终与不同国家的志同道合者保持着广泛的书信联系。他与兹温格的关系一直很密切。从斯特拉斯堡到意大利，布洛蒂乌斯给兹温格送去了描述各个城市的模本和材料。兹温格则将它们用在《方法》一书中，正如他对特勒和伯克梅尔两人建议的处理一样。作为宫廷图书管理员，布洛蒂乌斯继续收集信息并组织各种项目。他显然是那种回避出版的学术组织者，更喜欢从事幕后工作。1576 年，暗地里信奉新教的皇帝马克西米利安二世去世。此后，布洛蒂乌斯不得不小心从事，因为，在帝国的宫廷之中，反宗教改革正处于优势。最后，布洛蒂乌斯在愤懑和失势中死去。[1]

布洛蒂乌斯曾写过一篇论述旅行方法的小文章，并产生了一定影响。保罗·亨茨内在《德意志、高卢、英格兰及意大利之旅》（1629）第三版的补遗中，收录了一份署名为雨果·布洛蒂乌斯的《毗邻政治中心游历一览表》。该表开列出了 117 个问题。在这些问题的帮助下，一个城市可以得到描述。这些问题并不遵循任何明显的顺序。它们涉及许多方面：政体与行政、教会与学校、衣食、罪犯、穷人、麻疯病患者、垃圾的处理等。该表所包含的内部证据表明，其作者无疑就是雨果·布洛蒂乌斯本人。布洛蒂乌斯在与兹温格晤面后不久开始动笔，并最终完成于他在斯特拉斯堡居住之际。厄内斯特·S. 贝茨首先注意到布洛蒂乌斯的这篇文章，并将它的作者视为一位过时、迂腐而老迈的私人老师。[2] 此种看法虽然并不完全错误，但这也并非布洛蒂乌斯的全部。布洛蒂乌斯的《毗邻政治中心游历一览表》并非仅仅是卖弄学问，相反，它被认为是旅行期间收集经验知识的辅助工具。他针对的是一般的旅行者，通过旅行者的协作，布洛蒂乌斯希望建立一种机制，用以对经验知识进行永久性的归类。类似的机制在兹温格的《旅行方法》一书中也得到了阐述。此种机制即"文献整理中心"，它们导致近代初期结束之际常设性统计官署的建立。旅行一览表与建立文献整理中心的想法及确立一门处理人生问题

---

[1] Justin Stagl, *A History of Curiosity: The Theory of Travel 1550 – 1880*, p. 63.

[2] E. S. Bates, *Touring in 1600: A Study in the Development of Travel as a Means of Education*, p. 35.

的学科的想法相关，它实际上就是最初的社会学问卷。①

四 旅行方法论者的共性

兹温格、特勒、伯克梅尔和布洛蒂乌斯这四位旅行方法论的奠基人有着许多共同之处。在思想文化史上，许多"发现"由不同的人们同时独立完成的现象一直存在，这与登山的情况有点相似。在登山的过程中，人们在达到某一高度时，他们会同时发现某些新的景观。就旅行而言，这样一种"上升"在1570年前后完成。最初的旅行方法论者犹如登山过程中同时达到某个高度的一个群体，他们是来自德意志和低地国家的人文主义者，尤其看重前往意大利的游学。他们本人也都喜欢旅行，并将通常的"游学"延伸至诸多的大学。而且，他们还曾以流浪的学生、私人教师、商业公司的雇员等身份，或自行出资，前往欧洲的其他地区。他们来自市民阶级中受过教育的阶层，与莱茵河流域从巴塞尔至卢万的大学城有着特别的联系。该地区在经济方面的重要性正在增长，很快就会在文化成就方面挑战意大利，而且，它还处于不同的民族文化的边缘。他们大致出生于1530年前后，受晚期人文主义——维韦斯倡导的人文主义——的影响。该思潮的中流砥柱并非意大利，而是低地国家和德意志。其社会中心也不是君主的宫廷，而是大学、出版公司和商业城镇。兹温格等人要么支持宗教改革，要么对其持同情态度。当然，他们的宗教态度与许多其他人文主义者的宗教态度一样，并不是一目了然的。他们容易接受非正统的思想潮流，如新柏拉图主义和犹太神秘哲学卡巴拉。②

最为重要的还在于，旅行方法学的奠基人是文艺复兴时期的经验主义者。他们努力扩展、净化和消化经验知识，但目的却并不限于此，而是为了实现人文主义者"人文研究"的理想，从而增进人类的智慧、美德和幸福。这是他们对旅行发生兴趣的原因。旅行赋予"文化界"的成员自我培育及获取真知——通过观察而不是观念传授或道听途说而获取的知识——的机会。尽管此种知识对拥有者是有用的，但它却并不仅仅局限于其拥有者，它还通过旅行期间的旅行纪实、信函和物品的收藏而在"文化界"传播。因此，它可以被充分利用，以促进其最初的拥有者及他所在的城市和国家以及整个人类的发展。旅行艺术植根于文艺复兴的经验主义，这解释了何以在近代初期结束之前，从来没有人对"旅行作为塑造个人品格的方式"及"旅行作为收集有用知识的方式"这二者

---

① Justin Stagl, *A History of Curiosity: The Theory of Travel* 1550 – 1880, p. 64.
② Ibid. , pp. 64 – 65.

之间进行明确的区分。①

　　为旅行提供方法指导的努力出现在人文主义原发地区边缘的国家中。在这些国家中，人文主义者竭力仿效来自原发地区的模式，因而对它们有着特别敏锐的意识。在为旅行提供方法指导的过程中，边缘地区的三座城市，威尼斯（包括帕多瓦）、巴塞尔和巴黎，地位最为重要。兹温格、特勒、伯克梅尔及布洛蒂乌斯都曾在意大利旅行，但他们对那里的古典遗迹、艺术珍宝及辉煌的宫廷明显缺乏兴趣。相反，他们却对商业共和国威尼斯及其"拉丁区"帕多瓦大学更感兴趣。这无疑与他们出生在北方有关，同时也与他们的市民身份及宗教态度有关。威尼斯在宗教事务方面是宽容的，因此，帕多瓦大学成为德意志及其他北欧学生最喜爱的意大利大学。②

　　威尼斯始终不在意大利人文主义原发中心之列。在很长一段时间里，威尼斯曾固守其中世纪传统。在西方重新发现亚里士多德的过程中，帕多瓦大学地位显著，直至16世纪，它一直都是亚里士多德学说的中心。帕多瓦大学还成为医学和科学研究的中心，在这里，亚里士多德学说很快便具有了反经院主义的倾向。因此，它非但没有推动多少抽象的讨论，反倒是推动了有关"经验知识的基础及其实际运用"等问题的提出。在16世纪的方法讨论中，帕多瓦大学一直居于领先地位。在那时，威尼斯已经向人文主义开放，不过，这里的人文主义指的却是以经验主义和教育为取向的晚期人文主义。此种开放是与威尼斯印刷出版行业的繁荣联系在一起的。在16世纪下半叶，威尼斯在印刷、出版领域居于领先地位，出版刊印的书籍是米兰、佛罗伦萨及罗马三个城市总和的3.5倍。③与此同时，威尼斯贵族商业共和国还与东方及德意志保持着传统的联系，它的外交官接受过"观察外国、有效从事情报收集"等方面的训练。因此，威尼斯同样也成了一个信息交换中心，一个德意志学生笔下"新闻频发的都市"。④

　　在阿尔卑斯山北麓，与威尼斯不相上下的城市是巴塞尔。巴塞尔是一个地处不同国家和文化边缘的商业城镇，隶属于瑞士联邦，由市民寡头统治。1529年，巴塞尔接受了宗教改革。巴塞尔有一所著名的大学，自伊拉斯谟起，它便是意大利之外人文主义的中流砥柱。巴塞尔同时也

①　Justin Stagl, *A History of Curiosity：The Theory of Travel* 1550 – 1880, p. 65.

②　Ibid. , p. 66.

③　Frederic C. Lane, *Venice, a Maritime Republic*, 1973, p. 311.

④　Justin Stagl, *A History of Curiosity：The Theory of Travel* 1550 – 1880, p. 66.

是印刷、出版行业的中心。以奥地利历史学家弗雷德里西·希尔的话来说，巴塞尔是 16 世纪"欧洲教养之都"。巴塞尔与威尼斯的联系尤为密切。许多巴塞尔人在帕多瓦接受教育；通过与威尼斯商号的联系及意大利移民的牵线搭桥，众多意大利作家的作品得以在巴塞尔出版。

为旅行提供方法指导的第三个重要城市是巴黎。作为以前欧洲经院哲学的中心，在 16 世纪，巴黎和帕多瓦一道，成为方法论讨论的中心。出版了极具影响的《辩论教育》。拉姆斯声称改进了亚里士多德的逻辑学，并将其打造成为一种实用且普遍适用于所有艺术和学科门类的方法。这一盛气凌人的主张，既给他带来了致命的敌意，也让他声名远播。①

1568 年至 1569 年，佩特鲁斯·拉姆斯居住在巴塞尔。为逃避法国境内的内战及巴黎大学学术对手的敌意，拉姆斯开始在德意志的大学中进行了一轮游历。这次旨在向德意志宣传其学说的旅行，成为一次真正"胜利的行进"。途中，拉姆斯公开宣称信奉改革教派。因此，他在巴塞尔广受欢迎，并在那里度过了 1568 年至 1569 年的冬天。在《巴塞利亚》一文中，拉姆斯公开称赞巴塞尔，并称赞自己的弟子西奥多·兹温格所著的《人生舞台》。②

拉姆斯与特勒、伯克梅尔及布洛蒂乌斯之间没有密切的私人关系，不过，拉姆斯的方法同样对他们产生了影响。特勒和布洛蒂乌斯都曾前往巴黎，有鉴于他们兴趣的特别取向及拉姆斯的知名程度，他们不可能没有聆听过他的教诲。布洛蒂乌斯更多的是通过与兹温格的友谊，而得以有机会和拉姆斯相遇于巴塞尔。布洛蒂乌斯是一位雄心勃勃的荷兰人，敏于结识重要人物，他在此后不久便被召到斯特拉斯堡，这显然是得益于拉姆斯的推荐。当布洛蒂乌斯在马尔堡担任罗马法教授时，他已经是拉姆斯方法的早期皈依者，并以拉姆斯的方式进行教学。伯克梅尔与拉姆斯的关系比较迂回，但却非常深厚。在弗莱堡，他曾是约翰·托马斯·弗雷格的学生。在 1568—1569 这一重要之年，弗雷格拜访过拉姆斯，后来，他成为拉姆斯狂热的信徒，并以拉姆斯的方式改写了所有道德科学的主题，并自诩为拉姆斯在德意志的继承人。③

在此次重要的德意志之旅后，拉姆斯返回到了巴黎。1572 年，在圣巴托罗缪之夜后的大屠杀中，在大学中对手的鼓动下，拉姆斯遭到杀害。殉道者的死难决定了拉姆斯学说的成功。此时，它犹如爆炸声般地在宗

---

① Justin Stagl, *A History of Curiosity*: *The Theory of Travel* 1550 – 1880, p. 68.

② Ibid. .

③ Ibid. , pp. 68 – 69.

教改革后的欧洲迅速传播。在欧洲的新教地区，拉姆斯学说也得到传播，只不过规模要小些。拉姆斯学说对这些地区的高等教育产生了深刻的影响，并至少持续至 1630 年前后，其中心在德意志。大量论述旅行方法的小册子出现在这一时期和这个地区，它们显然受到拉姆斯学说的影响。①

　　拉姆斯学说是一种普适的方法，它声称自己既可以处理经验知识又能对付非经验性的知识。拉姆斯自认是维韦斯的信徒，他试图将亚里士多德的逻辑学由辩论工具转变为获取知识和恰当安排知识的工具。拉姆斯的方法要求，借助称作场所（loci）的十个标准问题，对每个需要讨论的主题进行考察，其目的在于从中获得可通过经验进行检验的命题。由此得来的关于某个主题的所有命题称作"论述"，它们被按照自然的方法进行恰当的组织。同时，拉姆斯的方法还要求对组成论述的所有断言进行归类，其顺序是由一般到特殊。首先，人们需要对明显的东西进行定义；接着，由此获得的概念被进一步细化。细化后的概念再次被定义，并沿着断言的层级类推，直至无法进行再定义和细化。到此，拉姆斯声称，人们离开了概念的范畴，而还原了事物的本来面目。②

　　此种论述安排通常以"一览表"的形式加以描绘。在一览表中，同类概念为括号联系起来。这些图表并非拉姆斯的发明，在帕多瓦的医学校中，它们已经十分常见。不过，在拉姆斯的著述中，它们是如此的流行，几乎成为拉姆斯学说的"主要遗产"。在兹温格的《方法》中，图表同样突出。在各种概念的谱系框架中，《方法》这一著作的地位颇为重要。这些概念从彼此中发展而出，并组成了一个巨大的"知识树"，源自文献的恰当例子或概念则被安排在子目之上。其他一些早期的旅行方法同样体现了拉姆斯学说的影响，只不过没有那么明显而已。③

　　通过这样的方式，任何主题都可以相对轻松地获得方法指导。这也是拉姆斯学说的信奉者在接下来的十年中要做的。拉姆斯方法的成功，根本原因就在于它的普遍适用性。有鉴于 16 世纪文化视野的极大扩张，拉姆斯的学说给予其信徒令人满意的安全感。所有的知识，即便是未来的知识，都可以用同一个"自然的方法"进行组织。不过，在实践中，拉姆斯的方法从来就没有产生实质性影响，它始终囿于概念的范畴，其中，知识的各个领域仅仅是被重新归类。拉姆斯学说的最大影响没有体现在有用的新知识的获取方面，相反，它主要表现在已有知识的组织和

---

① Justin Stagl, *A History of Curiosity: The Theory of Travel* 1550 – 1880, p. 69.

② Ibid. .

③ Ibid. , p. 70.

统合、高等教育及百科全书式概略的写作等方面。①

第四节 旅行艺术的诞生

兹温格、特勒、伯克梅尔及布洛蒂乌斯等人将自己所处时代中不同的文学传统和倾向汇集起来，并将它们整合成一种正式的旅行理论。拉姆斯的方法论则为这一成就的取得提供了"初爆"。在他们为旅行提供方法指导的努力之后，一系列书籍和小册子相继出版问世，并瞄准了旅行的公众。初步的研究表明，从16世纪晚期至18世纪晚期，这类著述大约有300余种。创立者赋予这一学说各种名称，如"旅行艺术"、"游历经验"、英语中的 art of travel，法语中的 art de voyager，德语中的 Reisekunst 或 Reisenklugheit 等，它们一直留存并沿用至该时期的结束。

一 早期的"旅行艺术"

"旅行艺术"的创立者是德意志人。他们曾经参观过威尼斯。在滞留巴黎或巴塞尔之时，这些德国人成为拉姆斯的信徒。"旅行艺术"融合了德意志人的说教癖好、意大利人的现实主义和法国人的方法论。因此，它是一种真正泛欧洲的现象，虽然它主要的阵地一直在北欧和西欧，特别是德意志。"旅行艺术"是在中世纪晚期和文艺复兴时期旅行实践的基础上发展起来的，它试图对这些旅行实践进行整理和改进。"旅行艺术"的影响为图书市场上对相关文本的需求所证实。"旅行艺术"涉及的范围涵盖从旅行者随身携带的观察计划到旅程的实际完成、随后的旅行报告的写作或收集品的安排。在早期关于理想旅行方法的论集中，频繁出现的主题有：

1. 旅行的定义。在这些定义中，旅行对教育和研究的效用得到强调。为此，常常借助特征区别：真正的游历和漫无目的且毫无益处的游荡被加以对比。S. 兹温格给出的简短定义可能最为经典："因此，旅行是由适当的人出于游历、探访、了解外地的愿望而进行的某次旅程，其目的在于从那里学到对祖国、朋友或自己有所裨益的东西。"②

2. 概念的细分。拉姆斯的自然方法首先便在于概念的界定和细分。直至17世纪，概念的细分一直都是"旅行"论集的一个特色。兹温格在

① Justin Stagl, *A History of Curiosity*: *The Theory of Travel* 1550 – 1880, p. 70.

② Ibid. .

这个方面表现得特别系统，他对旅行方式的归类可以作为一个例子。兹温格依照亚里士多德的四个"原因"对旅行概念进行划分：（1）对象。包括学者的旅行，商人的旅行，艺术家的旅行，工匠的旅行。（2）手段。包括精神手段，如观察力；身体手段，如健康；物质手段，如金钱、地图和罗盘。（3）形式。包括陆路旅行，它又可以进一步细分为徒步旅行、骑马旅行、坐车旅行；水上旅行；空中旅行。对于空中旅行，兹温格提及了希腊神话中造出蜂蜡翅膀以逃离迷宫的代达罗斯以及众天使的例子。（4）旅行问题。包括旅行的目的地、旅行的路线及旅行者的类型。后者按照层级又可细分为圣徒及其遗物，身份高低不等的人们，动物，各种事物，如商品。在亚里士多德的逻辑学中，"发生"和"类型"紧随"原因"之后。就旅行的发生而言，兹温格讨论了时间、场所、健康状况、星星的分布及旅伴等；就旅行的类型而言，兹温格则讨论了神圣的旅行和世俗的旅行，公开的旅行和私下的旅行，昔日的旅行和新近的旅行。所有这些都通过例子或在需要的情况下进一步细分而加以说明。其他一些作家虽然没有这么系统，但他们都将教育之旅作为旅行的基本指导思想，并以此来衡量其他所有的形式。

　　3. 对赞同或反对旅行的观点的思考。这是对围绕朝圣的利弊而展开的争论的继续。人文主义者总是对为心智之故而进行的旅行加以辩护，他们反对斯多葛学派及中世纪对流动性和好奇之毛病的蔑视。宗教改革家和新兴的专制主义国家也蔑视流动性和好奇的毛病，并试图限制臣民迁徙的自由。在《人生剧场》一书中，兹温格将支持和反对意见巧妙地结合起来；史蒂芬努斯·维南都斯·皮吉乌斯（1520—1604）则以对话的形式对它们进行反对；在斯特拉斯堡，梅尔基奥·詹纽斯（1545—1604）则安排学生以学术演说的形式对它们进行描述。

　　反对的观点确实也很有分量。在他们看来，旅行让人的思维背离上帝，而转向无关的事物；它让社会和政治纽带松弛，并因此而危及旅行者的道德、举止和健康；它鼓励新观念的传播，从而威胁到政府的稳定；而且，它的花费不菲。在反对旅行的阵营中，约翰·霍尔在《往何处去？对我国绅士普遍从事的旅行的公正批评》中提出的责难最为有力。霍尔是埃克塞特及诺威奇主教，被称作"英格兰人的塞涅卡"。他是一位备受推崇的传教士和神学作家。他利用斯多葛学派及教会教父的主张，借以谴责英格兰上层阶级的游学，并将其斥为"私人和公众的不幸"。在霍尔看来，英格兰是整个地球的缩影，它拥有欧洲最好的政体和大学，英格兰绅士完全没有必要去旅行。① 后来,这样一些看法成为"大旅行"的批评者的标准主张。哲学家约翰·洛克在《关于教育的一些思考》中,伍斯特主教理查德·赫德在《就国外旅行的益处展开的对话》中,对此进行了深入的论述。②

于是,旅行方法论者不可能再以弗狄乌斯·伦吉尔伯吉乌斯式的天真直率来赞美流动性。他们必须严肃对待反方观点。从仅仅是反对"不是支持就是反对"的立场出发,他们试图实现某种平衡。只有在对支持和反对的观点进行全面权衡后,支持旅行的观点才被给予优先权。旅行方法论者通过使用前述"真正的游历"和"漫无目的的游荡"间的区别而达到了这一状态。因此,他们主要以旅行的教育价值来为旅行进行辩护。在教派主义和专制主义盛行的时代,这一辩护可以看作人文主义"文化界"自卫并反对"教会及国家至高无上"主张的一种方式。"旅行艺术"以旅行者在方法上自控的形式来吸收反对意见,从而让这些反对意见变得无效。此种对旅行的辩护主要出现在早期的论著之中。在后来的论著中,旅行被视为理所当然的。在 17 世纪,旅行中成熟人文主义者的自控,日渐为私人导师对"大旅行"中年轻而不成熟的旅行者的外部控制所取代,而私人导师则根据旅行者家人的训示行事。③

4. 医嘱。医嘱源于昔日的"旅行养生法"。保持旅行者健康的众多建议直接从它们中节选而来。从旅行保健及其他的医学著述中,旅行方法论者同样也接受了有关气候的学说。在"旅行艺术"的创立者中,内科医生的地位非常显著。其中,值得一提的是吉尔赫尔默·格拉塔罗利(1516—1568)。格拉塔罗利是来自帕多瓦的内科医生,因宗教原因出逃德意志。在德意志,格拉塔罗利任教于马尔堡,是特勒的同事;在巴塞尔,格拉塔罗利是兹温格的同事。格拉塔罗利所著的《论药物保健方法》是最系统的"旅行养生法",也是养生法与新的"旅行艺术"间的桥梁。后来的许多旅行方法论者纷纷对它们加以摘录,兹维克的《摘要》便属于此种类型。然而,在后来的论集中,论述医药的部分并没有得到重要发展。同样的建议被一再重复。当然,这并没有什么让人感到吃惊之处,因为,此类建议多是合理的,有着永恒的价值。近代旅行指南的开篇章

---

① Joseph Hall, *Quo Vadis? A Just Censure of Travel as It Is Commonly Undertaken by the Gentlemen of Our Nation*, London, 1617, preface

② John Locke, *Some Thoughts Concerning Education*, London, 1693, pp. 189 – 201; Richard Hurd, *Dialogues on the Uses of Foreign Travel: Considered as Part of an English Gentlemen's Education between Lord Shaftes Bury and Mr. Locke*, London, 1764.

③ Justin Stagl, *A History of Curiosity: The Theory of Travel 1550 – 1880*, pp. 71 – 72.

节仍然保留了这样的建议。①

5. 宗教方面的忠告。它们源于昔日的朝圣指南。"旅行艺术"在宗教问题方面异常详细，它从朝圣指南中继承了虔敬派的许多做法，同时继承了旅行三分法：准备、实行和评估。"旅行艺术"的创立者甚至想要为因心智之故而旅行的人们保留中世纪朝圣者和教士曾经享有的某些特权。

在这个方面，旅行作家必须应付的是16世纪晚期至17世纪期间欧洲宗教的多样性。大致来讲，大多数旅行者和旅行作家生活的国度，即德意志、低地国家、英格兰和斯堪的纳维亚，都信奉新教。而他们前去旅行的国家——意大利和法国，则是天主教国家。这导致了"良心问题"：旅行者应当在多大程度遵从外国的做法，甚至隐瞒自身的教派，却不至于背叛它？有时，该问题被冠以"马基雅维利难题"，并主要得到受过神学训练的旅行作家的讨论。他们中的多数选择引用圣安布努斯：如果你身在罗马，便如罗马人那样行事（即入乡随俗）。②

在17世纪，当人文主义游学为"大旅行"取代之后，旅行的神学作家数量尤其众多。对德意志大学中准备成为私人教师的神学家来说，旅行理论成为一个特有的主题。对神学家们而言，接受因心智之故而进行的旅行并不是一件容易的事情，因为，它是出于对精神世界效用的考虑，承认在每个国家游历的内在价值，从而导致了相对主义。如果我们询问，何以新教旅行作家会体现得如此宽容？何以如此多虔诚的新教徒会继续前往意大利旅行从而让其精神福祉处于危险之中？那我们就必须将人文主义持续的思想文化力量加以考虑。当然，到16世纪末，北方国家的居民不再认为自己是"野蛮人"。不过，对古罗马地位的热衷以及按照古典时代的标准进行品位教育，要求跨越宗教改革在罗马和北欧及西欧间形成的鸿沟。③

显然，在大多数情况下，旅行作家的宗教建议都是以不带教派偏见的方式进行阐述的。天主教得到了尊重，路德教徒和加尔文教徒间的差异被有意忽略。只有英国国教徒坚持宗教多样性的主张，因为每次大陆之旅都迫使他们在教派各异的地区旅行。他们尤其担心耶稣会士的改宗劝诱。大多数旅行方法的中立立场显然与市场营销策略有关，论述旅行的书籍必须能够为所有的地方接受；它同时也与人文主义的和平态度的继续存在有关。在18世纪，当教派主义衰落之后，此种态度再度崭露头

① Justin Stagl, *A History of Curiosity: The Theory of Travel* 1550 – 1880, p. 75.

② Ibid. .

③ Ibid. .

角。而旅行指南中宗教部分的重要性也下降了。

6. 实用的旅行建议。它们常常根据三个阶段进行划分：旅程的准备；旅程的完结；返回后的行为。此种三分法是从朝圣指南中借用而来的。

第一，旅程的准备。此类论集旨在让旅行者为旅程做好准备，因此，它们需要事先研读。同时，需要对即将游历国家及其语言有所了解。以汇票的形式带上足够多的金钱也非常重要。此外，写给海外要人的介绍信则是一项重要的资源。只有以这样的方式进行充分准备，旅程才可能取得期望的成果。

第二，旅行期间的注意事项。为旅行期间的行为提出忠告是永恒的主题。旅行者必须谨防各种极端之举，避免公开将造访的国度和本国进行比较，让自己入乡随俗，不要过分自信，一定不要讨论宗教和政治。其他一些建议则具有时效性。如驿站、运送工具、客栈中的行为、支付制度等。最后，就"如何在特定的国家或城市游历，在那里应当观看什么"等问题而提出的建议则受地域局限。总体而言，这样一些忠告源于长期的实践，在它们被编入"旅行艺术"之前，显然是由上一代旅行者传给下一代旅行者的。有关旅行期间注意事项的忠告，其主要特征就在于它愿意接受现实。旅行者一再受到训导，不要仓促地做出判断，要勇于接受奇怪和新鲜的事物，少说而多观察、倾听。此种态度有时接近于马基雅维利的非道德论（amoralism）。在 17 世纪的一些论集中，谨慎却不外露，打发人们出去考察各地却不引人怀疑，即从事间谍活动，仅仅被作为技术问题或一门艺术而加以传授。①

第三，有关返乡后行为的忠告。在返乡之后，旅行者被建议恢复本民族的服饰和习惯，不要以外国表达方式来进行炫耀，或讲让人难以置信的故事而让自己显得滑稽可笑。不过，他还应借助通信来保持在海外新获得的友谊。这一点尤其受到强调。通信在某种程度上是以不同的方式继续旅行。它让返乡的旅行者得以询问新的信息，并为其他旅行者写介绍信；它同样迫使他们接受其通信人所推荐的外国人。于是，"文化界"的网络继续得以编织。②

7. 对欧洲主要民族或国家生活方式和政治制度等的简短描述。有时，这些简单描述也包含各民族的基本心理，它以"气候"理论为基础。在 17 世纪，这一理论为让·博丹所复兴。对欧洲民族差异性的考察，旨在让旅行者对海外旅行做出合理预期。可是，由于它为旅行者提供某些千

---

① Justin Stagl, *A History of Curiosity*: *The Theory of Travel* 1550 – 1880, p. 77.

② Ibid., pp. 76 – 77.

篇一律的看法并强化了他们的偏见，因而不利于旅行者保持心胸开阔。最后，各国的简短描述显示了"旅行艺术"和前述统计性概览间的密切关系。

8. 使用诸如地图、罗盘、航海仪、航海日志、旅行指南等旅行发明的提示。此种技术提示将"旅行艺术"和中世纪及文艺复兴时期的航海术联系起来。在得到讨论的旅行发明中，有一些东西在现在看来是不可思议的，如占星表、面相表和魔法表。在大多数当时的作家看来，它们对旅行者的实际用处是显而易见的。这与该时期的精神是相契合的，不过，许多早期的"旅行艺术"作家信奉的是宏观世界与微观世界的和谐这一卡巴拉式的新柏拉图学说，它有利于玄学的滋生。当然，需要注意的是，尽管旅行指南的风格与旅行方法有着某些重叠，但旅行指南是不同于旅行方法的。旅行指南没有道德和思想文化方面的目标，而仅有一个适用的目标，即有效的旅行。而且，旅行指南这一风格的历史要比旅行方法悠久得多，它可以追溯到旅行指南、旅行日志和路况指南，它们存在的时间也比旅行方法长，今天仍在使用。①

9. 对旅行者关注内容的指导。旅行方法包含"观察什么、如何观察、如何记录和评估获得的信息"等方面的指导。社会科学史家对这些东西尤其感兴趣。旅行者受到驱策，去确证来自各地和各色人等的有趣事实。其间，他不仅需要就教于政治家、学者和艺术家，也应该向工匠、水手、商人、农人及"睿智的妇女"学习。于是，整个人类成为观察的对象。旅行者应当与各个阶层及行业的人们沟通，出席市政会议和法庭庭审，参观教廷、学校、作坊及医院。在观察中，旅行者应当尽可能敏锐和持之以恒，不要感到厌烦和多疑。

旅行者通过这样的方式，可以在旅途中获得大量的信息。为了不遗忘，他还需要以写作的形式对信息进行整理。"旅行艺术"是近代初期读写文化的一个主要方面。它的作者背弃口述文化特有的整体化想象模式，试图将其分解成为特定的可证实的条目。返乡的旅行者讲故事会受到蔑视。相反，他们被要求将经历写到日记之中，以供查阅。总体来讲，16世纪是不相信记忆的。讲述的内容，必须依靠讲述者的人格魅力才能取信于人，它们不再被认为是值得信任的，相反，只有亲身经历过并按一定方法加以描述的东西才值得信任。方法开始取代记忆。早期的"旅行艺术"作家对道听途说进行了相当详尽的抨击。相反，他们倡导事后的

---

①　Justin Stagl, *A History of Curiosity: The Theory of Travel* 1550 – 1880, p. 78.

剖析。对事后剖析的重视,解释了何以旅行在近代初期的课程中被认为如此重要,何以必须给它提供方法指导。除日记中的记录外,旅行者同样被建议去收集珍稀著作的节录、铭文的模本、速记本中的图画、钱币、金属、艺术品、自然史的标本、民族风情及其他珍稀之物。

这些书面和具体的旅行成果将按"基本主题"进行归类。它们是一些传统的抬头和标题,用以对任何听闻、目睹、阅读、经历或思考的东西进行归类,以备将来使用。它们由人文主义者创制,用以书面记录所有联系松散的知识。对大量接触新鲜和不同种类知识的旅行者来说,"基本主题"尤其重要。它们让他能够不完全被知识征服,却赋予知识一种初步的秩序。拘泥于细节的作者,如托马斯·厄皮纽斯(1584—1624)或乔安·海因利希·贝克勒(1611—1672),甚至建议旅行者记两本笔记。在一本笔记中,他须在记忆犹新之际,迅速而审慎地记录下他所遇到或发生的所有值得记忆的东西。在夜间,或每当他有闲暇的时候,他应当将最为重要的笔记誊写到第二本笔记之上,并将其细分为各种"基本主题"。这一步骤极其类似于在威尼斯得到完善的复式簿记。按照"基本主题",两种主要的旅行纪实——叙述和描述,显然应当遵照日记的年代顺序和旅行者笔记的同步秩序。

同样明显的是,"基本主题"让旅行者得以集中注意力。通过指引他当在何处记录自身的经历,它们也向他表明当在何处进行新的体验。因为,主题不仅可以表示为标题,同样也可以问题的形式呈现,借问题而获得的答案可以进行归类。雨果·布洛蒂乌斯《毗邻政治中心游历图》便是以问卷形式呈现出一系列主题的例子。[1]

10. 描述性图解。"旅行艺术"提供给旅行者的主题并不是孤立的。它们一起构成了整理观察、描述模式的图解。阅读早期论集的第一印象便是,每位作者都在提出自己的图解。不过,这种印象会让人误入歧途。其实,所有这些图解不过是由几种传统描述模式衍生而来。其中最为重要的是"赞词"这一修辞技巧。自古代晚期以来,对各地进行赞美的标准形式便已存在,它们构成了人文主义者颂扬城市、赞美国家的起点。在旅行诗歌中,颂扬城市赞美国家这种风格尤其受人欢迎和重视。城市和国家可以因自然之美和物产丰饶,要塞和建筑的宏伟,人口的数量、卓越及特别的生活方式,他们的历史,贵族之家,他们统治者的美德及其运用权力的方式,他们信仰的虔诚,他们政体的优秀等而受到称赞。

---

[1]　Justin Stagl, *A History of Curiosity*: *The Theory of Travel* 1550 – 1880, pp. 78 – 80.

从此种阿谀文学中发展出了更为严肃的描述风格，即宇宙志著作和统计性著作。①

第二类描述模式蕴藏在古代医药及科学文献中。在古代医药和科学文献中，场所及其气候与居民类型间的关系得到了探讨。此种模式主要为兹温格、伯克梅尔这样的医生所继承。像希罗多德这样的古代历史学家和民族志学者，鲍桑尼亚这样的旅行作家，斯特拉波这样的地理学家，以及探讨"政体"的亚里士多德，则提供了更多的模式。在文艺复兴时期，它们得到大量的模仿。不过，最为重要的推动力却来自阿拉伯地理学。在它的推动之下，前述传统和例子被整合成考察、描述外国及其城市的连贯方案。此种模式经过拉姆斯西奥而传播到"旅行艺术"之中。在《航海术》第二卷的序言中，这位威尼斯人将此种图解作为"完美至极的秩序"加以推荐。它包含：（1）古今名称；（2）权威作家描述的历史；（3）有关该地形势、气候以及最为重要的当地现象等的简短描述。②兹温格的典型城市描述及前述的纲要则从中汲取了养料。

"旅行艺术"将百科全书式的计划强加于旅行者。一个人怎么可能完成所有这些要求？为了让他们的计划具有可操作性，作者们吩咐旅行者将注意力放在真正重要的事情之上。这与近代初期经验主义的观点相吻合，而经验主义则采用了修辞学的做法，即专注于难忘之事、非同凡响之事、稀奇之事以及有价值的图像和原理等。

二　"旅行艺术"的变化

近代初期，在旅行者探索世界之际，整个世界尚没有统一的科学世界观。世界被想象成不同质的。其中，每一种事物或每一个事件都是特别的。各种现象不能轻易按照因果关系进行归类，不过，它们却可以归入不同的标题或题目之下。在理想的情况下，如果所有值得注意的事情和事件都被归入相应标题之下，便可以获得完整性。这样的世界为思想文化的进步留有余地，但它却难以分析，且几乎不能进行量化。

非凡现象的自主性导致观察者惊人的客观性。报道者的个性几乎没有产生什么影响。旅行者从旅程中带回大量信息，它们已经按主题或在记事本中预先设定了结构，并主要被加工成旅行纪实和概览。它们枯燥而客观，多举例。如果列举出现在旅行日记年表之后，它便以旅行纪实的形式呈现出来；如果列举出现在记事本图解之后，其结果便是同步的

---

① Justin Stagl, *A History of Curiosity*: *The Theory of Travel* 1550－1880, p. 80.

② Ibid., pp. 80－81.

描述。在两个极端之间，有若干过渡阶段和混合形式。此种著作中包含的信息并不完全是某一位作者的原创。有时，当人们在写作或编辑旅行纪实之时，他们会在适当的地方收录其他书籍中有趣或值得注意的东西。这样的人们通常并非就是旅行者。刊印的纪实或描述与旅行者切身的体验出入很大。面对此种自由浮动和无法证实的信息，很容易虚构出从未真正旅行过的旅行者，或将不真实的事加诸于真正的旅行纪实之中，或将此种风格及其传统作为自由想象的起点。随意扭曲的可能性同样也削弱了真实而严肃的纪实和描述的可信性。然而，在整个近代初期，这些风格却极受欢迎。尽管它们有着这样或那样的缺点，但它们却让欧洲国家得以相互了解，同时也让欧洲国家得以了解世界其余地区。同样的"基本主题"已经准备好让所有人将其自身的经历纳入它的范畴之中。因此，成千上万此类风格的著作可以被看作理想的旅行者描述世界的努力。①

17 世纪晚期，对主要的欧洲国家来说，所有"值得注意"的事物或多或少都已为它们所了解，而体验和描述世界的模式也达到了登峰造极之境。以"旅行艺术"的标准而言，对相关国家、地区和城市的描述可谓完备，出版物随处可见，各地主要的景观则以版刻的形式呈现在公众面前。"旅行艺术"已实现其目标。当然，其中的描述性图解还可以进一步精练，各种描绘也可以更为迅速地得到更新。但这已经成为日常事物。欧洲人自我发现的激动已经烟消云散。

此种发展产生了重要的社会后果。"旅行艺术"存在了下来，但其市场却发生了变化。"旅行艺术"创立者写作的初衷是针对寻求自我提高和有用知识的成人。从 17 世纪中期开始，作家们瞄准的却是这样一些年轻人：为了完成教育，他们希望获得一些社会经验，展现家族的显赫，在海外建立有用的联系。这样的年轻人往往受私人教师监管，私人教师则发挥着便携"旅行艺术"的功能。他们的家人有时也会雇用私人老师对旅行纪实进行编辑，因其社会地位的关系，旅行者本人的抱负则不在著书立说这一目标之上。于是，"为心智之故"而进行的人文主义旅行为"大旅行"所取代。无论"大旅行"的教育和社会价值是多么巨大，它在信息的收集方面却是微不足道的。在欧洲文明和熟悉地区的探索性旅行开始停滞。如果说"旅行艺术"经受住了此次变迁，那它无论在质还是在量方面的重要性都削弱了。②

---

① Justin Stagl, *A History of Curiosity*: *The Theory of Travel* 1550 – 1880, pp. 81 – 82.
② Ibid. , pp. 82 – 84.

大约在 1630 年之后，第一个创造性时期沉寂了。"旅行艺术"这一风格成为教育文献公认的组成部分，多产职业作家的游戏场，德意志新教大学学位论文的固有主题。直至 17 世纪后期，它始终坚持拉姆斯的立场。在那时，专制主义国家纷纷创建本地大学，这让"大旅行"的教育渴求或多或少显得有点多余。"大旅行"退化为纯粹的观光，正如中世纪晚期的朝圣，不过是一种仪式而已。就欧洲大陆而言，1740 年可以被视为"大旅行"时代的终结。不过，英国人受其岛国形势的推动，则仍在各地旅行，这一进程一直持续到法国大革命时期战争的爆发，甚至更晚的时期。当然，"大旅行"的衰落并不意味着故事的结束。

即便"旅行艺术"的秘诀不再新鲜，旅行和收集仍然是获取经验知识的主要方式。在某些行业，尤其是医学领域，接受方法论论著指导的游学，被保留了下来。事实上，非绅士阶层或非学术阶层因职业训练而进行的旅行同样受到方法论的指导。1734 年，恩斯特·弗雷德里希·左贝尔在阿尔特多夫出版了《年轻人出国旅行指南及手册》。到 1795 年，该手册至少刊印了六个版次，其中第二版刊印了 10000 份。该书直接针对"店员、工匠及艺人"，甚至妇女也没有被遗忘。1737 年，在爱尔福特，出现了茜多妮娅·赫德维格·佐罗曼宁女士的《奇妙而永恒的天文—气象—经济之旅：女用便携年历》。[①]

随着"旅行艺术"及其读者向欧洲边缘地区转移，希望体验和学习新知识的旅行者也将他们的注意力从文明中心转向边缘地区。除意大利和法国之外，欧洲不那么出名的国家，如西班牙、瑞典和俄罗斯，也得到了探访。人们尝试着进行更为频繁和定期的海外旅行。一个人自己的国家也变得更为相关。在所有这三种情况之下，旅行的目标由"完善旅行者的人格"转变为积累知识。"旅行艺术"一度试图在两个目标之间维系的平衡被打破。对此种新倾向做出反应的旅行方法是一种过渡，即向探险方法论的过渡。

这一过渡中有四个主要要素：

1. 在 17 世纪末，对描摹铭文、利用图书馆和收藏品等的指导，发展成为指导"文学旅行"和"古董研究"的特别方法。在 18 世纪，历史学的各辅助学科则从此类研究中发展而出。

2. 在自然史中，矿石、化石、植物和动物的收集与保存遇到了同样的情况。对外科医生职业训练之旅的指导与此关系密切。卡尔·冯·林

---

① Justin Stagl, *A History of Curiosity: The Theory of Travel* 1550 – 1880, p. 84.

奈（1707—1778）的两部有影响的著作例证了由收藏技术指导向探险性
远征方法的转变。其中，《关于游历的演说》是一部鼓励探索本国的励志
之作，它附有方法论的指导；另一著作是《游历指导》，它实际上是林奈
的学生埃里克·诺德布兰德的学位论文。该文列出了一个收集医学和科
学信息的全面规划。

3. 在 17 世纪，各个科学机构开始系统地使用问卷，以收集、比较和
核实旅行者及通讯记者提供的有关本国和外国的信息。

4. 从 18 世纪初开始，各种科学机构在派遣科学考察者时，会给他们
特别的指示。如前所述，个别的旅行指导出现时间早于"旅行艺术"中
更为通用的训导，却在"旅行艺术"的整个历史中都一直存在，并深入
到特别安排的航行细节。在"旅行艺术"衰落之后，它们具有了新的意
义。在 18 世纪，旅行者几乎都忙于各种机构和学术团体特地为他们准备
的问题。除了公开的训示之外，资助他们旅行的政府有时还给他们秘密
的训示。这些训示更多地关注商业、政治和殖民等方面的目标，往往与
知识的发展关系不大。许多秘密训示已经遗失了，有一些则仍未公开出
版。法国航海家布甘维尔远航前接到的训示留存了下来，它们表明，布
甘维尔本人也参与了训示的拟定，而训示显然是航海专家、科学家和政
府官员讨论的结果。海外旅行受到的公开或秘密训导，通常具有方法方
面的创新，因为它们接近当前的问题。因此，1785 年，皇家医学会为拉
普洛斯远征起草的人类学和民族志问题，是对早期民族学田野工作方法
的重要贡献，而约瑟夫－玛丽·德·吉兰多有名的《对观察蛮族多采用
的各种方法的思考》（1800）则对此进行了发展。①

这四个方面的发展产生了同样的效果：整体性的百科全书式的旅行
模式被分割开来，并被专门化。在获取新知识的背景下，旅行者的自我
提高消退为背景。这与两种世界观的冲突联系在一起。近代初期的经验
主义是建立在这样一种观念的基础上的，即世界是不连续性的，它充斥
着本身颇为重要的各种现象，这些现象独立于观察者而存在。然而，正
如胡塞尔和其他一些人表明的那样，近代科学观是严密科学得以建立的
基础，而它则是在"连续性"观念的基础上建立起来的。此种新世界观
获得成功是必然的，因为，它是处置近代初期经验主义收集的庞大知识
的唯一途径。这意味着一次科学革命的出现，而它在重要性方面则不亚
于中世纪晚期至文艺复兴时期所发生的革命。1800 年前后发生的这一切

---

① Justin Stagl, *A History of Curiosity*: *The Theory of Travel* 1550 - 1880, p. 86.

被称作"分类法的时间排序"。知识的形式比知识的内容更为重要。方法让内容相形见绌；经验知识不再进行同步性安排，而是以时间序列的先后进行安排。此种科学革命意味着旅行艺术的终结。①

当然，当时也出现了垂死挣扎的行动。近代科学考察者面临种种异议，这些反对看法以为他们不再专注于"重要"的事物，而是以"不重要的"细节来打击并迷惑读书的大众。于是，在新型旅行和公众之间出现了裂痕。此前，被认为是"不重要的东西"包括旅行者个人的品格、旅行者在时空中的运动。现在，二者都变得重要起来，因为它们与精确地描述观察者的处境是相关的。

因此，科学世界观的发展同样要求对主观性进行评估。人们甚至可以说，被排除在客观世界之外的无法解释的东西，在观察主体的思维中找到了新的避难所。于是，在旅行由艺术发展成为科学之际，劳伦斯·斯特恩的《穿越法国和意大利的一次动情的旅行》（1768）问世了，该书引起了"动情的旅行"的流行。"动情的旅行"抛弃了"旅行艺术"的客观性，而完全沉浸于"感受的客体"之中。"多愁善感的"旅行者讲述的也并非神话故事，他们和科学的旅行者一样忠实，只不过他们忠实的是自己的内心感受而非外部世界。

科学旅行及对它伤感反应的例子来自西欧而非德意志，这并不偶然。当时，德意志在该领域已经丧失了领导地位，且处于停滞不前的状态。16 世纪晚期，在为旅行提供方法论指导的过程中，威尼斯—巴塞尔—巴黎轴心曾发挥了至关重要的作用。在 16 世纪之后，创新的中心开始向西方转移，先是巴黎，继而是伦敦。不过，德意志，或更准确地说，曾受拉姆斯学说影响的德意志新教地区，却始终是其真正的家园。此种状况从"旅行艺术"萌生之日起一直保持到 1800 年前后它的衰亡为止。

德意志在科学旅行方面的缓慢发展又当如何解释呢？无疑，三十年战争及随后的政治、宗教分裂与此有一定的关系。没有合适的首都，德意志上层阶级须得出外旅行，以避免乡土习气。因此，直至 18 世纪中叶，对游学及其方法论的兴趣被小心地呵护着。在那之后，新兴资产阶级给既定的旅行模式带来了新的推动力。商业、文化交往及通婚让新兴资产阶级发展成为一个全德意志性的群体，他们深受德意志帝国地方狭隘主义之苦，开始与贵族阶级争夺游学的特权。他们坚信旅行具有开启民智的功效。于是，尽管旅行和旅行书籍的时尚已经在 1750 年前后开始

---

① Justin Stagl, *A History of Curiosity*: *The Theory of Travel* 1550 – 1880, p. 87.

在西欧沉寂，但在德意志这个没有殖民地的内陆地区，它们却恰好在那时开始崭露头角。

对停滞不前的"旅行艺术"而言，这给它带来了一个意外的"印度之夏"。为培育政治家、文职人员和自由职业者，开明政府纷纷创立新的大学。在这些大学中，"旅行艺术"尤为活跃。其中，最为著名的是汉诺威选侯在 1734 年设立的哥廷根大学。在 1750 年前后，一潭死水般的学科"知识图表"在哥廷根大学得到振兴。这次复兴的领军人物是戈特弗里德·阿亨瓦尔（1719—1772）和奥格斯特·路德维格·斯克洛泽（1735—1809）。他们将"旅行艺术"发展成为对所有已知政权的人口、经济、政治、军事、社会和文化实力的经验描述，并将其称为"统计学"。由于哥廷根和英格兰联系密切，该词在 1800 年前后在欧洲广为传播。在"统计学"兴起的背景下，"旅行艺术"也开始成为大学科目。从 1777 年至 1795 年，斯克洛泽按学期轮流开始有关"旅行方法"与"日记评价"这两门课程。而它们则是统计描述的主要信息来源。像哥廷根这样的新型大学的成功，赋予了在本质上仍是前现代的收集和记录型经验主义以新的自信。这解释了"何以对近代科学旅行方式的反对主要来自哥廷根、哈雷和其他类似的地方"。在 1770 年后，这些地方同样诞生了新的"民族志"学科。①

另外两部全面阐述旅行方法的论集都与哥廷根大学有关。它们的作者是两名信奉开明专制的奥地利人，两人都曾在哥廷根就读，其中一人出身贵族，另一人则出身中产阶级。利奥波德·贝希托尔德伯爵（1759—1809）是摩拉维亚地主，曾在欧洲和近东旅行 17 年之久。1789年，他出版了英文的《指导和推广爱国旅行者之考察的短论》（德文版，1791 年，布伦瑞克；法文版，1797 年，巴黎）。这部指南包含：（1）对旅行方法的全面反思；（2）一个庞大的调查表，旨在引导旅行者对希望描述的国家的所有可以想见方面进行调查；（3）对"人类之初以来直至1787 年 9 月 8 日"之间的方法论论集和旅行书籍的归类。贝希托尔德同时也是一位东方学家，他与卡斯滕·尼布尔联系尤为密切。卡斯滕·尼布尔曾参与在哥廷根组织起来的阿拉伯远征，并参与了《爱国旅行者》德文版的出版。另一部著作是《旅行艺术，或供全体受过教育的、特别是希望成为学者和艺术家的年轻旅行者使用的系统短论》。该书共分两卷，1795 年在莱比锡城出版。作者为弗朗茨·波塞特，来自波西米亚，是一位图书管理员，曾在哥廷根待过一年，听过斯克洛泽为旅行者和日

---

① Justin Stagl, *A History of Curiosity: The Theory of Travel 1550 – 1880*, pp. 88 – 89.

志使用者开设的课程。在这部经过深思熟虑且一丝不苟的著作中，波塞特致力于阐述一个综合性的理论，它将旅行作为培养心灵、品位和理性的方式。他确实达到了自己的目标。①

　　这两部著作有意识地对 200 多年的"旅行艺术"传统进行总结。不过，它们却犹如天鹅临死前的哀鸣。就在它们出版之后，游学因法国大革命而停止。在和平恢复之后，它也没有能够得以恢复。昔日百科全书式的旅行为科学远征和观光旅游所取代。于是，"旅行艺术"过时了。探险家满足于自己从事的学科的方法，观光旅行者则满足于他的旅行指南。如果说"旅行艺术"以改头换面的形式而存在了下来，它也是现存的最为古老的科学方法，即民族学田野工作，它保留了文艺复兴时期经验主义百科全书式的视野，与此同时，它基本上是个人经历，一次"因心智之故"而进行的旅行。②

三　"旅行艺术"的实际影响

　　"旅行艺术"对同时代的实际旅行是否产生过任何影响呢？这个问题提出来容易，要回答则难，而且稍微有点荒唐。如果旅行者对它们完全不感兴趣，且不准备听从它们的建议，那在 1570 年至 1800 年间，会有成百上千的论述旅行方法书籍出版吗？此种看法实际上是如此不现实，以致举证之责应当颠倒过来，即让怀疑者陈述他们认为"旅行艺术"不起作用的理由。认为同时代人购买这些论集主要是用来作为旅行的指南的看法，不是要明智得多？当然，它们并非在每个方面都得到了遵从。对普通的旅行者来说，它们的要求太高。相反，它们同其他一些指导性书籍，如烹饪书、礼仪指南等命运相同，即通常在特殊的情况下提供参考，而非完全得到遵从。不过，在对同时代的旅行、游学及描述国家和民族的模式加以整理之后，对正确旅行或至少对受过教育的阶层来说，它们开始形成"魅力之最后阶段"。而且，通过模仿更为优秀的作品，它们甚至极有可能对从来没有阅读过那些作品的旅行者产生影响。

　　当时存在着许多具体的例子。现举 1600 年形成时期的三个例子：

　　1. 路德维希·艾瑟林。巴塞尔大学图书馆保存了路德维希·艾瑟林从意大利之旅行中带回来的一捆笔记。艾瑟林是一名律师，出身于巴塞尔一个显赫的家族。他是西奥多·兹温格的近亲，并深受其影响。如他的笔记表明的那样，在艾瑟林的旅行期间，他尽可能地遵从兹温格《旅

---

① Justin Stagl, *A History of Curiosity: The Theory of Travel* 1550 – 1880, p. 89.

② Ibid., p. 90.

行方法》的教诲。他甚至试图对其进行改进。因此，他将兹温格描述城市的模式扩张为：（1）古代和近代的地名和显赫人物的名字；（2）城市的起源、创立者和庇护人；（3）地址；（4）非凡的建筑和其他景观；（5）城市的公共生活；（6）居民的举止和风俗。遵循这一模式，艾瑟林对众多意大利城市进行了考察和描述，并希望其他旅行者以他为榜样。这始终仅仅是一个片段。或许，在艾瑟林返乡之后，他的各种官方职责使他无法对其进行补充。不过，也可能存在另外一个更为深层的原因：艾瑟林过于机械地遵照兹温格的建议。艾瑟林的父亲、叔伯及曾祖父都是有地位之人，他本人却属于虎父犬子，他继承了他们的巴塞尔人文主义传统，但在自己的著作中却没有对其加以浓缩。因此，在兹温格式的旅行纪实中，他可能缺少消化大量意大利笔记的能力。①

2. 米巴利·弗格奇。贾斯特斯·李普修斯对意大利旅行的指导给同时代的人留下了深刻的印象。在 1586 年他的论著出版之后，许多计划前往意大利的人文主义者纷纷致信李普修斯，请求他给予额外的指导并开具介绍信。其中一位便是来自匈牙利的青年吉姆斯男爵米巴利·弗格奇。弗格奇曾在斯特拉斯堡待过一年。1587 年，他正在威滕伯格学习。作为匈牙利人，他的“游学”让他来到德意志。在阅读李普修斯的来信之后，弗格奇利用在斯特拉斯堡时从朱尼厄斯那里获得的全部修辞技巧，写了一篇颂扬包含通常主题的旅行。弗格奇向威滕伯格的同乡会朗诵了这篇颂词，并在 1588 年以《游学颂》为题将其出版。

在这本小册子中，弗格奇对李普修斯有关“结交显赫人物并从中受益”的建议特别加以强调。他同样听从了这一建议。就在动身前往意大利之前的 1588 年 11 月 14 日，弗格奇给李普修斯写了一封信，在信中，他对此项建议进行了精彩的转述，并将其应用到大师本人身上，要求至少被许以成为其通信人的特别待遇。李普修斯似乎对这样的恭维非常满意，并将自己极为友好的回应（它肯定送抵了已身在意大利的弗格奇手中）收入了刊印的信件之中。其中，他主要对“教育青年贵族以服务于国家”的观点进行了阐述。现在尚不清楚弗格奇在其意大利之旅中是否切实听从了李普修斯的建议，因为他没有留下旅行纪实。不过，这是非常有可能的，因为弗格奇一直都以自己能与莱登的大师通信为骄傲。在1592 年返乡之后，弗格奇与他人一道发起成立了一个贵族人文主义者协会。该协会吸收了李普修斯在给弗格奇的信中提出的构想，并将自己称

———————

① Justin Stagl, *A History of Curiosity*：*The Theory of Travel* 1550 – 1880，pp. 90 – 91.

为"匈牙利无产者的守护神"（proles hungaricae palladis）。这个圈子中涌现出了一些杰出的匈牙利政治家和历史学家。[①]

3. 马顿·泽普西·科桑博。如果说艾瑟林和弗格奇没有留下旅行纪实的话，马顿·泽普西·科桑博却有旅行纪实传世。作为一名教师及工匠之子，"学者马丁"的出身较前两人更为卑微。科桑博出生于上匈牙利矿区，受到了良好的教育，学会了德语，并首次前往特兰西瓦尼亚旅行。1616 年，他前往但泽的加尔文教高等学问机构——"雅典学园"——继续自己的学业。在那里，他在统计学的先驱之一，哲学家和地理学家巴塞洛默斯·凯奇曼指导下学习。在获得学位之后，泽普西·科桑博继续自己的旅程。他从但泽乘船出发，绕过丹麦、荷兰和英格兰，最后在迪耶普登陆。科桑博主要靠徒步横穿法国，经过鲁昂、巴黎及南锡而到达斯特拉斯堡。当时，斯特拉斯堡属于德意志，仍是人文主义学问的中心。科桑博在斯特拉斯堡停留了一个月，随后经过德意志、波西米亚及波兰而返回到匈牙利。科桑博忠实于"旅行艺术"的训诫，以笔记充实自己的日记，并在日后对笔记进行了系统的整理。在回国后，科桑博被任命为科希策地区的教师。他开始以旅行中的笔记为基础，写出了描述自己的旅行及途经的国家。他太专注于自己的写作，以致忘记了自己的职责，最终在 1620 年遭到解聘。是年，他的著作《欧洲各国》出版问世。该著作以匈牙利文写成，有一个副标题"波兰、马索维亚、普鲁士、丹麦、弗里西亚、荷兰、西兰、英格兰、法兰西、德意志和波西米亚诸国的简短描述；马顿·泽普西·科桑博所见和描述之事物；不仅是为了取悦读者，也是为了他们最大的利益"。此后不久，作者成为一匈牙利富豪家的私人老师。他写了第二本书，对青年贵族的教育进行论述，但却于 1622 年死于瘟疫。

在《欧洲各国》的导言中，泽普西·科桑博对"旅行艺术"加以利用，从而构想出一种描述策略。他似乎不知道兹温格的存在，而主要对特勒和伯克梅尔加以引用。他的描述原则来自他的老师凯奇曼为"非凡的描述"而制定的原则。在该书的主体部分，科桑博将这一构想的实现用于自己曾经造访过的国家。尽管除波兰和法兰西之外，他几乎没有在其他地方停留，但他却有着事后分析的正当理由。他以来自其他书籍中的摘录和口头或书信询问而获得的信息来弥补自己笔记中的空白。正如其在副标题中所称，泽普西·科桑博的描述简洁而系统。偶尔他还引用

---

① Justin Stagl, *A History of Curiosity: The Theory of Travel* 1550 – 1880, pp. 91 – 92.

数字资料。作为对这些枯燥而如实的描述的补充，他还像伯克梅尔那样引用逸闻趣事及个人经历，并用具有相当文学价值的旅行诗词来点缀自己的文章。所有这些让"第一部匈牙利描述统计学著作"同样也成为"最为珍贵的文艺复兴文献之一"。

泽普西·科桑博的例子表明，具有非凡天赋且异常热忱的旅行者可以将"旅行艺术"的规划付诸实施，因而对社会科学的进步有所贡献。不过，艾瑟林和弗格奇的例子则证明，无论旅行者是多么的热情，至少就整理旅行纪实而言，此种规划对大多数旅行者来说都是力有不殆的。不过，必须承认，艾瑟林和弗格奇在旅行返乡后，都有一个成功的公共职业生涯，对此，"旅行艺术"所要求的严格而多功能的旅行无疑让他们为其做好了准备，尽管泽普西·科桑博似乎有着真正的学者那样狂热的性情，他如此专注于自己的写作，以至于不能履行自己的其他职责。自"旅行艺术"诞生以来，自我教育和收集新知识之间明显的紧张关系便是其特色，而在前述几个例子中，这种紧张关系同样明显。无论单个的旅行者距"旅行艺术"的要求有多么远，它依然是近代初期旅行的理想标准，它反复得到重申，并直至该时期结束。艾瑟林和弗格奇的例子表明，旅行者个人的不足，可以通过转变成为旅行方法论者而得到弥补。经过接受"旅行艺术"教育的许多代旅行者相互支持和调节的翔实著作提供了借以超越个体旅行者之力量的东西——建立在事后分析基础上的对城市、国家、政体、民族的描述；首先是意大利，接着是欧洲文明地区，最后是它的边缘地区和其他大陆。

结　语

　　英国人富有游学的传统。英国人为满足精神或文化需求而前往欧洲大陆旅行的做法由来已久，可以追溯到遥远的罗马不列颠时代。在中世纪，朝圣者、接受训练的骑士、希望提升学问的学生和学者，不时前往欧洲大陆游历。近代初期，寻求人文主义新知识的牛津、剑桥学者以自己的身体力行推动了游学观念的发展。其后，派遣贵族青年前往欧洲大陆游历、学习，日渐成为训练宫廷精英熟悉国际事务和世界文化的一种方式，而"大旅行"则成为其具体的体现。"大旅行"并不仅限于英国，而是一种泛欧性的现象。其中，英国人和德意志人是"大旅行"的主要参与者，法国人和俄罗斯人也在其中扮演着重要角色。"大旅行"的目的地以法国、意大利和德意志的知名城市为中心，有时也延伸至西班牙、葡萄牙和希腊等地。

　　在英国，"大旅行"的参与者主要是富足之家的青年子弟。他们来自有地阶级的各个阶层，土地和其他财富资源为从事广泛的旅行提供了时间和金钱。受过教育的中产阶级常常成为年轻旅行者的私人教师，而劳动者阶层则常常成为陪同旅行的仆役。到19世纪初，中产阶级日渐成为"大旅行"游客，有时，他们还会举家从事旅行。到这时，旅行的时间也大为缩短，通常仅仅持续几个月。到19世纪40年代，随着富有的精英阶层对新的目的地的寻求，随着参观欧洲大陆的中产阶级游客数量的增加及时间的缩短，"大旅行"逐渐为现代旅游所取代。在一定程度上，美国人延续了在欧洲进行长期旅行的文化传统，不过，对英国人来说，"大旅行"的时代则已经结束。[①]

　　"大旅行"从始至终都是一种观念的再现。其主要目的在于让统治阶级中的青年男性接触欧洲大陆的"新知识"、艺术珍品及上层社会，从而

---

① John Towner, "Literature, Tourism and the Grand Tour", in Mike Robinson and Hans – Christian Andersen, *Literature and Tourism*: *Essays in the Reading and Writing of Tourism*, Thomson Learning, 2004, p. 227.

完成他们的教育。通常，旅行发生在牛津或剑桥大学的学习完成之后，其花费的时间从一年到五年不等。它是一种社会仪式，主旨在于让这些年轻人为担当国内预留的领导职位做好准备。在"大旅行"的鼎盛时期，这些"精英"通常在一名私人教师及数名仆从的陪同下，研究艺术，探访建筑珍品，欣赏风景，并尽情地享受自身地位所提供的闲暇。就其目的和功能而言，"大旅行"和当今盛行的游学并没有太大的差别（尽管现代游学者很少会有私人老师和仆从的陪同），我们甚至可以说"大旅行"就是现代游学的前身。

"大旅行"创造出了不同的时空模式。其中一些模式几乎没有变化，而其他一些则随着品位和旅行条件的变化而发生改变。主要的旅行线路是：经巴黎而穿行于法国，途经罗讷河谷，接着翻越阿尔卑斯山脉而前往都灵，或经海路从马赛前往意大利。在意大利境内，一个持久的模式将佛罗伦萨、罗马、那不勒斯及威尼斯连接在一起，这一线路将参观古迹、文艺复兴时期的遗产及领略世界性文化结合了起来。在阿尔卑斯山脉以北，"大旅行"包含的活动有周游德意志各地的宫廷，或经过莱茵河的返程之旅。路线模式可能会因为美学情趣的变化而得到修改。18 世纪后期，浪漫主义运动鼓舞了更多的旅行者将前往瑞士的观光旅行，或前往意大利中部的中世纪城镇。

"大旅行"之所以能够在英国社会兴起并历时三个多世纪而不衰，其原因是多方面的。从根本上讲，"大旅行"兴起和发展主要源于 16 世纪以来欧洲不同地区间文化关系的变迁。古典时期和文艺复兴成为英国、法国和德意志等地受过教育的精英的文化重心，这激起了他们前往意大利旅行的欲望。与此种发展事态相联系的是哲学与科学的发展。它们对旅行在获取知识过程中的重要性进行了强调。除了教育和文化方面的动机之外，还有健康方面的考虑。温暖的南方在治愈真实和想象中的疾病中体现出来的功效，也是"大旅行"的魅力之所在。[①] 此外，经济的发展、文雅社会的要求、西欧各国交通条件的改善以及旅行文学的发展等，都推动了"大旅行"的发展。

旅行在精英阶层的文化中处于中心地位。旅行是他们的思想、教育及品位中最具批判性的一些方面得以传播的过程。从文艺复兴时期开始，通过旅行而获取知识成为许多科学和哲学思想的基础。出外旅行本身被看作一种教育。当时，众多的建议书纷纷为严肃的旅行者提供"旅行理

---

① Jafar Jafari, *Encyclopedia of Tourism*, Routledge, 2000, p. 260.

论"。此外，游历欧洲大陆也是绅士阶层实践自身所持有的"艺术鉴赏家"理念所需要的，富有的业余爱好者将他们对科学的兴趣与对古董作为艺术品的收藏统一起来。不过，最为重要的是，"大旅行"确认了旅行者在社会中的地位以及他们进入上等社会的权利。此种"旅行文化"通过若干的网络而得到巩固。[①]

作为近代英国上层社会教育的一种重要方式和实践，它对前往欧洲大陆旅行的个人产生的影响无疑是深刻的。在旅行期间，他们要么跻身各国宫廷，学习欧洲社会上层的社交礼仪和文化，要么参观各地的文化、艺术胜地，收集文物古玩，要么则借游历、学习之名在各地酗酒、赌博、寻花问柳。这样一些不平凡的经历对旅行者个人产生了深刻的影响。对于追求上进、严于律己的旅行者来说，"大旅行"提供的无与伦比的教育机会让他们获得了进一步的教育，让他们为承担未来的社会职责做好了准备。在大陆游历的过程中，他们得以深刻体会欧洲文明的成就，从而深化了他们对古典文明传统的认同。同时，前往欧洲大陆进行"大旅行"的部分英国人往往与当地的社会和政治精英进行交往，在这个过程中，"大旅行"无疑在游客中培育起一种跨欧洲的阶级意识，一种超越民族国家的"欧洲认同"。对借教育之名而在欧洲大陆放荡游乐、酗酒赌博的人来说，"大旅行"则为他们种下了放荡不羁的种子，甚至让他们从此踏上了毁灭的道路。

作为英国与欧洲大陆文化交流的重要方式之一，"大旅行"成为欧洲向英国传播思想文化的一种重要途径。英国人在文学、音乐、数学、科学、艺术、建筑、政治、银行业、哲学、历史编纂学及其他许多领域所取得的进步都或多或少地直接源自英国人在意大利和欧洲大陆其他地区的切身体验。同时，意大利在马术、击剑、筑城、舞蹈及优雅方面的影响也同样重要。欧洲大陆的文化，如艺术品位及建筑风格，通过前往欧洲大陆进行实地考察和参观的"旅行者"以及其他一些媒介而来到了英国，欧洲大陆的艺术风格与英国本土的传统碰撞、杂合，从而形成了英国独特的视觉艺术风格。英国人旅行时对欧洲大陆的观感，反过来也有助于他们对自己的行为方式、制度和思想进行反思，有助于他们界定自己的文化认同。

处于孕育期的旅行产业支撑着旅行者的各种需求。在许多情况下，旅行者仅仅是整个交通和食宿服务消费者中的一部分，但在某些中心地

---

① John Towner, "Literature, Tourism and the Grand Tour", in Mike Robinson and Hans - Christian Andersen, Literature and tourism: Essaysin the Reading and writing of Tourism. p. 227.

区，他们的数量和财富产生了特别的影响，推动并促进了当地产业的发展。例如，罗马的"西班牙广场"地区成为该城市主要的游客公寓区，而佛罗伦萨到 18 世纪后期已经因其旅行食宿设施的质量而获得声誉。许多中心都可找到旅行导游，纪念品生产也在许多地方兴起。①

近代时期，欧洲航海家的远洋探险将整个世界密切联系起来，而欧洲旅行家对欧洲内部的探索，他们在思想文化和地理方面的探索，则极大地推动了经验知识的积累，为整个时代做出了重要的贡献。旅行者在途中的观察、所写的纪实和各类著述，为知识的积累、科学研究以及哲学思考提供了丰富的经验资料。早期的方法论者在整理旅行经验知识并对其进行反思的过程中，试图建立起某种理论，以指导旅行者。与此同时，人文主义者对旅行的方法论反思，则让旅行者得以从容应对未知世界，并懂得如何处理新获得的知识。

总之，"大旅行"是英国人游学传统中的一个重要篇章，是近代英国与欧洲大陆接触交流的重要方式之一，英国人与欧洲其他地区长期接触对他们的生活和思想产生了深刻的影响。"大旅行"带来了新思想，扩大了英国人的视野，并促进了欧陆思想、制度和文化的传播扩散。在进行"大旅行"的过程中，英国人的岛国特性逐渐减弱，视野也变得更加宽广。尽管他们认为欧洲大陆生活的某些显著特征与英国人的性情和历史发展不相和谐，并对之加以拒斥，但余下的东西也足以对英国人的习惯产生深刻的影响，并在英国人的生活中留下持久的印迹。

---

① Jafar Jafari, *Encyclopedia of Tourism*, p. 260.

附　录

1722—1774 年英国进口的绘画统计表

单位：幅

年份\国家	意大利	法国	荷兰	佛兰德斯	德意志	西班牙	葡萄牙	其　他	总量
1722	147	94	151	42	12			9	455
1723	194	86	223	64	15			2	586
1724	320	78	171	60	116		56		807
1725	334	198	123	33	47	1		21	762
1726	302	62	35	51	8	37	18	1	648
1727	394	46	141	51	14		2		648
1728	324	135	35	54	7		14	2	571
1729	136	66	71	13		1	23	5	315
1730	356	102	56	44	2	3	5	16	584
1731	122	144	45	9	7	5	6	4	342
1732	179	57	12	19	10	7		7	291
1733	203	96	14	1	61	49	2	5	431
1734	189	61	40	9		15	21	1	336
1735	175	99	94	33	8		1	1	411
1736	174	93	32	32		1	3	1	336
1737	137	66	14	13		1			231
1738	141	188	47	35	3	9			423
1739	190	114	30	12	4	1	7	1	359
1740	168	85	21	58	3			4	339
1741	285	226	18	42			2		573
1742	131	345	12	30	7				525
1743	149	443	29	52	1				674
1744	142	54	20	39					255
1745	83	57	121	37			2		300

续表

国家 年份	意大利	法国	荷兰	佛兰德斯	德意志	西班牙	葡萄牙	其　他	总量
1746	54		107	4					165
1747	66		205				25		296
1748	46	39	217		30	2	10		344
1749	90	83	491	25	21				710
1750	113	97	183	62	9			38	502
1751	114	164	144	63	13	8		12	518
1752	101	58	71	41	2		2	16	291
1753	154	103	66	31			1	8	363
1754	392	276	113	12	2	2	37	18	852
1755	118	140	62	39	19			3	381
1756	87	75	146	8	3	1	1	3	324
1757	59		300	5	5			3	
1758	245		280	6	1	4			536
1759	530		230	60	4		4	2	830
1760	82		149	33	4	2	1	17	288
1761	130	4	132	28		9		14	317
1762	154		81	35	17	66			353
1763	500	85	189	82	35	9	10	7	917
1764	435	103	202	133	16	4		5	898
1765	450	121	156	485	53	10	25	5	1305
1766	454	181	100	115	13		4	1	868
1767	329	118	109	47	14	16		10	643
1768	363	109	71	70	7	56		8	684
1769	541	220	86	128	77	10	13	53	1128
1770	399	252	98	107	2		7	1	865
1771	474	231	310	215	21	12	2	13	1384
1772	510	260	310	137	9	4		9	1239
1773	658	139	69	175	6	2	3		1052
1774	448	302	86	82	6	4		5	933

　　资料来源：Public Records Office Series Cust 3，转引自 Iain Pears, *The Discovery of Painting*, *The Growth of Interest in the Arts in England*，1680 - 1768，pp. 207 - 209。

1500—1700 年间英国出版的旅行指南一览表

1570 – 1571. Cecil, William, Lord Burghley, *Letter to Edward Manners*, Earl of Rutland, among State Papers, Elizabeth, 1547 – 1580, Vol. lxxvii. No. 6.

1575. *The Traveller of Jerome Turler*, *Divided into Two Bookes*, *the First Conteining a Notable Discourse of the Maner and order of Travelling oversea*, *or into strange and foreign Countries*, *the Second Comprehending an Excellent Description of the Most Delicious Realms of Naples in Italy*; *a Work Very Pleasant for All persons to Reade*, *and Right Profitable and Necessarie unto All Such as Are Minded to Traveyll*, London, 1575.

1578. Bourne, William, *A Booke Called the Treasure for Travellers*, *Devided into Five Parts*, *Containing Very Necessary Matters for All Sortes of Travailers*, *Eyther by Sea or by Lande*, London, 1578.

1578. *A Regiment for the Sea*, *Containing Verie Necessarie Matter*; *for All Sortes of Men and Travailers* : *Newly Corrected and Amended by Thomas Hood*, London, 1578.

1580. Sidney, Sir Philip Sidney to His Brother Robert Sidney When He Was on His Travels: Advising Him What Circuit to Take; How to Behave, What Authors to Read, etc. , In *Letters and Memorials of State*, collected by Arthur Collins, London, 1746.

1589. *Certaine Briefe and Special*! *Instructions for Gentlemen*, *Merchants*, *Students*, *Souldiers*, *Marriners*. . . *Employed in Services Abroad or ante way Occasioned to Converse in the Kingdomes and Governementes of Forren Princes*, London, 1589. (Translation by Philip Jones.)

1592. Stradling, Sir John, A *Direction for Travailers Taken Out of Justus Lipsius and Enlarged for the Behoofe of the Right Honorable Lord*, *the Young Earle of Bedford*, *Being Now Ready to Travel*, London, 1592.

1595. Devereux, Robert, Earl of Essex (or Bacon ?), *Profitable Instructions*, *for Roger Manners*, *Earl of Rutland*.

1595 (?) . Davison, William (Secretary of Queen Elizabeth.), *Instructions for Travel*, *Harl. Msb*893.

1598. Dallington, Sir Robert. *A Method for Travell*, *Shewed by Taking the View of France as it Stoode in the Yeare of Our Lord*, 1598. N. D. , London, printed by Thomas Creede.

1600. *A True Description and Direction of — What is Most Worthy to be Seen in All Italy*, Anon. , N. D. Harleian Miscellany, Vol. V. No. 128.

1606. Palmer, Thomas, *An Essay of the Meanes How to Make Our Travailes into Forraine Countries the more Profitable and Honourable*, London, 1606.

1609. Greville, Fulke, Lord Brooke, A Letter of Travell, to His Cousin Greville Varney, In *Certaine Learned and Elegant Works of the Right Honorable Fulke, Lord Brooke*, London, 1633.

1611. Kirchnerus, Hermannus, *An Oration Made by Hermannus Kircbnerus... Concerning This Subject*; *That Young Men Ought to Travel*! *into Forraine Countries, and All Those That Desire the Praise of Learning and Atchieving Worthy Actions Both at Home and Abroad*, in Coryat's *Crudities*, London, 1611.

1617. Moryson, Fynes, *Of Travel in General*; *Of Precepts for Travellers*, In The *Itinerary* of Fynes Moryson. Ed. Glasgow, 1907.

1622. Peacham, Henry, *The Compleat Gentleman*, 1634 ed. , reprinted in *Tudor and Stuart Library* by Clarendon Press, with introduction by G. S. Gordon, Oxford, 1906.

1625. Bacon, Francis, Of Travel, In *Works*, ed. James Spedding, London, 1859.

1633. Devereux, Robert, Earl of Essex, *Profitable Instructions*: *Describing what Speciall Observations Are to Be Taken by Travellers in all Nations, States and Countries*; *Pleasant and Profitable* , By the three much admired, Robert, Late Earl of Essex, Sir Philip Sidney and Secretary Davison, London, 1633.

1637. Wotton, Sir Henry, Letter of Instruction to John Milton, About to Travel, In *Life and Letters*, ed. , by Pearsall Smith, Oxford, 1907.

1642. Howell, James. *Instructions for Forreine Travell, Shewing by What Cours, and in What Compasse of Time, One May Take an Exact Survey of the Kingdomes and States of Christendom, and Arrive to the Practicall Knowledge of the Languages, to good purpose*, London, 1642.

1652. Evelyn, John, *The State of France As It stood in the IXth Yeer of this Present Monarch, Lewis XIIII*, Written to a Friend by J. E. London, 1652, Discussion of travel in the preface.

1656. Osborn, Francis, Travel, in *Advice to a Son*, Ed. E. A. Parry, London, 1896.

1662. Howell, James, *A New English Grammar*, *Whereunto is Annexed a Discours or Dialog containing a Perambulation of Spain and Portugal*! *Which may serve for a direction how to travell through both Countreys*, London, 1662.

1665. Hyde, Edward, Earl of Clarendon, *A Dialogue Concerning Education in A Collection of Several Tracts*, London, 1727.

1665. Gerbier, Balthazar, Knight, Master of the Ceremonies to King Charles the First, *Subsidium Peregrinantibus or An Assistance to a Traveller in his Convers... directing him, after the latest Mode, to the greatest Honour, Pleasure, Security, and Advantage in his Travells, Written to a Princely Traveller for a Vade Mecum.* Oxford, 1661.

1670. Lassels, Richard, *The Voyage of Italy or a Complect Journey through Italy... With Instructions Concerning Travel*; *by Richard Lassels, Gent., Who Travelled through Italy Five times, As Tutor to Several of the English Nobility and Gentry*, Never before Extant, Newly printed at Paris and are to be sold in London by John Starkey, 1670.

1670. *A Letter of Advice to a Young Gentleman Leaving the University, Concerning His Behavior and Conversation in the World*, by R (ichard) L (assels). Dublin, 1670.

1671. Leigh, Edward, *Three Diatribes or Discourses*: *First of Travel, or a Guide for Travellers into Foreign Parts*; *Secondly, of Money or Coyns*; *Thirdly, of Measuring the Distance betwixt Place and Place*, London, 1671.

1678. Gailhard, J., *The Compleat Gentleman*: *or Directions for the Education of Youth as to Their Breeding at Home and Travelling Abroad*, London, 1678.

1688. *A Letter of Advice to a Young Gentleman of an Honorable Family, Now in his Travels Beyond the Seas* : *for His More Safe and Profitable Conduct in the Three Great Instances, of Study, Moral Deportment and Religion*, in three parts, by a True Son of the Church of England, London, 1688.

1688. Carr, Will, late Consul for the English Nation in Amsterdam, *Remarks of the Government of Severall Parts of Germaniie, Denmark... but More Particularly the United Provinces, with Some Few Directions How to Travell in the States Dominions*, Amsterdam, 1688.

1690. *The Travellers Guide and Historians Faithful Companion*, London ?

1690 ?

　　1693. Locke, John, *Some Thoughts Concerning Education*, Fourth Edition, London, 1699.

　　1695. Misson, Maximilian, *A New Voyage to Italy*: *With a Description of the Chief Towns. . . Together with Useful Instructions for Those Who Shall Travel Thither*, Done into English, and adorn'd with Figures, 2 Vols, London, 1695.

参考文献

1. Addison, Joseph, *Remarks on Several Parts of Italy*, *in the Year of 1701*, *1702*, *1703*, London, 1705.

2. Addison, Joseph, *Remarks on Several Parts of Italy*, *in the Years of 1701*, *1702*, *1703*, London, 1765.

3. *Albion*: *A Quarterly Journal Concerned with British Studies*, The North American Conference on British Studies, Vol. 21, No. 3, Autumn, 1989.

4. Allen, Benjamin, *The Natural History of Chalybeat and Purging Waters of England*, London, 1694.

5. Allen, John, *The English Hospice in Rome*, Rome: The Venerable English College, 1962.

6. Alexander, R. C. ed., *The Diary of David Garrick Being a Record of His Memorable Trip to Paris in 1751*, New York, 1928.

7. Ambroziak, Brian Michael and Michael Graves, *Michael Graves*: *Images of a Grand Tour*, New York: Princeton Architectural Press, 2005.

8. Andrews, J., *Letters to a Young Gentleman on His Setting Out for France*, London, 1784.

9. Anderson, R., ed., *The Works of John Moore*, Edinburg, 1820.

10. Anderson, Melville B., ed., *The Essays or Counsel Civil and Moral of Francis Bacon*, Chicago: A. C. McClurg and Company, 1890.

11. Anon, *The Traveler of Jerome Turler*, London, 1575.

12. Anon., *Considerations Upon the Mischiefs That May Arise From Granting Too Much Indulgence to Foreigners*, London, 1735.

13. Anon., *Journal de la Cour et de Paris 1732 – 1733*, Paris, 1836.

14. Ascham, Roger, *The Schoolmaster*, *1570*, ed. Lawrence V. Ryan, Ithaca, NY, 1967.

15. Ascham, Roger, *The Schoolmaster*, edited by Edward Arber, London, 1903.

16. Ashkelony, Brouria Bitton, *Encountering the Sacred*: *The Debate on Christian Pilgrimage in Late Antiquity*, Berkeley and Los Angeles: University of California Press, 2005.

17. Aston, Margaret, *The Fifteenth Century*: *The Prospect of Europe*, New York: Thames & Hudson Limited, 1968.

18. Ayres, Philip, *Classical Culture and the Idea of Rome in the Eighteenth - Century England*, Cambridge: Cambridge University Press, 1997.

19. Aughterson, Kate, ed. , *The English Renaissance*: *An Anthology of Sources and Documents*, London: Routledge, 1998.

20. Babeau, Albert, *Les Voyageurs en France Depuis la Renaissance Jusqu' a la Revolution*, Paris: Librairie Firmin - Didot et Cie, 1885.

21. Bacon, Francis, *Essays or Counsels Civil and Moral of Francis Bacon*, Edited by Melville B. Anderson, Chicago: A. C. McClurg and Company, 1890.

22. Bacon, Francis, The Essayes or Counsels of Civil and Morall Francis Bacon, Lord of Verulam, edited by Ernest Rhys, J. M. Dent & Co. , London, 1906.

23. Bailey, N. , trans. , *The Colloquies of Erasmus*, Edited, with Notes, by the Rev. E. Johnson, M. A. , London: Reeves & Turner, 1878.

24. Baretti, Giuseppe Marco Antonio, *An Account of the Manners and Customs of Italy*, *with Observations on the Mistakes of Some Travellers*, *with Regard to That Country*, London, 1769.

25. Bates, E. S. , *Touring in 1600*: *A Study in the Development of Travel as a Means of Education*, London: Constable, 1911.

26. Batten, C. L. , *Pleasurable Instruction*: *Form and Convention in Eighteenth Century Travel Literature*, Berkeley: University of California Press, 1978.

27. Bede, Saint, *The Ecclesiastical History of the English Nation*, *from the Coming of Julius Caesar into this Island in the 60th Year before the Incarnation of Christ till the Year of Our Lord 731*, London, 1723.

28. Berchtold, Leopold, *An Essay to Direct and Extend the Inquiries of Patriotic Travellers*, London, 1787.

29. Berger, Peter L. and Thomas Luckmann, *The Social Construction of Reality*: *A Treatise in the Sociology of Knowledge*, Doubleday, 1966.

30. Bermingham, Anne and John Brewer, eds. , *The Consumption of Culture 1600 - 1800*: *Image*, *Object*, *Text*, London: Routledge, 1995.

31. Birch, Thomas, *The Life of Henry Prince of Wales*, Dublin, 1760.

32. Birch, Thomas, *The Works of the Honourable Robert Boyle*, *An Account of Philaretus*, London, 1772.

33. Birnie, Arthur, *An Economic History of Europe*, *1760 – 1930*, London: Methuen & Co. Ltd. , 2006.

34. Black, Jeremy, *The British and The Grand Tour*, Beckenham, Kent: Croom Helm Ltd. , 1985.

35. Black, Jeremy, *The British Abroad: The Grand Tour in the Eighteenth Century*, Phoenix Mill: Sutton Publishing Limited, 2003.

36. Blomfield, Reginald, *A Short History of Renaissance Architeture in England*, *1500 – 1800*, London, 1900.

37. Bohls, Elizabeth A. and Ian Duncan, ed. , *Travel Writing 1700 – 1830*, *Anthology*, Oxford: Oxford University Press, 2005.

38. Borde, Andrew, *The First Book of Introduction of Knowledge*, London, 1555.

39. Boswell, James, *Life of Johnson*, Oxford University Press, 1970.

40. Bourne, William, *A Booke Called The Treasure for Traueilers*, *Divided into Five Books or Parts*, *Containing Very Necessary Mtters for All Sorts of Traueilers*, *Eyther by Sea or by Land*, London, 1575.

41. Brand, C. P. , *Italy and the English Romantics: The Italianate Fashion in Early Nineteenth Century England*, Cambridge: Cambridge University Press, 1957.

42. Brathwait, Richard, *The English Gentlewoman*, London, 1631.

43. Brauer, G. C. , *The Education of a Gentleman: Theories of Gentlemanly Education in England*, *1660 – 1775*, New York: Bookman, 1959.

44. Brennan, Michael G. ed. , *The Origins of the Grand Tour: The Travels of Robert Montagu*, *Lord Mandeville (1649 – 1654)*, *William Hammond (1655 – 1658)*, *Banaster Maynard (1660 – 1663)*, London: the Hakluyt Society, 2004.

45. Brereton, William. , *Travels in Holland*, *the United Provinces*, *England*, *Scotland*, *and Ireland*, *1634 – 1635*, edited by Edward Hawkins, The Chetham Society, 1844.

46. Breval, John Durant, *Remarks on Several Parts of Europe*, London, 1738.

47. Bromley, William, *Remarks in the Grand Tour of France & Italy*, *Lately*

Performed by a Person of Quality W. Bromley, London, 1692.

48. Brown, Edward, *A Brief Account of Some Travels in Hungaria, Servia, Bulgaria, Macedonia, Thessaly, Austria, Styria, Carinthia, Carniola, and Friuli As Also Some Observations On the Gold, Silver, Copper, Quick – silver Mines, Baths and Mineral Waters in Those Parts : with the Figures of Some Habits and Remarkable Places*, London, 1673.

49. Brown, Edward, *An Account of Several Travels through a Great Part of Germany*, London, 1677.

50. Burgess, Anthony, *The Age of the Grand Tour, Containing Sketches of the Manners, Society and Customs of France, Flanders, the United Provinces, Germany, Switzerland and Italy in the Letters, Journals and Writings of the Most Celebrated Voyagers between the Years 1720 – 1820*, New York: Crown Publisher, 1967.

51. Burton, Robert, *The Anatomy of Melancholy*, London, 1621.

52. Burney, Charles, *The Present State of Music in France and Italy, or the Journal of a Tour through Those Countries, Undertaken to Collect Materials for a General History of Music*, London, 1771.

53. Burnet, Gilbert, *Some Letters Containing an Account of What Seemed Most Remarkable in Switzerland, Italy & C.*, Rotterdam, 1686.

54. Campbell, Gordon, *A Milton Chronology*, London: Macmillan Publisher Limited, 1997.

55. Carr, John, *The Stranger in France, or a Tour from Devonshire to Paris*, London, 1807.

56. Cartwright, James J. ed., *The Memoires of Sir John Reresby of Thrybergh, bart., MP for Yord & C., 1634 – 1689*, London, 1875.

57. Casson, Lionel, *Travel in the Ancient World*, Batimore: Hohns Hopkins University Press, 1994.

58. Cavendish, Margaret, *Orations of Divers Sorts, Accomodated to Divers Places*, London, 1662.

59. Chaney, Edward, *The Evolution of the Grand Tour: Anglo – Italian Cultural Relations since the Renaissance*, London: Frank Cass Publishers, 1998.

60. Chapman, Henry, *Thermae Redivivae, the City of Bath Described*, London, 1673.

61. Chardin, Jean, *The Travels of Sir John Chardin into Persia*, London, 1686.

62. Charlton, K., *Education in Renaissance England*, London: Routledge and Kegan Paul, 1965.

63. Chapman, George, *Two Wise Men and All the Rest Fools*, London, 1619.

64. Cheyne, George, *An Essay of the True Nature and Due Method of Treating Gout*, London, 1722.

65. Churchill, Kenneth, *Italy and English Literature, 1764 – 1930*, Cambridge University Press, 1980.

66. Claydon, Tony, *Europe and the Making of England, 1660 – 1760*, Cambridge, New York, etc.: Cambridge University Press, 2007.

67. Clark, Peter, ed., *Small Towns in Early Modern Europe*, Cambridge: Cambridge University Press, 1995.

68. Cleland, James, *Hero – Paideia, or The Institution of a Young Noble Man*, Oxford, 1607.

69. Clenche, J., *A Tour in France and Italy Made by an English Gentleman*, London, 1676.

70. Cogan, Thomas, *The Rhine: or a Journey from Utrecht or Francfort Chiefly by the Borders of the Rhine and the Passage Down the River from Mentz to Bonn...Embellished with Twenty – Four Views in Aqua Tinta, and a Map of the Rhine*, London, 1794.

71. Cohen, Erik, *Contemporary Tourism: Diversity and Change*, London: Elsevier Ltd., 2004.

72. Cook, Chris and John Stevenson, eds, *The Longman Handbook of Modern British History, 1714 – 1980*, London: Longman, 1983.

73. Cornish, F. Warre, *Chivalry*, London: Swan Sonnenschein & Co., Lim., 1901.

74. Coyat, Thomas, *Coyat's Crudities Hastely Gobled Up in Five Months Travel in France, Savoy, Italy, Rhetia Commonly Called the Grisons Country, Heluetia alias Switzerland, Some Parts of High Germany, and the Netherlands, Newly Digested in the Hungry Air of Odcombe in the Countey of Somerset, and Now Dispersed to the Nourishment of the Travelling Members of This Kingdom*, London, 1611.

75. Cradock, Joseph, *Literary and Miscellaneous Memoirs*, 1826.

76. Cullen, William, *First Lines in the Practice of Physic*, 4 Vol. s, Edinburgh: William Creech, 1778 – 1784.

77. Cust, L. , *Records of the Cust Family*, 1927.

78. Cust, Richard and Anne Hughes, eds, *Conflict in Early Stuart England*, Harlow, 1898.

79. Dallington, Robert, *The View of France*, London, 1604.

80. Dallington, Robert, *A Method for Travell, Shewed by Taking the View of France As It Stood in the Yeare of Our Lord 1598*, London, 1604.

81. Dallington, Robert, *A Survey of the Great Dukes State of Tuscany*, London, 1605.

82. Dampier, William, *A New Voyage Round the World*, London, 1697.

83. Daniel, Samuel, *The Queen's Arcadia*, 1605.

84. Davies, G. , ed. , *Autobiography of Thomas Raymond and Memoirs of the Family of Guise of Elmore, Gloucestershire*, Hereford: The Hereford Times Ltd. , 1917.

85. Dent, K. S. , *The Informal Education of the Landed Classes in the Eighteenth Century, with Particular Reference to Reading*, University of Birmingham Doctoral Dissertation, 1974.

86. Dickinson, H. T. , ed. , *A Companion to Eighteenth – Century Britain*, Oxford: Blackwell Publishers Ltd. , 2002.

87. Drake, E. F. Elliott, ed. , *Lady Knight's Letters from France and Italy, 1776 – 1795*, 1905.

88. Dolan, Brian, *Ladies of the Grand Tour*, London: Harper Collins Publishers, 2001.

89. Dolan, Brian, *Exploring European Frontiers: British Travellers in the Age of Enlightenment*, Basingstoke: MacMillan Press Ltd. , 2000.

90. Doran, Susan and Norman Jones ed. , *The Elizabethan World*, London: Routledge, 2011.

91. Duranton, H. , ed. , *Journal de la Cour et de Paris*, St. Etienne, 1981.

92. Einstein, Lewis, *The Italian Renaissance in England: Studies*, London: MacMillian Company & Co. , LTD, 1902.

93. Eglin, John, *Venice Transfigured: The Myth of Venice in British Culture, 1660 – 1797*, Basingstoke, Hampshire: Palgrave TM, 2001.

94. Eliade, Mircea and Williard R. Trask, *The Myth of Eternal Return: Cosmo and History*, Princeton: Princeton University Press, 1971.

95. Elsner, Jas and Joan – Pau Rubies, ed. , *Voyages and Visions: Towards a*

Cultural History of Travel, London: Reaktion Books Ltd. , 1999.

96. Elyot, Thomas, *The Book Named Governor*, London, 1834.

97. Essex, James, *Journal of a Tour through Part of Flanders and France in August, 1773*, edited by W. M. Fawcett, Cambridge: Bell & Co. , 1888.

98. Evelyn, John, *A Character of England*, London, 1659.

99. Evelyn, John, *Diary and Correspondence*, ed. Bray, London, 1906.

100. Farquhar, George, *The Constant Couple, or A Trip to the Jubilee*, London, 1700.

101. Feltham, Owen, *Resolves, A Duple Century*, London, 1628.

102. Feltham, Owen, *A Brief Charactaer of the Low – Countries under the States, Being three Months Observations of the Vices of the Inhabitants*, London, 1652.

103. Fitzgerald, Percy Hetherington, *The Life of Laurence Sterne*, London, 1896.

104. Floye, John, *History of Cold Bathing*, London, 1697.

105. Foote, Samuel, *A Trip to Calais*, London, 1775.

106. Ford, Charles Howard, *Hannah More: A Critical Biography*, New York: Peter Lang, 1996.

107. Fordyce, James, *Addresses to Young Men*, Dublin, 1777.

108. Friedländer, Ludwig, *Roman Life and Manners Under the Early Empire*, translated by J. H. Freese, MA. , London: George Routledge & Sons, Limited, Seventh edition.

109. Friedman, Arthur, ed. , *The Collected Works of Oliver Goldsmith*, Oxford: Clarendon Press, 1966.

110. Fuller, T. , *The Worthies of England*, London, 1662.

111. Fussell, P. , *The Rhetorical World of Augustan Humanism*. Oxford: Clarendon Press, 1965.

112. Gardenstone, *Travelling Memorandums Made in a Tour Upon the Continent of Europe in the Years of 1786, 1787 and 1788*, London, 1791.

113. Gay, P. , *The Enlightenment*, New York: Knopf, 1967.

114. Gailhard, J. , *The Compleat Gentleman or Directions for the Education of Youth As to Their Breeding at Home and Travelling Abroad*, London, 1678.

115. Gerbier, Balthazar, *Subsidium Peregrinantibus, or an Assistance to a Traveller in His Converse with Hollanders, Germans, Venetians, Italians, Spaniards, French, Directing Him after the Latest Mode, to the Greatest*

Honour, *Pleasure*, *Security*, *and Advantage in His Travells*, Oxford, 1665.

116. Goodall, Baptist, *The Trial of Travel*, London, 1630.

117. Gray, Thomas, *The Letters of Thomas Gray*, ed. , D. C. Tovey, London, 1909.

118. Gunther, R. T. , *The Architecture of Sir Roger Pratt*, Oxford, 1938.

119. Hale, J. R. , *England and the Italian Renaissance*, *the Growth of Interest in its History and Art*, Oxford: Blackwell Publishing, 1954.

120. Hall, John, *Quo vadis? A Just Censure of Travel As It Is Commonly Undersood by the Gentlemen of Our Nation*, London, 1617.

121. Hancock, David, *Citizens of the World: London Merchants and Integration of the British Atlantic Community*, *1735 – 1785*, Cambridge: Cambridge University Press, 1995.

122. Hay, Denys, *The New Cambridge Modern History*, London: Cambridge Uniersity Press, 2008.

123. Hervey, Mary F. S. , *The Life Correspondence & Collections of Thomas Howard Earl of Arundel*, Cambridge: The Cambridge University Press, 1921.

124. Heylyn, Peter, *The Voyage of France*, *or*, *A Compleat Journey through France with the Character of the People*, *and the Description of the Chief Towns*, *Fortresses*, *Churches*, *Monasteries*, *Universities*, *Pallaces and Antiquities : As Also of the Interest*, *Government*, *Riches*, *& C.* , London, 1673.

125. Heylyn, Peter, *Cosmographie in Four Bookes: Containing the Chorographie and Historie of the Whole World*, *and All the Principall Kingdomes*, *Provinces*, *Seas and Isles Thereof*, London, 1652.

126. Hibbert, C. , *The Grand Tour*, London: Putnam, 1969.

127. Honhart, C. T. , *Fielding*, *Smollett*, *Sterne*, *and the Development of the Eighteenth Century Travel Book*, Duke University Doctoral Dissertation, 1974.

128. Hood, Thomas, *A Regiment for the Sea*, *Containing Verie Necessarie Matters for All Sorts of Men and Travailers*, London, 1578.

129. Hornsby, Clare, *The Impact of Italy: the Grand tour and Beyond*, London: The British School at Rome, 2000.

130. Howard, Clare, *English Travellers of the Renaissance*, London: John Lane, The Bodley Head, New York: John Lance Company, Toronto:

Bell and Cockburn, 1914.

131. Howell, James, *Instructions for Forraine Trauell*, London, 1642.

132. H. , W. , *Biens Sans Bruit*, *The Reformed Trauailer*, London, 1606.

133. Hulme, Peter and Tim Youngs ed. , *The Cambridge Companion to Travel Writing*, Cambridge: Cambridge University Press, 2002.

134. Hurd, Richard, *Dialogues on the Uses of Foreign Travel*, *Considered as a Part of an English Gentleman's Education between Lord Shaftesbury and Mr. Locke*, London, 1764.

135. Hutton, E. M. , *The Grand Tour in Italy in the Sixteenth*, *Seventeenth and Eighteenth Centuries*, University of Cambridge Doctoral Dissertation, 1937.

136. Ingamells, John, *A Dictionary of British and Irish Travellers in Italy*, *1701 – 1800*, New Haven: Yale University Press, 1997.

137. Jafari, Jafar, *Encyclopedia of Tourism*, Routledge, 2000.

138. Joceline, Elizabeth, *The Mother's Legecy to Her Unbron Child*, London, 1622.

139. Jones, John, *The Bathes of Bathes Ayde*, London, 1574.

140. Jones, Philip, *Certain Brief and Special Instructions for Gentlemen*, *Merchants*, *Students*, *Soldiers*, *Mariners*, *etc.* , *Employed in Services Abroad*, *or Any Way Occasioned to Converse in the Kingdoms and Government of Foreign Princes*, London, 1589.

141. Jones, William, *Observations in a Journey to Paris by Way of Flanders*, *in the Month of August*, *1776*, London, 1777.

142. Jones, Richard Foster, ed. , *The Seventeenth Century: Studies in the History of English Thought and Literature from Bacon to Pope*, London: Oxford University Press, 1951.

143. Jorden, Edward, *A Discouse of Natural Bathes and Mineral Waters*, London, 1631.

144. Kibre, Pearl, *The Nations in the Medieval Universities*, Cambridge, 1948.

145. Kirby, Paul Franklin, *The Grand Tour in Italy (1700 – 1800)*, New York: Vanni, 1952.

146. Klenze, C. von, *The Interpretation of Italy in the Last Two Centuries*, Chicargo: University of Chicargo Press, 1907.

147. Lambert, Richard Stanton, *Grand Tour: A Journey in the Track of Aristocracy*, E. P. Dutton & Co. Inc. , 1937.

148. Lambert, R. S. , *The Fortunate Traveller*, London: Melrose, 1950.

149. Lande, De La, *Voyage en Italie*, Paris, 1786.

150. Lane, Frederic. Chapin, *Venice, A Marine Republic*, Baltimore: The John Hopkins University Press, 1973.

151. Larkin, J. F. and P. L. Hughes, ed. , *Stuart Royal Proclamations*, Vol. 1, *Royal Proclamations of King James* I, *1603 – 1625*, Oxford: Claredon Press, 1973.

152. Lassels, Richard, *The Voyage of Italy or a Compleat Journey through Italy*, London, 1670.

153. Lehberg, Stanford E. , *The Peoples of the British Isles: A New History*, Belmont, California: Wadsworth Publishing Company, 1992.

154. Lewis, Theresa, ed. , *Extracts of the Journals and Correspondence of Miss Berry from the Year 1783 to 1852*, London, Longmans, Green and Co. , 1865.

155. Lewkenor, Samuel, *A Discourse Not Altogether Vnprofitable, Not Vnpleasant for Such as Are Desirous to Know the Situation and Customes of Forraigne Cities Without Trauelling to See Them, Containing a Discourse of All Those Cities Wherein Doe Flourish at This Day Priuileged Vniverisities*, London, 1600.

156. Lee, S. , *The French Renaissance in England, An Account of the Literary Relations of England and France in the Sixteenth Century*, Oxford: Clarendon Press, 1910.

157. Lee, Sidney, *The Great Englishmen of the Sixteenth Century*, C. Scribner's Sons, 1904.

158. Lipsius, Justus, *A Direction for Trauailers*, London, 1592.

159. Lithgow, William, *A Most Delectable and Trve Discovrse of an Admired and Painful Peregrination from Scotland to the Most Famous Kingdomes in Europe, Asia and Africa*, London, 1623.

160. Locke, John, *Some Thoughts Concerning Education*, London, 1693.

161. Loftie, W. J. , *Inigo Jones and Wren, or the Rise and Decline of Modern Architecture in England*, London: Rivington, Percival & Co. , 1893.

162. Lomas, S. C. and F. R. Hist. S, *The Memoir of Sir George Courthop*, 1616 – 1685, London, 1907.

163. Macaulay, Thomas Babington, *The History of England from the Accession*

of James II, New York: Harper & Brothers Publishers, 1853.

164. Maignan, E. , *Petit Discourse de l' Utilite Des Voyages Ou Pelerinages*, Paris, 1578.

165. Malins, E. , *English Landscaping and Literature*, *1660 – 1840*, Oxford: Oxford University Press, 1966.

166. Manwaring, E. , *Italian Landscape in Eighteenth Century England*, London: Oxford University Press, 1925.

167. Marino, John A. , *The Short Oxford History of Italy*: *Early Modern Italy* (*1550 – 1796*), Oxford University Press, Oxford, 2002.

168. Markham, Gervase, *Countrey Contentments*, including *The English Housewife*, London, 1615.

169. Masson, David, *Life of John Milton*: *Narrated in Connection with the Political*, *Ecclesiastical*, *and Literary History of His Time*, Boston: Gould and Lincoln, 1859.

170. Martyn, W. Carlos, *Life and Times of John Milton*, New York: The American Tract Society, 1866.

171. Mathias, Peter, *The First Industrial Nation*: *the Economical History of Britain*, *1700 – 1914*, London: Methuen, 1983.

172. Maxwell, Constantia, *The English Traveller in France*, *1698 – 1815*, London: George Routledge & Sons, 1932.

173. McClure, N. E. , ed. , *The Letters of John Chamberlain*, 1939, 2 Vol. s.

174. Mead, William Edward, *The Grand Tour in the Eighteenth Century*, Boston and New York: Houghton Mifflin Company, 1914.

175. Merriman, John, *A History of Modern Europe*: *From the Renaissance to the Present*, New York and London: W. W. Norton & Company, 1996.

176. Meyer, Albrecht, *Certain Brief and Special Instructions for Gentlemen*, *Merchants*, *Students*, *Soldiers*, *Mariners*, *& C. Employed in Services Abroad or Any Way Occassioned to Converse in the Kingdom and Governments of Foreign Princes*, London, 1589.

177. Miller, Anna, *Letters from Italy*, *Describing the Customs and Manners of That Country in the Year 1765 and 1766*, London, 1776.

178. Mingay, G. E. , *English Landed Society in the Eighteenth Century*, London: Routledge and Kegan Paul, 1963.

179. Mingay, G. E. , *The Gentry*: *The Rise and Fall of a Ruling Class*, Lon-

don: Longman, 1976.

180. Misson, Maximilian, *A New Voyage to Italy with a Description of the Chief Towns, Churches, Tombs, Libraries, Palaces, Statues, and Antiquities of That Country, Together with Useful Instructions for Those Who Shall Travel Thither*, London, 1695.

181. Montagu, Mary, *Letters of Lady Mary Wortley Montague, Written During Her Travels in Europe, Asia, and Africa*, Bordeaux, 1805.

182. Montagu, Mary Wortley, *The Letters and Works of Lady Mary Wortley Montagu*, 1837.

183. Moore, John, *A View of Society and Manners in France, Switzerland and Germany*, London, 1770.

184. More, Hannah, *The Search after Happiness: A Pastroral Drama*, Bristol, 1773.

185. Morrill, M. S. R. , *The British Literary Travellers on the Continent, 1795 – 1825*, New York University Doctoral Dissertation, 1975.

186. Moryson, Fynes, *Containing His Ten Yeeres Travell throvgh the Twelve Deminions of Germany, Bohmerland, Sweitzerland, Netherland, Denmarke, Poland, Italy, Turkey, France, England, Scotland, and Ireland*, London, 1617.

187. Mulcaster, Richard, *Positions, Wherein Those Primitive Circumstances Be Examined, Which Are Necessary for the Training up of Children, either for Skill in Their Book, or Health in Their Body*, London, 1887.

188. Murray, James A. H. etc. , *The Oxford English Dictionary*, Second Edition, Vol. Ⅵ, Oxford: Oxford University Press, Clarenton Press, 1989.

189. Nash, Thomas, *The Unfortunate Traveller, or The Life of Jack Wilton*, London: Charles Whittingham & Co. , 1892.

190. Neal, Gilbert W. , *Renaissance Concept of Method*, New York, 1960.

191. Newman, Gerald, *The Rise of English Nationalism: A Cultural History, 1740 – 1830*, New York, 1997.

192. Northall, John, *Travels through Italy, 1752*, London, 1766.

193. Norton, Jane Elizabeth, ed. , *Letters of Edward Gibbon*, 1956.

194. Nugent, Thomas, *The Grand Tour, or A Journey through the Netherlands, Germany, Italy and France*, London, 1749.

195. Nugent, Thomas, *The Grand Tour, or A Journey through the Nether-

lands, Germany, Italy and France, London, 1756.

196. Osborne, Francis, *Advice to a Son or Directions for Your Better Conduct through the Varous and Most Important Encounters of This Life*, Oxford, 1655.

197. Palmer, Thomas, *An Essay of the Means How to Make Our Travel into Forreign Countries the More Profitable and Honourable*, London, 1606.

198. Parks, G. B. , *The English Traveler to Italy*, The Middle Ages to 1525, Rome: Edizioni di Storia e Letteratura, 1954.

199. Peachman, Henry, *The Compleat Gentleman Fashioning Him Absolut, in the Most Necessary and Commendable Qualities Concerning Minde or Body, That May Be Required in a Noble Gentleman*, London, 1634.

200. Pears, Iain, *The Discovery of Painting: The Growth of Interest in Arts in England, 1688 – 1768*, London: Yale University Press, 1988.

201. Penrose, Boies, *Travel and Discovery in the Renaissance 1420 – 1620*, Cambridge, Mass: Harvard University Press, 1952.

202. Pimlott, J. A. R. , *The Englishman's Hollilay, A Social History*, London: Faber and Faber, 1947.

203. Piozzi, Hester, *Observation and Reflection Made in the Course of a Journey through France, Italy, and Germany*, London, 1789.

204. Pitsius, Johannes, *De Peregrinatione*, Dusseldorf, 1602.

205. Porter, Roy, *English Society in the Eighteenth Century*, London: Allen Lane, 1982.

206. Pottle, Frederick A. ed. , *Boswell on the Grand Tour*, 1764, New York, Toronto, London: Mc Graw – Hill, 1953.

207. Powell, Edgar ed. , *The Travels and Life of Sir Thomas Hoby, Kt of Bisham Abbey, Written by Himself, 1547 – 1564*, London: Offices of the Royal Historical Society, 1902.

208. Quick, R. H. , *Some Thoughts Concerning Education by John Locke*, Cambridge: Cambridge University Press, 1902.

209. Raymond, John, *An Itinerary Contayning a Voyage through Italy in the Yeare 1646, 1647 and 1648*, London, 1648.

210. Ray, John, *Observations, Topographical, Moral & Physiological, Made in a Journey through Part of the Low – Countries, Germany, Italy and France, with a Catalogue of Plants not Native of England, Found Spon-*

taneously Growing in Those Parts, and Their Virtue, London, 1673.

211. Redford, Bruce, *Venice & the Grand Tour*, New Haven and London: Yale University Press, 1996.

212. Richard, John, *A Tour from London to Petersburg*, London, 1780.

213. Ridder – Symoens, Hilde de, *A History of the Universities in Early Modern Europe (1500 – 1800)*, Cambridge: Cambridge University Press, 1996, Vol. 2, p. 148.

214. Rigby, Edward, *Letters from France, etc. , in 1789*, edited by Lady Eastlake, London, 1880.

215. Rice, S. B. , *Smollett's Travels through France and Italy and the Genre of Grand Tour Literature*, University of Arizona Doctoral Dissertation, 1968.

216. Robinson, Mike and Hans – Christian Andersen, *Literature and Tourism: Essays in the Reading and Writing of Tourism*, Thomson Learning, 2004.

217. Romanell, Patrick, *John Locke and Medicine: A New Key to Locke*, New York: Prometheus Books, 1984.

218. Rycaut, Paul, *The Present State of the Ottoman Empire*, London, 1668.

219. Rubies, Joan – Pan ed. , *Travellers and Cosmographers: Studies in the History of Early Modern Travel and Ethnology*, Aldershot, Hampshire: Ashgate Publishing Limited, 2007.

220. Sandys, George, *A Relation of A Journey Begun in An. Dom. 1610*, London, 1615.

221. Sells, A. Lytton, *The Paradise of Travellers*, London, 1964.

222. Shakespeare, William, *As You Like it*, 1599.

223. Sharp, Samuel, *Letters from Italy, Describing the Customs and Manners of That Country in the Years 1765, and 1766*, London, 1766.

224. Sharp, J. A. , *Early Modern England: A Social History, 1550 – 1760*, London: Arnold, 1997.

225. Shaw, Jesoph, *Letters to a Nobleman from a Gentleman Travelling through Holland, Flanders and Franc, & C. *, London, 1709.

226. Shute, John, *The First and Chief Grounds of Architecture*, London, 1563.

227. Sidney, Philip, *Sir Philip Sidney to His Brother Robert Sidney When He Was on His Travels, Advising Him What Circuit to Take, How to Behave, What Authors to Read*, etc. , in *Letters and Memorials of State* collected by Arthur Collins, London, 1746.

228. Smith, James Edward, *A Sketch of a Tour on the Continent in the Years 1786 and 1787*, London, 1793.

229. Smith, G. ed. , *Correspondence of Sir Robert Murray Keith*, 1849.

230. Smith, Logan Pearsall, *The Life and Letters of Sir Henry Wotton*, Oxford: The Clareton Press, 1907.

231. Smollett, Tobias George, *Travels through France and Italy*, London, 1766.

232. Smollet, Tobias, *Travels through France and Italy*, London, New York and Toronto: Oxford University Press, 1907.

233. Smythe, James, *The Rival Modes*, London, 1727.

234. Southern, Richard William, *Medieval Humanism and Other Studies*, Oxford: Basil Blackwell, 1970.

235. Stagl, Justin, *A History of Curiosity: The Theory of Travel 1550 – 1880*, Chur, Switzerland: Harwood Academic Publishers, 1995.

236. Starke, Marianna, *Letters from Italy between the Years 1792 and 1798, Containing a View of the Revolutions in That Country from the Capture of Nice by the French Republic to the Expulsion of Pius VI from the Ecclesiastical State*, London, 1800.

237. Stephens, J. E. ed. , *Aubrey on Education*, London, 1972.

238. Stern, Virginia F. , *Sir Stephen Powle of Court and Country*, London: Associated University Presses, 1992.

239. Stone, L. , *The Crisis of Aristocracy, 1558 – 1641*, Oxford: Oxford University Press, 1965.

240. Stoye, J. W. , *English Travellers Abroad, 1604 – 1667, Their Influence in English Society and Politics*, London: Cape, 1952.

241. Stoye, John, *English Travellers Abroad 1604 – 1667, Their Influence in English Society and Politics*, New Haven and London: Yale University Press, 1989.

242. Stradling, John, *A Direction for Travelers, Taken Out of Justus Lipsius and Enlarged for the Behalf of the Right Honorable Lord, the Young Earl of Bedford, Being Now Ready to Travel*, London, 1592.

243. Sutton, D. , *Souvenirs of the Grand Tour*, London: Wildenstein, 1982.

244. Starke, Mariana, *Letters from Italy between the Years 1792 and 1798*, London, 1800.

245. Taylor, Bayard, *Views Afoot, or Europe Seen with Knapsack and Staff*,

New York, 1854.

246. Temple, Richard Carnac ed. , *The Travels of Peter Mundy in Europe and Asia, 1608 – 1667*, Vol. 4, *Travel in Europe, 1639 – 1647*, London, The Hakluyt Society, 1925.

247. Temple, William, *Observations upon the United Provinces of the Netherlands*, 1705.

248. Thomson, F. M. L. , *English Landed Society in the Nineteenth Century*, London: Routledge and Kegan Paul, 1963.

249. Thomas, William, *The Principall Rules of the Italian Grammer, with a Dictionarie for the Better Understandynge of Boccace, Petrarcha, and Dante*, London, 1550.

250. Thomas, William, *The Historie of Italie, A Boke Excedyng Profitable to Be Redde: Because It Intreateth of the Astate of Many and Diuers Common Weales, How Thei Haue Ben, and Now Be Gouerned*, London, 1549.

251. Trease, Geoffrey, *The Grand Tour, A History of the Golden Age of Travel*, Holt, Rinehart and Winston, 1967.

252. Turler, Jerome, *The Traveller of Jerome Turler*, London, 1575.

253. Turner, William, *The First and Second Part of the Herbal of William Turner Doctor in Physic, Lately Overseen, Corrected and Enlarged with the Third Parte, Lately Gathered, and Now Set Out with the Names of the Herbs, in Greek, Latin, English, Dutch, French and in the Apothecaries and Herbaries Latin…Here unto Is Joined Also A book of the Bath of Baeth in England and of the Virtues of the Same with Diverse Othe Bathes Most Wholesome and Effectual in Almanye and England…*, London, 1568.

254. Towner, John, *An Historical Geography of Recreation and Tourism in the Western World, 1540 – 1940*, Chichester: John Wiley & Sons, 1996.

255. Towner, John, *The European Grand Tour, Circa, 1550 – 1840: A Study of Its Role in the History of Tourism*, University of Birmingham, 1984.

256. Varennes, Claude de, *Le voyage de France*, Paris, 1643.

257. Venner, Tobias, *The Bathes of Bath, or a Necessary Compendious Treatise Concerning the Nature, Use and Efficacy of Those Famous Hot Waters*, London, 1628.

258. Veryard, Ellis, *An Account of Divers Choice Remarks as Well as Geographical, Historical, Policitacal, Mathematical, Physical and Moral Taken*

in a Journey through the Low Countries, France, Italy, and Part of Spain, with the Isles of Sicily and Malta, as Also a Voyage to the Levant, London, 1701.

259. Vickery, Amanda, *The Gentleman's Daughter: Women's Lives in Georgian England,* New Haven: Yale University Press, 1998.

260. Vivies, Jean, *English Travel Narratives in the Eighteenth Century: Exploring Genres,* trans. Claire Davison, Aldershot: Ashgate Publishing Limited, 2002.

261. Walker, Obadiah, *Of Education Especially of Young Gentlemen,* Oxford, 1673.

262. Walton, Izzak, *Life of Jonne Donne, Henry Wotton, Richard Hooker, and George Herbert,* London: George Routledge and Sons, 1888.

263. Warneke, Sara, *Images of the Educational Traveler in Early Modern England,* Leiden: E. J. Brill, 1995.

264. Ward, Adolphus William, *Sir Henry Wotton, A Biographical Sketch,* Westminster: Archibald Constable and Co. , 1898.

265. Wilson, Thomas, *The Arte of Rhetorique,* London, 1553.

266. Withey, Lynne, *Grand Tours and Cook's Tours: A History of Leisure Travel, 1750 – 1915,* New York: William Morrow, 1997.

267. Woodhouse, A. F. , *English Travelers in Paris 1660 – 1789: A Study of Their Diaries,* Stanford University Doctoral Dissertation, 1976.

268. Wordsworth, Christopher, *Ecclesiastical Biography or Lives of Eminent Men, Connected with the History of Religion in England, from the Commencement of the Reformation to the Revolution, Selected and Illustrated with Notes,* London, 1810.

269. Wotton, Henry, *The Elements of Architecture, Collected by Henry Wotton Knight, from the Best Authors and Examples,* London, 1624.

270. Wood, Anthony a. , *Athenae Oxonienses: An Exact History of All the Writers and Bishops Who Had Their Education in the Most Ancient and Famous University of Oxford, from the Fifteenth Year of King Henry the Seventh, Dom. 1500 to the End of Year 1690,* London, 1692.

271. Wotton, Henry, *Elements of Architecture,* London, 1903.

272. Wright, Edward, *Some Observations Made in Travelling through France, Italy, etc. ,* London, 1764.

273. Wright, William Aldis, ed. , *The English Works of Roger Ascham,* Cam-

bridge: Cambridge University Press, 1904.

274. Young, Arthur, *Travels During the Years 1787, 1788 and 1789*, London, 1794.

275. Zacher, Christian K. , *Curiosity and Pilgrimage: The Literature of Discovery in Fourteenth – Century England*, Baltimore, London, 1976.

276. Arthos, John, "A Hermeneutic Interpretation of Civic Humanism and Liberal Education", *Philosophy & Rhetoric*, Vol. 40, No. 2, 2007.

277. Burdon, G. , "Sir Thomas Isham: An English Collector in Rome in *1677 – 1678*", *Italian Studies*, 1960, 15th edition.

278. Burke, J. , "The Grand Tour and the Rule of Taste", in *Studies in the Eighteenth Century*, edited by F. R. Brissenden, Canberra: Austrilian National University, 1968.

279. Bury, John, "Review of The Grand Tour and the Great Rebellion: Richard Lassels and 'The Voyage of Italy" in the Seventeenth Century", *The Burlington Magazine*, The Burlington Magazinc Publications Ltd. , Vol. 130, No. 1024, July, 1988.

280. Crone, G. R. , "Riview of The English Traveller in France, 1698 – 1815 by Constantia Maxwell", *The Geographical Journal*, Vol. 80, No. 2, 1932.

281. Crone, G. R. , "Review of Grand Tour", *The Geographical Journal*, Vol. 88, No. 2, 1936.

282. Curley, Thomas M. , "Review of Pleasurabel Instruction: Form and Convention in Eighteenth – Century Travel Literature by Charles L. Batten, Jr. ", *Eighteenth – Century Studies*, The Johns Hopkins University Press, Vol. 13, No. 1, 1979.

283. Dent, K. S. , "Travel as Education, The English Landed Classes in the Eighteenth Century", *Educational Studies*, No. 1, 1975, Vol. 3.

284. Editorial, "Francis Haskell: in memoriam", *The Burlington Magazine*, Vol. 142, No. 1166, 2000.

285. Ely, John Wilton, "Classic Ground: Britain, Italy, and the Grand Tour", *Eighteenth – Century Life*, Vol. 28, No. 1, 2004.

286. Ethington, P. , "Toward Some Borderland Schools for American Urban Ethinic Studies?", *American Quarterly*, Vol. 48, 1996.

287. Ford, B. , "The Grand Tour", *Apollo*, Vol. 114, 1981.

288. Ford, Brinsley, "Review of The Age of Grand Tour", *The Burlington*

Magazine, Vol. 110, No. 785, 1968.

289. Friedman, Alice T. , "The Influence of Humanism on the Education of Girls and Boys in Tudor England", *Early Music*, Vol. 18, No. 4, 1990.

290. Fritz, Paul S. , "Review of The British and the Grand Tour", *The American Historical Review*, Vol. 92, No. 2, 1987 (April) .

291. G. , D. , "Review of Public Baths and Health in England, 16th – 18th Century by Charles F. Mullett", *The English Historical Review*, Vol. 62, No. 242 (Jan.) , 1947.

292. Griffiths, R. A. , " Public and Private Bureaucracies in England and Wales in the Fifteenth Century", *Transactions of the Royal Historical Society*, 5th edidtion, 1980, Vol. 30.

293. Hagstrum, J. H. , "Review of *The Grand Tour in Italy, 1700 – 1800*", *Italica*, Vol. 29, No. 4, 1952.

294. Hagstrum, Jean H. , *Review of Originals Abroad, the Foreign Careers of Some Eighteenth Century Britons* and *English Travellers Abroad 1603 – 1667, Their Influence and in English Society and Politics, Italica*, Vol. 31, No. 4, 1954.

295. Hayes, John, "The French Taste in English Painting: Kenwood", *The Burlington Magazine*, Vol. 110, No. 785, Aug. 1968.

296. Heafford, Michael, "Between Grand Tour and Tourism, British Travellers to Switzerland in a Period of Transition, 1814 – 1860", *The Journal of Transport History*, 27/1.

297. Houghton, W. E. , "The English Virtuoso in the Seventeenth Century", *Journal of the History of Ideas*, No. 3, 1942.

298. Howarth, David, "The Arrival of Van Dyck in England", *The Burlington Magazine*, Vol. 132, No. 1051, 1990.

299. Letts, Malcom, "Some Sixteen Century Travelers in Naples", *English Historical Review*, Vol. 33, 1918.

300. Maddsion, R. E. W. , "Studies in the Life of Robert Boyle, F. R. S. ", *Notes and Records of the Royal Society of London*, Vol. 20, No. 1, 1965.

301. Miller, Naomi, "Review of The Elements of Architecture by Henry Wotton", *Journal of the Society of Architectural Historians*, Vol. 29, No. 1, 1970.

302. Mitchell, R. J. , "English Law Students at Bologna in the Fifteenth Century", *English Historical Review*, LI (1936) .

303. Mitchell, R. J. , "English Students at Ferrara in the XV Century", *Italian Studies*, No. 1, 1938.

304. Mullenbrock, H. J. , "The Political Implications of the Grand Tour: Aspects of a Specifically English Contribution to the European Travel Literature of the Age of Enlightenment", *Trema*, No. 9, 1984.

305. Newman, John, "Inigo Jones's Architectural Education Before 1614", *Architectual History*, Vol. 35, 1992.

306. Oppe, Paul, "Sir Anthony Van Dyck in England", *The Burlington Magazine for Connoisseurs*, Vol. 79, No. 465, 1941.

307. Oresko, Robert, "The British Abroad", *Durham University Journal*, Vol. 79, 1987.

308. Parks, George B. , Review of The English Travellers and the Movement of Ideas, *1660 – 1732*, *Modern Language Notes*, Vol. 51, No. 8, 1936.

309. Parks, G. B. , "John Evelyn and the Art of Travel", *Huntington Library Quarterly*, University of California Press, Vol. 10, No. 3, 1947.

310. Parks, George B. , "The First Italianate Englishmen", *Studies in the Renaissance*, The University of Chicago Press on Behalf of the Renaissance Society of America, No. 8, 1961.

311. Parks, George B. , "The Genesis of Tudor Interest in Italian", *PMLA*, *Modern Language Association*, Vol. 77, No. 5, 1962.

312. Robertson, J. C. , "Review of *The Grand Tour and the Great Rebellion* and *Remembrances of Things Worth Seeing in Italy Given to John Evelyn 25 April 1646 by Thomas Howard, 14ᵗʰ Earl of Arundel*", *Albion: A Quarterly Journal Concerned with British Studies*, Vol. 21, No. 3, 1989.

313. Sabor, Peter, "Review of The British and the Grand Tour", *The Modern Language Review*, Vol. 83, No. 3, 1988.

314. Shackleton, Robert, "The Grand Tour in the Eighteenth – Century", in L. T. Milic, ed. , *Studies in Eighteenth – Century Culture*, 1971

315. Smith, Graham, "Review of The Evolution of the Grand Tour: Anglo – Italian cultural Relations since the Renaissance", *The Burlington Magazine*, Vol. 141, No. 1155, 1999.

316. Smith, Joan Sumner, "The Italian Sources of Inigo Jones's Style", *The Burlington Magazine*, Vol. 94, No. 592, July, 1952.

317. Snow, Vernon F. , "The Grand Tour Diary of Robert C. Johnson, 1792 –

1793", *Proceedings of the American Philosophical Society*, Vol. 102, No. 1, 1958.

318. Stone, Lawrence, "Marriage among the Nobility in the 16th and 17th Century", *Comparative Studies in Society and History*, Cambridge University Press, Vol. 3, No. 2, 1961.

319. Stone, Lawrence, "The Educational Revolution in England, 1560 – 1640", *Past & Presen*, No. 28, 1964.

320. Thompson, E. P., "Patrician Society, Plebeian Culture", *Journal of Social History*, No. 7, 1974.

321. Tompkins, J. M. S., Review of *The English Travellers and the Movement of Ideas*, 1660 – 1732, *The Review of English Studies*, No. 48, Vol. 12, 1936.

322. Towner, John, "The Grand Tour: a Key Phase in the History of Tourism", *Annals of Tourism Research*, Vol. 12, 1985.

323. Woolfson, Jonathan, "Review of the Grand Tour: Anglo – Italian Cultural Relations since the Renaissance", *Sixteenth Century Journal*, No. 2, 1999.

324. Woodhouse, A. F., "Eighteenth Century English Visitors to France in Fiction and Fact", *Modern Language Studies*, No. 1, 1976.

325. ［英］阿萨·勃里格斯：《英国社会史》，陈叔平等译，中国人民大学出版社 1989 年版。

326. ［荷］彼得·李伯庚：《欧洲文化史》下册，赵复三译，上海社会科学院出版社 2004 年版。

327. 陈文海：《法国史》，人民出版社 2004 年版。

328. 罗明义：《国际旅游发展导论》，南开大学出版社 2002 年版。

329. ［法］德尼兹·加亚尔等：《欧洲史》，蔡鸿滨、桂裕芳译，海南出版社 1992 年版。

330. ［法］费尔南·布罗代尔：《15 至 18 世纪的物质文明、经济和资本主义》第三卷，施康强、顾良译，商务印书馆 1993 年版。

331. 何平：《文化与文明比较研究》，山东大学出版社 2009 年版。

332. 何平：《西方艺术简史》，四川文艺出版社 2006 年版。

333. ［英］莫尔顿：《人民的英国史》，三联书店 1958 年版。

334. 彭顺生：《世界旅游发展史》，中国旅游出版社 2006 年版。

335. 钱乘旦、许洁明：《英国通史》，上海社会科学院出版社 2002 年版。

336. 陶军:《18 世纪英国大陆游学及其原因和影响》,硕士学位论文,武汉大学,2005 年。

337. 王永忠:《西方旅行史》,东南大学出版社 2004 年版。

338. 阎照祥:《英国近代贵族体制研究》,人民出版社 2006 年版。

339. 阎照祥:《17 - 19 世纪初英国贵族欧陆游学探要》,《世界历史》2012 年第 6 期。

340. 阎照祥:《英国近代贵族体制研究》,人民出版社 2006 年版。

341. 朱伯雄主编:《十七、十八世纪的欧洲美术》,《世界美术史》第 7 卷,山东美术出版社 1990 年版。

342. 邹树梅:《旅游史话》,百花文艺出版社 2005 年版。

译名对照表

A

Abbeville，阿布维尔

Abruzzi，阿布鲁齐

Academic tutor，业师

Accademia Romana，罗马学院

Academy，专门学校

Adam Newton，亚当·牛顿

Adam Walker，亚当·沃克

Addison，艾迪生

Adelard of Bath，巴斯的阿德拉德

Agrigento，阿格里琴托

Aix，艾克斯

Albano，阿尔巴诺

Albrecht Meyer，阿尔伯特·梅耶

Albrecht von Haller，奥尔布雷奇特·冯·霍勒

Aldus，阿尔都斯

Alessandro Volta，亚力山德罗·伏特

Aletheia Talbot，阿丽西亚·托尔伯特

Alexander Cozens，亚历山大·科曾斯

Alexander of Villedieu，维拉丢的亚历山大

Alfonso V，阿方索五世

Allan Ramsay，艾伦·拉姆齐

Alps machine，阿尔卑斯自行车

Altdorf，阿尔特多夫

Amanda Vickery，阿曼达·维克瑞

Aristotle，亚里士多德

Arles，阿尔勒

Ars apodemica，旅行艺术

Arte of Rhetorique，《修辞艺术》

Art of War，《战争艺术》

Arthur Throckmorton，亚瑟·思罗克莫顿

Arthur Villettes，亚瑟·维利特斯

Ascensiontide，耶稣升天节

Astrology，占星术

Athenaum，雅典学园

Attorney – general，大法官

Augsburg，奥格斯堡

August Ludwig Schlozer，奥格斯特·路德维格·斯克洛泽

Aussig，奥西格

Auxerre，欧塞尔

A View of Paris，《巴黎观察》

Avignon，阿维尼翁

Azilum，避难所

B

Baia，海湾

Baldassare Peruzzi，巴尔达·萨雷佩鲁齐

Balthazar Gerbier，巴尔萨泽·吉比尔

Bandello，班德罗

Baretti，巴雷迪

Bark，三桅帆船

Baroness，男爵夫人

Baron of Ghymes，吉姆斯男爵

Baron Sauter，索特男爵

Barthelemy，巴特勒米

Bartholomaus Keckermann，巴塞洛默斯·凯奇曼

Barry Fox，巴莉·福克斯

Basilea，《巴塞利亚》

Basil of Caesarea，凯撒利亚的巴兹尔

C

Catherine Edwin，凯瑟琳·埃德温

Catherine Hamilton，凯瑟琳·汉密尔顿

Catherine Perceval，凯瑟琳·珀西瓦尔

Cellini，西利尼

Chair of Anatomy，解剖学教授职位

Chancellor of the Exchequer，财务总管

Chanceries，文秘署

Chantilly，尚蒂伊

Charles Batten，查尔斯·班滕

Charles Burney，查尔斯·伯尼

Charles Cadogan，查尔斯·卡多根

Charles Cornwallis，查尔斯·康沃利斯

Charles de Brosses，查理·德·布罗瑟

Charles Drake Garrard，查尔斯·德雷克·加拉德

Charles Frederick，查理·弗雷德里克

Charles Ⅰ，查理一世

Charles Ⅸ，查理九世

Charles James Fox，查尔斯·詹姆士·福克斯

Charles Robert Cockerell，查尔斯·罗伯特·科克雷尔

Charles Spencer，查尔斯·斯宾塞

Charles Wyndham，查尔斯·温德汉姆

Charlotte Baltimore，夏洛特·巴尔的摩

Charlton，查尔顿

Chateau d'If，伊夫堡

Chateaux，城堡

Chaussees，公路

Cherbourg，瑟堡

Cherbury，切伯里

Cheshire，柴郡

Chichester，奇切斯特

Church of Concord，协和教堂

Chief secretary，首席秘书

Childe Harold，恰尔德·哈罗德

Chios，希俄斯

Chipstead，奇普斯蒂

Chiswick，奇斯威克

Christopher Hatton，克里斯多夫·哈顿

Christopher Hibbert，克里斯多夫·希伯特

Christopher Marlowe，克里斯托夫·马洛

Christopher Wren，克里斯多弗·雷恩

Christopher Urswick，克里斯托弗·厄斯维克

Ciceroni，导游

Cilenius，塞伦纽斯

Cimabue，契马布埃

Cimento，西曼托

Cinzio，辛吉奥

Circes，塞斯

Circulating Library，流动图书馆

Civic statecraft，公民治国术

Clare Howard，克莱尔·霍华德

Classical antiquity，古典时代

Claude Lorrain，克劳德·洛林

Claudia，克劳狄娅

Clavius，克拉维斯

Clerk to the Privy Council，枢密院院长

Cleve，克里夫

Cleves，克利夫斯

Cloyne，克罗因

Cnidos，尼多斯

Coche，大型旅行马车

Coche d'eau，驳船

Codro Urceo，科德罗·厄西奥

Cohen，科恩

Colax，克拉克斯

Colen Campbell，科伦·坎贝尔

Colleoni，科尼奥尼

Cologne，科隆

Colloquia familiaria，《对话集》

des cannibales，《论同类相食》

Descartes，笛卡尔

Desiderius Erasmus，狄赛德留斯·伊拉斯谟

de Stael，德·斯泰尔

De Torigny，德·托希略

Dialecticae Institutiones，《辩论教育》

didacticism，说教癖好

Diego Velazquez，迭戈·委拉斯贵兹

Dieppe，迪拜

Diet of Ratisbon，雷根斯堡会议

Dijon，第戎

Diligence，快速马车

Discourse，论述

Discourses，《论集》

Dodge，总督

Dolo，多罗

Domenichino，多米尼其诺

Dort，多特

Dover，多佛

draw – boat，拖船

Dresden，德累斯顿

Duc de Guise，吉斯公爵

Duchess of Marlborough，莫尔伯勒公爵夫人

Duchess of Somerset，萨默塞特公爵夫人

Dudley Carleton，达德利·卡尔顿

Duisburg，杜伊斯堡

Duke of Aubigny，奥比涅公爵

Duke of Bridgewater，布里奇沃特公爵

Duke of Buckingham，白金汉公爵

Duke of Cleves，克里夫斯公爵

Duke of Dorset，多塞特公爵

Duke of Marlborough，马尔伯勒公爵

Duke of Neuberg，纽奥堡大公

Duke of Newbourg，纽伯格大公

Duke of Norfolk，诺福克公爵

Duke of Northumberland，诺森伯兰公爵

Duke of Orleans，奥尔良大公

Duke of Queensberry，昆斯伯里公爵

Duke of Richmond，里士满公爵

Duke of Wurtenburg，符腾堡大公

Dungannon，丹戈隆

Durer，丢勒

E

Earl – Bishop of Derry，德里主教兼伯爵

Earl Charlemont，查尔蒙特伯爵

Earl Cowper，考珀伯爵

Earl of Albermarle，阿尔伯马尔伯爵

Earl of Arundel，阿伦德尔伯爵

Earl of Bessborough，贝斯伯勒伯爵

Earl of Chesterfield，切斯特菲尔德伯爵

Earl of Clarendon，克拉伦登

Earl of Cork and Orrery，科克和奥若瑞伯爵

Earl of Derby，德比伯爵

Earl of Devonshire，德文郡伯爵

Earl of Egremont，埃格里蒙特伯爵

Earl of Essex，埃塞克斯伯爵

Earl of Hertford，赫特福德伯爵

Earl of Leicester，莱斯特伯爵

Earl of Lincoln，林肯伯爵

Earl of Lindsey，林赛伯爵

Earl of Montgomery，蒙哥马利伯爵

Earl of Newcastle，纽卡斯尔伯爵

Earl of Nithsdale，尼斯戴尔伯爵

Earl of Pembroke，彭布鲁克伯爵

Earl of Rutland，拉特兰伯爵

Earl of Shrewsbury，什鲁斯伯里伯爵

Earl of Suffolk，萨福克伯爵

Earl of Somerset，萨默塞特伯爵

Earl of Upper Ossory，阿普奥索里伯爵

Earl of Warwick，沃里克伯爵

Earl of Westmorland，威斯特摩兰伯爵

Earl of Worcester，伍斯特伯爵

Earl Waldergrave，瓦德格拉夫伯爵

East Anglia，东盎格利亚

Ecce Homo，《戴荆冠的耶稣》

Edinburgh Review，《爱丁堡评论》

Edmund Spencer，埃德蒙·斯宾塞

Edward Brown，爱德华·布朗

Edward Chaney，爱德华·钱尼

Edward Conway，爱德华·康威

Edward Courtenay，爱德华·康特奈

Edward Digby，爱德华·迪格比

Edward Dyer，爱德华·戴尔

Edward Fiennes de Clinton，爱德华·费恩斯·克林顿

Edward Herbert，爱德华·赫伯特

Edward Hyde，爱德华·海德

Edward Jorden，爱德华·乔登

Edward Murphy，爱德华·墨菲

Edward Norgate，爱德华·诺盖特

Edward Shils，爱德华·希尔斯

Edward Unton，爱德华·安顿

Edwin Rich，埃德温·瑞奇

Eisenstadt，埃森斯达特

Einstein，爱因斯坦

Eleanor Butler，埃莉诺·巴特勒

Elector Palatine，巴拉丁选侯

Elizabeth Beaufort，伊丽莎白·波福特

Elizabeth Betty Compton，伊丽莎白·贝蒂·康普顿

Elizabeth Bridget Armistead，伊丽莎白·布里吉特·阿米斯蒂特

Elizabeth Craven，伊丽莎白·克雷文

Elizabeth Montagu，伊丽莎白·蒙塔古

Flanders，佛兰德斯

Flimwell，弗利姆威尔

Flying – coach，快速马车

Foggia，福贾

Fog's Weekly Journal，《佛格周刊》

Fontainebleau，枫丹白露

Ford，福特

Fortius Ringelbergius，弗狄乌斯·伦吉尔伯吉乌斯

Foscarini，弗斯卡里尼

Fountain of Orion，俄里翁喷泉

Frances Crewe，弗郎西丝·克鲁

Francesco Sansovino，弗朗西斯科·桑索维诺

Francesco Vettori，弗朗西斯哥·维托里

Francis Colman，弗朗西斯·科尔曼

Francis Drake，弗朗西斯·德雷克

Francis Haskell，弗朗西斯·哈斯克尔

Francis Head，弗朗西斯·海德

Francis Manners，弗朗西斯·曼勒斯

Francis Mortoft，弗朗西斯·默托夫特

Francis Peto，弗朗西斯·佩托

Francis Towne，弗朗西斯·汤尼

Francis Walsingham，弗朗西斯·沃辛海姆

Francis Yaxley，弗朗西斯·亚克斯利

Frankfurt，法兰克福

Francois de Lorraine，洛林的弗朗索瓦

Francois Ⅰ，弗朗索瓦一世

Francois Ⅱ，弗朗索瓦二世

Francois Rabelais，弗朗索瓦·拉伯雷

Francolino，弗兰克里诺

Frankfort，法兰克福

Frank Salmon，弗兰克·单蒙

Frascati，弗拉斯卡蒂

Franz Posselt，弗朗茨·波塞特

Frederick Frankland，弗雷德里克·弗兰克兰德

Freeholder，《自由的拥护者》

Freiburg，弗莱堡

Freshwater，弗雷西沃特

Fribourg，弗莱堡

Friedrich Heer，弗雷德里西·希尔

Fritz Saxl，弗里茨·萨克斯尔

Fugger，富格尔

Fulling – mill，缩绒机

Furio Ceriol，弗里奥·西瑞奥尔

Fusino，弗西诺

Fussell，富塞尔

Fynes Moryson，费尼斯·默里逊

G

Gailhard，盖纳德

Galliot，平底小船

Gardenstone，加登斯通

Gassendi，伽桑狄

Gavin Hamilton，加文·汉密尔顿

Gelderland，格尔德兰

Geneva，日内瓦

Genre painting，风俗画

Genoa，热那亚

Geoffrey Chaucer，杰弗里·乔叟

Geoffrey Trease，杰弗里·崔思

Geoffrin，乔芙兰

George Berkeley，乔治·伯克利

George Cheyne，乔治·切恩

George Courthop，乔治·柯特普

George Gage，乔治·盖奇

George Herbert，乔治·赫伯特

George Lyttelton，乔治·利顿

George Romney，乔治·罗姆尼

George Villiers，乔治·维利耶

Houghton，霍顿

House plan，房屋设计方案

Hubert Languet，休伯特·朗格维特

Hugh Forescue，休·弗德斯鸠

Hugh Latimer，休·拉蒂默

Hugo Blotius，雨果·布洛蒂乌斯

Humphrey Fish，汉弗莱·费希

Hume，休谟

Hutton，哈顿

I

Ickworth，艾克沃斯

Il Galateo，《论仪止》

Imperial Historiographer，皇家历史编修

In coena donimi，《基督之桌》

Indian Summer，印度之夏

Inigo Johns，伊利戈·琼斯

Ingolstadt，因戈尔斯塔特

Innsbruck，因斯布鲁克

Insignia，非同凡响之事

Institutional，制度性的

Instructio Pereginatoris，《游历指导》

Intendant，地方行政长官

Intermeats，烧牛排

Invention，创意曲

Isaac Basire，艾萨克·巴塞尔

Issac Casaubon，艾萨克·卡索邦

Isaac Marcombes，艾萨克·马科姆贝

Italianate interest，意大利热

Itinerarium Germaniae, *Galliae*, *Angliae*, *Italiae*，《德意志、高卢、英格兰及意大利之旅》

J

Jacques，杰奎斯

James Adam，詹姆士·亚当

James Barry，詹姆士·巴里

James Caulfeild，詹姆士·科菲尔德

James Gibbs，詹姆士·吉布斯

James Howell，詹姆士·豪威尔

James Macpherson，詹姆士·麦克菲森

James Marshall，詹姆士·马歇尔

James Pennethorne，詹姆士·彭讷松

James Shirley，詹姆士·雪莉

James Smythe，詹姆士·史密斯

Jean Bodin，让·博丹

Jeremy Black，杰里米·布莱克

Jerome，哲罗姆

Joachim Fortius Ringelbergius，乔西姆·弗提乌斯·伦杰尔伯吉乌斯

Joachim Murat，乔基姆·缪拉

Joan Heinrich Boecler，乔安·海因利希·贝克勒

Johann Thomas Freige，约翰·托马斯·弗雷格

Johannes Caselius，约翰内斯·凯西留斯

Johann Joachim Winckelmann，约翰·乔基姆·温克尔曼

John Adam，约翰·亚当

John Astley，约翰·阿什特利

John Bargrave，约翰·巴格雷夫

John Bellew，约翰·贝洛

John Breval，约翰·布雷瓦尔

John Brooke，约翰·布鲁克

John Cam Hobhouse，约翰·卡姆·霍布豪斯

John Chamberlain，约翰·张伯伦

John Cheke，约翰·齐克

John Clenche，约翰·克伦奇

John Colet，约翰·柯列特

John Donne，约翰·多恩

John Dowland，约翰·道伦德

John Dudley，约翰·达德利

John Eglin，约翰·艾格林

John Evelyn, 约翰·伊夫林

John Finch, 约翰·费勤

John Finet, 约翰·费内特

John Floyer, 约翰·弗罗耶

John Free, 约翰·弗里

John Gunthrope, 约翰·冈索罗普

John Harington, 约翰·哈林顿

John Holles, 约翰·霍利思

John Ingamells, 约翰·英格梅尔斯

John Lawrence, 约翰·劳伦斯

John Loudon McAdam, 约翰·劳顿·麦克亚当

John Macdonald, 约翰·麦克唐纳

John Marciari, 约翰·马西阿利

John Metcalf, 约翰·梅特卡夫

John Milton, 约翰·弥尔顿

John Morritt, 约翰·默里特

John North, 约翰·诺斯

John of Lincoln, 林肯的约翰

John of Oxford, 牛津的约翰

John of Salisbury, 索尔兹伯里的约翰

John Parker, 约翰·帕克

John Price, 约翰·普莱斯

John Ray, 约翰·雷

John Raymond, 约翰·雷蒙德

John Reresby, 约翰·雷瑞斯比

John Robert, 约翰·罗伯特

John Russell, 约翰·罗素

John Shute, 约翰·舒特

John Speed, 约翰·斯皮德

John Stow, 约翰·斯窦

John Stradling, 约翰·斯特拉德林

John Tiptoft, 约翰·蒂普托夫特

John Towner, 约翰·唐纳

John Wesley, 约翰·卫斯理

John Valogne，约翰·维利尔斯

John Vanbrugh，约翰·范布勒

Jointure，寡妇所得产

Jonathan Skkelton，乔纳森·斯凯尔顿

Jonathan Woolfson，乔纳森·伍尔夫森

Jorg Gail，容格·盖尔

Joseph Addison，约瑟夫·艾迪生

Joseph Atwell，约瑟夫·埃特威尔

Joseph Burke，约瑟夫·伯克

Joseph Colston，约瑟夫·科斯顿

Joseph Cradock，约瑟夫·克拉多克

Joseph Forsyth，约瑟夫·福塞斯

Joseph II，约瑟夫二世

Joseph Nollekens，约瑟夫·诺勒肯斯

Joseph Spence，约瑟夫·斯朋思

Joseph Shaw，约瑟夫·肖

Joseph William，约瑟夫·威廉

Joseph Wilson，约瑟夫·威尔顿

Joshua Reynolds，乔舒亚·雷诺兹

Juan Luis Vives，胡安·路易斯·维韦斯

Julie de Lespinasse，朱莉·德·莱斯皮纳斯

Julien – David Le Roy，朱利安–戴维·勒鲁瓦

Julio，尤里奥

Junius，朱尼厄斯

Justus Lipsius，贾斯特斯·李普西乌斯

K

Karlsruhe，卡尔斯鲁厄

Kassel，卡塞尔

Kavolis，卡沃里斯

Kenelm Digby，坎奈姆·迪戈比

Kensington Palace，肯辛顿宫

Kent，肯特郡

King Edward，爱德华国王

Maria Edgeworth，玛丽亚·埃奇沃斯

Maria Theresa，玛丽亚·特雷萨

Marie – Louise Osborn，玛丽 – 路易丝·奥斯本

Marly，洛林大区

Margaret Aston，马格利特·阿斯顿

Marino，马里诺

Mario Asprucci the younger，小马里奥·阿斯普鲁西

Market – boat，运鱼船

Marsilio Ficino，马西利奥·费奇诺

Marquis of Northampton，北安普敦侯爵

Marquis Tavistock，塔维斯托克侯爵

Marton Szepsi Csombor，马顿·泽普西·科桑博

Mary Ferrers，玛丽·费勒斯

Mary Herbert，玛丽·赫伯特

Mary Somerset，玛丽·萨默塞特

Mary Wollstonecraft，玛丽·沃斯通克拉夫特

Mary Wortley Montague，玛丽·沃特利·蒙特古

Mausolus，摩索拉斯

Martial，马修

Martin Bucer，马丁·布塞珥

Mason，马森

Master Ashworth，马斯特·阿什沃思

Master of Ceremonies，司仪

Master of Requests，衡平法院法官

Matteo Bolognini，马泰奥·博洛尼尼

Mathew Lister，马修·李斯特

Matthew of Westminster，威斯敏斯特的马修

Mechlin，梅西林

Meindert Hobbema，迈恩迪特·霍贝玛

Melchior Junius，梅尔基奥·詹纽斯

Memorabilia，难忘之事

Merovingian，墨洛温王朝的

Messina，墨西拿

Mestre，梅斯特雷

Narni，纳尼

Nathan Chytraeus，内森·奇特雷厄斯

Nathaniel Dance，纳撒尼尔·邓思

Nathanial Green，纳撒尼尔·格林

Nation，同乡会

Natural Magic，《自然的魔力》

Navigatio，航行术

Navigationi，《航海术》

Nehemiah Grew，尼希米亚·格鲁

Newhawsel，纽霍瑟尔

Newmarket Palace，纽马克特宫

Nicafius，尼卡菲乌斯

Nice，尼斯

Nicholas Hawksmoor，尼古拉斯·霍克斯莫尔

Nicholas Lanier，尼古拉斯·拉尼尔

Nicolas Poussin，尼古拉斯·普珊

Nicholas Stone，尼古拉斯·斯通

Nicholas Throckmorton，尼古拉·思罗克莫顿

Nicholas Wotton，尼古拉斯·沃顿

Nimes，尼姆

Northmimms，诺思明斯

Northumberland，诺森伯兰郡

Norton Nicholls，诺顿·尼科尔斯

Nuremberg，纽伦堡

Nymphenburg Palace，宁芬堡宫

O

Oberwinter，奥伯温特

Occult sciences，玄学

Office of Works，工程局

Ogle，奥格尔

On Civil Conversation，《论文明交谈》

Orange，奥伦治

Oratio de peregrinatione et eius laudibus，《游学颂》

Peregrinari，游历

Peregrinatio academia，游学

Peregrinatio animi causa，因心智之故而进行的旅行

Peregrinatio vitae，人生之旅

Peri，佩里

Peronne，佩罗讷

Perotti，佩罗蒂

Persano，波萨诺

Peter Fitton，彼得·费顿

Peter Heylyn，彼得·黑林

Peter Martyr Vermigli，彼德·马特·韦尔米格里

Peter Mundy，彼得·曼迪

Peter Wauchop，彼得·瓦奇普

Peter Whitethorne，彼得·怀特索恩

Petrarch，彼特拉克

Petrus Ramus，佩特鲁斯·拉姆斯

Philip de Lannoy，菲利浦·德·兰诺伊

Philip Ethington，菲利普·艾辛顿

Philip Francis，菲利普·弗朗西斯

Philip Hoby，菲利普·霍比

Philip of Spain，西班牙的菲力普

Philippa Knight，菲利帕·莱特

Philip Sidney，菲利普·西德尼

Philip Stanhope，菲利普·斯坦霍普

Philistine，门外汉

Physiognomy，面相术

Piazza of St Mark，圣马克广场

Piedmont，皮德蒙特

Pierre Simon Laplace，皮埃尔·西蒙·拉普拉斯

Pietas，《虔诚》

Pilgrim directory，朝圣指南

Pimlott，平洛特

Pirchheimer，皮尔克海默

Pisa，比萨

Purbeck，波贝克

Q

Queen Mary，玛丽女王
Queen of bluestockings，才女翘楚
Queen of Bohemia，波希米亚王后
Queen's House at Greenwich，格林威治王后行宫

R

Racine，拉辛
Radcliffe，拉德克利夫
Ragoutes，蔬菜炖肉
Ramsay，拉姆齐
Ramusio，拉姆斯西奥
Raphael，拉斐尔
Recorder of London，伦敦市书记官
Regensburg，雷根斯堡
Reginald Blomfield，雷金纳德·布罗姆菲尔德
Rembrandt，伦布兰特
Remulcio，雷缪西瓯
Res publica literaria，文化界
Reynold Chicheley，雷诺德·奇切利
Rhetorical theory，修辞理论
Rhodes，罗得岛
Rialto，里亚尔托桥
Rice，莱斯
Richard Dalton，理查德·道尔顿
Richard Hakluyt，理查德·哈克卢特
Richard Hopkins，理查德·霍普金斯
Richard Lassels，理查德·拉塞尔斯
Richard Mulcaster，理查德·马尔卡斯特
Richard Pococke，理查德·波科克
Richard Russell，理查德·拉塞尔
Richard Sackville，理查德·萨克维尔

Savoyard，萨瓦河谷

Saxon，萨克森

Scarborough，斯卡伯勒

Schonbrunn Palace，美泉宫

Scientia，专业知识

Seagram Building，西格拉姆大厦

Sebastian Munster，塞巴斯蒂安·明斯特

Secretary of State，国务大臣

Segesta，塞杰斯塔

Selinunte，塞利侬特

Seneca，塞涅卡

Senlis，圣利斯

Sens，森斯

Set designer，布景师

Settlement，财产析分

Seven Years' War，七年战争

Sevenoaks，塞文奥克斯

Sevres，塞夫勒

Shaffhouse，夏弗豪斯

Shelley，雪莱

Shutter，挡板

Sidornia Hedwig Zaunemannin，茜多妮娅·赫德维格·佐罗曼宁

Siena，锡耶纳

Silesia，西里西亚

Simon Basil，西蒙·巴兹尔

Simon Wilson，西蒙·威尔逊

single - minded zeal，执着

Sister Masonic Lodges，姐妹共济会

Sixtus V，西克斯都五世

Smithfield，史密斯菲尔德

Smollett，斯莫利特

social flexibility，社会灵活性

Societe Royale de Medicine，皇家医学会

Society of American Women in London，伦敦美国妇女协会

Soloburn，索洛托恩

Sostegni，水闸

Souillac，索耶拉

Southapton，南安普敦

South Molton，南摩顿

Spire，斯拜尔

Stabilitas，恒心

Stage – coach，公共马车

Stains，斯登斯

St. Albans，圣奥尔本

St. Ambrose，圣安布努斯

Stephanus Vinandus Pighius，史蒂芬努斯·维南都斯·皮吉乌斯

St. Gall，圣郭尔

St. James' s Chronicle，《圣詹姆士年鉴》

Star Chamber，星室法庭

State prisoner，政治犯

Statuette，小雕像

Stage – manager，舞台总监

St. Bartholomew，圣巴塞洛缪

Stefano Fiorentino，斯特法诺·费奥伦迪诺

St. Genevieve，圣吉纳维芙

Stephen Powle，史蒂芬·鲍尔

Stephen Vinandus Pighius，史蒂芬·维南督斯·匹格乌斯

St. James Temple，圣詹姆士神殿

St. James's Palace，圣詹姆士宫

Stocking knitting frame，织袜机

St. Quentin，圣昆廷

Strachan，斯特拉坎

Sterne，斯特恩

Stone，斯通

Stourhead，斯托海德

Stowe，斯托

Stoye，斯托伊

Strabo，斯特拉波

Strasbourg，斯特拉斯堡

St. Remo，圣雷莫

St. Willibald，圣维利巴尔

Sub – deities，次神

Sulpizio，苏尔皮西约

Summonte，萨蒙特

Surveyor – General of the Works，工程总管

Sutton，萨顿

Synoptic，一览表

Syros，锡罗斯

T

Tabula Peregrinationis continens capita Politica，《毗邻政治中心游历一览表》

Taddeo Gaddi，塔狄奥·加迪

Talleyrand，塔列朗

Tancred Robinson，坦克雷德·罗宾逊

Tart Hall，塔特庄园

Tasso，塔索

Tax – farmer，税农

Taymouth，泰伊茅斯

Temple of Castor and Pollux，卡斯托尔和波乐克斯庙

Temporalization of taxonomy，分类法的时间排序

Tenant，佃农

Tension management，紧张情绪控制

The Adige，阿迪杰河

The Age of Reynolds，雷诺时代

The Appian Way，亚壁古道

Theatrum vitae humanae，《人生舞台》

The Banqueting House，宴会厅

The Beckfords，贝克福德夫妇

The Carracci，卡拉齐兄弟

The Cecils，塞西尔家族

The Courtier，《廷臣论》

The Dilettanti Society，业余爱好者协会

The Edict of Nantes，南特敕令

The elector of Saxony，萨克森选侯

The genre of historia，记事类

The Howards，霍华德家族

The Lagoons，泻湖

The Listener，《听众杂志》

The Loire valley，卢瓦尔河谷地

The Medicis，美第奇家族

The Northern Rebellion，北方叛乱

Theophilus，西奥菲勒斯

Theodore Tronchin，西奥多·特隆沁

Theodor Zwinger，西奥多·兹温格

The Po，波河

The Prince，《君主论》

The Oratio, qua peregrinationum intra patriam asseritur necessitas，《关于游历的演说》

The Rhine，莱茵河

The Rhone，罗讷河

The Rival Modes，《不相上下的时尚》

The Seine，塞纳河

The State Papers Foreign，《国务文件海外卷》

The United Provinces，联合省

The valley of Chamonix，夏蒙尼山谷

The Zwinger Palace，茨温格尔宫

Thoburn，索伯恩

Thomas Abdy，托马斯·阿伯迪

Thomas Baines，托马斯·贝内斯

Thomas Becket，托马斯·贝克特

Thomas Berkeley，托马斯·贝克莱

Thomas Brand，托玛斯·布兰德

Thomas Chaloner，托马斯·查勒内

Thomas Coke，托马斯·科克

Thomas Coryat，托马斯·柯雅特

Toledo，托莱多

Tombridge，汤布里奇

Topos，主题

Toulouse，图卢兹

Tournament，（马上）比武大会

Tournon，土伦

Tours，图尔斯

Trade fair，商品交易会

Transylvania，特兰西瓦尼亚

Travel regimina，旅行养生法

Travel regimen，旅行养生法

Travel reports，旅行纪实

Treasurer of the Exchequer，财政大臣

Treaty of Blois，《布洛瓦条约》

Treaty of London，《伦敦条约》

Treaty of Prague，《布拉格条约》

Trekvaarts，拖船

Tunbridge Wells，坦布里奇威尔斯

Turnpike road，托恩派克公路

U

Ulysses，尤里西斯

Umbria，翁布里亚

Universalism，普适主义

University of Freiburg，弗莱堡大学

University of Marburg，马尔堡大学

Upper Palatinate，上巴拉丁

Urban Ⅷ，乌尔班八世

Urbino，乌比诺

Utilitas，获益

Uzerche，乌哲谢

V

Vagari，游荡

Vitruvius，维特鲁威

Vitruvius Britannicus，《布列颠的维特鲁威》

Vivat aurea libertas，自由万岁

Viviers，维维艾

Voiturin，私人马车主

Voltaire，伏尔泰

Voluptas，寻欢作乐

Von Klenze，冯·克伦策

Vovino，波维诺

W

Waldegrave，沃尔德格雷夫

Walter Mildmay，沃特·米德

Walter Montagu，沃特·蒙塔古

War of Austrian Succession，奥地利王位继承战争

War of Spanish Succession，西班牙王位继承战争

War of Venus，风月场

Wenceslaus Hollar，文西斯劳斯·霍拉

Westminster Review，《威斯敏斯特评论》

Wharton，沃顿

Whitehall，白厅

Wife of Bath syndrome，巴斯之妻综合症

Wihelm von Boldnsele，威廉·冯·博邓塞尔

William Ashburnham，威廉·阿什伯汉姆

William Barnard，威廉·巴纳德

William Becher，威廉·比彻

William Bennet，威廉·贝内特

William Boswell，威廉·博斯韦尔

William Brereton，威廉·布里列顿

William Bromley，威廉·布罗姆利

William Burrell Massingberd，威廉·布瑞尔·马森伯德

William Carr，威廉·卡尔

William Cavendish，威廉·卡文迪什

William Cecil，威廉·塞西尔

William Edward Mead，威廉·爱德华·米德

William Grey，威廉·格雷

William Grocyn，威廉·格罗辛

William Hadley，威廉·哈德利

William Hamilton，威廉·汉密尔顿

William Harvey，威廉·哈维

William Herbert，威廉·赫伯特

William Hoare，威廉·霍尔

William Jones，威廉·琼斯

William Kent，威廉·肯特

William Lilye，威廉·李利

William Marlow，威廉·马洛

William Pakenham，威廉·帕金勒姆

William Peter，威廉·彼得

William Petty，威廉·佩蒂

William Ponsonby，威廉·庞森比

William Selling，威廉·席林

William Smith，威廉·史密斯

William Thomas，威廉·托马斯

William Turner，威廉·特纳

Willian Windham，威廉·温德姆

William Young，威廉·扬

Winckelmann，温克尔曼

Wittenberg，威滕伯格

Wollstonecraft，沃斯通克拉夫特

Woodhouse，伍德豪斯

Workhouse，救济院

Worms，沃尔姆斯

Wright of Derby，德比的莱特

Wyatt Rebellion，怀亚特叛乱

Wycombe，维康比

X

Xenophobia，仇外情节

Y

Yarmouth，雅茅斯
Yoeman，约曼农

Z

Zealand，西兰岛
Zechin，紫金
Zurich，苏黎世
Zwicker，兹维克

后 记

拙著是在博士学位论文《近代英国的"大旅行"及其跨文化交流的意义》（首都师范大学，历史学，2010年）的基础上修改而成的。今能出版，也算是对此前多年努力的一个小结吧。

我出生于地处中国西南的四川，这里虽然号称"天府之国"，但我的童年却一直是在缺吃少穿中度过的。自七岁发蒙入学以来，我便承载着父母的殷切希望，踏上了坎坷而漫长的求学道路。2001年，可谓我人生道路的转折点。在几经挫折后，我考进了四川大学历史文化学院，师从何平教授，攻读世界史专业硕士学位。四川大学三年的学习让我开阔了学术视野，培养起了对历史专业浓厚的兴趣，并掌握了学术、科研的基本技能。2004年7月，我回到曾求学于斯却已然更名的母校，担任历史专业的任课教师。人生有涯，学无止境。大学三年的教学、科研让我深深体会到了自身学识的不足。于是，我再次踏上了求学的旅程。2007年，我考入首都师范大学历史学院，再次师从何平教授，攻读世界史专业的博士学位。首都北京既是历史文化名城，又是现代化的国际大都市，具有深厚的文化底蕴和丰富的学术资源。在这里，我得以聆听众多来自海内外的专家、学者精彩的讲座，查阅有关的专著、文献，并对社会文化史的研究产生了兴趣。

在求学、工作及本书出版的过程中，我得到了许多人的帮助和支持。业师何平教授学识渊博、治学严谨，他那全新的思想观念和先进的研究方法则让我受益匪浅，我在学习过程中所取得的每一点进步都凝聚着先生的心血。师兄张旭鹏长期从事史学理论研究，他的指点和帮助为我解决了论文写作过程中的许多问题。金志霖教授、郭家宏教授、于沛研究院、姜芃研究员、郭方研究员、周刚教授、赵军秀教授等在论文的评议和答辩过程中，相继就论文提出了宝贵的建议。大学时代的同窗任大川和颜彦则为我孤寂的京城生活带来了温暖。本书的责任编辑李庆红老师、责任校对周晓东老师以及西华师范大学历史文化学院的李健教授、蔡东洲教授、杨和平教授、吴佩林教授、蒋晓春教授、杨洪贵教授、苟德仪副教授、兰江副教授等师友则在论文后期的修改和课题的申报中提供了诸多的帮助。此外，我的妻子林正琴女士的宽容和理解，她对家务的承担，对儿子的照料，则让我没有了后顾之忧。

正是因为他们的关心、帮助和支持，论文在 2010 年 5 月 28 日经首都师范大学历史学院世界史专业答辩委员会答辩通过，申请者顺利毕业并取得相应学位。2011 年，该论文成功申请到教育部人文社会科学研究青年基金项目（项目批准号：11YJC770011）。2013 年，经过大幅度修改的论文又成功申请到了国家社科基金后期资助（项目批准号：13FSS011）。在拙著即将出版之际，谨向所有在课题的研究中提供过帮助的人们致谢！

付有强

2015 年 6 月 18 日

于果城陋室